世界史／いま、ここから

小田中直樹　帆刈浩之 =編
Odanaka Naoki　*Hokari Hiroyuki*

山川出版社

まえがき

　本書は，6人の共同執筆になる世界史の概説書である。

　当初は，高等学校の先端的な教科書レベルの「世界史」を広く一般読者諸賢に届ける概説書として刊行するという企画として始まったが，執筆者間で議論を重ねるうちに，せっかくの機会ゆえ，歴史を学ぶ意義，アクチュアルな諸問題との関係，時期区分・地域区分の選択，あるいは「世界史」という時空間に対する認識のあり方と密接にかかわる章節の構成といった諸点について論じようという方向に話が広がっていった。その結果，冒頭で，世界史を学ぶうえで考えておくべき諸点についてかなりの程度詳しく説明し，そのうえで，アクチュアルな三つのテーマを立て，それに沿って歴史を論じる，というかたちをとって，本書は成った。

　以上のいきさつからして，本書は，世界史の概説書としては相当程度ユニークかつ高水準のものとなったと自負しているが，この自己評価が妥当か否かの判断は，当然ながら読者諸賢に委ねざるをえない。

　なお，本書は，企画の共同発案者であり，その後は編集もご担当いただいた山岸美智子さんの伴走なしでは，成りえなかった。記して謝意を表したい。

　「いま，ここから」世界史を読解することの意義とおもしろさが少しでも読者諸賢に伝わることを，わたしたちは心から望んでいる。

2017年新春　執筆者一同

目次

序章　**世界史を考える** ── 3
なぜ世界史を学ぶのか／世界史をどう捉えるか／世界史をどう描くか

第1章　西アジアの時代　11

1　試行錯誤する人類とオリエントの都市，国家，帝国 ── 14
人類の誕生から農耕・牧畜の開始へ／西アジアの都市化と初期エジプト文化／メソポタミアの都市国家／エジプト王国の成立と展開／オリエント諸大国システム／地中海世界への窓口，シリア・パレスチナ／オリエントの覇権国家

2　「グローカル化」する地中海世界 ── 30
「ギリシア」の形成と周辺世界／エーゲ海の都市国家世界と周辺君主国の影／東地中海の覇権から地中海帝国へ／ローマの帝国支配と繁栄／再編と分裂，そして新秩序へ

3　グローバル・インドの起源 ── 47
南アジアの自然環境と古代文明／仏教の国際化とヒンドゥー教の土着化／東南アジアの「インド化」

4　早熟な中国古代文明 ── 55
自然環境と南北の関係／中国文明の多様性と一体性／多元的な中国文明／青銅器文明の時代／春秋戦国の時代／秦漢帝国の時代／分裂と融合の時代

第2章　東アジアの時代　71

1　海とつながる中国 ── 74
東アジア文化圏と普遍の創造／全方位の交易による国際性／宋の文治主義と宗教の土着化／歴史を動かした宋代の「革命」／「海の中国」の登場／モンゴル帝国と「世界史」の誕生

2　西アジアの変容と持続 ── 89
ムハンマドとイスラームの創始／アラブ・ムスリム勢力の拡大／アッバース革命／学問の隆盛／宗派の鮮明化／侵略と応戦／アッバース朝後の西アジア

3　ヨーロッパの形成と成熟 ── 104
ヨーロッパ半島の環境と地形／古代から中世へ／カール大帝と二つのローマ帝国／ノルマン・インパクトと神聖ローマ帝国の成立／改革と開発の時代／君主国の台頭と教皇権／百年戦争と中欧・バルト海世界／危機の時代のヨーロッパ／生の文化と死の文化

4　孤高の文明の地，アメリカ大陸 ── 125
文明の誕生／マヤ文明／アステカ文明／インカ文明

第3章 世界の一体化の時代 131

1 新しい世界の胎動 —— 134
アジア交易／アメリカの植民地化／世界の一体化／人間中心主義（ヒューマニズム）の時代／宗教改革／主権国家体制の成立／科学革命から啓蒙思想へ

2 多様な人々が織り成す世界 —— 148
東地中海の覇権／サファヴィー教団の転身／陸の帝国と海の帝国／綿・絹・銀／正統信仰と不寛容／多極化の時代

3 大交易時代のアジア —— 163
明による中華統合と朝貢＝海禁システム／政治の海／海賊がつなぐ海／清朝の平和／人口爆発と社会の流動化／アジアの「発展」の型

4 歴史のなかのアフリカ —— 179
「アフリカ史」という困難／自然環境と諸産業／人とモノの移動／宗教と交易／大航海時代／適応と抵抗

第4章 欧米の時代 189

1 二重革命の時代 —— 192
「進歩」の観念／イギリス産業革命／産業革命のインパクト／アメリカ合衆国の独立と発展／フランス革命／諸改革／東方問題／大不況と帝国主義

2 植民地化に直面する人々 —— 207
自由貿易帝国主義／ラテンアメリカ諸国の独立／オセアニアにおける「イギリス自治領」の成立／アフリカ分割／インド帝国の成立

3 西アジアの「長い19世紀」 —— 218
ロシア南下と秩序再編／対外交渉と社会変容／特権と平等／国家形成と植民地化／汽船と鉄道／専制と反発

4 東アジアにおける「文明」をめぐる交流と対抗 —— 232
境界空間の消滅と新たな交流／西洋学知の受容／近代国際関係と移民／科学と帝国主義／深まる「江湖」化

第5章 破局の時代 249

1 帝国支配と第一次世界大戦 ——— 252
帝国支配と植民地／第一次世界大戦／ロシア革命とアメリカの参戦

2 戦間期の世界 ——— 264
講和会議と国際連盟／戦後秩序の形成／アメリカ合衆国の大衆社会／ソ連の社会主義／イタリアのファシズム／ドイツのナチズム／1930年代の国際関係

3 第二次世界大戦と冷戦 ——— 284
第二次世界大戦／冷戦構造の成立／帝国支配の終焉／冷戦の展開／デタントへ／変容する世界／ソ連の崩壊と冷戦の終焉

4 ポスト冷戦とその終わり ——— 306
新世界秩序とその挫折／「本当の21世紀」

終章 世界史から考える ——— 314
人・モノ・情報の移動の歴史から、グローバル化を考える／宗教と信仰の歴史から、アイデンティティの政治を考える／科学技術と環境の歴史から、地球の未来を考える／教養としての世界史／その先へ

参考文献 ——— 323

索引 ——— 332

世界史／いま，ここから

序章　世界史を考える

なぜ世界史を学ぶのか

　本書の目的は，人類の曙から21世紀の今日にいたるまでの世界史について，その総体を一気に概説することにある。

　このように述べると，さまざまな疑問が寄せられるかもしれない。たとえば，はたして世界史を知ることに意義はあるのか。あるとしたら，それは何か。言い換えると，現代の日本すなわち「いま，ここ」に生きるわたしたちにとって，世界の歴史すなわち「むかし(昔)，よそ(他所)」を学ぶことは，何か役に立つのか。役に立つとして，どんなかたちで役に立つのか。

　そんなことを考えていると，かつて歴史学者マルク・ブロックが目撃したシーンが思い浮かんでくる。

　　「パパ，歴史は何の役に立つの。さあ，ぼくに説明してちょうだい」。このようにわたしの近親のある少年が，二，三年前のこと，歴史家であるその父にたずねていた。〔マルク・ブロック『歴史のための弁明』序文〕

　この疑問は，きわめて正当なものだといってよい。わたしたちのほとんどは，時間やお金や体力など，自分がもつ有限の資源をやりくりして生活しているからだ。たしかに，無制限に資源をもっていれば，その一部を役に立たないことに投下しても，さほど問題はないかもしれない。しかし，実際には，そんな恵まれた人々はごく一部である。今日の夜は，世界史の本を読むか，部屋を掃除するか，それともテレビを見るか——わたしたちは，いつでもどこでも，つねに自分の資源の使用法や配分をめぐる選択に直面している。

　もちろん，この問いに対しては，すでにさまざまな回答が提示されてきている。そのうち代表的なものを，四つ紹介しておこう。

　第1は，過去を知ることはそれ自体でおもしろいというものだ。たしかに，遠い昔の異国の地で生じた不思議なできごとや，そのなかで生きた人々の姿には，それだけでわたしたちの心を揺さぶるものがある。古代ローマを舞台としたマンガが二千年後の21世紀日本で評判を呼び，あるいはフランス革命前夜の

パリを舞台とする歌劇がヒットし続けているのは,「いま,ここ」からみた「むかし,よそ」そのものがもつおもしろさに拠るところが大きいに違いない。

第2は,世界史は教訓の宝庫だというものだ。たとえば,第一次世界大戦の終了に際して戦勝国フランスは敗戦国ドイツに対して苛烈な賠償取立てをおこなったが,この行動はドイツ経済の崩壊,さらにはナチ党の台頭を招いたとみなされ,第二次世界大戦の戦後処理をめぐる決定過程に影響を与えた。あるいはまた,ヒトラーによるズデーテン地方併合をめぐるミュンヘン協定(1938年)の帰結は,好戦主義国家に対する宥和政策は悲劇に終わるという教訓の例として,今日でもしばしば引用あるいは利用されている。

第3は,「いま,ここ」と異なる「むかし,よそ」は広義の「他者」にあたるが,自己と異なる他者のあり方を知ることは,多文化共生に関する理解の深化に役立つというものだ。たとえば,わたしたちが暮す「いま,ここ」すなわち今日の日本では,政治と宗教の相互不干渉を義務づける政教分離は,憲法の次元で定められ,また広くコンセンサスを得ている。しかし,イスラーム地域では,基本的に政治と宗教は密接不可分のものとして存在してきた。この点をしっかりと理解すれば,その先に,ムスリム(イスラーム教徒)のライフスタイルを理解し尊重する可能性が垣間みえてくるだろう。

第4は,「むかし,よそ」すなわち他者を鏡として用いることにより,「いま,ここ」すなわち自己が無意識にもっている常識の存在を認識し理解することが可能になるというものだ。先の政教分離の事例に即していえば,イスラーム地域の歴史や,あるいは中世ヨーロッパの歴史を学び,政教一致というライフスタイルが存在することを知れば,21世紀の日本に生きるわたしたちの多くが当然のものとみなしている政教分離という原則が,当然のものでも当り前でも常識でもなく,「いま,ここ」に固有かつ特有の存在にすぎないことが感得できる。ここにおいて,イスラーム地域や中世ヨーロッパの歴史は「鏡」として機能し,わたしたちが無意識のうちに保持している常識は「メガネ」として現出する。世界史を学ぶとき,自己が「鏡」に写し出され,「メガネ」の存在が発見される機会が生まれてくる。

このように「むかし,よそ」を知ることの有用性という問題については,いろいろな見解がある。もちろん,そのおのおのについて一定の留保を付すことは可能であり必要であるが,世界史を学ぶことは,だれにとっても有意義な営為たりうるはずである。

世界史をどう捉えるか

　それでは，世界史を学ぶことを有意義な営みとするためには，どのような書物が必要なのか。どのような叙述に対して，わたしたちは納得し共感するのか。

　本書では，この課題を念頭におき，現代的な視点から世界史を大づかみに捉えて提示することにした。わたしたちが生活している「いま，ここ」からスタートする関心に基づき，「いま，ここ」にとって重要なテーマを視野の中心にすえながら，世界の歴史すなわち「いま，ここ」を含む「むかし，よそ」を一気に俯瞰してみたい，ということである。

　「いま，ここ」からみてアクチュアルなテーマとしては，人・モノ・情報の移動，宗教と信仰，科学技術と環境，この三つを選択し採用する。

　第1の「人・モノ・情報の移動」についていうと，20世紀末以来の現代社会を特徴づけるキーワードの一つは「グローバル化（グローバリゼーション）」である。政治面では，ユーラシア大陸の西半分において，社会主義体制が崩壊した。ヨーロッパでは，欧州連合（EU）が通貨統合を実現し，さらには政治や外交の統合に乗り出した。経済面では，財・貨幣・労働力が国境を越えて自由に移動する状況を実現するべく，世界貿易機関（WTO）が設置された。情報技術面では，インターネットの民間商業利用が解禁され，情報（とモノ）が一瞬のうちに世界を駆けめぐる状況が生まれた。こうして，国境をはじめとする各種の境界線が消滅または弱体化して地球（グローブ）がフラットになり，人・モノ・情報が大量かつスムーズに移動するという傾向，すなわちグローバル化が進み始めた。

　歴史学においても，この事態を反映してか，グローバルな事象を分析する研究動向である「グローバル・ヒストリー」が出現し，重要性を増しつつある。また，世界史を顧みると，人・モノ・情報の移動のあり方は，社会・経済・政治・科学技術などさまざまな要因に規定され，その一方でそれらに大きな影響を与えてきたことがわかる。

　第2の「宗教と信仰」についていうと，ニュースをみればわかるとおり，今日のグローバル化は世界の完璧なフラット化を実現しているわけではない。グローバル化という傾向は，あれこれの領域・側面・地域において，依然として既存の各種境界線と対立している。それのみならず，グローバル化という運動自体が新しい境界線を創出している。すなわち，クリミア半島における事実上の国境移動にみられるとおり，既存の境界線のうえに，つぎつぎと新しい境界

線が引かれている。あるいは，インターネットへの接続可能性を基準とするデジタル・デバイドが問題となったように，それなりにフラットだった次元において境界設定が始まり，境界線の次元を増加させ，重層化させている。

これら新しい境界線をもたらすもののうち，代表的な存在としては宗教がある。宗教的な違いに基づいて新たな国境が引かれ，あるいは経済的なグローバル化に対する民衆の不満を吸収することによって特定の宗教が急速に勢力を拡大するなど，今日の世界の動向は，宗教を抜きにしては理解できない。

そして，歴史をさかのぼると，宗教さらには広く信仰は，なんらかのかたちで，つねに人々の意識や行動を規定してきたことがわかる。

第3の「科学技術と環境」についていうと，わたしたちは，科学技術が急速に進歩し，その意義と限界に正面から向き合わなければならない時代を迎えている。科学技術は人間を取り巻く（自然をはじめとする）環境とのつきあい方を規定するが，今日，人間は環境をかなりの程度コントロールできるだけの力をもつにいたった。ヒトゲノムの解読から10年をへて，わたしたちは自宅で気楽に遺伝子検査が（一応）できる世界に生きている。石炭や石油など化石燃料はもうすぐ枯渇するはずが，気づいたら，新しいエネルギー源としてシェールガスが登場していた。宇宙飛行の領域をみると，さまざまな民間企業が参入を試みている。いずれも，一昔前には信じられなかった事態である。

その一方で，わたしたちは，東日本大震災と福島第一原発事故を経験することによって，環境や，さらには科学技術そのものについても，人間がコントロールしきれない領域が存在することを再確認させられた。日本列島に暮す者にとってなじみ深い地震の発生は，これだけコンピュータが発達しても，依然として確率分布がわからない不確実性の領域にとどまっている。日々の生活に浸透していた原子力発電所は，ちょっと水に濡れただけで暴走してしまうような科学技術の結晶だった。わたしたちは，科学技術や環境とのつきあい方を根本的に考えなおさなければならないところにきている。

世界の歴史を振り返ると，科学技術の発展は「進歩」の名のもとにプラスのイメージを与えられ続けてきたが，それでよいのか，ということである。

本書では，このような現状認識に基づき，アクチュアリティをもつと判断しうる三つのテーマにそって，世界史を，人類の経験のプロセスとして再構成し，描き出すことを試みる。もちろん，ほかにも，不平等と格差，ジェンダー・エスニシティ・民族といった集団的アイデンティティ，あるいは情報化といった

テーマもアクチュアルで重要だが，そこまでは手がまわらなかったというのが正直なところである。

　もう一つ，本書は，各時代や各地域を特徴づけるものを明らかにすることもめざしている。アクチュアルなテーマの展開を縦糸とし，各時空間の特徴の説明を横糸とし，これら二つの叙述を組み合わせながら，歴史という織物を紡いでみたい。

世界史をどう描くか

　本書のように一冊で世界の歴史をすべてカバーしようとする場合，どのような構成をとるかは大きな問題となる。これはつまり，世界史という時空間をいかに区切るかという問題である。

　もちろん「世界史」を名乗るからには，人類の誕生から今日までの地球という時空間の総体をまるごと捉えることが可能であれば，それがベストだろう。フランスの歴史学者リュシアン・フェーヴルは，分析対象をまるごと捉えるアプローチを「全体史(histoire à part entière)」と呼び，歴史学は全体史を志向するべきことを提唱したが，そのとおりである。

　たしかに，歴史をいかに捉えるかという「認識(歴史認識)」の次元では，全体史を志向するというのは望ましいスタンスだろう。しかし，世界史を叙述し，あるいは語るという「実践」の次元において，そんなことは可能なのだろうか。実際には，これはなかなかの難問である。

　そうだとすれば，世界史を概説するにあたっては，まずもって，なんらかのかたちで世界史を空間的および時間的に区分する必要がある。空間的な区分は「地域区分」と，時間的な区分は「時代区分」と，おのおの呼ばれる。世界史を叙述するにあたっては，時代区分と地域区分をおこなって世界史を複数の時代と地域に区分し，それによって境界を設定された「ある時代のある地域」の歴史を積み重ねてゆくという手続きをとらざるをえない。

　この時代区分と地域区分をおこなうにあたっては，二つの点に留意する必要がある。

　第1に，「区分する」とはなんらかの差異に注目して境界線を引くことであるが，この境界設定という営為は「分類」を前提としている。しかしながら，分類とは，すべて恣意的で主観的なものである。分類の選択に際しては，なんらかの意図や目的が，意識的にか無意識にか介在する。いかなる差異に着目し，

どこに境界線を引くかを選択するに際して、完全に客観的な基準や根拠は存在しない。したがって、時代や地域を区分するにあたっては、おのおのの目的を明示したうえで、それに照らして自らがもっとも妥当と判断したものを採用するしかない。

第2に、時代区分と地域区分は相互に連関している。すなわち、特定の時代区分を採用すると、特定の地域区分が(ほぼ)自動的に採用される。もちろん逆もまた真である。

それでは、これまで、いかなる時代区分・地域区分が提示され、用いられてきたのか。代表的なものについて、いくつか紹介しておこう。

まず時代区分については、三つの例をあげることができる。

第1は、「古代(ancient)、中世(medieval)、近代(modern)」という三分法である。これは、ルネサンス期のヨーロッパに源流をもつといわれているが、それまでの時代を暗黒の「中世」として否定し、新たな時代たる「近代」を輝かしき「古代」の延長線上におくことによって正当化するという、意図的な歴史像構築の営為の産物である。ただし、今日からみると、この三分法には、近代の起点は15世紀から16世紀(ルネサンスの広がり、宗教改革、大航海時代)におかれるか、それとも18世紀から19世紀(アメリカ合衆国独立、産業革命、フランス革命)におかれるかが不明であるという問題点がある。

第2は、「古代、中世、近代、現代(同時代、contemporary)」という四分法である。これは、19世紀末から20世紀前半にいたる時期に世界規模で大きな断絶があり、この断絶が、今日わたしたちが暮す世界の起点をなしている、という認識に基づいている。ここでいう断絶として着目されるのは、大衆社会の出現、大量生産の実現、帝国主義による世界の分割、総動員体制と世界戦争、社会主義国家の成立などである。

第3は、「古代、中世、近世(early modern)、近代、現代」という五分法である。この場合、およそ大航海時代から産業革命までが一つの時間的なまとまりとみなされ、それ以後の近代と区別された「近世」として独立する。この時代区分の背景には、大略「大航海時代は世界の一体化を本格的に開始させたが、その後しばらくのあいだ、世界の先進地域はアジアであった。しかし産業革命によってヨーロッパがアジアを逆転し、世界の先進地域にして中心となった」という世界史認識がある。また、この区分を採用すると「近代の起点をどこにおくか」という難問が解決できることになる。

つぎに地域区分であるが，これについても三つの例をあげておこう。

第1は，「西洋(West, Occident)」と「東洋(East, Orient)」という二分法である。ヨーロッパおよび合衆国成立以後の北アメリカが「西洋」とされ，それ以外の地域はまとめて「東洋」とみなされる。どうみても「西」にある北アフリカが東洋とされることからわかるとおり，これはたんなる地理的な区分ではなく，きわめて意図的で，主観的で，その意味で政治的な営為である。さらにいえば，西洋と東洋を区分し分類することの裏には，暗黙のうちに「西洋は上，東洋は下」という序列化の意識がはたらいている。分類は往々にして序列化をともないがちであり，西洋と東洋という二分法は，歴史は西洋すなわち欧米を主動因として展開してきたと考える欧米中心史観に基づいているといってよい。

第2は，「自国，東洋，西洋」という三分法である。日本に即していえば「日本，東洋，西洋」ということになるが，これは，日本の大学の歴史学科の構成をみればわかるとおり，わたしたちにとってなじみ深い区分である。ただし，これもまた純粋に地理的な区分とはいえない。韓国の歴史学者イム・ジヒョンによれば，明治維新後日本における「日本，東洋，西洋」という三分法は，地理的な区分に政治的な含意をもたせる地政学的(geo-political)な知として構築され，そのようなものとして受容された。すなわち，東洋を脱出して西洋に接近するプロセスとしての日本史，日本に植民地化されるべき空間の遅れと停滞の歴史としての東洋史，そして進歩・文明化・近代化の具体例としての西洋史である。

第3は，文化を共有する空間である「文化圏」に世界を区分するというものである。たとえば，東アジア，東南アジア，南アジア，西アジア・北アフリカ，ヨーロッパ，サハラ以南(サブサハラ)アフリカ，アメリカ，オセアニアなどの文化圏に区分することが考えられる。文化圏という概念は，文化のいかなる構成要素が区分の基準となるかという点に曖昧さを残しつつ，日本では，1970年に改訂された学習指導要領によって高等学校世界史教科書に導入され，人口に膾炙するようになった。

それでは，本書の目的に即す場合，いかなる時代区分と地域区分を採用するべきか。

本書は，アクチュアルなテーマを設定して世界史を再構成するというスタンスをとっている。したがって，極力テーマ中立的な時空間の枠組みを採用することが望ましい。もちろん完全に中立的な時空間の枠組みなどというものは存

在しないが，先に設定した三つのテーマにそった叙述が時代区分や地域区分のあり方によって歪められたり妨げられたりすることは，なるべく避けたい。

　この点に関して示唆的なのは，エネルギー獲得量，都市化，情報技術，戦争遂行力など複数で多様な指標を総合し，東洋と西洋の関係を歴史的に捉えようとした考古学者イアン・モリスの研究である。本書では，彼の所説を援用しつつ，つぎのような時期区分と地域区分を採用する。

　まず地域区分としては，欧米(ヨーロッパ，北アメリカ)，西アジア(東地中海沿岸部，中東)，東アジア(東南アジアを含む)の3地域を主要な対象とする。それ以外の地域としては中央ユーラシア，南アジア，中央・南アメリカ，オセアニア，サブサハラ・アフリカなどがあるが，これらについては必要に応じて適宜ふれる。

　つぎに時代区分については，西アジア・地中海沿岸・東および南アジアにおける文明の成立と西アジアの優越(有史〜6世紀前後)，諸文明の確立と東アジアの優越(6世紀前後〜15世紀)，世界の一体化(15世紀〜18世紀)，欧米の優越(18世紀〜19世紀)，グローバルな再編成(20世紀〜今日)という五つの時代を設定し，おのおのに1章をあてることにする。

第1章 西アジアの時代

紀元前

3100頃	エジプトに統一国家
3000頃	エーゲ海青銅器時代開始
2900頃	メソポタミアに初期王朝
2600頃	インダス文明
1600頃	殷王朝（〜前11世紀）
1050頃	周王朝
770	春秋時代（〜前403）
8世紀	ギリシアでポリス
7中頃	アッシリアのオリエント統一
550	アケメネス朝（〜前330）
509頃	ローマ共和政開始
403	戦国時代（〜前221）
334	アレクサンドロスの東方遠征開始
317頃	マウリヤ朝（〜前180頃）
3世紀頃	匈奴強盛
248頃	パルティア王国（〜後224）
221	秦，中国を統一（〜前206）
202	漢（前漢）（〜後8）
1世紀	高句麗（〜668）
1世紀	サータヴァーハナ朝（〜後3世紀）
27	ローマ元首政（帝政）開始

紀元

25	後漢（〜220）
1世紀	クシャーナ朝（〜3世紀）
1世紀末	扶南（〜7世紀）
2世紀初	ローマ帝国の領土最大
2世紀	チャンパー（〜17世紀）
224	サーサーン朝（〜651）
280	晋，中国を統一
320頃	グプタ朝（〜550頃）
4世紀後半	ゲルマン人の大移動開始
395	ローマ帝国の東西分裂
420	江南に宋。南朝
439	北魏，華北を統一。北朝
476	西ローマ帝国滅亡

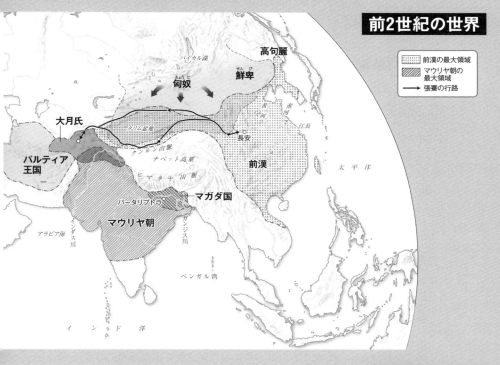

前2世紀の世界

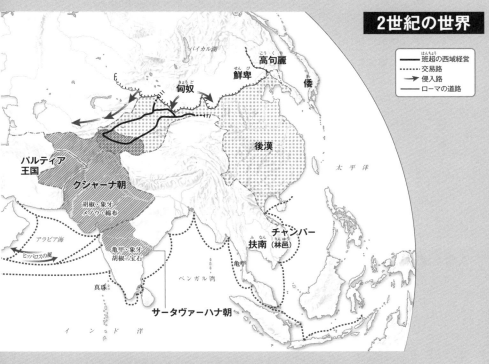

2世紀の世界

1 試行錯誤する人類とオリエントの都市，国家，帝国

　二足歩行生活へと徐々に移行した人類は，農耕・牧畜や都市社会といった，現代のわたしたちもまた享受している文明の根幹を，気が遠くなるほど膨大な時間を積み重ね，つくりあげてきた。「革命」などと呼ぶにはあまりにゆるやかで，壮大な試行錯誤の繰返しであった。こうした積重ねのうえに，いち早く高度な文明を築いたのは，西アジア（メソポタミア地方，イラン高原，アナトリア，シリア・パレスチナ地方）とエジプトの人々であった。本節では，この二つの地域を合わせて，オリエント世界と呼ぶこととする。

　近接する西アジアとエジプトは，相互に，そして周辺地域にも影響を及ぼしながら，それぞれの国家的枠組み，神格，文字をつくりあげ，様相の異なる文明を形づくっていった。メソポタミアでは，早くに都市の文化が成長した。政治的には自立的でありながらも，周辺地域との交易を前提とした都市が互いに結び合い，ネットワークをつくりあげていった。他方，諸都市は相互に衝突を繰り返し，やがて有力都市による広域支配がおこなわれるようになってゆく。エジプトでは農耕・牧畜の導入後，王朝を中心とした政治文化へとすみやかに移行し，早い段階で領域支配がおよそ確立した。それぞれ異なる相貌を備えていたとはいえ，これらはともに，南方はヌビア，東方は中央アジア，南アジアにも及ぶ広範な威信財（地位の顕示に資するような品）交易ネットワークに組み込まれていた。やがてオリエント世界は，前2千年紀半ばころから，諸大国が比較的安定的に外交を結ぶ時代をへたのち，前1千年紀の初めには覇権国家が登場し，政治的に一定のまとまりを得ることになる。そこでいかなる文化遺産がつくりだされ，いかなる儀礼・祭祀が営まれ，いかなるネットワークが形成されていったのか。断片的に残された考古遺物，文字史料からのぞきみた世界を概観してゆきたい。

人類の誕生から農耕・牧畜の開始へ

　700万年前，人類の祖先は，アフリカの森で類人猿から分かれ，半樹上生活を営みつつ，地上では二足歩行を開始した。やがて420万年前，アウストラロ

ピテクスなどの初期人類は，直立二足歩行者として自立し，活動の場を東アフリカ全域へ，森から草原へと拡大していった。250万年前を過ぎたころには，意図的に加工を加えた道具を積極的に利用する，新たな人類が登場した。さらに180万年前に登場した人類の一部（ホモ・エレクトゥス）は，最初の「出アフリカ」を実行し，ユーラシア大陸をも活動領域に加えた。この後，人類は各地でさらに進化を遂げ，同じ時期に複数種の人類が活動する状況にいたったが，そのほとんどがやがて絶滅してゆくこととなる。

　20万年前，やはり東アフリカで，現代人の直接の祖先ホモ・サピエンスが誕生した。DNA分析によれば，彼らは（すなわち，わたしたち現代人はすべて），先行する人類の一種ハイデルベルゲンシス人から派生した一つの集団を共通の祖先とするという。彼らもまた，6万年前に活発な移動を開始した。「出アフリカ」をはたし，西アジアを経由して，ユーラシア大陸各地，さらにはアメリカ大陸，オセアニアにも渡り，陸地の95％までを活動領域とするにいたった。新たな環境に適応したホモ・サピエンスは，先行して活動していたほかの人類をものみこみ，あるいは駆逐して，人口を爆発的に増やしていった。彼らは，石刃や骨角器など，道具の加工技術を洗練させるとともに，また大型獣の計画的狩猟や交易など，社会経済的に計画的な集団行動をするようになる一方，豊満な乳房や臀部を特徴とする「ヴィーナス像」や西ヨーロッパを中心に分布する洞窟壁画が示すように，高度な精神文化を育んでいった。

　地球上の各地に広がり，狩猟・採集により豊かな生活を営んでいた人類であったが，およそ1万年ほど前から西アジアのレヴァント（地中海東岸）地方やアナトリア南東部，東アジアの黄河・長江流域など，世界の複数の地域で新たな食糧獲得の技術を試み始めた。現在まで人類の生存を支え続けることになる核心的技術，農耕・牧畜である。それ以前の地球は最終氷期と呼ばれ（7〜1万年前），乾燥が激しく，また一般に寒冷で，同時に気温の変動も激しかったが，1万年ほど前，現代のような比較的温暖湿潤でおよそ安定的な気候へと変化した。地域ごとの影響や展開にはさまざまな差異があったものの，農耕・牧畜開始の根底には，こうした地球規模の気候変動があった。

　しかし，狩猟・採集から農耕・牧畜への移行は，一気呵成に成し遂げられたわけではなかった。たとえば，西アジアで栽培種のムギがはじめて確認されるのは約1万500年前とされるが，野生植物を栽培し収穫する行為は，以前から西アジアの広い範囲でそれぞれの環境に応じておこなわれていた。また栽培種

誕生ののちも，野生種から栽培種に完全に移行するまでには数千年を要した。ヤギ，ヒツジ，ウシ，ブタといった動物の家畜化も紀元前9千年紀に開始されたが，野生動物を管理する活動はそれ以前からおこなわれており，また前8千年紀後半にいたるまでは，野生動物の狩猟も重要な肉の供給源であり続けた。人類は，長期にわたる試行錯誤のすえ，完全な農耕・牧畜社会をつくりだしていったのである。

こののち，農耕・牧畜は，しだいに各地に伝播していった。西アジアからは，東方では前6500年ころまでにカフカース地方やインダス川流域まで，西方では前5500年ころまでに中央ヨーロッパにまで広まっている。また，西アジアで動物の家畜化が開始されてまもなく，乳利用も開始されたが，こうした牧畜の技術を基盤として，前6000年以降，気候の乾燥化とともに遊牧文化も発展してゆくこととなる。

西アジアの都市化と初期エジプト文化

西アジアに成立した初期農耕集落のなかには，のちに縮小し，あるいは放棄されるケースもあったが，全般的にいえば，農耕・牧畜への移行により，集落はおよそ長期にわたる安定的なものとなった。規模も大型化し，共同体として経済活動・社会生活を維持するための技術・施設がつくりだされていった。人類は都市化に向けて歩みを進めたのである。

前8千年紀後半，レヴァントからアナトリアにかけて10ヘクタールを超える大規模な農耕集落が形成されるようになった。これらの集落は，周辺地域からの農産物を集積するばかりでなく，遠隔地との長距離交易もおこなった。集落内には共同倉庫が設けられ，物資の管理には，押印を施した封泥や文字の前身であるトークン（粘土製の小型オブジェ）が用いられた。所有権の観念も発達していたと考えられる。また，共同墓地あるいは死者に対する儀礼をおこなうための施設も設けられた。前5千年紀末までには，北メソポタミアで，都市と呼べるほどの巨大集落が複数形成されるようになった。これらの都市は，大規模で豊かな天水農業地帯の中心に位置しており，貧富の差をともなう，複雑な構成をした社会が形成され，行政や信仰・儀礼に関する公共建築が整えられていた。

さらに前4千年紀後半には，南メソポタミア南部のシュメル地方に超巨大集落ウルクが出現するにいたった。これは人類最古の都市ともみなされている。

市壁は周囲10キロに及び，女神イナンナの神域には50メートルを超える神殿が複数建設された。ティグリス川，ユーフラテス川の下流域にあたるこの地域は，北部とは逆に天水に恵まれず，洪水に悩まされていたが，灌漑農業によって高い生産性を実現するとともに，乏しい天然資源を周辺地域から搬入して加工品を輸出することで富を蓄積した。都市は周辺集落にとって物資の集積センターとなり，これを核として形成された交易ネットワークは，北メソポタミア，イラン高原，アナトリア，レヴァントにまで及んだ。都市の工人により制作されたとみられる装飾性の乏しい大量生産の土器が，西アジアの広い範囲で確認されている。

　また前4000年ころまで単純だったトークンの複雑化が進むと，さらに原楔形文字が生み出され，とりわけウルクでは，これらが経済の管理運営に利用された。当初は絵文字に近いものだった原楔形文字は，やがて楔形文字として発達し，徐々に表音化が進み，文字数が減少して，前３千年紀末までにはたいていの文章を表現できるきわめて汎用性の高いものへと変化を遂げることになる。

　エジプトに目を転ずると，こちらではレヴァントに遅れ，前６千年紀の終わりまでにようやく農耕・牧畜への移行が開始された。ナイル川流域の野生動植物が比較的豊かであったために，新たな食糧生産技術への移行が遅れたと考えられている。さらに，ムギの栽培は当初もっぱら北部に限られており，農耕・牧畜と定住生活がナイル川流域全体に拡大し，経済活動の中核を担うようになったのは，ようやく前５千年紀末のことであった。

　興味深いことに，農耕・牧畜および定住生活への移行が緩慢であったエジプトでは，領域国家化，すなわち王国的秩序を志向する政治的・文化的な動きが急速に進行していった。前4000年ころにエジプト南部で発生したナカダ文化圏には，いち早く都市とみなしうる大規模な集落があらわれるとともに，社会層の分化が進み，共同体の支配者が登場して，周辺地域にまで影響力を行使する「原王国」とも呼ばれるような大型の地域共同体が形成された。同時にナカダ文化圏は，北部のナイル・デルタ地帯をも覆うようになり，ナイル河畔の文化的画一化が進んだ。この時期には葬制も発達し，規模や副葬品などの点で，身分差に応じた埋葬がおこなわれるとともに，のちのミイラにつながる原初的な遺体保存も始まったと考えられる。地方には，集落の中核となる神殿が建設され，それぞれ異なる神格が信奉されていた。文字もいち早く利用されており，メソポタミアよりも早く案出された可能性も指摘されている。これまでに確認

されている最古の原ヒエログリフ（神聖文字）は前34〜前33世紀のものとされ，王名表記と経済活動の管理に使用されていた。やがて王権祭儀に関連する文脈でも用いられるものがあらわれ，また文脈に応じて書法も分化していったことが確認されている。

　周辺地域との交流も盛んであった。西アジアとの接触は先進的知識をもたらし，農耕に関しては，西アジアで採用されていたのと同じ，ムギとヒツジ・ヤギを中心とする農耕・牧畜が一般化した。前4千年紀後半には交易がいっそう盛んとなり，西アジアからはパレスチナの土器やアフガニスタン（中央アジア）のラピスラズリなどが輸入され，威信財として用いられた。これに加えて，ヌビアからも土器などのエジプト製品が出土しており，またパレスチナでもエジプト工人による土器が出土している。これらは，当時，西アジアとエジプト，ヌビアをつなぐ，大規模な交易ネットワークが形成されていたことを物語っている。

メソポタミアの都市国家

　メソポタミアでは，前2900年ころから世襲の王が共同体を統治するという政治システムが各地で発達していった。ウルやウルクといった複数の有力都市が形成され，それぞれの王が自らの都市に加え，周辺集落や耕作地帯を統治した。王は，神ではなく，人間として神々から支配権を授けられ，神々の庇護のもとにおかれるものと考えられた。これらの都市は相互に，そして周辺地域とのあいだで穀物や家畜，各種商品を交換するなどして通商関係や同盟関係を結んでいたが，敵対して武力を行使することもしばしばであった。とりわけ西アジアは，先に述べた長距離交易ネットワークの中継点にあり，メソポタミアおよび周辺地域の交易拠点となる都市が略奪の対象とされたり，あるいは相互に武力衝突に及んだりすることもあった。

　都市間の競合のなかから，やがて南メソポタミア全域および周辺地域を広範に支配しようとする勢力があらわれる。覇権争いを勝ち抜いたのは，王サルゴンが率いるアッカド帝国であった（前2334〜前2193年ころ）。サルゴンは，在来の都市国家をつぎつぎに併呑し，最盛期に東はザグロスから西は地中海沿岸部にいたるまでの広域を支配下におさめた。アッカド市が首都となり，各地に行政官が配置された。王権の正当化には従来からの宗教的権威が利用され，王女がシュメル都市ウルの高位神官にすえられるなどしたが，国内の叛乱を鎮圧し

たのちには，王権の神格化もおこなわれた。行政用語としては，シュメル語とともにセム系のアッカド語が広く用いられ，楔形文字の行政記録も作成された。外部からの物資は，軍事力により獲得したものも少なくなかったが，交易も促進され，ペルシア湾のオマーン半島などを経由してインダス文明圏との海上交易もおこなわれた。

やがてアッカド帝国は，南メソポタミア諸都市の自立化や外部勢力の侵攻などを理由として崩壊する。その後，短期間ながらメソポタミアの広範な地域を支配したのは，シュメル都市ウルであった（ウル第3王朝期，前2112～前2004年）。各地に大規模な階段状の聖塔（ジッグラト）を建築するなど公共建築事業もさかんにおこなわれ，また領域各地から徴税し，再分配をおこなうための高度なシステムも導入された。ウル第3王朝期に大量に出土しているシュメル語粘土板文書は，当時の緻密な文書行政の様子を現代に伝えており，さらに史上はじめて法文が文字に刻まれたとされている。交易には国家が深く関与しており，ペルシア湾方面に織物，羊毛，胡麻油などを輸出し，現地産の銅やさらにインダス文明圏等からもたらされる貴石などを輸入していた。また，これよりも前からすでに物資の価値基準，交換媒体となりうる貴金属片が使用されていたが，この時期に交易の拡大にともなって度量衡の統一がはかられると，この単位が古代西アジア史を通じて基本的な単位として用いられることとなった。これは，さらに後代，西方のギリシア世界の重量，貨幣単位にも影響を与えることとなる。やがてウル第3王朝も，国内不安や外部勢力の攻勢により力を失っていった。

ウル第3王朝崩壊後，メソポタミア地方では複数の都市が台頭し，諸王が勢力を争った。前18世紀前半，周辺諸国を併呑し，支配下におさめたのは，アムル系の王家が率いる王国バビロンであった。ライバルを破り，支配領域を著しく拡大したバビロン王ハンムラビは，都市の守護神マルドゥクの地位を高めるのに決定的な役割をはたした。また交易や日常生活のなかで生ずる法的諸問題について指針を整理した，いわゆる「ハンムラビ法典」が整理され，石碑に刻まれた。

北部に目を転ずると，前2千年紀，アナトリアからイラン高原にいたる西アジアの広い範囲に多くの小国家が興っていた。背景には，広範な地域を結ぶ，活発な交易活動があったと考えられており，商人たちはロバを利用し，隊商を組んで交易をおこなっていた。メソポタミア北部のアッシュルには，イラン高

原から青銅生産に不可欠の錫が輸入され，メソポタミアからは多様な織物が輸出された。とりわけアッシュル商人は，アナトリア東部の都市カネシュの王と協定を結び，納税の対価として保護を受け，この都市を拠点として広範な交易活動をおこなった。

エジプト王国の成立と展開

　前4千年紀の終わり，エジプトでは統一的な国家が形成された。こののち，いく度かの分裂を経験するものの，エジプトは，神格化した王の権威のもとで統一的国家を運営する方策をさまざまに考案し，領域国家をおよそ維持してゆくこととなる。

　国家を統べる「王権」に関する理念は，王朝が成立する以前，すでにナカダ文化で用いられていた，さまざまな象徴・儀礼を利用しながら，徐々に練り上げられていった。初期王朝時代（前3100年ころ～前2686年），王自らが神の化身であることに権威の根拠をおく神王理念が形成されるとともに，巨大な墓も建設されるようになった。

　古王国時代（前2686～前2160年）になると，神の化身である王が，死後，神々の列に加わるといった神王理念・来世観が形成され，ピラミッドのような，葬祭殿を備えた巨大石造墳墓が建設されるようになった。大規模建設事業を支えたのは，人員や物資，徴税を管理するために整備された官僚組織であった。やがて巨大ピラミッド建造のピークを過ぎると，ピラミッドは小型化していったが，これを補完するかのように，王権と密接にかかわる太陽神ラーの神殿がいくつも建設された。

　古王国時代，外部との交流も王家や神殿を主体として，いっそうさかんにおこなわれていた。南方のヌビアには遠征をおこない，香料や黒壇，豹皮・象牙を入手した。西アジア方面では，シリア地方の都市ビブロスを交易拠点として，杉材の輸入をはじめ，緊密かつ恒常的な交流をおこなった。また遠方への物資獲得遠征もおこなわれ，シナイ半島へはトルコ石，下リビアへは閃緑岩，そのほかにも砂漠地帯へ鉱物資源を獲得するために遠征部隊が派遣されていた。

　古王国時代の統一が崩れたのち，エジプトは第1中間期をへて，中央集権体制を回復し，中王国時代（前2055～前1650年）を迎えた。中エジプト語は文章語として洗練され，エジプト古典文学が開花するなど，エジプト文化が華やかに展開した。対外交易も活発化し，ヌビアや紅海周辺地域とされるプントへの交

易遠征，アスワンなど各地への採石遠征がおこなわれたほか，シリアとの交易も活発におこなわれた。さらに新たに干拓事業をおこない，エジプト有数の穀倉地帯をつくりあげ，国内農業を通じて王権の強化がはかられた。また，地方統治組織の整備もおこなわれた。拠点となる街に地方行政センターがおかれ，地方行政の単位である州の範囲も明確化し，州知事が配置された。

続く第2中間期(前1650〜前1550年)には，「ヒクソス」と呼ばれる西アジア系の外来部族が王権を手に入れ，北部のアヴァリスを中心に統治をおこなったが，やがて南部テーベを拠点とする一族に放逐される。新たに成立した新王国(前1550〜前1069年)は，テーベを首都に定め，旧来の領土を回復するばかりではなく，精力的な拡大政策へと舵を切った。西アジア方面では，シリア・パレスチナ地方の広範な地域を支配下におさめた。また南方では，ヌビアをエジプトの一地域とし，最大でスーダン中部まで支配するにいたった。

王権は武勇を誇示し，祭儀や神殿建築・装飾では，王家の力が強調された。首都テーベ近郊には，「王家の谷」として知られる岩窟墓群が造営され，近隣には葬祭殿が建設された。また多神教のなかでも，とりわけ主神アメンとラーの信仰を中心とした儀礼が発達し，そこでも軍事的成功が強調された。神殿には戦勝にともなう莫大な富が奉納された。前14世紀，アメン神神官団の強大な権勢に懸念をいだいたアクエンアテン王は，首都をアケトアテン(現テル・エル・アマルナ)に移し，多神教からアテン神の一神教への転換をはかったが，広範な支持を得ることなく，同王の死後には旧来の状況に復した。

オリエント諸大国システム

ここで再び，西アジアに目を転じることとしたい。王ハンムラビの死後，勢力を失ったバビロン王国が前16世紀初頭に滅亡すると，その後，西アジアは断片化の1世紀を迎え，しばらくのあいだ，大国と呼ぶに値するほどの勢力が登場することはなかった。やがて前1500年ころになると，オリエント世界は，新王国時代を迎えたエジプト，アナトリアのヒッタイト，北メソポタミア・シリアのミッタニ(いわゆるミタンニ)といった複数の強力な領域国家が並び立つ時代を迎えた(〜前1200年ころ)。同時に，地中海を臨むシリア・パレスチナ地方には複数の小国家が存在し，これらの強国と深い関係を結んだ。各国は，さらに西方のギリシア世界(ミケーネ文化圏)をも巻き込んで活発な交流・衝突を繰り返した。

これら諸大国のうち，ミッタニ王国は，前2千年紀にカフカースから北メソポタミア・シリア・アナトリアに移動してきたフリ系とされる人々によって建国されたもので，前15世紀には北メソポタミアおよび周辺地域を支配下におさめるほどの勢力となっていた。同世紀半ば，領土拡張を精力的に推進するエジプト新王国は，ミッタニに対して侵攻を試みたが，大きな成果をあげることはなく，両国は和平を結ぶこととなった。するとこののち，オリエント世界の諸大国はしばらくのあいだ，概して相互友好と勢力均衡をはかるようになる。その様子が，とりわけ，エジプトのアマルナで発見された諸王間の書簡，いわゆる「アマルナ書簡」が詳しく伝えている。強国の諸王たちは互いに「兄弟」と呼び合い，使者および書簡とともに物品を交換し合った。西アジア諸国からエジプトへは戦車や馬，ラピスラズリ，銅などが贈られたほか，ヒッタイトからは鉄の贈与もおこなわれた。エジプトから諸外国への返報には黄金が用いられた。またエジプトと西アジア諸大国のあいだでは，政略結婚もおこなわれ，失敗に終わった場合もあったものの，種々の外交活動がさかんにおこなわれていた。他方，シリア・パレスチナ地方では，エジプトの支配下に組み込まれた都市国家群が，相互に抗争しながら，王の歓心を得ようと競って書簡を交換し，外交活動を展開していた。

　アマルナ書簡が示唆するオリエント世界の勢力均衡は，前14世紀半ばころ，ヒッタイトの南下政策などにより揺らぎ始める。ヒッタイトはシリア地方への拡大政策を再開し，大国ミッタニをも服属国とするにいたる。ヒッタイトは，南下政策に傾注するあまり，アナトリア防衛が不十分で首都ハットゥシャを奪われるなどしたが，南方では対立するエジプト新王国と武力衝突し，シリアまで勢力を伸ばした。しかしながら，隆盛を誇ったヒッタイトも，前13世紀末に向けて急速に力を失ってゆく。王家の内紛に加え，東からは勢力台頭著しいアッシリアの攻勢にさらされ，西側の服属国の叛乱にも悩まされた。

　アッシリアは，前14世紀にミッタニから独立した都市アッシュルを中核として領域国家を形成したのち，前13世紀にも軍事的拡大を続け，西方は，ユーフラテス川以東の旧ミッタニ領域を勢力下におさめていった。さらにシリア北部，アナトリア東部にも軍事遠征をおこない，バビロニアをも掌中におさめた。

　このような情勢のなか，前1200年ころ，衰退していたヒッタイトが滅亡した。詳細は不明だが，首都ハットゥシャは焼け落ち，何者かの侵入を受けた可能性が高い。当時，東地中海を股にかけて大規模な移動をおこなっていた「海の

民」と総称される民族混成集団による破壊であった可能性も考えられている。「海の民」はさらなる破壊と移動を続け，エジプトにまで達した。エジプト侵攻には失敗したものの，「海の民」の一部は，パレスチナ地方に定住した。

　しかし，この時期に崩壊したのは，ヒッタイトのみではなかった。オリエント世界全体を覆っていたオリエント諸大国システム全体が，時を同じくして瓦解した。およそ同時期，西方のギリシア・ミケーネ文明も崩壊するにいたった。オリエント世界，東地中海世界全体に広く生じたこの状況は，しばしば「前1200年の破局（カタストロフ）」とも呼ばれる。破局の原因を単一の理由に還元することは難しく，内紛，大規模な人口移動，旱魃，飢饉など，地域ごとに異なる複合的な要因があったと考えられている。帝国的拡大を続けていたアッシリアもまた，滅亡こそまぬがれたものの，前11世紀には西方からアラム系とされる諸部族の侵入を受け，領土の一部を失って衰退した。エジプトでは，一人の王によってナイル川流域全体が統治される統一的政治システムが失われることとなった。地域差はあるものの，前２千年紀の終わりまでに多くの都市が縮小し，人口の多くを支えていたはずの農業用灌漑用水路なども崩壊した。半遊牧生活に移行するものも少なくなかった。

地中海世界への窓口，シリア・パレスチナ

　ここでシリア・パレスチナ地方をクローズアップしてみてみたい。この地域は，古くからさまざまな人々と物資が行き交い，地中海世界と西アジア世界を結ぶ交易の窓口ともなっていた。たとえば，シリア北部の港湾都市ウガリトなどは，前14世紀ころ，オリエント諸大国システムのなかで，政治的にはエジプト王国，ヒッタイトの支配圏に属しながら，メソポタミアの内陸交易とクレタ島やギリシア本土といった西方世界の海上交易をつなぐ結節点となり，東方の錫，キプロス島の銅，アナトリア南東部の銀，エジプトの金などを扱って，国際商業都市として最盛期を迎えていた。

　シリア・パレスチナ地方もまた「前1200年の破局」と無縁でいられるはずはなく，ウガリトなどはこの時期に滅亡するにいたった。しかし，それまでこの地域で勢力争いを繰り広げていた大国ヒッタイトが滅亡し，対するエジプト新王国も後退したため，シリア・パレスチナ地方には新たな入植者が流入するなどして，政治情勢，文化状況に変化が生じた。この地域で活躍した諸勢力は，東西の物流を結び合わせる役目をはたすとともに，それぞれ独自の文化を築き，

政治的・軍事的勢力こそ小規模ながら，周辺地域あるいは後代の諸文化・諸文明に少なからぬ影響を与えることとなった。

シリア北部では，旧ヒッタイトの継承者を自認する人々が，いくつもの都市国家を建設して，ヒッタイトから継承した文化を，アッシリアからの影響なども受けながら発展させた。

また，前14世紀以来シリア砂漠からメソポタミア，シリアに定住化を進めていた遊牧民，なかでもアラム系とされる有力部族は，前11世紀までにユーフラテス川上流地域を中心に勢力を伸ばし，やがてシリア中央部や南部にまで進出して，いくつもの都市国家を建設した。彼らは，隊商交易をおこない，シリア砂漠を中心とする交易ルートを支配した。これによって確立された内陸オリエント隊商交易網は，エジプト・シリアからイラン高原までの広範な地域を経済圏とするにいたった。共通言語としてのアラム語も広範に使用されるようになった。

このアラム系諸国，そしてのちに述べるイスラエル王国などと手を結びつつ，この時期，西方世界との交易を発展させたのが，フェニキア人である。彼らは，古くからシリア・パレスチナ地方に居住していたセム系諸集団のうち，レバノン沿岸部一帯で活動する者たちが，やがて他と区別され，フェニキア人とみなされるようになったものである。フェニキア人は，以前から，先に言及したビブロスやシドン，ティルスなどの都市国家を営んでいたが，「前1200年の破局」ののちも，いち早く活発化して，さらに地中海へと活動の場を広げていった。この時期は，ギリシア文化の停滞期にも相当し，フェニキア人は地中海各地，とりわけクレタ島やシチリア島，北アフリカ，イベリア半島南部などに拠点を形成し，前8世紀まで地中海交易の中核を担った。ティルスでは，前8世紀ころまでに西アジアや地中海各地の商品が扱われるようになった。近隣からは穀物，メソポタミア地方からは織物，アルメニア地方からは馬，ラバ，エーゲ海のロドス島を経由して象牙や黒檀，キプロス島とサルデーニャ島からは銅，イベリア半島南部からは銀をはじめとする鉱物資源がもたらされた。

フェニキア人は中継交易に従事するばかりではなく，レバノン産の杉材や紫の染料，染物など，自らの特産品により富を蓄えた。さらに象牙の加工や冶金の技術にも長け，工人などを各地に派遣したほか，さまざまな文化的影響を各地に残した。たとえばフェニキア人は，農耕神バアル，地母神アスタルテなどを信奉したが，これらの神格や神話は，イスラエルやギリシアの信仰・神話に

影響を与えた。また彼らが使用していたフェニキア・アルファベットは，アラム語やヘブライ語のアルファベットに継承されるとともに，西方に伝わり，ギリシア・アルファベットの元となった。さらにフェニキア人の冶金技術は，ギリシアの金属器，青銅像などの発展に寄与することとなった。

　またパレスチナには，ヘブライ語聖書の記述に従えば，前1000年前後にイスラエル王国が建国された。都市国家的世界の広がるシリア・パレスチナ地方にはまれな領域国家であった。イスラエル王国住民の起源は明白ではない。多様な集団から構成される住民たちのアイデンティティは，在来の神エルと習合した神ヤハウェの崇拝によって支えられ，支配者である王の権力もまたヤハウェの加護のもとにあるとされた。前10世紀前半に首都となったイェルサレムには，大規模なヤハウェ神殿と王の宮殿が設えられた。ヤハウェ神に対する信仰は，当初から排他的性格が認められるが，他の神々を必ずしも否定するものではなく，フェニキア人と交流し，政略結婚などをおこなうなかでバアル信仰が流入するなど，多神教を許容するような環境も存在していた。やがてイスラエル王国は分裂し，さらにつぎに述べるアッシリアや新バビロニアといった超大国にのみこまれるが，その後，ペルシア帝国治下で再び政治的まとまりを得ることになる。こうした歴史的変転を経験するなかで，しだいにユダヤ人という集団アイデンティティが形成され，唯一神崇拝の思想が民族宗教ユダヤ教へと練り上げられていった。

オリエントの覇権国家

　オリエント諸大国システムが崩壊したのち，からくも滅亡をまぬがれたアッシリアは，前10世紀になると再び領土拡張に転じ，さらに前9世紀，旧領域を回復すると，勢力圏をいっそう拡大していった。こののち，オリエント世界にはアッシリア帝国，新バビロニア帝国，ペルシア帝国と覇権国家があいついで成立した。諸帝国はそれぞれ，広大かつ多様なオリエント世界を統治する技術をさまざまに駆使し，大規模な物資や人材の移動にもおのおのの方策をもって関与していった。

　帝国時代のアッシリアは，強力な軍事力を背景に対外積極策を展開し，前8世紀半ばから前7世紀半ばにかけて最盛期を迎えた。最大でイラン西部からエジプトにいたる広範な地域が，支配圏におさめられた。直接の支配下におかれなかった地域にも，属国，傀儡政権が形成された。帝国各地は州に分割され，

それぞれに配置された総督のもと，帝国に対して農産物や金属・木材などの各種資源，労働力や兵士といった人的資源を供給した。

軍事活動により獲得した戦利品に加え，帝国各地に課された重い税，種々の属国からもたらされる貢納品がアッシリア中心部に流入した。穀物類のほか，たとえばアナトリア東部の山岳地帯からは木材や岩石，金属といった天然資源が，フェニキアからは紫の織物や杉材，ザグロス地方からは馬などがもたらされた。王宮および首都などは豪華絢爛に飾り立てられ，帝国のエリートたちもまたさまざまなかたちで流入する富の利益に与った。

富や資源ばかりでなく，とりわけ前12世紀後半以降，帝国中の労働力もまたアッシリア王の命により移動させられ，帝国が必要とする地域の農業や建築，新都市建設に従事させられた。帝国中心部では，複数の新しい首都が建設されたほか，各地の都市で拡張・再建事業がさかんにおこなわれた。強制移動させられた人口は，帝国支配が終焉を迎えるまでのあいだに推計で450万にものぼったとされ，ときに他地域の住民と混合されることもあり，西アジアの民族分布・人口情勢に甚大な影響を与えたと考えられる。複数の民族が大規模に移動・混交するなか，アッカド語に加え，アラム語が共通言語として広まり，前1千年紀には，アラム語を含むセム系言語の線文字アルファベットが普及した。

アッシリアの政治的中心を占めた王は，秩序をもたらす主神アッシュルの意志を代行するものとされた。帝国が拡大するにつれ，アッシュル神は支配下にある各地域のほかの神々よりも上位に位置づけられていった。前7世紀にバビロニアを破壊すると，バビロンの主神マルドゥクの地位もアッシュル神の下におかれるようになった。

前7世紀，アッシリア帝国は内紛に加え，自立化したバビロニアとイラン西部のメディアにより攻勢をかけられ，滅亡するにいたった。その後，西アジアは，メディア，バビロニア，エジプトと，アナトリアの新興国リュディアによる四大国並立時代を迎えた。このうちメソポタミアを中心に大きく勢力を伸ばしたバビロニアは，軍事遠征を繰り返し，前7世紀の終わりにはライバル国エジプトに決定的勝利をおさめ，シリア・パレスチナ地方を支配下において，かつてのアッシリア帝国と同等の版図を手に入れるにいたった。この「新バビロニア帝国」の首都バビロンは，壮麗に整えられ，その面積は900ヘクタール，囲繞する市壁は18キロに及び，高さ90メートルとも伝えられるジッグラトは，ヘブライ語聖書に記されたバベルの塔伝説の下敷きになったという。またバビ

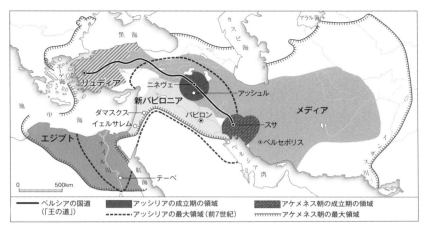

アッシリア・四王国・アケメネス朝の領域

ロンは，主神マルドゥクはもちろん，メソポタミア中の神々が集う儀礼空間であり，年間を通じていくつもの祭儀が執りおこなわれた。とりわけ重要な新年祭(現在の3～4月に相当)では，マルドゥク神がほかの神々の訪問を受ける儀礼や，さらにこの主神の権威のもとに王位を更新する儀礼がおこなわれた。

　新バビロニア時代は，バビロニア地方を経済的にも潤し，その後もサーサーン朝時代の末にいたるまで12世紀にもわたる長い繁栄の幕開けとなった。情勢が安定するなか，灌漑システムが拡大し，水路網が張りめぐらされ，広範な農地で耕作することができるようになった。労働力は，引き続き人口強制移動策により，とりわけバビロニア中心部に供給された。また，水路の整備を通じてコムギやナツメヤシをはじめとする農産物の大量輸送がより容易になり，帝国内外の交易もいっそう活発になった。長距離交易も盛んで，エジプト，キプロス，アナトリア，シリア・パレスチナ，バビロニア，イラン西部が交易ルートで結ばれ，鉄や銅，ラピスラズリといった鉱物資源，織物，ブドウ酒や蜂蜜などが交易された。

　オリエント世界の覇者となり，精力的活動を続けていた新バビロニア帝国ではあったが，前6世紀後半，ペルシア人の手によりあっけなく滅亡する。ペルシア人は，イラン高原南西部を故地とする人々で，前6世紀半ば，まずメディア王国をくだして，その領域を手中におさめると，軍事遠征によって新バビロニアを含む，近隣の有力国を攻略し，またたくまに領土を拡大した。西アジア

全域を支配下においたばかりか，アフリカではエジプトを制したのち，西方のリビア地方をも支配下におさめ，さらに南方のヌビア地方からも貢納（こうのう）を徴収するようになった。黒海沿岸のスキタイ系部族に対する遠征では成果をあげられなかったものの，東はインド北西部をも領土に組み入れ，西はアナトリアからさらにバルカン半島のトラキア地方，マケドニア地方をも勢力圏に含めた。前5世紀初頭，数度の軍事遠征を通じ，一時はギリシア本土も攻略したが，ごく短期間で退けられた。これ以後，エーゲ海域には，武力や資金の提供などを通じて外交的に圧力をかけてゆくこととなる。

このペルシア帝国は創設期のごく一部を除いて，アケメネス（ハカーマニシュ）朝と呼ばれる王朝によって統治された。アケメネス朝は広大な帝国を統治するために，全土を複数の州に分け，それぞれに太守（たいしゅ）を配置した。太守には税や貢納の徴収や，兵の徴募などが求められた。在来の支配者に統治が委ねられる場合もあったが，ペルシア人貴族が多く派遣され，太守として統治にあたった。各地の州都は首都と幹線道路（王の道）によって結ばれ，宿駅制度も整備されたため，州の統治を監視する「王の目」や騎馬急使，遠征部隊は迅速に移動することができた。ただし地方行政は，在来の伝統を重視することが少なくなく，在地エリートたちが帝国支配の一端を担った。王の碑文には古代ペルシア語楔形文字が用いられているが，行政上の主要言語は当初はエラム語で，やがてより広く普及していたアラム語が用いられるようになった。

こうした帝国統治の中核にあったのは，ペルシア王自身であった。王は，太守任命（ほうしょう）や褒賞授与などを通じて，地方支配者と直接関係を築いた。太守たちもしばしば婚姻などを通じ，王家と関係を築いた。また種々のシンボルも利用され，たとえば，碑文には王の支配の正当性が明記され，王がゾロアスター教の主神アフラ・マズダに支持されていることが明示されたほか，金貨には武装した王の姿が描かれた。

ペルシア王のもとには，帝国各地から貢納がもたらされた。主たる品目は銀であったが，穀物，インドやエチオピアの金，エチオピアの黒檀や象牙，アナトリア南東部キリキア地方の馬，アラビアの乳香，宦官（かんがん）（後宮などに仕える去勢された男性）や少年・少女などもおさめられた。また帝国には，ペルセポリスをはじめとして複数の首都があったが，これらを造営し，宮廷を運営するために，ギリシア人やエジプト人など，さまざまな地域・民族の技術者，医師，芸術家などが集まった。

さらに王は，水路使用料や関税収入などを期待し，海上交易を積極的に支援した。既存の灌漑システムを維持・拡張し，さらにナイル川と紅海を結ぶ水路を開削するなど，インフラストラクチャーの整備もおこなった。ナイル川からインダス地方までの広範な地域が統一王権のもとにあったことで，このルートの交易は活況を呈していたと考えられる。またシリア・パレスチナ地方の港湾を手にしたペルシアは，行き交う船舶に関税を課していたが，これらの港はエジプトとの結節点となり，北からはオリーヴ油，ブドウ酒，金属，木材，羊毛などを積む船が，エジプトからもエジプト産のナトロン（ガラスやファイアンスの製造など，多目的に用いられた鉱物）が積み出されていた。

　繁栄を謳歌したアケメネス朝も，前4世紀後半，内紛により疲弊してゆくなか，西方から迫りくる侵略者アレクサンドロスの軍隊によって命運がつきることとなった。大局的にみれば，オリエント世界は，ひとまずヘレニズム世界，ローマ世界の一翼を担うこととなる。しかし，それは，それぞれの地域に根ざした伝統を色濃く残したものであり，また同時に，中央アジア，南アジア，エジプト，そして地中海世界を結ぶ交易の結節点としての役割もはたし続けた。これ以降の情勢は，次節，地中海世界諸文明の展開のなかでみてゆくこととする。

2　「グローカル化」する地中海世界

　近現代のヨーロッパ，アメリカを中心とする世界が，文化的・文明的観点から祖とみなし，範と仰いだ古代ギリシア文明とローマ帝国。東には，他に先んじて高度な文明を築き上げたオリエント世界が広がっていた。その恩恵に浴しつつ，古代ギリシア文明は，紀元前8世紀ころからエーゲ海周辺地域を中心に，政治的自立性の高い都市の世界を基調とする独自の文化を練り上げ，拡散していった。こののち，複数のギリシア・マケドニア系王朝が，オリエント世界を含めた広範な東地中海世界を覆い，支配圏をめぐって互いに覇を競う時代，ヘレニズム時代が到来する。やがて，このヘレニズム世界に触手を伸ばし，併呑することになるのは，西方の軍事国家ローマであった。先行するギリシア文明に学びつつ，精力的に武力をふるい続けたローマは，オリエント，ライン・ドナウ以西のヨーロッパ，北アフリカを含めた地中海世界全体を帝国支配の名のもとにまとめあげた。

　この間，ヘレニズム世界，ローマ帝国の拡大を通じて，ギリシア文化，ギリシア・ローマ的文化が拡散し，人やモノの往来が頻度を増し，地中海世界の諸地域が相互連関を深めた。いわば「古代のグローバル世界」を現出させたともいえるかもしれない。他方，交通や情報・通信，生産力は現代のそれに及ぶべくもなく，むろん，生活は地域ごとに大きく異なる相貌を備えた。とりわけ精神文化に目を向ければ，もっぱら多神教的な環境のなか，各地のローカルな祭祀は，グローバルに拡散する文化と接触し，その影響を何かしらこうむりながらも，根強く残り，ときにいっそう拡散するものさえあった。いわば「グローカル化」である。やがてローマ帝国は「古代のグローバル世界」をまとめあげる力を失い，後5世紀ころには西ヨーロッパ，東ヨーロッパ，西アジア，それぞれの新秩序形成に向けた動きが明確になる。

「ギリシア」の形成と周辺世界

　前6000年ころ，ギリシア本土地方にも農耕が伝わり，新石器時代を迎えた。これよりのち，エーゲ海地域には，オリエント世界の影響を受けた先史文明が

あいついで誕生する。これらはオリエント世界と地中海世界を結ぶ長距離交易ネットワークのなかの一角を占めながら，自ら地域特有の文化を育んでいった。

　前3000年ころ，おそらくオリエント世界の影響を受け，この地に青銅器時代が到来すると，やがてエーゲ海南方のクレタ島を中心としてミノア文明が栄えることとなった。ムギの栽培と牧羊に加え，前2000年ころからオリーヴとブドウの栽培もおこなわれるようになり，島内にはクノッソスをはじめ，各所に宮殿が造営された。宮殿は地域の政治，祭祀，物資集積の中核となった。

　クレタ島からは羊毛や香油，陶器が輸出された。クレタ島の人々が，エーゲ海のテラ島や北アフリカ，アナトリアなどと交流をもっていたことは，各地の壁画やミノア文明特有の文字，線文字Aの分布などから知られている。ミノア文明の中核を担っていた集団は系統不明であるが，前16〜前15世紀ころになると，ギリシア語を話す集団「ギリシア人」がクレタ島に到来し，後期ミノア文明は彼らの影響下におかれることとなった。

　このギリシア人こそ，前1650年ころ〜前1100年ころ，いわゆるミケーネ文明を生み出し，ギリシア本土を中心に繁栄した集団であった。勢力圏はギリシア本土からクレタ島を含めたエーゲ海島嶼部，さらにアナトリアにまで及んだ。ギリシア人による小王国がいくつも生まれ，ミノア文明同様，王宮が政治・行政，祭祀，物資集積の中心となったが，他方，ミノア文明とは異なり，王宮には城壁が備えられたほか，治水や道路整備など土木事業もおこなわれた。資源や経済活動の管理には，線文字Bが使用された。政治の中心を担う王に権力が集中し，黄金製の豪華な副葬品などをともなう王墓が造営された。ペロポネソス半島東部の都市ミケーネから出土した埋葬品のなかには，バルト海産の琥珀や南アフリカ産駝鳥の卵殻加工品がみられ，この地域が広範にわたる威信財交易ネットワークのなかに組み込まれていたことがわかる。さらに，西アジアで広く軍事利用されていた戦車が象徴として重視されていたことも，この文明がオリエントからの影響を強く受けていたことを示している。

　やがて前1200年ころ，オリエント諸大国システムの崩壊とほぼ時を同じくして，東地中海世界も停滞の時期を迎えた。ミケーネ文明の中核を占めていた諸宮殿システムが崩壊し，その他の文化的活動も全般に沈滞することとなった。この雌伏の時代にも，ギリシア人たちは来訪するフェニキア人などと交流を重ねていたが，それからしばらくののち，前850年ころから前750年ころ，以前に比して気候が湿潤化し，冷涼となると，ギリシア本土およびエーゲ海域では

人口が倍増したと考えられ，彼らは再び活発な姿をみせるようになった。これ以降，ギリシア人は活動領域をいっそう広げ，諸民族との接触を重ねるとともに，とりわけオリエント文明の影響を受けながら，これまでとは大きく異なる文明を徐々に築き上げてゆくこととなる。

　活動領域の拡大からみてみると，まず前8世紀，ギリシア本土およびエーゲ海域では，それまで沿岸部に集中していた集落が，人口増大にともなって，内陸部にまで広がり始めた。さらにギリシア人は，エーゲ海域を越え，東地中海世界を中心とする広範な地域に活動の場を求め，各地に農耕定住地あるいは交易拠点を建設し始めた。西方へは，前8世紀前半，ナポリ湾のピテクサイ（イスキア島）にギリシア人が移り住み，西方との交易拠点が築かれた。同世紀後半には，現地住民との協力や衝突もありながら，シチリア島東部を中心に複数のギリシア植民都市が形成され，さらにそこに定住した者たちが中心となり，新たな移住・新都市建設もおこなわれた。南方では北アフリカのリビア地方にキュレネ市が建設されたほか，以前からギリシア人傭兵などが一定規模定住していたエジプトに，交易拠点ナウクラティスが建設された。東方ではアナトリアのエーゲ海岸に位置する都市ミレトスが精力的な活動をおこない，とりわけ黒海沿岸地方に数多くの都市を建設したとされる。さらに，はるか西方の南フランスやイベリア半島南東部にもギリシア人都市が建設され，黒海から地中海の広い範囲に「ギリシア世界」が形成されていった。

　活動領域を拡大するなか，近隣地域との交流も厚みを増した。たとえばアナトリア西部のギリシア都市などでは，エジプトや西アジア世界，キプロス島などから威信財となるような青銅小像や象牙細工が流入した一方，東方へはブドウ酒やオリーヴ油などが輸出された。西方からはエルバ島の鉄鉱石など，鉱物資源がもたらされ，ギリシア世界から西方へは，とりわけ前7世紀後半以降，ギリシア各地の陶器や金属製品が輸出された。アルプス以北で活発化していたケルト系の人々なども，これらを自らの威信財として輸入するようになっていた。

　異文化との接触を重ね，とりわけオリエントの先進文明から影響を受けて，ギリシア人たちは独自の文化を育んでいった。その一つが，ギリシア・アルファベットである。線文字Bは，このときまでにすでに忘却の彼方にあった。おおよそ前800年ころ，長く無文字状態にあったギリシア世界に，アルファベットが生み出された。子音のみからなるフェニキア・アルファベットを転用したも

ので，子音・母音からなり，発音上の最小単位をあらわす音素文字であった。現在でもギリシア語圏では基本的にはこの文字が使われており，またその他のヨーロッパ言語も，ここから派生した文字が用いられている。この古代ギリシア文字は，発明の意図こそ明白ではないものの，口承文化が主流であった世界のなかで，さまざまに用いられるようになった。前7世紀には，法文などを石に刻み，公開するといったこともおこなわれるようになった。しだいに，叙事詩，悲劇，喜劇，哲学など，さまざまなギリシアの精神活動が，広く文字で表現されるようになり，やがてこれらがパピルスなどに保存され，書き写され，後代にまで伝えられるようになっていった。

　また建築活動も活発になり，ギリシア世界の各地で大規模神殿が建設され，それとともに奉納用と考えられる等身大，あるいはそれを上回る規模の人型石像がさかんに制作されるようになった。神殿は，前7世紀までに，長方形のプランをもち，周囲に柱をめぐらせた列柱式神殿がギリシア世界各地で建設されるようになった。列柱式はエジプト文明から取り入れたとされるが，柱の様式をはじめとしてギリシア独自の発展がみられ，シチリア島やペロポネソス半島などでは簡素なドーリス式が，アナトリア沿岸部などでは柱頭の渦巻装飾が特徴的なイオニア式が広がった。等身大の人型石像も前7世紀以降に作成されるようになったが，このうち，とりわけ前7世紀後半から前6世紀にかけてさかんにつくられるようになった直立の男性像（クーロス像）は，姿勢などの面でエジプト彫刻の影響を強く受けたものであった。これもまた，ギリシア文化圏で独自の発展を遂げ，やがて自由な姿勢と物語性を高めた彫刻群が制作されるようになってゆく。

エーゲ海の都市国家世界と周辺君主国の影

　先にみたように，ギリシア人は広汎な地域に拡散して活動していたものの，文化的には多くの要素を共有していた。多様な方言があったとはいえ，およそ共通した言語を話し，地方ごとに個性はあったものの，文字もおよそ共有していた。神殿や彫刻などの文化的諸要素も，概してギリシア世界に共有されていた。また民族全体にかかわる神話は，異聞・別伝を生み出しながらも，広く共有されていった。さらに中部ギリシアの神域デルフォイは，アポロン神が神託をくだす聖域として名高く，ギリシア世界から広く崇敬を集め，またペロポネソス半島の神域オリンピアでは，ゼウス神を祀るオリンピア競技祭が開催さ

れ，ギリシア世界の各地から競技者が集い，栄冠を争うようになった。

　他方，政治的にみれば，古代ギリシア世界にギリシア人による統一国家が成立することはなかった。都市国家(ポリス)や，あるいは単独または複数の村落がゆるやかに結びつく，エトノスと呼ばれる政治組織が無数に形成され，それぞれが概して高い自立性を保った。都市国家はおのおの独自の法や政治体制を整え，自国の硬貨を発行し，それぞれの祭祀・儀礼を中心的に担った。

　政治体制は都市国家ごとにじつに多様であり，さらに一度採用されたものが歴史的要請のなかで変化することもあった。都市国家アテナイでは，当初，有力者を中心とした政治体制を敷いていたが，前5世紀には，女性や奴隷などは排除され続けたものの，全成人男性国民に政策決定，司法，行政への参与を認める民主的な政治システムが整えられた。これに対し，国民の政治参加に資格制限を設ける国もあった。また民主的制度を導入する都市国家でも政治参加の程度は異なり，シチリア島の都市シュラクサイのように，民主的体制から一人の支配者に権限が集中する体制に転換する場合もあった。ペロポネソス半島の強国スパルタは，同時に二人の王をいただく二王制を採用していたほか，正規の国民に加え，劣格民，隷属民が存在する独自の身分制度を発達させていた。

　祭祀に関しては，ゼウス，アポロンといった神格がギリシア世界に共通のものとして崇拝され，先にもみたように，デルフォイ，オリンピアといった共通聖域において全ギリシア的な儀礼・祭祀もおこなわれていたが，地域に特有の神格も多く，都市国家ごとにローカルな儀礼がおこなわれた。神格に対する儀礼・祝祭は，都市国家やその下部組織など，共同体をあげて催行されるものも数多く，年間を通じてさかんにおこなわれた。犠牲獣の奉納などを通じて，個人の幸福や国家の安寧といった現世利益を願う儀礼もある一方，来世の浄福を願う秘儀も各地でおこなわれた。外来の神格にも概して寛容で，トラキア地方のベンディス神，オリエント起源のキュベレとアッティスなどが各地で信仰された。

　経済・交易などについても，自立的都市国家が林立するギリシア世界では，それに応じた発展がみられた。とりわけ注目されるのは，硬貨の発行である。硬貨の発明は前7世紀のリュディア王国とされるが，流通範囲はごく限定的であった。しかし，ギリシアに伝来するや，硬貨の使用はまたたくまに拡散し，多くの都市国家が独自に硬貨を製造するにいたった。流通範囲は硬貨ごとに異なり，有力国家アテナイの場合，その硬貨はエーゲ海域で広く流通していた。

また，自立した都市国家のあいだで円滑な交易がおこなわれるように協定が結ばれ，あるいは国内制度が整えられ，市場監督役の設置や商業裁判の制度化にいたることもあった。交易商たちは，出資者から融資を受け，ギリシア世界各地の港湾を巡りながら，交易に従事することが可能であった。

　このようにしておこなわれた交易活動を通じて，ギリシア世界内部では，タソス島・キオス島のブドウ酒やアテナイの銀・陶器などが各地で流通した。またギリシア世界外部には，とりわけブドウ酒やオリーヴ油，陶器などが輸出され，西アジアやエジプト，南ロシア，トラキア，イタリア半島，さらにアルプス以北にまで輸出されていった。西方へのアッティカ陶器輸出には，ギリシア人のほか，北アフリカの都市カルタゴを拠点とするフェニキア人商人が深くかかわっていた。他方で，多くの人口をかかえるアテナイなどには，のちに，エジプトや黒海沿岸地方から穀物が，シチリア島や北方のマケドニアから木材がもたらされるようになってゆく。

　さて，これまでみてきたように，ギリシア世界に林立する都市国家やエトノスは，政治的自立性を保ち，独自の儀礼や硬貨，そして政治体制を採用していたが，他方，内政・外交上の諸問題に対応するため，有力国を中核として合従連衡を繰り返した。これらの諸勢力は，さらにギリシア世界の外部・辺縁にあったその他の王国や民族集団と関わりをもちながら，とりわけアケメネス朝ペルシア帝国，そしてのちにはマケドニア王国といった超大国の動静に翻弄されながら，抗争し続けた。

　前5世紀初め，2度にわたりペルシア帝国の大軍勢が来寇した際，ペルシア側に与したギリシアの国々も相当数にのぼったが，アテナイやスパルタなど，本土側を中心とする諸国家が一時的に結束を固め，帝国軍撃退に成功した。この戦勝を通じ，ギリシア人は「ヘレネス（ギリシア人）」であることを強く意識するようになっていった。戦後，エーゲ海沿岸地域などのギリシア諸都市は，帝国の逆襲を危惧し，アテナイを盟主にかつぎ，デロス同盟を結成した。アテナイは，経済的にも豊かさを増し，国内の民主化も進めて，悲喜劇や修辞学，哲学といった文化を花開かせた。その一方で，対外的には，デロス同盟加盟国に対する支配的性格を強め，武力さえ行使したため，一部加盟国の離反にもつながった。

　ペロポネソス同盟を指導する大国スパルタは，デロス同盟に反感をいだく国々から支持を受け，やがてアテナイとのあいだでおのおのの同盟国を巻き込

んだ大戦争を戦うこととなった(ペロポネソス戦争，前431～前404年)。最終的に勝利を手にしたのはスパルタ側であったが，その陰にはペルシア王との友好関係構築があった。ギリシア世界の覇権はスパルタの手に握られるが，しばらくすると今度はアテナイをはじめとする国々がペルシア王の支援を受け，スパルタに対して開戦するにいたる(コリントス戦争)。一進一退の攻防が続くなか，ペルシア王が再びスパルタと良好な関係を築いて戦争を終結させると，この結果，ギリシア本土におけるスパルタの覇権は確固たるものとなった。ほどなくアテナイは，かつての同盟国を中心として新たに第2次海上同盟を結成するが，やがて再び離反に悩まされることになる。また前4世紀初めには，ギリシア中部ボイオティア地方の諸都市を従える中核都市テーバイ(テーベ)が，ギリシア国際政治の重要な一角を占めるようになり，前371年には覇権国家スパルタに勝利するにいたるが，最終的に長期覇権を確立することはかなわなかった。

やがてギリシア北方の王国マケドニアが勢力を伸ばし始めた。不安定な国内情勢を軍事と外交，婚姻政策などで安定させたマケドニアは，続いてエーゲ海北方の諸都市を勢力下におさめ，さらに中部ギリシア諸国に対する軍事的・政治的影響力を格段に強めていった。これを脅威とみた南部の大国アテナイとテーバイは，前338年，他の同盟国とともにマケドニア軍と対峙したが，敗北を喫した。こののち，東地中海世界の軍事外交史は，マケドニア王およびその後継者を中心に展開することとなる。

東地中海の覇権から地中海帝国へ

バルカン半島，エーゲ海世界を手中におさめたマケドニアは，アレクサンドロスが王位に就くと，数万に及ぶマケドニア・ギリシア連合軍を率いてアケメネス朝の征討に乗り出した。遠征の結果，アケメネス朝は消滅，アレクサンドロスは新たにエジプト，西アジア，アフガニスタンやパキスタンの一部にいたる広範な地域を勢力圏に加えた。まもなく，前323年，アレクサンドロスが早世すると，帝国は分裂し，後継者たちが各地を支配することとなった。これよりのち，ローマ帝国が成立するまでの時代は，ヘレニズム時代と呼ばれる。東地中海世界では，エジプトを支配するプトレマイオス朝，北部シリア，アナトリア，メソポタミア，イラン，バクトリアを広く支配するセレウコス朝，そしてマケドニア王国の3大国が，セレウコス朝から独立したペルガモン王国など，その他の中小国も交えつつ，軍事衝突や外交交渉，婚姻政策などを通じ，勢力

争いを展開していった。アテナイなどのギリシア都市もまた，諸王らの勢力に強い影響を受けながら，一定の自立的活動を展開した。合邦や市民権共有などをおこなうケースもあり，なかには一定地域内で組織化を強め，独自の勢力を築くものもあった。

諸王，諸勢力間の武力行使と抗争は倦むことなく繰り返されたが，他方，ギリシア文化はこれまでよりはるかに広範な地域で受容された。これまでほぼ完全に非ギリシア語圏であったエジプトやバクトリアといった地域までもが，ギリシア・マケドニアの伝統に連なる大国によって支配され，この結果，行政・交易上の共通言語としてギリシア語が浸透した。またギリシア・マケドニア人の手によって，数多くの新都市が，とりわけセレウコス領を中心に建設された。これらの都市には旧来のギリシア世界から人口が流入し，さらにその後も軍事・交易などを目的とした人々の移動・往来が続いた。

こうした動きにともなって，ギリシア風の建築，美術，陶器，生活文化もまた，各地に残る伝統的な要素と融合，並存，ときに対立しながら拡散していった。その文化的影響は，いわゆるヘレニズム世界を越え，たとえば中央アジア，インド北部の仏教美術などにも及んでいる。ギリシア風の硬貨もヘレニズム世界の各地で発行され，かつては使用が限定的であった地域でも相当量が流通するようになった。また諸王は伝統的なギリシア文化を重視することも少なくなく，とりわけプトレマイオス朝の保護を受けたエジプトの都市アレクサンドリアは，東地中海世界の文化センターとして各地の有識者を惹きつけ，ギリシア古典文学のみならず，後世の人文学・自然科学に多大な影響を及ぼすようなさまざまな研究が残された。アテナイもまた学芸の中心の一つとして各地の文人・哲学者を集め，ストア哲学，エピクロス派といった新たな哲学の潮流も生み出していった。

ヘレニズムの王たちは，同様にして，伝統的なギリシアの神域や祭祀に対しても大規模な財政拠出をおこない，拡充・発展に貢献した。新たにつくられたギリシア都市においても，ゼウス神やアポロン神，アテナ女神など，伝統的ギリシアの神格に対する儀礼がおこなわれるようになった。他方，ギリシア的祭祀拡充の影響は地域ごとに大きく異なり，非ギリシア的な地域の伝統的祭祀も各地で根強く残った。バビロニアでは，旧来のオリエント的祭祀が保護され，エジプトでも各地で古来の伝統的祭祀が存続した。しかし，エジプトでは同時に，セラピス神のように，ギリシア風の新たな神格が創造されることもあり，

あるいはイシス女神のように，エジプト由来の神格が性質の似たギリシアの神々と習合するようなケースもあった。また，これらイシス女神やセラピス神などは，エジプトにとどまらず，東地中海世界各地で信仰されるようになった。このように地域共同体の伝統から離れた神格が，各地でさかんに信仰されるようになった背景には，人々の活発な移動と交流があったと考えられている。さらにヘレニズム時代の政治状況を反映し，王やその一族，同僚に対する祭祀・祝祭も各地でおこなわれるようになった。

　長距離交易はヘレニズム時代にいっそうの活況を呈した。地中海では，エジプトの穀物，ギリシアの生活文化の基調をなすオリーヴ油やブドウ酒が各地に流通し，エジプトのアレクサンドリア，エーゲ海のロドス島・デロス島が交易拠点として栄えた。ヘレニズム世界の外部，たとえば，東方はインド洋やアラビア半島，中央アジア，南方はヌビア地方，ソマリア地方などとも交易が活発におこなわれ，宝石や香料・香辛料，さらに絹製品などが流入した。銀行業務も発展し，私的な銀行家のほか，都市や神殿，さらにエジプトでは王朝が管理して運営するものも出現した。東地中海ヘレニズム世界は，こうして政治的分裂と軍事衝突を繰り返しつつも，人・モノの移動が盛んで，文化・交易面では広域で深い繋がりをもつ世界を形づくっていた。やがて，西からあらわれた新たな勢力がこれをのみこむこととなる。軍事大国ローマである。

　ここで少し時間をさかのぼり，都市国家ローマの来歴を眺めることとしたい。ラテン人が暮すイタリア半島中部の都市ローマは，大きな平野部の中央に位置し，ティベリス川が流れ，農業生産物の市場として重要であったばかりでなく，半島北部に定住するエトルリア人，南イタリア・シチリア島に植民していたギリシア人の交易中継点にも位置し，早い段階から両者との交流を深めていた。たとえば，象徴的なことに，彼らが用いたラテン文字は，ギリシア文字と，ギリシア文字を転用したエトルリア文字を組み合わせてつくられたものであった。

　ローマは，やがて有力者から選出された公職者と元老院（諮問機関）を中心とする，共和政の制度をつくりあげた。他方，軍事的には，いく度かの危機を乗り越えつつ，対外積極策を継続した。前3世紀初めまでにイタリア半島中部を勢力下におさめると，同世紀前半には，北西ギリシアの強国エペイロス王国と南イタリア諸都市との戦争に勝利し，さらに同世紀半ば，西地中海の大国カルタゴと対峙することになる。

　カルタゴは，前9世紀の末，フェニキア人が北アフリカに建設した都市国家

であった。フェニキア人は，前節でも述べたように，前12世紀より海上交易のため西地中海方面に進出していたが，やがて前5世紀初頭には，カルタゴが本国から自立し，西地中海の中核都市となった。カルタゴは，シチリア島のギリシア人勢力と争いながら，北アフリカ，イベリア半島，サルデーニャ島を勢力下におさめ，この時期までに強力な艦隊を擁する西地中海の有力国となっていた。

　前3世紀半ば，ローマはこのカルタゴとの戦い（第1次ポエニ戦争）に勝利し，シチリア島を自らの領土に加えて「属州」とすると，地中海世界の東西に侵略と征服の範囲を拡大していった。前2世紀後半までにはイベリア半島の広範囲，南フランス，イタリア半島，ギリシア，マケドニア，アナトリア西部，チュニジア地方といった地域がローマの属州・勢力圏にはいった。勢力下におさめた地域からは，イタリアに向けて膨大な略奪品や奴隷が流入することとなり，それぞれの地域で，奴隷市場や神殿などの建築事業が活性化されることとなった。また前2世紀半ばにローマがスペインおよびマケドニアの銀鉱を押さえると，これがローマの硬貨供給増大につながった。

　さらに東西を結ぶ交易も盛んで，エーゲ海に浮かぶデロス島はローマの交易所として繁栄し，さまざまな商品が取り扱われた。イタリアからガリア地方（およそ現在のフランス）へのブドウ酒の輸出も大きく伸びた。海上交易に加え，陸路の整備も進められた。前2世紀後半には，イタリア半島に加え，ガリア地方やギリシア地方に伸びる街道網も整備された。むろん，これらに軍事的な意図があったことはいうまでもないが，しかし結果としてこれが陸上輸送のコスト軽減にもつながった。

ローマの帝国支配と繁栄

　前1世紀，対外的に拡大を続けるローマは，他方で「内乱」に苦しんだ。カエサルをはじめとするローマの指導者たちは，互いにしのぎを削り，東地中海世界全体で「内乱」を繰り広げ，各地に深刻な被害をもたらしながら相争った。やがて競合者を撃破し，内乱に終止符を打ち，エジプトをも併合したオクタウィアヌスは，北はライン川・ドナウ川流域にまで属州化を推し進めるとともに，新秩序の形成に努めた。元老院を中心とする共和政秩序の回復を謳う一方，元老院からアウグストゥスの称号を得て，実質上の皇帝として振る舞った。

　2世紀に最大版図を得た帝国は，ブリテン島南部，ライン・ドナウ以南のヨ

ーロッパ全域，北アフリカ，エジプト，西アジアにまで広がり，5000万〜6000万の住民が暮したとされる。領土は属州に編成され，各属州には総督とスタッフが派遣された。属州と首都ローマは道路網で結ばれ，書簡の伝達などにより効率的なコミュニケーションが可能となっていたが，地方行政に直接携わるローマの元老院議員身分とこれにつぐ騎士身分のエリートたちは150人程度ときわめて小規模であった。

　もちろん，軍隊がはたした役割も小さくなかった帝国行政を「小さな政府」と単純化してしまえば誤解を生じかねないが，しかし地方行政は，実際，それぞれの地域や都市のエリート，統治機構に依存するところが大きかった。たとえば，都市国家の伝統があるギリシア世界では，都市エリートたちがローマの権威によりつつ，都市行政を機能させ，ギリシア語を行政上の主要言語として使用し続けた。都市化の遅れた地域では，当初，在地の首長がローマの保護下に統治をおこなっていた。やがてガリア内陸部やイベリア半島など，ローマ帝政期以前には村落程度の集落しかなかった地域でも，神殿や公共浴場，円形闘技場，劇場などを備えた都市が数多く建設され，各地で地元エリートを中心とした都市運営がおこなわれるようになった。帝国西部ではラテン語が行政言語として広く用いられた。これによって現地の言語がすぐさま消失したわけではないが，その後，現代にいたるまで，西欧世界では広くラテン語およびラテン系の言語が使用されることとなる。

　このように，ローマ帝国の領域は広大で文化状況も多様であったが，これらの地域全体が帝国の支配下におかれたことで軍事的・政治的不安定がおおよそ解消され，おおむね「パクス・ローマーナ（ローマの平和）」と呼ばれるような状況が現出した。また，各地で共通の硬貨が流通し，交易上の法制度も共有されるようになり，さらに国家による道路網や水路，港湾の整備もおこなわれ，経済活動はこのうえなく活発なものとなった。帝国には内外各地の物資が行き交い，人々は地元の産品に加え，長距離交易の果実をも享受した。

　農産物交易のうち，穀物に関しては，早くから首都に対する食糧供給政策がとられた。巨大な人口をかかえるローマ市に対して，おもにエジプトや北アフリカから膨大な量の穀物が供給された。農地の拡大に加え，水車の利用，鉄製農具の導入などが，帝国における農産物生産力の向上に一定程度，貢献した。また，イタリア半島やガリア地方のブドウ酒，イベリア半島や北アフリカのオリーヴ油，地中海および大西洋の沿岸地帯各地で生産される魚醬は，帝国西部

ならばおよそどこでも，東部でも各地で利用できるようになった。

　また共和政末期から盛んだった建築用石材，とりわけ色付き大理石の交易は，帝政期にはいるといっそうの拡大をみせた。北アフリカ・ギリシア・アナトリア内陸部の大理石，エジプトの花崗岩・斑岩が，帝国の公的建築事業のため各地で用いられた。同時に大理石石棺や大理石像などの私的交易も発展し，2世紀から3世紀初めにかけて頂点に達した。硬貨をはじめさまざまな金属製品の生産に欠かせない鉱物資源も，各地で採掘され，産業革命以前としては他に例がないほど大規模な鉱業生産がおこなわれた。ただし，このために大気汚染も甚だしく，そのレベルもまた産業革命以前には類例をみないほどとなった。

　交易は帝国外とも活発におこなわれていた。辺境に配された軍団の存在が，活発化を促した一因ともされる。ドナウ川辺境地域の交易では，ローマの土器やガラス，金属製品が辺境外へと輸出され，2世紀後半には，ローマの硬貨や陶器が北海沿岸でも大量に出土している。辺境外から帝国内に輸入されていたのは，鉱物資源や奴隷，馬や皮革などであったと考えられている。東方辺境での交易はアラビア，南インドにまで及び，紅海沿岸の拠点を通じて交易がおこなわれた。これには，前2世紀末ころに開始したとされる，季節風を利用したインド洋交易航路の開発が大きく寄与した。この「海の道」は，さらに東方南シナ海へとつながる交易ネットワークに接続していた。これらのルートを通じ，帝国から東方へは金やブドウ酒などが輸出される一方，東方からは，胡椒などの香辛料，中国から運ばれてきた絹織物，その他，真珠，鼈甲などが帝国内にもたらされた。胡椒などは相当量が輸入され，はるか西方のブリテン島の前線でも利用された。

　繁栄を願う人々の目は神々に向けられた。多様な地域を包含するローマ帝国では，各地で地域ごとの祭祀・儀礼が根づいていた一方，帝国の支配や人間の動きとともに変化する局面もみられた。

　そもそも共和政期のローマでは，主神ユピテル，妃の女神ユノ，女神ミネルウァの主要三神格のほか，数多くの神格が崇拝されていた。これらは共和政期にローマが東方との関わりを深めるなかで，ゼウス神，ヘラ女神，アテナ女神といったギリシアの神々と同定された。エジプト起源のイシス女神やアナトリア由来のキュベレ（マグナ・マテル）といった外来の神格が導入されることもあった。都市ローマの安寧と戦勝のために，諸神格と都市の良好な関係を公的に維持するのは，共和政期を通じて，元老院および高位公職者の責務とされた。

また，適切な儀礼・祝祭の執行，予兆の観察などは，上層市民から選出された神官団が司っていた。これらはやがて，帝政が開始すると，皇帝権限のもとにおかれることとなり，さらに皇帝自身も死後に神格化され，礼拝対象に加えられるようになった。

　ローマ帝国全体を見渡すと，ギリシア・ローマの伝統的神格が各地で礼拝され，またどの属州でも皇帝および帝国のため年ごとに供儀と祈禱（きとう）がおこなわれるようになり，各地の軍団が，現皇帝のため，主要三神格と神格化された元皇帝たちに犠牲を捧げるようになった。しかしながら，ギリシア・ローマ的儀礼や帝国的祭祀については，たとえば，現皇帝を神格化するか否かなど，儀礼のあり方，受容の仕方に大きな地域差が生じていた。また，広大な帝国には地域ごとに旧来の伝統的祭祀が根づいていたが，これらも帝国に組み入れられると，状況に応じて，継続，拡大，変容をこうむり，なかには衰退・途絶するケースもあった。

　ギリシアでは，オリンピア競技祭のようにローマ皇帝らの支持により拡大あるいは再興するものも少なくなかった。またヘレニズム時代以来，支配者礼拝の伝統が根づいていたため，現皇帝に対する礼拝も早期に取り入れられた。ガリア地方やブリテン島などでは，ケルト系の神格が地域ごとに礼拝され続けたが，ギリシア・ローマの神々と同定されながら礼拝されることも少なくなかった。エジプトでは，概して，王国時代以来の伝統的な神格に対する儀礼が保持されたが，他方，皇帝はエジプト現地の伝統的な王として神格化されたほか，神格の習合もエジプト各地で推進された。ユダヤ人は，パレスチナ地方を拠点にヤハウェの一神教，ユダヤ教を信仰していたが，この地がローマ帝国に組み込まれると，1～2世紀に生じた大規模な叛乱と鎮圧の結果，中心地イェルサレムから徹底的に追放され，各地に離散することになった。その後，ローマとの関係が安定すると，彼らはパレスチナおよび各地でヤハウェの祭祀を継続するとともに，指導者ラビを中心として彼ら独自の，生活全般にわたる教え・規律の体系化を進めていった。

再編と分裂，そして新秩序へ

　広大な領域においておおよその安定と繁栄を享受していたローマ帝国も，東方で境を接する大国とは絶えず衝突せざるをえなかった。そもそも帝国成立の当初よりローマは，イラン地域をおさめていたアルサケス（アルシャク）朝パル

ティアと恒常的に抗争を続けていた。パルティアは，セレウコス朝から自立化した国家であり，中核にいた統治者たちは，ヘレニズム的要素を伝統的な古代イラン（ペルシア）的な文化と共存させていた。彼らは，騎兵と騎馬弓兵を巧みに用い，西の帝国ローマと競合いを続け，一時はユーフラテス川からインダス川にいたる地域を勢力圏におさめて強勢を誇っていた。また，反対にローマの勢力がカフカース地方，メソポタミア地方にまで及ぶ時期もあった。やがてパルティアは，東方では北インドのサカ族，クシャーナ朝とも領土を争う一方，国内も不安定となり，弱体化していった。ローマ帝国は機に乗じ，ユーフラテス以東の広い地域を領内に組み入れることに成功した。

　220年代，パルティアにかわってイラン地方の覇権を握ったのは，サーサーン朝ペルシアであった。パルティアと同じく，騎兵や騎馬弓兵に強みをもつサーサーン朝は，他の兵種も含め，組織化の度合いをいっそう高めると，軍事に長（た）けた王に率いられ，ローマ帝国に対して積極的に攻撃をしかけていった。対するローマは，これに加え，北方からゲルマン系諸部族も迫っており，北と東，2方面の外圧増大に対処しなければならなかった。さらに，こうした対外戦争などで功をなした軍指導者が，麾（き）下の兵から支持を受け，皇帝を称するといった事態が各地で繰り返された。元老院に帝位を認められた者も，つぎつぎとライバルに打倒され，ローマ皇帝はわずかのあいだにめまぐるしく交替した。政治的混迷は明白であった。

　この「軍人皇帝時代」とも呼ばれる混迷の時代を通じて，そして続く3〜4世紀にわたってローマ帝国は，後代に甚大な影響を及ぼすことになる根本的変革を経験していった。まず，帝国行政のあり方に，その後の歴史をも左右する大きな変化が生じた。3世紀末，対抗者を武力で圧した皇帝ディオクレティアヌスのもと，政治的混乱がいったん収束すると，それまでおこなわれてきたさまざまな改革を下敷きに，種々の制度改革が推進され，帝国行政はかつてとは異なる相貌を備えるものとなった。多方面の戦線に対処すべく，4人の正副皇帝がおかれ，彼らにより帝国が四分して統治されることとなった。皇帝の座所もローマ以外の各地に建設され，のちにはコンスタンティノープルもこれに加わった。さらに地方行政単位が細分化され，官僚機構も整備されて，帝国行政の効率化がはかられるとともに，徴税も強化された。他方，複数皇帝による分割統治は，イタリアが特権的地位を失うことを意味した。これに加え，新都コンスタンティノープルが創設され，帝国東部の行政機構が整備されてゆくと東

西政府の自立性は実質的なものとなっていった。4世紀半ばまでは帝国全体を覇権下におさめる強力な皇帝も登場したが，大勢からみれば例外的で，帝国は外民族侵入にも適切に対応できず，4世紀の末には東西分裂が決定的なものとなった。

　もう一つ注目すべき変革は，キリスト教の拡大であろう。キリスト教は，すでに1世紀の段階で複数の宗派を生み出していたユダヤ教の一セクトであり，そこから自立したものである。唯一の神以外を認めず，ギリシア・ローマの伝統的儀礼・帝国的儀礼を拒否したことから，周囲に忌避されることもあったが，着実に信徒を増やしていった。その数は200年ころまでに都市部を中心に帝国各地で20万人を数えたともされ，また司教らを核とした組織化も進んでいった。むろん，先にみたようなローマ帝国下の人やモノの大規模な移動，それを支える都市や人々のネットワークの存在が，キリスト教の劇的拡大に大きく貢献したことは明らかである。また同時期に帝国東部，ギリシア世界では新プラトン主義哲学が展開し，またミトラス教などの新しい祭祀が帝国の東西で流行するなど，地域の伝統を超えた思想的・宗教的傾向がみられ，これらと連動してキリスト教が拡大したとも考えられている。

　やがてキリスト教は3世紀半ば以降におこなわれた帝国による組織的迫害を乗り越えると，4世紀初頭には，キリスト教を支持する皇帝も登場して，帝国公認の宗教となった。こののち，帝権との関係を深めるなかで，司教を中心とするキリスト教会の制度化が進み，帝国各地で教会の存在感も高まっていった。他方，従来の伝統的祭祀・儀礼もすぐさま廃頽したわけではなかったが，4世紀末にキリスト教以外の神殿の閉鎖と犠牲奉納の中止が公式に決定されたのち，徐々に衰微していった。勢力を増し，地域的にも拡大したキリスト教は，教義や儀礼に関して多様で豊かな解釈を生み出していったが，そのことがのちに深刻な内部対立を引き起こすこととなる。

　さて，これまでみてきたように，帝国の東西分裂傾向が深まり，各地に浸透するキリスト教が帝権と結びつきを増してゆくなか，ローマ帝国領および周辺地域は，さらなる変化を経験し，きたる時代に向けた新秩序を模索してゆくこととなる。一つのきっかけとなったのは，強力な外圧であった。4世紀末，中央アジアの遊牧民族フンが西方へと移動すると，これに端を発し，ゲルマン系諸部族が大きなうねりとなってローマ帝国に押し寄せた。対する帝国は，東西間の軍事協力もままならなかった。帝国西部では，自立傾向を強めていた軍団

がこれに対抗できず、ゲルマン系の諸王国に支配権を譲ることとなり、476年、この地からローマ帝国が公式に姿を消すこととなった。都市を中心とした経済も、地域差はあるものの、5世紀以降には全般に衰退へ向かったとみられている。この地域、のちに西ヨーロッパと呼ばれることになる地域には、ゲルマン、ローマ双方の要素が輻輳（ふくそう）する社会が形成されていった。この新秩序形成に、とりわけ精神面で決定的な役割をはたしたのは、キリスト教会であった。

　帝国東部に目を向けると、こちらは、アジアとヨーロッパを隔てる海峡が自然の防衛線となることで地理的にも恵まれ、またサーサーン朝との関係も比較的安定していたことなどから、5世紀の大波を乗り切ることができた。当面のあいだはむしろ拡大・発展する傾向すらみせ、新都コンスタンティノープルは成長し、エジプトからの穀物も大量に供給されるようになった。コンスタンティノープルと北アフリカの交易も重要性を増し、長距離交易は継続しておこなわれた。またシリア・パレスチナ地方では、全体として村落経済が大発展をみせた。経済的にも力を蓄えた東のローマ帝国は、6世紀には積極的な拡大路線をとり、一時、かつて帝国領であった西側の再征服にも成功した。

　国内に目を向ければ、帝国はこの時期、統治イデオロギーを提示すべく、ローマ法の編纂（へんさん）と公会議によるキリスト教正統教義の確立を推進した。しかし、いずれも統治に及ぼした影響は限定的であったとされ、そればかりか、正統教義の確立を進める過程では、ネストリウス派、単性論派などが非正統の烙印（らくいん）を押されることとなり、その結果、とりわけエジプト、シリアなどでは単性論派の激しい反発を招いた。このエジプト、シリア地方が、7世紀前半、当時勢力を強めていたアラブ勢力の手に落ち、帝国の領土は著しく縮小した。ローマ帝国は、文化的にはギリシア語およびキリスト教信仰という点でおよそ均質な国家に移行し、政治勢力としては帝国というよりもアナトリア・バルカン半島を中心とする地方有力国へと変質した。

　最後に、ローマ帝国とともに古代末期の西ユーラシア世界を突き動かした西アジアの動静をみておくこととしたい。イラン地方で勢力を固めていたサーサーン朝では、イラン貴族とゾロアスター教神官が政治・行政上の中核を占め、ゾロアスター教が公式の宗教であり続けた。しかし、ローマ帝国よりもさらに東方に目を向けたネストリウス派キリスト教徒が、5世紀までにこの地域で一大勢力となり、北メソポタミアのニシビス（現ヌサイビン）ではネストリウス的神学がさかんに議論された。さらに、ギリシア世界の哲学・科学がシリア語に

訳され，西アジアの学問的隆盛に大きく貢献した。

　軍事外交面をみれば，7世紀初め，サーサーン朝は交戦を続けてきたローマ帝国からシリア・パレスチナ地方を獲得し，さらにエジプト進攻，アナトリア勢力圏の拡大など，華々しい成功をおさめた。これに対し，ローマ帝国も即座に逆襲に転じ，失地回復に成功したが，これらの交戦を通じて両陣営はともに消耗し，650年ころにはすでに，アナトリアを除く西アジア地域全域がアラブ人の支配圏となった。

3 グローバル・インドの起源

　経済協力開発機構（OECD）の予測［「2060年をみすえて――世界成長の長期展望」2012］によると，2050年，インドの国内総生産（GDP）はアメリカ合衆国を抜いて世界第2位になるという。また，アンガス・マディソンによると，インドのGDPは紀元1世紀には世界のGDPの32.9%を占めており，1500年まで第1位の地位を占めてきたという。こうした見方に対しては古代と現代の単純な比較が妥当であるかという問題と，生産主義的な歴史観として批判がありうる。しかし，インド亜大陸が長期にわたって大きな人口を維持してきたことは注目すべきであるし，何よりそれを支えられる生存基盤の高さや文明の豊かさをみてとることができる。

　その文明の個性の一つはインド世界が歴史的に多文化接触領域として，さまざまな集団が行き交う場所であったことである。その結果，多様な学問や宗教が発達し，それがグローバルな展開をみせてきた。歴史上，都市文明は，乾燥文化と湿潤文化の接触領域に成立してきた。そして，移動牧畜民と定住農耕民との関係は，「交替」「対立」など各地域により異なったが，インドの場合は「混淆（こんこう）」であった。それはさまざまな文化が融解してしまうのではなく，それぞれが分節を保ちながら格差・勾配（こうばい）をともない，分業と分配の秩序のもと多様性が保たれてきたのであった。

　インドの古代都市文明が生んだ高度な物質文化と精神文化は，交易など人の移動によってほかの文明地域に伝えられた。とくに東南アジア方面へはモンスーン（季節風）を利用した人の往来が盛んで，その影響は文字・制度・美術・宗教など多大で，「インド化」とも称されたが，それは選択的で主体的な受容であった。東南アジアの支配者にとってインド文明は先進的かつ魅力的に感じられたに違いない。このことは必ずしも文明の優劣を示さない。ただ，古代インドが生んだ文明のなかには他の地域にも受け入れやすい普遍的な要素があったということ，そして東南アジア世界は外部世界との交易・交流を通じて多様性ある独特の文化を形成してきたということは間違いない。

南アジアの自然環境と古代文明

かつて，インドといえば，カーストによる差別が残り，暴力と貧困が続く社会というイメージがあった。しかし，近年の経済成長は著しく，IT（情報技術）人材の国際的活躍などをとおして，インドの影響力は増大している。ただし，経済のグローバル化によって貧富の差は広がり，宗教やカーストやジェンダーの違いによる差別などの問題は依然として深刻である。言い換えると，インドはインドらしさを失わずに経済的繁栄を実現しているということである。

こうしたインドの現実的姿を踏まえて，新しく提起されているものが，「成長力をもつ開放的な多様性社会」という視点である。その背景には，生産効率性が経済発展をもたらす，という考え方ではなく，環境と人間の相互作用を通じた生存基盤の拡充の過程に注目すべきだ（これを「生存基盤論的歴史観」と呼ぶ），という歴史認識の変化がある。そして，その多様性はインドのそれぞれ固有の自然環境と人間文化との相互作用によって形成されてきたのである。

インドはユーラシア大陸の真ん中に位置し，広大なインド洋に突き出た亜大陸であり，その北部にはヒマラヤ山脈が聳え立っている。陸と海に開かれた開放体系であり，民族交渉や交易をとおして東西の文明を結ぶ中核的位置を占めてきた。

気候的には，南アジアはモンスーン・アジアという世界最大の湿潤気候と，アフロ・ユーラシア大乾燥地帯のあいだをつなぐ位置にあり，それらが接する唯一の地域である。そのため，乾燥と湿潤，そして複雑な地形が織り成す多様な生態環境が形成され，それを反映して，さまざまな環境に応じた多様な知識・技術・文化をもつ社会集団が存在し，それらが密接に共生するインド固有のダイナミズムが生まれたのである。

このようにインドの自然環境は非常に多様であり，「熱帯モンスーン気候」から「低緯度ツンドラ気候」まで六つの気候区分が存在する。しかし，歴史的展開からみると，大きく二つの地域に分けられる。一つは，インド亜大陸の西側で，乾燥地域もしくは半乾燥地域である。この地域の大河川の流域において，「第1の都市化」が進み，「インダス文明」が形成された。そして，二つ目はインド亜大陸の東側で，一定の水資源に恵まれた，やや湿潤な地域であり，インド洋から吹くモンスーンが降水量をもたらし，さらにそのモンスーンを受けたヒマラヤ山脈から流れる大河川が流域に豊富な水資源をもたらし，ここに「インダス文明」に続いて，「第2の都市化」が進み，「ガンガー（ガンジス）文

明」が起こった。

　インダス文明はインド西北部，インダス川流域に紀元前2600年ころに形成された都市文明であり，モエンジョ・ダーロやハラッパーなどが代表的な遺跡である。都市には街路が東西南北にとおり，下水・井戸・浴場など衛生施設が備わり，家屋は煉瓦（れんが）づくりであった。青銅器が使用され，インダス文字という象形文字が用いられていた。ペルシア湾をとおり，メソポタミア文明圏に金・銀・銅・黒檀（こくたん）などがもたらされるなど交流がさかんにおこなわれた。その後，前1800年にはインダス文明の都市群は衰退してゆく。従来その理由はアーリヤ人の侵入によるとされたが，考古学の成果から時代差があることがわかっている。いまのところ，気候変動による乾燥化や地殻変動による河川流路の変化など諸説あるが理由は不明である。

　前1500年，中央アジアから南下した遊牧民族アーリヤ人は西北インドの峠道を越えてパンジャーブ地方にはいる。その理由はおそらく気温の急低下だと考えられている。同時期にケルト人の中部ヨーロッパからバルカン半島への南下など他地域でも民族移動が起きており，地球規模の動きの一環であったといえる。アーリヤ人は，先住民族を征服しつつ，牧畜を主，農耕を従とする生活を始めた。以後約500年間のアーリヤ人の活動は，彼らが残した最古の聖典『リグ・ヴェーダ』に記されており，この時代は前期ヴェーダ時代と呼ばれる。その社会は部族単位が基本で，階層差もあまりなく女性差別も後世ほど厳しくなかった。もともとヴェーダは，聖なる人が霊感によって感得した言葉であり，暗誦することで伝承されてきた。文字に書写されたのは後世で，はじめて印刷されたのは19世紀になってからである。その内容は神への讃歌，神話，祭式の規定などで，そこにあらわれた宗教を「バラモン教」という。そのなかにはインダス文明時代の要素も含みつつ，アーリヤ人の進出以降の先住民との文化接触をへた豊かな内容をもち，のちのヒンドゥー教の前身としての性格をもつ。

　その後，前1000年ころ，アーリヤ人の一部はガンジス川流域に移動し，農耕社会を形成してゆく。以後の400年を後期ヴェーダ時代という。鉄製農具の利用により生産力があがり人口も増加し，社会の階層化が進み，バラモン（司祭階級），クシャトリヤ（王侯武士階級），ヴァイシャ（庶民階級），シュードラ（隷属階級）からなるヴァルナ制度が成立した。このヴァルナとはもともと「色」を意味する言葉であり，前期ヴェーダ時代には肌の色に基づいて階級が分けられていた。しかし，先住民との混血などが進むことで，たんに生まれに基づく身

分・階級という意味になった。こうした秩序はのちに発達したカースト制度の基本的な枠組みとなった。

　後期ヴェーダ時代には多くの国で王権の伸長がみられた。王には異部族・異階層をかかえた領土を統治することが求められた。そうしたなか，バラモンは王に神聖性を与えるための祭祀(さいし)を司り，王権の秩序維持に貢献した。その後，バラモンは知的エリートとして王国の祭祀だけでなく，行政などでも重要な役割を担うなど，王との相互依存関係がみられた。後期ヴェーダ時代も後半になると，祭祀万能のバラモン教に飽きたらず，内面的に思索する一群の思想家があらわれた。彼らは宇宙・万物の根源を探究し，普遍的な真実，不滅なものを追求した。そのウパニシャッド哲学が到達した結論は，宇宙の根本原理であるブラフマン(梵(ぼん))と自我の根本原理であるアートマン(我(が))は，同一だ(梵我一如(ぼんがいちにょ))というものである。そしてこの真理を悟った者こそが業や輪廻から解脱(げだつ)できるというインド哲学の本流が誕生していったのだ。

　前600年ころになると，政治・経済の中心はさらに東方のガンジス川中・下流域に移る。肥沃(ひよく)な平原における農業は余剰を生み，国家の形成を促進させ，群雄割拠の状態となった。なかでもガンジス川中流域の南岸にできたマガダ国は，農業生産と鉄資源に恵まれ，さらにガンジス河口に進出することで，東南アジアとの交易もおこなった。新興地域であったため，バラモン教やヴァルナ制度の伝統に縛られることが比較的に少なく，仏教やジャイナ教など非正統派思想が発達した。

　前4世紀半ば，マガダ国の王位を奪ったナンダ朝は富と軍事力によって西方のクシャトリヤ諸国を滅ぼし，インド史上はじめてガンジス川の全流域を統一した。そして，前4世紀末にはペルシア帝国を滅ぼしたアレクサンドロスがインドにも侵入し，勢力圏を拡大し，インダス川流域を支配したが，ナンダ朝を倒すことはできなかった。しかし，その後チャンドラグプタがナンダ朝を滅ぼし，マウリヤ朝を創始した。アレクサンドロス死後の混乱したインダス川流域も征服，さらに南方にも領土を広げ，ガンジス川・インダス川の流域およびデカンの北部にまたがるインド最初の帝国を建設した。その版図は，第3代のアショーカ王の時代に最大となる。

仏教の国際化とヒンドゥー教の土着化

　後期ヴェーダ時代，先にふれたガンジス川中・下流域では都市が発達し，思

想の自由が存在する社会が生まれ，バラモンを中心とする身分秩序や祭祀を批判し，個人の知識や行為を重視する思想家があらわれ，教団も組織される。そして，霊魂不滅や輪廻といった死生観が広まり，この永遠の輪廻転生を苦とみなし，そこからの解脱を求める動きがでてくる。そうしたなかにジャイナ教の開祖ヴァルダマーナと仏教の開祖ブッダ（ガウタマ・シッダールタ）がいた。二人は，ともにクシャトリヤ部族出身で30歳前後に俗世を棄て出家している。また，長年の修行のすえ，「真理」を知ることにより「苦」を脱して安住の境地に達した（解脱）。その後二人はマガダ国など新興国で布教をおこない，多くの弟子のために教団を組織した。マガダ国のマウリヤ朝初代の王チャンドラグプタはジャイナ教の，第3代の王アショーカは仏教の熱心な信者であった。二つの宗教は創始者の死後も主として都市民に支持され，交易路にそって遠方に伝播していった。

　マウリヤ帝国崩壊後，インドは政治的に分裂，西北インドにはギリシア系のバクトリア国が進出してきた。そして紀元前後にインドにヘレニズムの影響が及んでくる。この時代，仏教は大きな変容を遂げる。一つは大乗仏教の成立である。出家者にのみ「悟り」が可能とされてきた点を批判し，出家・在家に関係なく悟りを求めることができると主張した。そして，自らを「大きな救済のための乗り物」を意味する大乗と称し，伝統仏教（上座部仏教）を独善的な小乗と呼んで貶めた。大乗仏教では悟りを得ようと決意して励む者を菩薩と呼んで信仰した。大乗仏教は北インドから西域をへて後漢時代に中国に伝播し，いわゆる北伝仏教として，朝鮮半島をへて6世紀に日本に伝えられた。

　もう一つの変化は，1世紀末，ガンダーラにおいて仏像彫刻が始まったことである。もともと仏教は偶像崇拝を禁止してきたが，西北インドにイラン系・ギリシア系などさまざまな神の信仰が混在するなかで仏像崇拝も受け入れられていった。仏像という形態そのものが文化交流の結晶であることがわかる。

　このような仏教の変容は，インド世界のグローバル化と深い関係がある。マウリヤ帝国崩壊後も経済活動は依然活発におこなわれ，帝国時代に整備された交通路が亜大陸各地をつなぐ役割をはたし，外の世界との交渉を準備した。1世紀から3世紀は，中国の漢帝国とローマ帝国の全盛期であり，陸と海を結んだ東西交易が活発におこなわれた。それは現在インド各地で出土するローマ金貨からもうかがえる。交易に関する詳しい内容は，1世紀ころにエジプトを中心に活躍したギリシア系商人によって記された『エリュトゥラー海案内記』に

記されている。記述の半分近くがインド関係であることから、西方の商人にとって、インドがいかに重要であったかがわかる。彼らはインド洋の季節風を利用して、2週間ほどでアラビア半島からインド西岸に渡り、胡椒・香料・真珠・綿布・宝石などを買いつけ、冬の季節風とともに帰路についた。交易はローマ側の輸入超過で大量の金貨がインドに流入した。このインド洋交易圏は、東方の漢帝国の経済圏とも結びつくようになり、「海のシルクロード」ともいわれる東西の交易ルートが形成された。

ヴェーダの宗教（バラモン教）が非アーリヤ系の諸宗教と数千年にわたる接触をへて、4世紀ころ、ヒンドゥー教という多神教が形成される。正統派のバラモンたちは仏教など非正統派に対抗して、民衆が信仰する神々を取り込み、バラモン教の大衆化をはかったのである。開祖も経典もないため、教徒はそれぞれで信仰する神を決めてよかった。そして、先住民の信仰であったシヴァ神やヴィシュヌ神もヒンドゥー教の2大神となる。さらにバラモンたちは第4のヴァルナであったシュードラへのサービス（冠婚葬祭）をおこなうことで、農民として地位を向上させていた彼らの支持を得ていった。

このころ、ガンジス川流域ではインドの伝統を継承したグプタ朝が成立しており、宮廷では従来の仏教に加えてヒンドゥー教も保護された。ヒンドゥー教がインドで大衆宗教として発展した時代、仏教は衰退してゆく。仏教は俗世を放棄した出家者の宗教であったのに対して、地域社会に根をおろしたバラモンが在家信者の冠婚葬祭などの諸儀礼を担った。

しかしその後、仏教はインドを出て東アジア世界で大きな役割をはたすようになる。すなわち中国から多くの僧侶が仏典を求めてインドをめざした。5世紀初めの法顕、7世紀の玄奘、7世紀末には義浄が広州から海路、ペルシア船に乗ってインドへ向かった。海のシルクロードが安定した移動経路となっていたことがうかがえる。義浄は途中、シュリーヴィジャヤに立ち寄り、サンスクリット語や仏典を学んだ。彼の報告にはその国には千人以上の仏僧がおり修行に励んでいるとある。東南アジアの諸港市がインド・西方世界と中国をつなぐ海のシルクロードに組み込まれ、その交易によって文化の混淆が進み、地域の個性を形づくっていった。

東南アジアの「インド化」

東南アジアはインドシナ半島部（大陸部）と広大な海域の島嶼部からなる。大

陸部は山地・平原・デルタ地帯からなり，中国の雲南地方からいくつもの大河川が流れ出し，細長い渓谷が山間部を貫通しながら海に流れ込んでいる。赤道直下のマレー半島，スマトラ島，ボルネオ島など多島海は，一年中高温多雨で熱帯多雨林が広がる。東へ行くほど乾燥する島嶼部は広大な海域のなかに大小の島々が浮かぶ。大陸部は，雨季と乾季を繰り返す気候によって肥沃な土地となり，古くから稲作などがおこなわれてきた。

　東南アジア，とくに海の世界は，四方に開けた海を通じた交流による文明の形成という特質をもたらした。西はインドや西アジア，東は中国や日本から，また南太平洋からも人がやってきた。そして，各地の物産が集まることで港市が形成され，インドと中国を結ぶ地域として豊かな文明を築いてきた。5世紀にはインドと東南アジアと中国を結ぶ定期的な船が航行していた。それはモンスーンを利用した航海術や造船技術をもった，インド系の船や東南アジア系の船であった。8世紀以降になるとムスリム（イスラーム教徒）商人のダウ船が加わる。

　前111年，漢の武帝は南越国を滅ぼしたが，その南部は現在のベトナム北部から中部にかけての地域であった。武帝の南征は中華世界と東南アジア世界との交流を促進させた。

　東南アジアの歴史時代は，1世紀ころにメコン川のデルタ地帯に建国した扶南に始まる。オケオ遺跡からはローマ皇帝の金貨，青銅製の仏像やヒンドゥー教の神像，さらに漢代の銅鏡などがみつかっている。その繁栄は3世紀から6世紀中ごろまで続いた。中国の史料にも扶南が30回以上も朝貢していたことが記されている。その建国説話によると，一人のバラモンが現地首長の娘と結婚して混血し，定住していったとされる。ヒンドゥー教やサンスクリットなどインドの宗教や政治経済などが選択的に受け入れられ，「インド化」が進んだ。扶南は木造の大型船を造り，各地へ物資と人を運び，通商をとおして繁栄した。

　扶南に遅れて2世紀ころにインドシナ半島東部，現在のベトナム中部から南部にかけてオーストロネシア語系の人々が活動するようになった。この地方は漢の武帝の日南郡に支配されていたが，後漢から独立して林邑といわれた。中国としばしば軍事衝突を繰り返したが，同時に北部では中国文化の影響も受けていた。しかし，3世紀ころよりインド文化の影響を強く受けるようになり，自らをチャンパーと称するようになる。中国と衝突しながらも通商関係をもち，朝貢もおこなっていた。海洋民であったため，東南アジア各地の物産を集荷

して中国などに運ぶという中継交易をおこなっていた。

　中国東晋の僧法顕(とうしん)は、4世紀末、長安より陸路インドに向かい、3年間修行を積み、さらにセイロン(現スリランカ)に2年滞在ののち、帰りは海路をとり、200人以上を載せる大船に乗り、途中暴風のためにジャワ・スマトラ方面に寄港しながら、中国に帰還した。彼の旅行記『仏国記』には、ベンガル湾とマレー半島をつなぐ定期船の存在や、ジャワなどの島嶼部でもヒンドゥー教が盛んであることが記され、東南アジアにおけるインド文化浸透の様子がわかる。ボルネオ島や西ジャワのジャカルタなどで5世紀ころのサンスクリット語の碑文が発見されており、島嶼部の沿岸などでインド文化を取り入れた港市国家の存在が確認される。またヒンドゥー教の聖典の一つ、サンスクリットで書かれた長編叙事詩『ラーマーヤナ』は現在のインドネシアのジャワ島やバリ島、さらにタイにまで伝わった。タイでは、『ラーマーヤナ』の影響を受けて、国王は代々「ラーマ」と称される。もっとも先にもふれた7世紀にインドを訪問した僧の義浄は帰りに立ち寄ったシュリーヴィジャヤでみた仏教がインドとまったく同じであり、仏典の漢訳に最適の場であったと記している。このことは、当地の仏教がまだ現地化しておらず、依然として「借り着」であったことを示しており、「インド化」の一面をあらわしているともいえよう。

　古代東南アジアはインド商人の渡来による交易の拠点として繁栄していった。インドの宗教や文字によって結びつく広域世界として成立していたのである。7世紀ころになると、マラッカ海峡周辺を中心に交易が活発化する。中国の隋(ずい)唐(とう)帝国や西方のイスラーム帝国の成立により海上交易全体が活性化し、陸で荷物を積み替える必要のないマラッカ海峡経由で、商品が中国、インド、アラビア、ペルシアへと運ばれるようになった。

4　早熟な中国古代文明

　ここでは，古代中国の歴史(魏晋南北朝まで)を扱うが，現在につながる中国文化の重要な要素の多くがこの時期に形成された。中国文化の核心といってもよい漢字は殷の時代に基礎がつくられた。その後の周代には血縁組織における長幼の序を重視する宗法というシステムがつくられる(のちに儒教として中国政治思想の中核となった)。そして，春秋・戦国時代では鉄製農具の使用による農業生産力の向上にともない，都市の発展がみられ，流動する知識人によって「諸子百家」と呼ばれるさまざまな思想が花開いた。異なる文化圏を越えた活発な交流は「中華」の意識を生み出し，その周辺に広がる「夷狄」の世界との対比が意識されるようになり，「華夷」観念という世界観が生まれた。秦は官僚制の整備，度量衡・貨幣・文字・車軌の統一によって中央集権的な中華帝国を誕生させた。20世紀初頭まで続いた皇帝の専制支配はここから始まったといえる。

　漢代，この皇帝権力を天命によって正当化させる論理を展開したものが儒学である。いわば権力者のための思想である。これに対し，続く魏晋南北朝に盛んになった仏教と道教は庶民によって広く信仰された。道教のいわゆる不老不死の思想は，人の寿命は天によって決められているのではなく，自分自身が何をなすかによって決まると説いた。人は自分の運命をある程度変える力をもっているとされたのである。早い時期から天命との折合いをつけ，人間中心の合理的な思想が生まれていたことから，結果的に自然を客体化し，科学技術の発展が促され，また固い殻をもつ身分社会ではなく，流動性の高い実力主義の社会が形成されることになった。

自然環境と南北の関係

　中国大陸は，多様な地形からなっているが，その地勢は西が高く，東が低いという，右肩下りのかたちをしている。西端の青海・チベット高原は海抜4000メートルに及ぶが，そこから東方にゆるやかにさがり，海抜1000〜2000メートルくらいの大きな盆地や高原が広がる。そして，その東方には海抜500

メートル以下の丘陵を含む広大な平原が分布し，東の海へとつながる。その地勢に応じて，北の黄河と南の長江という二つの巨大な川が蛇行しながら東シナ海へと流れ込んでいる。このような西高東低という地形の違いは，都市化の進展にも影響を与えてきた。人々にとって平坦な土地のほうが農業や都市開発，人の移動に便利であり，さらに宋代以降，海を通じた対外交流が盛んになるに従い，東の沿海地域の都市が発展していった。そして，21世紀の現在，沿海部の大都市の生活レベルは先進国並みにまで発展しているのに，西部の農村では貧困が続き，経済格差が社会問題となっている。つまり，中国の歴史を東西の軸でみると，経済的に豊かな東部と貧しい西部という構図で推移してきたと理解することができる。

　しかし，中国を歴史文化的に理解するうえでは南北関係がより重要である。中国人同士は，まず，その人が「北方人（ベイファンレン）」なのか，「南方人（ナンファンレン）」なのかで相手を識別することが多い。その南北を分ける境が，黄河と長江のあいだを東西に流れる淮河（わいが）である。淮河の南北では，気候の違いが顕著である。北は乾燥地帯で冬の寒さは厳しく，黄色い砂塵（さじん）とあいまって喉の健康管理が欠かせない。一方，南は，温暖湿潤な気候で日本に近いと感じる。

　気候の違いは農業・食文化の違いによくあらわれる。淮河より北は，畑作が中心であり，南は稲作が中心である。そのため，北では小麦・雑穀が主食であるのに対して，南では米が主食である。南の世界，とくに長江下流域では農業開発が進み，明清代には江南地域が一大穀倉地帯となる。南の中国が北の中国の食糧を支えてきた。経済の南中国と政治の北中国という構図はあながち間違ってはいない。北の為政者の立場からすると，どのようにして南の経済を利用するかは，重要な課題であった。たとえば，隋代につくられた大運河（ずいが）は黄河と長江を結ぶことでそれを実現したのである。

　自然環境の違いは，当然そこに暮らす人々の文化にも反映する。長江下流域の上海（シャンハイ）や福建（ふっけん）・広東（カントン）などでは，それぞれに北方とはまったく異なる言葉が話されている。さらに，政治の場でも南北の差が認められる。たとえば，三国時代の魏と呉（ご）・蜀（しょく）の対峙（たいじ），五胡十六国と東晋の対立，また金と南宋の対抗関係など，南北間の争いは，たいてい淮河および西方の秦嶺山脈（しんれい）のラインであった。中国の歴史を政治・文化の面からみる際には，南北の違いをつねに意識することが大切である。

　そして，中国史を開発，人の移動というダイナミックな視点でみると，「北」

から「南」への人口移動(漢民族の南下)として理解することができる。そのきっかけは気温の寒冷化である。魏晋南北朝の時代，北方に住んでいた人々が寒さのために南下して黄河流域へと進出，それにより華北の漢族が玉突き的に南へと移動せざるをえなくなった。転換点は，宋代の江南の開発である。新たな穀倉地帯としての発展により，「北」の戸口数を「南」のそれが上回ったのである。言い換えると，「北」の漢民族文化が「南」の少数民族の文化をじわじわと覆いつくしていったのである。

このように，中国の歴史を地形から理解するうえで河川が重要であることがわかる。じつは，中国史上にあらわれる都市は川や水にちなむ名前が多い。それは，川沿いの低平地が定住するうえで好まれ，また移動にも便利だからである。たとえば，「臨〜」「〜浦」「〜曲」「〜沙」「〜泉」「〜湖」「〜沢」などあげるときりがない。そして，河川系の集水域がつくりだす自然的かつ人文的空間は一つの有機的な「地域」をつくりだす。これをアメリカの学者ウィリアム・スキナーはマクロ・リージョンと位置づけた。中国は華北・西北・長江上流・長江中流・長江下流・東南海岸・嶺南・雲貴という，八つのマクロ・リージョンに分けられるとする。

中国文明の多様性と一体性

多様性というあり方は本来，自然界のなかに備わっているものであろう。中国では，山脈による国土の分散と3大河川水系によるまとまりという自然環境が風土の多様性を生み出してきた。多様な風土は豊かな食文化を生み出す。では，「中国」の一体性はどのようにしてつくられてきたのだろうか。

中国では，四大料理と呼ばれる山東料理，上海料理，広東料理，四川料理が有名である。その味つけは，地域の気候に適したものが好まれており，一般的には北は塩辛く，南は甘く，西は辛く，東は酸味が特徴である。これに苦味を加えたものを「五味」といい，木火土金水の五つの要素から万物の生成や変化を説明する五行思想では，方角とも関連づけられる。風土に基づいて生まれた多様な地域の料理も，じつは一つのシステムで理解することができるのである。中国では，「広東料理」はあっても，ジャンルとして「中国料理」というものは本来存在しない。しかし，五行思想に基づく文化システムとしての「中国料理」は存在するといえる。このように，風土に基づく多様な文化が「中国」の文明の一部となるうえで，五行思想のように中国的ではあるが，普遍的なシス

テムが作用しているということがわかる。

　そもそも，「中国」という呼称はどこからきて，どのような概念として今日にいたっているのだろうか。中国古代の歌謡を集めたとされる『詩経』のなかに，「この中国を恵でて以て四方を綏んぜよ」という言葉があるが，ここにいう中国とは，今日の広大な領域をもつ中国ではなく，都ないしその周辺という狭い領域を指すと思われる。その後，戦国時代になると，複数の国家が形成され，互いに交流を通じて風俗などを共有するにいたり，周辺の「夷狄」とは違う「中国」として自分たちを意識するようになる。そして，時代とともに長江以南の呉・越など「蛮夷」とされた国々も「中国」のなかに組み込まれていった。

　注意すべきは，「中国」は国の名前ではないということである。「日本」や「フランス」など特定の民族や国家を指す固有名詞ではない。それは，複数の国を含む文明圏であり，「世界の中心にある（われわれの）領域」といった漠然とした意味なのである。そして，高い文明をもつ「中国」とその恩恵に浴さない「夷狄」という上下の関係はよく「中華思想」として批判されるが，「夷狄」であっても中国文化を採用すれば，出身を問わず「中国」のなかにはいることができるとされる。このような融通無碍なあり方も「中国」という概念の特色の一つである。

　実際，歴史上の中国の国の名前は「漢」「唐」などの王朝名であり，「中国」ではなかった。言い換えるならば，華夷思想のもと，天下の唯一の中心である中国が「中国」であることは自明であり，自他を区別する必要などなかったのである。

　「中国」という言葉が，国の名前として使用されるようになったのは，近代のことである。19世紀末の知識人である梁啓超は自国の歴史を構想した際，漢や唐といった王朝一族の名前ではなく，王朝の交替でも変わらない国名として中国を選んだ。このとき，はじめて外国と同列の国家として中国を配置したことに伝統的システムの転換をみてとることができよう。

　そして，中国文明を主として担ってきた人々，漢民族とは何か。その「正体」となるとじつは曖昧である。その核心は文化であることは間違いない（「文化共同体」）。歴史的にいえば，「漢字を識っている人々，および漢字を識ろうと願っていた人々の集団」という説明が可能であろう。その漢字を用いて文明が形成される。つまり，書面語（文語）によって秩序維持がなされるとともに，

権威の証明ともなりえた。それは話し言葉とは直結しない，現実には存在しない言語であった。また，血統よりは教養による区分であるため，周辺民族も「漢人」たりうるのである。「漢民族は黄帝の子孫」という血統主義的な発想はじつは，近代の産物なのである。

多元的な中国文明

　1980年代後半，中国のニューシネマと呼ばれた，若い監督による魅力的な中国映画が日本で数多く上映された。代表する作品としては『黄色い大地』『紅いコーリャン』などをあげることができる。印象深い点は厳しくも壮大な自然と因習に縛られながら生を全うしようとする民衆を色彩豊かに描いていたことである。とくに『黄色い大地』でスクリーンに映し出された黄土高原は一面，黄色い砂塵で覆われた大地であり，北方中国の自然景観イメージを決定づけるものであった。そして，21世紀の今日，その「黄砂」は日本にまで飛散して，さまざまな被害を引き起こす一因となっている。

　この黄土高原こそ，黄河文明発祥の地であるが，かつての黄土高原が樹木の茂った環境であったとは想像することが難しい。環境破壊は，戦国時代ころから進んだ。青銅器の鋳造，冶鉄，製鉄には大量の木材が必要とされ，さらに各国が巨大宮殿や墳墓建造を競ったため，森林の乱伐が進んだ。こうした開発の果てに今日にみるような痩せた大地になってしまったのである。黄土が肥沃であるかどうかにはいまだに定説はないが，多くの人口を養い，文明を形成することができたことは事実である。乱開発前の黄土高原はもっと緑あふれる大地であったであろう。殷墟出土の玉器にトラ，ゾウ，クマ，シカ，サル，ウサギ，ツル，タカなどのデザインがあることから，水草茂る沼地に水牛やシカが，鬱蒼とした森林にアジアゾウが闊歩していたという情景が存在した可能性は高い。

　ところで，中国文明の発祥については，中国考古学の成果から，黄河文明一元論は否定されつつある。近年では，長江流域や中国東北の遼河流域から新石器時代の遺跡が発見されている。黄河流域で中国文明が発生したという言説は，古代王朝の政治の中心が長安や洛陽など北方にあったために生まれたともいえる。中国文明は多元的に誕生したのである。

　古代の長江流域では，上流から中流・下流まで，巴蜀・荊楚・呉越という独自の文化をもつ地域があった。下流の浙江省からは河姆渡遺跡がみつかり，多湿気候に適した高床式の木造建築遺構や，稲作の痕跡がみつかっている。こ

の発見は，水稲技術の東アジアへの伝播の可能性を示すものとして注目される。また浙江省余杭市にある良渚(りょうしょ)遺跡は約5000年前にさかのぼるもので，副葬品として美しい玉器のおさめられた大型の墳墓や器，大規模な祭祀(さいし)遺跡が発見され，階層分化が進み，貴族階級が形成されていたことがうかがえる。また，大型の水利工事の遺跡が発見されるなど，現在中国で発見された同時代における最大の都市遺跡であり，「長江文明」ともいいうる規模であったことがうかがえる。ただ，滅亡の原因や北方の黄河文明との関わりなど不明な点も多く，今後の研究調査から目が離せない。

　中国東北の遼河流域の新石器文化は紅山文化と呼ばれ，新たな問題を提起している。1971年その遺跡から大型の玉龍が出土した。その地は長城の北に位置しており，いわゆる塞外の地から玉龍が出土したということになる。その意味は重要であろう。むしろ，そこは朝鮮半島に近いと考えれば，紅山文化は中国文明の一つとしてではなく，東アジア文明の一つとして位置づけるという見方も可能かもしれない。

　このように，中国文明の発祥は黄河だけではなく，長江流域などを含め，多元的に誕生し独自の文化を発展させてきた。その後，自然環境の変化や農耕技術の進歩にともない，集落間の交流や争いが起き，黄河以外の地域の新石器文化はのちに王朝を形成することができなかったと考えられる。

青銅器文明の時代

　通例，中国史で新石器時代のあとには，夏(か)・殷・周という黄河に誕生した王朝国家の時代にはいるだろう。しかし，ほぼ同時期の四川などほかの地域でも高度な文明が発達していたことをどう考えるべきであろうか。ハーヴァード大学の張光直(K. C. Chag)は夏・殷・周の3代を「青銅時代」と呼んでいる。三つの王朝がつぎつぎと交替した歴史としてではなく，三つの王朝勢力が並存していた時代として捉えようとした。もちろん，このなかに四川など他地域の青銅器文明なども含めて考えることができよう。殷墟など中原から遠く離れた地域において高度な技術で青銅器の生産がおこなわれていたことから，青銅器の材料や技術者集団が都市国家のあいだを移動していたことが推測される。年代としては，紀元前2000年から前500年までの1500年間であり，この最後の時期は鉄器時代に重なってくる。

　古代人が利用した金属は金・銀・銅・鉄・鉛・錫(すず)・水銀の七つである。なか

でも金・銀・銅は天然に存在し，精錬しなくても得られるため，早くから利用されていた。銅は自然のままでは軟らかすぎるため道具にはならない。銅に錫を10％混ぜることで硬度は10倍になる。さらに鉛を加えることで融点は1000度以下になり，生産が容易になった。

　青銅器は祭祀のための食器・酒器・楽器，木工工具としての斧・鑿・鋸，そして武器としての剣・鏃・戈などとして活用された。祭祀・建築・戦争といった，国家としての勢力を拡大させるうえで青銅器がはたした役割は大きい。

　1975年，洛陽の東，河南省偃師市の「二里頭遺跡」から最古の青銅製の「爵」が出土した。高さ22.5センチ，厚さ１ミリで足が三足になっている酒器で，ほとんど文様もなく，鋳造技術もまだ未熟である。儀式で酒を拝受するうえで序列があったことが「爵位」という言葉の由来である。その遺跡は前2000年のものと考えられ，大規模な宮殿跡，巨大墓が発見されている。また，青銅器とともに，宮廷儀礼に用いられたと考えられる玉璋など多種多様な大型玉器が出土し，「礼制」の整備がうかがえる。こうしたことから，二里頭遺跡が夏王朝の一つの都城であった可能性は高い。しかし，決定的な証拠はいまだでておらず，史籍にあらわれる夏王朝を「復元」するような姿勢には慎重であらねばなるまい。

　長江上流域の巴蜀から，1986年に大量の青銅器遺物が発見された。古代四川文化の姿をわたしたちに教えてくれた「三星堆遺跡」である。それらは目が突起し，牛のような大きな耳をもち，横に大きく割けた口と高い鼻の異様な仮面で，北方の遺跡にはみられないものであった。この「縦目仮面」は，超人的視力・聴力などを備えたものが邪気を祓う目的で祭壇などに飾られたのではないか。その特異な様相から黄河文明とはまったく異なる独自の青銅器文化だと考えられたが，近年では，北方との交流があったことがわかってきている。すなわち，青銅器の製法は殷と同じ方法が用いられており，素材の青銅も鉛同位体比の分析によって殷王朝の青銅器と同一の鉱山の原料が使われていたことが判明したからである。蜀という国は始皇帝よりも４代前の恵文王の時代(前316年)に秦によって滅ぼされる。そして秦の入植が進むにつれて蜀の文化もしだいに忘れ去られていった。

　青銅器の鋳造レベルが向上するのは殷王朝である。巨大なもので数百キロにも及ぶ大型の器が登場し，器種，文様ともに多彩になる。文様モチーフの大部分は，龍，鳳などの想像上の動物だが，特徴的なものは饕餮文と呼ばれる，

4　早熟な中国古代文明

突出した二つの目を特色とする獣面文である。当時の人々の鬼神崇拝，自然への畏怖，動物のもつ強大な力に対する崇拝がうかがえよう。こうした青銅器は東京国立博物館や奈良国立博物館などで見ることができる。

　殷の滅亡の原因として，酒池肉林に溺れた紂王(ちゅうおう)の話が有名だが，実際には殷晩期の青銅器は質が悪いことから，銅資源の枯渇が要因であったと考えられる。殷にかわって豊かな銅鉱山を開発した周が青銅器を諸侯に分配することで勢力を拡大していった。

　殷王朝について特筆すべきことは，今日の漢字の原型となる文字を使用していたことである。甲骨文字と呼ばれるもので亀の腹甲や牛の肩甲骨に穴をあけて火であぶり，できたひび割れから神意を占った。甲骨片からは約5200文字が確認できる。

春秋戦国の時代

　殷は前1600年ころから600年ものあいだ，中原を支配したが，西方から勢力を拡大してきた周によって滅ぼされた。周王朝は一族の有力者や功臣に邑(ゆう)を与え，世襲の諸侯とし，諸侯はその家臣に世襲の領土を分与して民を支配させた。このように封土の分与によって結ばれた政治システムを「封建」と呼ぶ。周は，殷と同様，王朝が全領域を支配するのではなく，邑を支配する諸侯を王の権威によって統合するという，氏族制と邑制を組み合わせた制度をとった。しかし，両者の統治の仕方は大きく異なった。殷は神の神秘的な力を活用するという宗教的性格が強かったが，周では占いなど祭祀は重視されず，世俗的な人間関係や社会道徳が重んじられた。また，有力氏族が交替で王位に就いた殷とは異なり，周では王位は父から子へと継承することが原則となった。このような長幼の序を重視した血縁システム（宗法）は儒教を通じて中国の政治や社会に大きな影響を与えていった。

　その後，「犬戎(けんじゅう)」という異民族の攻撃によって，周（西周）は関中の鎬京(こうけい)から中原の洛（洛陽）へ遷都。以来，諸国が互いに争う動乱の時代，春秋（前770～前403年）・戦国（前403～前221年）時代にはいる。

　春秋時代，周（東周）の支配力は衰退し，有力諸侯が周王の権威を借りて，他の諸侯を集めて盟約を結ぶことで勢力拡大をめざした。その盟約の主宰者としての諸侯は覇者(はしゃ)と呼ばれた。覇者には，もともと周の勢力下にいた斉の桓公(かんこう)や晋の文公と，長江流域の楚の荘王(そうおう)，呉王闔閭(こうりょ)，越王勾践(こうせん)のように，中原と

は異なる文化圏から台頭してきた新興勢力の指導者とがいた。戦国時代になると，軍事力や経済力など国家の実力を競い合う時代である。戦国の七雄と呼ばれる韓・魏・趙・燕・斉・楚・秦の七つの強国がそれぞれ富国強兵策によって勢力拡大をはかっていた。

　春秋戦国時代は，中国史においてとくに重要な時代である。変化として注目すべきことは，国家の成立ちが「都市国家連合」から「領域国家」へと変化したことである。人の生活圏としての都市から，都市を束ねるかたちの国家へと領域が拡大していった。そのため，都市間を頻繁に人が移動するようになり，来歴を異にする人を文書行政でまとめる必要がでてくる。それ以前は中央も地方も独立した「国」であったのが，上下関係で結ばれる関係ができ，そのため中央と地方を結ぶ文書行政が開始されることとなる。そして，「律令」が整備され，官僚統治が整備されてゆく。このような政治システムの変化は，漢字の性格の変化としてあらわれた。春秋時代には祭祀用の文字が主であったが，戦国時代になると，文字は文書行政用に用いられるようになる。異なる文化を超越した空間において，漢字という文字が大きな役割をはたすようになったのである。

　おおよそ戦国時代以降の重要な変化をまとめてみるとつぎのようになる。

　(1)鉄器や牛耕の普及による農業生産力の向上　　鉄器の普及は未曾有の社会変動を引き起こした。鋭利なため木材の大量伐採が可能である。鉄具も大量につくられ，未開拓の地が開墾される。小農民の自立化が進み，「家」単位の経営がおこなわれるようになる。結果として，封建制の崩壊につながった。そして，庶民が姓を名乗るようになる。現在の中国人の姓では「張・王・李・趙」が圧倒的に多いが，これはこの時期以降につけられたものである。

　(2)富国強兵，君主権の強化，産業育成　　家柄ではなく個人の能力が評価されるようになり，信賞必罰を旨とする「法」が制定される。「法家」の思想が国家統治において重要な意味をもつようになる。君主が自ら地方官を派遣して全土を統治する「郡県」制度がとられる。各地から独特の形をした青銅貨幣が鋳造されていることが示すように貨幣経済が進行した。

　(3)広域的文化交流の活発化と多様な思想の開花　　貨幣経済の発展により人の移動が促され，多くの思想家が各地を渡り歩き，有力者は武芸や弁舌など才能ある人材を厚遇した。一方，食客も主のために力をつくした。周代の氏族的結合とは異なる人的結合が発生した。諸子百家の思想家が全国を遍歴すること

で国を超えた「天下」観念が形成されることとなる。こうして，文化的統一性をもつ「中国」「華夏」と周囲の夷狄とを対比する考え方が定着していったと考えられる。

　鉄器の普及によって生産に余剰が生まれ，定職に就かない非生産者である「遊俠(ゆうきょう)」の集団が形成され，さまざまな思想が花開いた。春秋時代，文字を扱う人＝「史」は祭祀を司ったが，戦国時代，「史」は文書行政を扱う官吏となり，国家の政治を議論するようになったのである。彼らが「諸子」である。諸子百家という言葉があり，普通，諸子がさまざまな思想を説いたというように理解されている。そのこと自体は事実だが，思想の紹介のされ方には後世の学者らのバイアスがはいっている。たとえば，人間理解の類型としてよく言及される性善説と性悪説がある。じつはこの議論は人の階層を念頭においたものであり，孟子(もうし)の性善説は中人以上を，荀子(じゅんし)の性悪説は中人以下（被支配者など）を対象とした説明なのである。決して普遍的な人間の性を議論したわけではなかった。同様に，法家は中人以下を統制するための法令を論じ，道家は上人のみを対象に哲学的思惟や無為自然を論じたが，中人以下が法令で統制されるから国家は安泰だ，ということになる。つまり，同じ国家であっても複数の議論が混在することも可能であり，それぞれ持ち場が違うため，ある程度共存することができたのである。しかし，後世に儒家が主流になるに従い，諸子の「棲み分け」の時代は終わり，天下を語る統一帝国が形成されるころには，時代に適さない議論をおこなった諸子は衰え，儒家と道家が生き残ることになった。それぞれ人間，自然を対象としながら，現世的な哲学である点が興味深い。

　文字が祭祀のためにではなく，政治をおこない，思想を伝達するための手段となったことの意味は大きい。戦国時代には現在の日常生活において活用されている重要な学術思想が誕生している。一つは「時令(じれい)思想」である。太古より人は自然の変化を観察し，日々の暮しに生かしてきた。農耕が発達すれば，季節の変化が収穫に影響することから，四季折々の星座の運行や動植物の生態など「物候」を耕作の目安にするようになる。陰陽家は，陰陽の消長をみて，その循環によって万物の現象を説明しようとした。森羅万象を網羅する特殊な自然哲学の誕生であるが，群雄割拠から統一へという政治の動きを反映しているともいえる。四季や二十四節気など各時期に合致した政治をおこなわないと自然と人間の調和が狂って災害が起きるとされた。また，中国医学の思想としてもっとも重要な概念である「気」であるが，古くは山野を流動する雲気めいた

現象のことであったのが，戦国時代になると，宇宙や天地，人体にはたらくエネルギーのような流動体をあらわすようになっていった。そして，「気」の通り道である経絡の知識が鍼治療として用いられ，また「導引」という，呼吸法を用いつつ，体を動かし，体内に流れる気の調和をはかり，病気をなおす技術が編み出された。

秦漢帝国の時代

　戦国時代末期，各国の領土拡張や始皇帝の統一戦争の過程で何十万もの人が斬首された。これは，新石器時代以来の文化地域を異にすることからくる激烈な抵抗の証である。この時期は，二千余年に及ぶ皇帝支配を準備した時代であった。帝国の時代を迎え，中国は「邑制国家」「封建制」が崩壊し，前221年から後220年の後漢滅亡までの約440年間，皇帝が中国を統治する「帝国」の体制が出現したのである。

　西洋世界ではローマ帝国があるが，「エンパイア」と呼んだのは近代西洋人である。中国の伝統的国家観では「帝天下」(天下に帝たり) という言葉はあっても，「帝国」(国に帝たり) は成り立ちえなかった。新しい政治空間の認識が生まれたといえよう。

　中国の統一帝国の成立をみる前に，空間的な広がりについて確認しておこう。古代中国は三つの地域空間を基盤にして国家が拡大していったとみてよい。

　(1)都市国家（のちに県）　　殷周から春秋時代における都市国家の基盤である。人々が暮らすうえでの適正な活動範囲であり，城を中心に一日の往復可能 (100里＝約40キロ四方) な距離の空間。宗教的に社稷(土地神)と宗廟(同族集団の祖先神)によって守られ，周囲は山川などの自然に囲まれている。

　(2)戦国時代の領域国家　　新石器時代以来の文化地域が母体。全国はおよそ八つに区分でき，それぞれ日本並みの広さをもつ。言語・経済・文化を共有するネットワークとして拡大した。これを基盤に秦，魏，韓，趙，楚，燕，斉などの領域国家ができた。滅んだ小国は県として官僚統治がおこなわれた。

　(3)統一帝国　　秦や漢による統一国家。いくつかの文化地域を征服してできた史上初の統一帝国。

　(2)の領域を有する国に君臨するのは王である。戦国時代，いくつかの王国が並び立ち，王国を超えた国際的な世界を天下という概念で呼ぶようになっていた。帝国時代，一人の皇帝がその天下において覇権を握ったのである。

戦国七雄のうちで西方の新興国家で，積極的な富国強兵策で台頭したのが秦である。とくに軍功に応じて爵位を与える奨励策や連座のシステムなど法家の商鞅がおこなった変法によって君主の権力は強化された。他の戦国6国をつぎつぎと滅ぼした秦の王である政は，前221年に皇帝の座に就いた（始皇帝）。始皇帝は，度量衡・貨幣・文字・車軌を統一し，郡県制を全国的に施行したが，これらはいずれも秦が国内で採用していた政策の延長であった。

　問題は，文化を異にする地域に暮す民心をいかに手なずけるかであった。始皇帝は5回にわたり地方巡行をおこなった。先々で自己の顕彰碑を建て皇帝の威令を喧伝している。第2回目の巡行先の湘山では川が氾濫し，始皇帝の行く手を阻むことがあった。そこで始皇帝は湘山の樹木すべてを焼き禿山にする仕打ちにでた。山や川には地域の神が存在すると考えられていたのであろう。効果的な諸国攻略とは，都城の徹底破壊ではなく，居民の精神的紐帯である異族の神々を攻撃あるいは籠絡して，その祭祀権・習俗を奪い，生命力を根絶することであった。前漢の武帝も始皇帝と同様に神仙に傾倒し，天を祀った。北京から東方に200キロ行くと渤海沿岸に出る。1982年に秦漢代の離宮が発見された。始皇帝も武帝も海の向こうに神仙世界を求めたのである。

　秦は北方の匈奴，南方の百越地域への征服戦争をおこなった。それは現在のベトナム北部・中部地域および，これは「北属時代」と呼ばれる約1000年にわたる中国のベトナム支配の幕開けであった。また長城の修復，始皇帝陵の建設などの大工事をおこなった。しだいに各地で反秦感情は高まり，陳勝・呉広の乱をきっかけに各地で叛乱が起き，秦は統一後15年という短命で滅亡した。そして，農民出身の劉邦が楚の名門の出である項羽を破り，前202年，漢（前漢）を建国，長安を都とした。

　前漢は秦が強引な中央集権的な郡県制をとり，厳罰主義で人々の反発をかったことから，直轄地では郡県制を採用しながらも，同時に功臣に領土を与えて世襲させる，「封建」の制度も取り入れ，地域の独自性を認める「郡国」制を採用した。その後，たびたび地方の諸侯王の叛乱があいついだが，王朝は地方の権限を奪い中央集権化を進めた。前漢の全盛期は第7代の武帝の時代である。対外的には積極策をとり，大帝国を築いた。北は匈奴を攻略，西域のオアシス国家を支配下に入れ，東方では朝鮮を占領し楽浪郡など4郡を設けた。そして南方では秦が滅んだのち，南海郡の軍人によって南越国が建国されていたが，武帝によって征討された。武帝はこの地に9郡を設置したが，そのなかの日南

郡はいまのベトナムの地域に位置する。こうして漢民族の政治や文化は徐々にベトナムに浸透していった。

　外征の財源を補うため，塩・鉄・酒の専売制を採用したが，これはしだいに農民の生活を圧迫し，反発も強まって社会不安が増していった。武帝の死後，政治が外戚や宦官によって左右されるようになり，後8年，外戚の王莽(おうもう)によって帝位を奪われ，「新」という王朝が建てられた。王莽は，豪族や商人の力を抑え，土地の私的所有や売買を制限するなど国家統制力の強い政治をおこなった。しかし，飢饉(ききん)などもあり各地で豪族や農民の叛乱が起き，新は15年で滅亡し，25年，漢王室の血筋である劉秀(りゅうしゅう)(光武帝)が漢を再興した(後漢)。都は長安の東，洛陽に遷された。後漢は前漢の皇帝による専制支配体制を受け継ぎ，前半期(1世紀)の政治は安定していた。光武帝といえば，57年倭の奴の国王が朝貢したときに使者に印綬を授けた皇帝である。『後漢書』東夷列伝の倭人条に「洪武賜うに印綬を以てす」という記述があるが，福岡県志賀島から金印が発見されて，この事実が証明された。また中国の雲南省でも「滇王之印」(てん)と彫られた金印が発見されており，漢帝国の威厳の広がりがうかがえる。

　前漢末から後漢は，ちょうど地中海世界ではローマ帝国が繁栄した，「パクス・ローマーナ」と呼ばれた時代である。後漢が西域に派遣した西域都護の班超(はんちょう)の部下，甘英(かんえい)はパルティア(安息)をへて地中海まで到達したといわれる。後漢の人はその先に大秦国(ローマ帝国)があることを知ったのである。西域の人は中国を秦と呼び続けており，西方に秦(中国)に匹敵する大国があることから「大秦」と名づけた。大秦王安敦(あんとん)，すなわちローマ皇帝マルクス・アウレリウス・アントニヌスは使節を後漢に送り，ベトナムにあった日南郡の外から象牙(ぞう)・犀角(げ)(さいかく)などを持参した。日南郡は東南アジアやインドとの外交・交易の窓口であった。2世紀の地理学者プトレマイオスが描いた世界地図には東の世界に古代中国がシナ(チャイナとともに秦の音に由来)として描かれ，絹(セリカ)を産する地とされていた。ローマ帝国と後漢は海のルートでつながり始めたのである。

　後漢の後半，つまり2世紀ころから水害・旱魃(かんばつ)・蝗害(こうがい)・地震・疫病などありとあらゆる自然災害が降りかかった。その遠因は気候変動によるものと思われる。後漢から年間平均気温が低下し，6世紀まで続いた。洛陽では晩春でも雪が降ったという。天災は天(上帝)の意思のあらわれだと考えられたため，自然災害の頻発は政治不安を生み出す。後漢後期には宦官と外戚の台頭，民衆叛

4　早熟な中国古代文明　67

乱，周辺民族の侵入などが起こり，帝国支配を動揺させた。

　しかし，社会の混乱は国家統治には痛手であるが，科学技術の面で思わぬ発展を生み出す契機ともなった。天文や歴史を司る太史令であった張衡は地動儀という地震計や渾天儀という天空星座を表示する器械を発明した。また，疫病の流行は名医を生み出す。後世に「医聖」と呼ばれた張仲景は「傷寒」（感染性の急性熱病）の患者の治療のための処方集『傷寒雑病論』を著した。また，三国志などにも登場する華佗も後漢の名医である。その名は「華佗膏」（水虫の薬）などとして残っている。一般的には世界で最初に「麻沸散」という麻酔薬を使用した外科手術で知られるが，その真偽は謎に包まれている。戦争や災害が絶えなかった後漢末の時代が，外科手術の名手に医師の理想像を求めさせたのかもしれない。もう一つ興味深い点は，華佗の医学には西域文化の影がみられ，その後の中国医学の系譜につながらないことである。後世の医者は華佗を「異術之士」として批判した。儒教の影響もあり，中国医学において身体はブラックボックス的な小宇宙とされ，「体を開く」ことは刑罰のようなもので禁忌とされた。中国で解剖学が発展しなかった理由もこのあたりにあるだろう。

　また疫病の流行は，病気治療を謳った宗教を多く発生させた。人々は延命救済を求めて道教集団へと向かった。張角は「太平道」を組織し，病人に呪術をおこない，符水を飲ませた。数十万人の信徒が集まり，武装して叛乱集団と化す。起兵時に黄色の頭巾をかぶったので「黄巾の乱」という。

　諸子のうち，儒家は後漢のときにたんなる一学問ではなく，国家イデオロギーとして国家や社会の秩序を維持するうえで大きな役割をはたすようになった。後漢末期，災害が頻発し政治が不安定化する激動の時代であったからこそ，為政者は儒教による新たな社会秩序を求めたのである。この動乱の時代に儒教と道教という今日の中国人社会においてもっとも影響力の大きい宗教が社会から必要とされ，一つのかたちをなしつつあったことは注目すべきであろう。

分裂と融合の時代

　3〜5世紀は地球規模で北半球が寒冷期を迎えた。その結果，広範囲に北方の遊牧民の南下がみられた。ヨーロッパではゲルマン人の大移動によって西ローマ帝国が滅亡し，中国では後漢が滅亡し，周辺民族が華北に進出した。黄巾の乱の後，中国では武力集団が抗争を繰り返す時代となる。これが隋による統一まで，魏晋南北朝（184〜589年）と呼ばれる時代で，国家の行政力が低下し，

地方有力者が武装し，ある意味ロマンと波瀾に満ちた時代で，中国史研究者の川勝義雄は「華やかな暗黒時代」と表現した。

華北では曹操の子，曹丕が後漢の皇帝から禅譲を受けて魏を建国。長江下流域では，孫権が呉を建て，四川では劉備が蜀を建てた。いわゆる三国時代である。その後，軍事力に勝る魏は蜀を滅ぼし，魏の将軍司馬炎が晋を建国して呉も破り，中国を統一した。

しかし，北からきた遊牧諸民族の匈奴・羯・鮮卑・氐・羌などの「五胡」が勢力を拡大し，洛陽を占領するなど華北では多くの小国家が興亡を繰り返した（五胡十六国）。5世紀前半には，鮮卑が建てた北魏が華北を統一するがその後分裂してゆく。一方，南の江南地方では，建康（現在の南京）を都にして呉・東晋・宋・斉・梁・陳と漢民族の王朝が続いた（六朝）。当時の江南には「山越」という先住民族が住んでいたが，六朝時代以降，漢族の大量移民により文化の融合が進んだ。

中国史を南北関係においてみたとき，この魏晋南北朝時代は南の比重が増してゆく時期にあたる。寒冷化によって北アジアからの人の波が華北へ押し寄せ，その華北から江南や朝鮮半島に大きな人口移動が生じた。その結果，江南では急速に開発が進んだのである。そして，政治中心の北と経済中心の南という現在の中国のかたちができていった。史書によると，当時の江南にはまだ多数のゾウやトラが生息し，人の暮しとともにあった。経済開発は生物の多様性ばかりか，文化の多様性をも消滅させる。華北から南下した漢民族は江南，そして福建や四川へと勢力を拡大させ，非漢民族を徹底的に攻撃した。その結果，民族集団は解体し，州や県の設置など南朝国家体制へと取り込まれた。漢民族は捕らえた「蛮族」を兵士や奴隷として使役し，また鉄・銅・銀・塩などの資源を収奪した。このような戦闘による非漢民族文化の消滅以外に，「蛮漢」間の交易など経済や文化における交流も蛮族の「中国化」に影響があったはずである。漢民族は翡翠や象牙などを求め，蛮族も漢民族の地に季節労働に出かけた。また，道教など漢民族の宗教に入信する蛮族もいたという。そのような物質面はもとより，精神面における接触を通じて蛮族はしだいに中国の「文明」に吸収され，彼ら自身も漢民族となっていったのである。

社会が混乱するなか，人々のあいだに現実を離れ，精神的世界に安寧を求める気風が広がった。知識人のなかには世俗から隠遁し，自由に哲学的な議論をおこなうこと（清談）が流行った。陶潜（淵明）の有名な「桃花源記」に湖南省の

武陵の漁師が渓谷を進むうちに道に迷い，忽然として桃の花が咲く林に到達し，その先に小さな穴があり，はいってみると広い土地が広がっていた，という話がある。小さな穴こそ，蛮族の集落である「洞(どう)」だと思われる。蛮族の世界を「桃源郷」とする意識がたしかにあったのであろう。当時，南中国にはまだ多数の「洞」があり，広大な漢蛮の境界領域が存在していたと考えられる。

　もう一つ，魏晋南北朝を特徴づける動きは，さまざまな宗教が花開いたことである。中国に仏教が伝来したのは後漢初頭であるが，五胡十六国期に発展する。多くの西域僧が来中し，仏典の訳註がなされた。胡族の君主らが仏教の普遍性で中華思想に対抗しようとした。一方で道教の世界では寇謙之(こうけんし)が新しい道教を体系化し，北魏の皇帝によって国教化された。外来宗教も含めて，さまざまな宗教が政治と結びつくことで，民族性と宗教との関係性は希薄化し，中華の文明はより普遍化していった。その結果，隋唐時代の中国文明が東アジアに広がることにつながったのである。

第2章 東アジアの時代

527	東ローマ帝国，ユスティニアヌス帝即位
552	突厥（〜744）
581	隋（〜618）
618	唐（〜907）
622	ムハンマド，聖遷
661	ウマイヤ朝（〜750）
676	新羅，朝鮮半島を統一
698	渤海（〜926）
744	ウイグル（〜840）
750	アッバース朝（〜1258）
756	後ウマイヤ朝（〜1031）
800	カール大帝戴冠
9世紀	ノルマン人の大移動
9世紀半ば	キエフ公国（〜13世紀）
907	五代十国時代（〜979）
918	高麗（〜1392）
960	北宋（〜1127）
962	神聖ローマ帝国（〜1806）
969	ファーティマ朝（〜1171）
1038	セルジューク朝（〜1194）
1096	第1回十字軍（〜99）
1206	デリー・スルタン朝（〜1526）
1206	モンゴル帝国（〜1388）
1250	マムルーク朝（〜1517）
1258	イル・ハン国（〜1353）
1271	元（〜1368）
1293	マジャパヒト王国（〜1520頃）
1299	オスマン帝国（〜1922）
1348	ペスト（黒死病）大流行（〜50）
1351	アユタヤ朝（〜1767）
1370	ティムール朝（〜1507）
1386	ヤギェウォ朝（〜1572）
15世紀	イタリア・ルネサンス最盛期
1453	ビザンツ帝国滅亡
1479	スペイン王国
1480頃	モスクワ大公国自立

1　海とつながる中国

　古代中国では新しい文物は西方からやってきた。とくに仏教伝来以降，陸路のいわゆるシルクロードを経由したインドとの交流が対外関係の中心であり，西域遊牧民の流れを汲む隋や唐の時代に一つのピークを迎える。中原を中心に文明を形成してきた中国は隋によって統一が実現し，北と南の中国が融合する。そして経済の重心が長江流域へ移るとともに，交易など対外交流の重心も西方から南方へと移動していった。東南アジアとの文物往来においてマラッカ海峡ルートが活用され，ムスリム（イスラーム教徒）商人が来航するにともない，海のシルクロードの重要性が増す。しだいに福建や浙江を中心とした南方の中国人が海商として東シナ海・南シナ海へと乗り出す時代となった。

　長い中国の歴史における最大の画期といえば宋代をあげるべきだろう。印刷・羅針盤・火薬などの科学技術史上の発見は人類史を一歩前進させた。とくに印刷技術の普及によって，教養の幅が広がったのだ。科挙の参考書や風水指南書，浄土信仰の物語などが広く流布し，さまざまな分野で，「読書する人」が増えた。豊かな経済力を背景に発達した都市では文人らが茶館で書や画を語り，庶民は芝居に興じるなど，教養や娯楽，生活スタイルなどは今日の中国の都市文化の源流といえる。

東アジア文化圏と普遍の創造

　近年，「東アジア共同体」という言い方がなされることがある。そこにはヨーロッパにおける地域統合が欧州連合（EU）などのかたちで実現してきたことが意識されているように思う。しかし，現実には東アジア共同体は構想段階にとどまっている。ヨーロッパにおける統合実現の背景には長い歴史をかけて，キリスト教など文化の共有，職人の遍歴など人の移動，そしてトルコ民族など他者との関係をとおしてヨーロッパとしてのアイデンティティが構築されてきたことが考えられる。

　そして東アジアが一つの文化圏として意味をもつようになった時期がこの隋

唐帝国の時代である。古代のユーラシア大陸の東方で圧倒的に高い文明を形成し，周辺地域に影響を及ぼしたのはほかならぬ中国である。それは稲作技術に始まり法制度にいたるまで，文明のモデルを周辺の諸地域に提供してきた。かつて歴史家西嶋定生は東アジア世界の特徴に関して，漢字・儒教・律令制・中国化した仏教の四つの文化要素をあげた。しかし，それは文明化の道具であり，東アジア世界の人々の心をつなぐものではなかったように思う。

　問題は東アジアにおける秩序のあり方だと思われる。当時，中国皇帝が周辺国の君長に王としての領土支配を認めるとともに中国の位階を与えて，皇帝と君臣関係を結ぶという「冊封（さくほう）」体制が構築された。また，中国が領域を拡大させるなかで内部に取り込んだ異民族に対しては「羈縻（きび）」政策をとり，各首長の部族民との統属関係を認めたまま，中国の地方役人に任命した。こうした政策の背景には文明の中心と野蛮な周辺という地政学的な認識，すなわち華夷（かい）思想があり，東アジア諸国はこの華夷思想を共有していたのである。それは時代がくだり，近世から独自の文化を発展させてゆく過程で断続的に成長し，近代のナショナリズムの淵源になった。

　中国は三百年に及ぶ分裂の時代をへて，581年，隋によって再び統一の時期を迎える。隋は南北を統一し，官僚制を整え，科挙を導入し，集権的支配を打ち立てた。また，南北をつなぐ大運河を建設し，南で生産したものを北が消費する構造をつくった。しかし，たびかさなる土木工事や高句麗（こうくり）遠征の失敗が引き金となり，叛乱があいつぎ，ほどなく隋は倒れ，618年李淵（りえん）が唐を建国した。

　隋唐時代が東アジア史において画期であったことは，中国の政治変動が周辺東アジア諸国の興亡に与えた影響の大きさをみれば容易に理解される。隋唐統一王朝が成立すると，周辺地域においても急速に地域統合が進み，新羅（しんら）・渤海（ぼっかい）・南詔（なんしょう）・吐蕃（とばん）などがあいついで誕生した。そして，唐が衰退に向かうころ，ウイグルと吐蕃が滅亡し，唐が滅んでしばらくして新羅・渤海がなくなる。日本も唐に倣った律令制が崩れて貴族制社会へと変貌を遂げていった。そして，唐を中心とした東アジアの文化的な結びつきは崩壊して，東アジア各地の民族意識が芽生えてゆくのである。唐は，その後東アジア諸国において広く採用された，律令制度の編纂（へんさん），三省六部の中央官制，均田制，租調庸（そちょうよう）制，府兵制など国家制度を整え，中央集権的支配のモデルを提供した。中国発の政治文化が世界標準としての機能をはたしていたといえる。

　隋唐帝国がもつ普遍性は長安の都市空間に顕著にあらわれている。長安城は

隋が建設した大興城に始まる。北方に突厥、南に高い文化の南朝が控えており、隋は弱い権力基盤を強固にするために人々が信じている象徴を王都に描く必要があった。宮城―皇城―外郭城という建築景観のなかに、天―天子・皇帝―官僚―庶民とつながる天地を貫く宇宙の秩序を映し出そうとしたと考えられる。

　唐の長安城は南北が8651.7メートル、東西が9721メートルという巨大な方形で、周囲は城壁で囲まれ、その長さは東京の山手線一周に相当する規模であった。さらに驚くべき点は、長安城の中央を南北に走る朱雀大街の道幅が約150メートルもあったことだ。およそ人間生活のスケールではない。まさに天命の受け皿であり、天空の秩序を地上に投影させる「宇宙の都」として建設されたことがわかる。また、人口はおよそ100万といわれ、70万のバグダードや30万のコンスタンティノープルなどと比べても、世界一の規模を誇っていた。

　長安城には多数の宗教施設が存在した。西域のイラン系、トルコ系の人々が多く居住し、商業に従事したため、ゾロアスター教寺院や景教（ネストリウス派キリスト教）寺院などもあった。しかし、とくに多かったのが仏教寺院である。そして都と全国の地方都市のあいだに寺院のネットワークが張りめぐらされた。盆などの年中行事が開催されることで信者のなかに共通意識が喚起された。また、仏像など共通の形式をもつ仏教美術が東アジアで受容された。為政者は仏教儀礼による権威の増強をはかったが、中国史上唯一の女性皇帝として知られる則天武后は仏教経典を用い、自ら弥勒になぞらえ、全国の州ごとに大雲寺を建立した。これは日本の国分寺建立にも影響を与えた。しかし、普遍的な文明は伝播や模倣が容易である一方、形式的であるため崩壊するのも速かったことは、つぎの時代に各地域の独自文化が発展していったことからもうかがえよう。

全方位の交易による国際性

　唐は中国史においてもっとも国際性・開放性に富んだ王朝であった。7世紀後半に唐朝は最大の勢力圏をもつにいたる。統治空間の拡大は、さまざまな民族の文化が中国に流入することを意味する。外国人使節・留学生・商人・芸人が来訪し、国内諸都市に外国人居留地が形成された。

　唐は多様な国際関係を展開しており、東方だけを向いてはいなかった。南方のカンボジア・チャンパー・シュリーヴィジャヤなど東南アジアの国々は古くからインド文明の影響を受けながらも、唐に朝貢し、香料など南海の物産が中国に運ばれた。北方では、前期はトルコ系遊牧民族の突厥を服属させて羈縻政

策で支配し，後期はウイグルに対抗し，公主（皇帝の娘）を降嫁させることで関係を維持した。西方のチベットの吐蕃に対しても冊封がなされたが，のちには公主の降嫁がおこなわれている。朝鮮や日本など東アジアの国が漢字や律令など，唐と同じ文化を共有しようと志向したのに対して，西北の遊牧民族は中国文化と距離をおこうとした。朝鮮や日本といった東アジアとの関係はむしろ少数派ともいえる。

　そもそも長安という都市空間の立地が隋唐の国際性を示している。長安は関中平野（渭水盆地）にあるが，そこは新疆・チベット・モンゴル・長江上流域・長江中流域など周囲の文化空間と接しており，異文化地域同士の境界領域となっていたのである。文化の坩堝であったために形式的・普遍的文化が醸成されたといえよう。この時期の中国は，東アジアにとどまらない全アジア規模の帝国となる条件を備えていた。

　とはいえ，長安はシルクロードを介した西方世界との交易があってこその都市であった。シルクロードは漢の武帝によって開かれて以来，東西をつなぐ商品・文化のメインルートとして重要であった。隋・唐朝も多大な犠牲をはらってでも西域経営を続けた。

　「シルクロード」という名前は19世紀のドイツ人地理学者リヒトホーフェンによって使われ，絹織物の遺物や絹貿易の文書がオアシス地帯で発見されたため「オアシスの道」（天山南路）を指すと考えられてきた。しかし，その後研究が進み，シルクロードは中央ユーラシアを貫く「草原の道」（天山北路），そして東南アジアを経由する「海洋の道」も含むものと考えられるようになった。しかも，それは東の長安と西のローマをつなぐ一本の道ではなく，大小の都市をつないだ東西南北に広がる交易ネットワークとして理解することができる。そして，主たる輸送手段が家畜であったことから，軽くて貴重な商品，つまり贅沢品が主流であった。中国からは，絹織物・紙・茶が，西のペルシア・東地中海からは金銀器・ガラス製品・乳香・薬品・絨毯，南のインドや東南アジアからは，胡椒・香木・宝石・珊瑚・象牙・犀角・鼈甲，北のロシアやシベリアからは，高級毛皮・朝鮮人参・鹿角などが行き交った。

　しかし，唐の後期になると，商業活動の重心は先進地域であった東方の平原や長江下流域，そしてそのあいだをつなぐ大運河沿いの都市へと移り始める。しかも8世紀ころより，ムスリム商人がマラッカ海峡を通って，中国の広州や泉州，揚州などへ直航するようになり，交易が大規模化した。辺境に配備され

た節度使が独立割拠するなど，治安の悪化により，陸のシルクロードの時代は終わり，海のシルクロードの時代へと移行するようになったのである。都市長安の地位は徐々に低下して，唐の滅亡とともに歴史の表舞台からは姿を消すことになる。宋代以降の海の時代になると，運河や河川によって海とつながる北京(ペキン)や南京(ナンキン)，そして上海(シャンハイ)などの諸都市が政治的・経済的に中心的役割をはたすようになる。

宋の文治主義と宗教の土着化

　宋代以降，中国史の基調は「政治・軍事の北」と「経済・文化の南」という構図で理解することができる。政治的中心，つまり首都は時として南遷したが，最終的には北方に落ち着いてきた。しかし，経済および文化の面でみれば，南の中国が優勢となり，今日にまでいたっている。経済面については後述するとして，文化的先進性についてみてみよう。たとえば，その指標を科挙合格者数とすると，すでに北宋の中期以降，南人が優勢になっていた。明(ミン)代には南北差が決定的となったため，北人への救済のため35％の合格者枠が確保された。しかし，明代をとおして合格者上位3名の南北比較をしてみると，南が北の7倍に達していた。ところで南の中国で文化的先進地域といえば，普通は長江下流域，すなわち「江南」をイメージするだろう。しかしそれは17世期以降の話である。宋代の進士合格者の中身をみると，トップは早く開発された江南ではなく，じつは福建であった。一般的に福建というと烏龍茶(ウーロンチャ)の故郷というイメージくらいしかないかもしれないが，宋代から元(ゲン)代にかけての福建，とくに泉州は経済的にも文化的にも繁栄し，当時の西洋人にもっとも知られた大都市の一つであった。これは，宋元時代の中国が東南アジア，そしてインド，西アジアへとつながっており，それによって繁栄していたことを物語っている。そのことは後述するとして，まずは政治過程をみてみよう。

　唐の滅亡後，中国は再び半世紀にわたる分裂状態となった(五代十国)が，960年太祖趙匡胤(ちょうきょういん)によって宋が建国される。しかし，宋の支配領域は狭く，北は契丹(きったん)が燕雲(えんうん)十六州を占拠し，西北は西夏(せいか)が進出をうかがい，西南は大理(だいり)が雲南・貴州を支配していた。

　宋の政治は，唐までの支配層であった貴族層が没落し，皇帝を中心におき，科挙試験で選ばれた文官が統治する中央集権的なものであった。科挙は隋代に始まったが，公平で実力主義的な制度として完成したのは宋代であった。2代

目皇帝の太宗(たいそう)は毎年の科挙合格者数を数十名から数百名の規模に増やすとともに，皇帝自ら試験官として面接する殿試(でんし)を導入するなど，強固な中央集権官僚国家の建設をめざした。

　科挙は出身や身分にかかわらず受験することができた(女性と賤民(せんみん)は除外)うえ，その資格は一代限りであり，原則的に世襲制ではなかった。ただし，長時間の受験勉強が必要なため経済的に豊かな族人の支援があったほうが有利であった。また，試験内容は儒学の経典の理解を問うもので，合格者は徳の高い人物とみなされ，任官できなくても地元社会で士大夫(したいふ)として尊敬を集めることができた。

　しかし，科挙の拡充による官僚組織の拡大は官吏への俸給の増加となり，また常備軍への費用がかさみ，宋の財政は危機的状態に陥った。こうしたなか，神宗(しんそう)のとき，宰相王安石(おうあんせき)が「新法」という名の改革をおこなう。その内容であるが，財政難の解消として青苗法・均輸法・市易法・募役法があり，強兵策として保甲法・保馬法があった。このような経済政策としての新法は大商人の利益を抑え，政府が直接経済に干渉することで安定化をめざしたもので，既得権益を失う勢力からの反対があり失敗に終わるが，それ以外の施策も重要である。その一つが科挙改革で，必修であった詩の作成をなくし，経書の意義を論述する問題の配点を増やすなど，より現実的な政治運営が重視された。また，地方の学校の経費を中央政府が負担するなど，学校制度の充実がはかられた。

　その後，宋の朝廷では新旧の派閥争いが絶えず，政治が混乱し，農民の不満が高まっていたころ，北方では女真(じょしん)が台頭し，金(きん)を建国した。宋はこの新興勢力と組んで遼(りょう)を攻め，燕雲十六州の奪還を画策する。そして，宋と金の同盟が成立して遼を攻撃したが，平和の世に慣れた宋軍は遼に敗れ，金が遼を攻略した。軍事力に勝る金に対して宋は抵抗する力はなく，都開封(かいほう)は金軍に占領され，上帝徽宗(きそう)と皇帝欽宗(きんそう)以下の皇族が連行されて北宋は滅亡した(靖康(せいこう)の変)。その難を逃れた皇族の一人高宗(こうそう)が江南に逃れ，宋を再建した(南宋)。

　南宋では，華北を支配する金に対して，和平論と主戦論の二陣営が対立し激しい政争となったが，高宗は和平論を採用，金に対して多大な貢納を約束し和平を実現した。南宋は都を臨安(杭州)におき，江南の開発を進め，農業や商工業を発展させた。

　以上のように，宋代の政治はつねに対外的な緊張関係のなかで推移した。これは宋代の文化にも大きな影響を及ぼした。支配階級を担うことになった士大

夫は社会秩序の安定化をはかり、優れた政治をおこなうための学問や道徳を求めた。それは福建出身の朱熹によって宋学（朱子学）という儒教思想として形成される。唐代までの儒学が経典の註釈をおこなうことに重きをおいたのに対し、宋学は人間の内面を探究するという哲学的な志向性を有した。その背景には、仏教界で禅宗や浄土信仰が流行り、人々の心を癒していたことがある。「身を修める」道教と「心を修める」仏教に対して、儒教は「世を治める」ことで政治教説としての優位性を誇示してきたが、儒教の改革者らは人々の心の問題に取り組む必要性を痛感していたのである。宋学は、政治や社会の秩序を根源で支えているのは「法」ではなく、「心」ではないかと問い、「天」と「人」とを貫く関係性を説明する。すなわち、「天」＝自然界には、人間界を律する規範として参照すべき一貫した法則があり、これを「理」といい、それが「性」として人々の内面に賦与されている。そして、その性は善であり、個々の人間が善なる資質に気づき、努力すれば「理」の世界は現実化するのだという。ここには、「天」に代表される自然界の仕組みへの探究心がみてとれるが、それは西洋近代における観察対象として客観視すべき存在としての自然ではなく、人間界のあるべき姿を汲み取るための信頼できる参照対象であった。

また道教や仏教も唐代までは鎮護国家、すなわち国家の安寧のための存在という性格が強かった。それが宋代になると、人々の心のレベルの問題に重心をおくようになる。具体的には、葬送儀礼の整備にみられる。仏教における四十九日法要や盂蘭盆会など、もともとインドにはなかったが中国の習俗から取り入れられたものである。庶民のあいだでは、阿弥陀如来の救済を期待する他力本願的な浄土信仰が人気を得たが、士大夫たちのあいだでは、心の平安を得ようと禅が流行した。

このような仏教の変容に関して、歴史家小島毅は興味深いエピソードを紹介している。遣唐使が廃止されたのちも日本から多くの僧侶が宋を訪問していたが、そうした僧侶の一人が開封滞在中に皇帝から雨乞いの祈禱を依頼される。その僧は日本の名誉にかけて必死に祈禱し、そしてついに3日目に雨が降った。彼はその神通力で皇帝を感心させたことを誇ったであろう。しかし、時の中国の仏教はすでに禅の時代であった。彼の所業は祈禱師あるいは呪術師の仕事であり、宗教者がなすこととはみなされなかったという。禅僧は「超能力」によって仕えるのではなく、政治顧問であり、悟りに導く精神的相談者であった。

その百年後、日本から栄西や道元などの留学僧が宋で禅仏教を学び、帰国後

京都や鎌倉に禅寺を建立した。栄西は日本に茶を伝えた人物として有名だが，彼が著した『喫茶養生記』は，宋代の経済的繁栄による生活習慣病予防のための健康書ともいえる内容である。身体の養生は心の修養とともに知識人の関心事であった。景徳鎮(けいとくちん)でつくられた白磁の茶碗で抹茶をいただき，しばし瞑想(めいそう)にふけるという体験は，おそらく多くの日本人にとって心安らぐものとしてイメージされるに違いない。宋代の文化にみられる深い精神性は「わび・さび」など日本のいわゆる伝統文化に多大な影響を与えたといえよう。

歴史を動かした宋代の「革命」

　宋という時代は中国史にとって一大画期であった(学界では「近世」として高く評価される)ばかりか，グローバル・ヒストリーの視点からみても，宋代の中国は明らかに当時の世界で文明水準はトップであり，西洋に対して大きな影響を与える存在であった。その証拠に，さまざまな分野において「革命」的な発展をみたのである。

　(1)火力革命　燃料としての石炭とコークスの利用によって鉄器製造が容易になり，農業生産力が向上した。また，高い温度で焼き上げる磁器が発展し，重要な海外向け輸出商品となった。唐代の有名な唐三彩が色彩豊かで墓の副葬品などとして使用されたのに対して，宋代の白磁や青磁は単色で清楚な実用品だが，その奥に深い精神性を感じることができる。情より理を重んじる宋の精神性のあらわれともいえよう。また，磁器は喫水が深いジャンク船の安定を保つためのバラストとしての役割もあった。そして，中国人の食生活に革命をもたらした点として，「炒」と「炸」といった強い火力で調理する現在の中国料理が誕生したのも火力革命によるのである。

　(2)農業革命　気候が温暖化するなか，江南では，ベトナムからもたらされた早稲(わせ)(長粒の占城米(チャンパまい))によって，米と麦の二毛作が可能となり，埋立てなどによる新田開発も進んで，農業革命が生じた。漢や隋唐の盛期に5000万〜6000万で推移していた中国の人口は，1億近くまで膨れ上がった。

　(3)技術革命　フランシスコ・ベーコンをして人類がなしえた偉大な技術的発明といわしめた印刷術・羅針盤・火薬の発明は，宋元時代の中国で達成された。木版印刷の発明は，読書のかたちを大きく変えた。それまでは書院におかれた貴重な経書を必死に筆写する必要があったが，印刷によって大量のテキストが作成され，少ない労力で知識の習得が可能になった。また，従来の巻物形

式では，かなりの長さがある「巻」を単位とする読書(内容を記憶する必要がある)であったが，版木の横幅を指す「頁」単位で読む(調べものに適す)スタイルへと変わった。栞を用いていつでも必要な箇所を参照することができるようになったのである。人並みはずれた記憶力の持ち主でなくても科挙試験に挑戦することが可能になったといえよう。書物のジャンルも多様化し，小説や実用書が普及することで文化全般の向上につながったのである。

　(4)商業革命　このような技術の発展は商業を飛躍的に発展させた。米・油脂・蠟燭・蔬菜・果実などの農産物の全国市場が形成され，また絹織物・紙・漆器などの手工業産物が広域に流通した。農村と都市，海外市場が商品流通をとおして有機的につながり，それを支える輸送業や仲買人の活躍など新たな社会的分業が進んだ。また宋代には統一的な銅銭経済が広い範囲で成立した。宋銭は10世紀から東アジア海域で流通し，日本にも大量にもたらされて流通していった。

「海の中国」の登場

　9世紀は東アジアにおける国際交流の歴史における一つの転換点であった。日本の例でいえば遣唐使や新羅などに派遣された使節，あるいは日本にきた外国使節は王権のあいだでの外交使節団であった。それが9世紀になると，双方向ともに派遣が停止されてしまう。しかし，国際交流がとだえたわけではなかった。新たに新羅海商・唐海商などの貿易商人たちが頻繁に日本に来航するようになり，国際交易が拡大していった。このなかから日宋貿易が繁栄してゆく。10世紀初頭の唐朝の滅亡を画期として国際的政治秩序としての東アジア世界が崩壊し，かわって経済的交易圏としての側面が前面にでてくる。

　これは東南アジア世界の政治・経済情勢とも連動していた。このころ，インド・西方世界と中国を結ぶ海上交易が活発化し，その交通の要衝としてのマラッカ海峡航路を支配して，インド・中国間の中継貿易を独占していた中国名「三仏斉」が繁栄を誇った。そこを通過する商船を必ず入港させる武力を背景に，香辛料・真珠・象牙・琥珀など南海物産の集散地であった。この繁栄に目をつけた南インドのチョーラ朝は大艦隊を派遣し，「三仏斉」の主要な港市を征服して財宝を略奪した。このような東南アジア島嶼部での政治的争いは，中国とインドを結ぶ中継貿易の利益に起因していた。「三仏斉」もチョーラ朝も中国に対して頻繁に朝貢していたが，それは交易という経済目的であった。

北宋は，貿易を振興する目的で広州・泉州・明州(寧波)に市舶司を設置し，日本・高麗との貿易や南海貿易をおこなった。日本では大宰府の鴻臚館貿易は衰退したが，宋の商人は博多や越前敦賀に来航し，民間交易が活発におこなわれた。これに呼応するように，日本の平氏は瀬戸内海航路を支配し，港を整備するなど貿易振興に努めた。日本へは宋銭，陶磁器や絹織物，書籍や文具，香料や薬品，絵画などの美術品などが輸入された。モノとともに禅や士大夫の文化が伝わったことは先にふれた。また日本からは金・銀・銅・硫黄・水銀などの鉱物や木材，日本刀などの工芸品が輸出された。ここで注目すべきは硫黄と木材である。古代から日本は海外にレアメタルを輸出してきたが，宋代にはすでに火薬原料としての硫黄の需要が高まっていた。それは火薬の兵器への利用が拡大していたからである。むろん，中国でも硫黄は産出したが，産地となる火山は宋の支配領域の外側に分布していたため，自給が不可能だったのだ。

　また，経済的発展に加えて，金の支配下にはいった華北から逃れてきた人々の流入にともなう南宋支配地域の急激な人口増加によって，山林の伐採による森林資源の枯渇が進んだため，寺院造営や造船，棺桶製作のための木材が栄西などの仏僧によって日本から大量輸入された。当時の先進国であった中国における環境破壊が，周辺にまで影響を及ぼした事例である。

　宋の海外交易の主軸は東南アジア方面との南海交易であり，日本との貿易は支線にすぎなかった。宋代に中国人はムスリム海商から造船・航海の技術を学んだ結果，大型外洋船「ジャンク」が建造され，多くの中国人が東アジア・東南アジアに渡航し，各地で中国人居留地を建設していった。東シナ海・南シナ海一帯はムスリム商人と中国人商人が共存する空間になった。船乗りたちの共通言語もマレー系の言葉に加えて中国語が広く使われるようになった。こうした南海交易の拠点であったのが，福建の泉州である。

　泉州にきた東南アジア，南アジア，西アジアの国の人々は香薬・犀角・真珠・龍脳など高価な物産をもたらした。それらは泉州で陸揚げされ，陸路で全国に運ばれた。西からきた商人は，帰りは中国の絹織物・陶磁器などを買いつけて持ち帰った。現在，アフリカや西アジア一帯から中国の陶磁器の欠片がみつかるが，宋元時代のものがいちばん多い。西からきた人たちはモノだけではなく，文化，とりわけ宗教を伝えた。泉州には多くのイスラーム寺院(清浄寺)がある。また，マニ教遺跡も残されており，キリスト教・仏教など多様な宗教を信仰する人々が共存していた。泉州は，もっとも繁栄したのは南宋から元に

1　海とつながる中国　83

かけての二百数十年間であるにもかかわらず，国宝級の文物が多い都市である。北京や西安(せいあん)など長い歴史をもつ都市なら遺跡は多いであろう。それだけの繁栄を泉州は達成していたということであるといえる。しかし，その泉州も明代になると，海禁政策によって衰退していった。しかし，その後も福建人は禁を侵して海へ乗り出し，「海賊」として活躍した。そして近代以降も広東人(カントン)につぐ華僑(かきょう)の一大勢力として東南アジアを中心に活躍したのである。

　ここで福建という地域がもつ独特の歴史文化についてふれてみたい。先に科挙合格者の例をあげたが，福建人は商業を志向しただけではなく，儒をなりわいとすることも，重要な生活戦略であった。科挙の大量合格者は，文化レベル云々よりは，まずこの生活戦略が成功したことを意味している。福建人は，北京をめざすエリートと，海の向こうをみる商人・船員という二つの顔があったのだ。17世紀の中国を旅したイエズス会士のマルティノ・マルティニは福建人気質についてつぎのように記している。

　　各都市でまちまちな言葉が話されているため，彼ら同士でもほとんど意を通じ合わせることができない。知識人の言葉はよそでも通用するが，ここでは余り理解されないし，使われてもいない。しかし，当地の多くの人は大変な才覚の持ち主であって，文学や学問に打ち込み，試験を経て，有名なドクトル（進士）になる者も多い。その一方で，当地からは物騒な海賊やシナ人の中でも最も残忍といわれる連中を輩出している。というのも，彼らの中には古代の蛮風が残っており，最も遅くにシナの法や習慣を受け入れたからである。［『シナ新地図帳』（中砂明徳の訳による）］

　言語・風習の面で中国の「文明化」に染まっていないにもかかわらず，生活戦略のために学問をおさめて成功するかと思えば，簡単に国を離れて商売や海賊行為に精を出す，というきわめてユニークな個性をみてとることができる。

　航海の神としていまでも東アジア海域で広く信仰されている媽祖(まそ)は，もともと宋代福建省甫田(ほでん)県の漁師の娘がその霊力で地元の船乗りを救助したという伝承に基づく。その後，船乗りの守護神となり，ジャンク船には必ず媽祖が祀(まつ)られていたといってもよい。航海の女神が祀られた廟(びょう)（媽祖廟・天后廟）は，中国の沿海各都市，香港(ホンコン)，マカオ，台湾，日本（水戸・那覇），ベトナムなどに分布しており，それは基本的に福建商人の商圏とみなすことができるであろう。

モンゴル帝国と「世界史」の誕生

　東アジア世界が真の意味で世界史に登場するようになるのは，13世紀から14世紀のモンゴル帝国の時代である。はるか西の文明圏から旅行家が来訪して，その見聞録にその様子を描写している。

　　〔フージュー（福州）から〕五日目の終わりにザイトゥン（泉州）というとても立派な大都市に到着する。ここは港湾都市で，奢侈品や高価な宝石，とても大きな真珠などをたくさん積載したインドの海船が続々とやってくる港である。また，この地の周縁にひろがっているマンジ（南中国）各地からの商人たちもあつまってくる。要するに，この港でさまざまな商品・宝石・真珠が取り引きされる盛況は，ただただ驚嘆するほかない。……その貿易額からいって，ザイトゥンの町は確実に世界最大をほこる二大港市のひとつであると断言できる。〔愛宕松男訳『東方見聞録』〕

　これはマルコ・ポーロの言葉である。ヴェネツィアからユーラシア大陸を横断して元の中国にいたったマルコは帰りには南シナ海からインド洋を横断し，ペルシア湾・地中海という海路をたどった。宋代に引き続き，元の時代も福建省の泉州にはインドからの商人と中国南部からの商人が多数来航し，町は繁栄を誇っていた。東シナ海から南シナ海，そしてインド洋へと海域がつながっており，南中国の都市杭州・泉州・広州が陸路と海路の双方の結節点となっていた。そうした商業都市は，さらに大運河や元代に開かれた海運ルートを通じて首都である大都（現在の北京）と結ばれた。中国はユーラシア大陸規模の広域交流の一環となったのである。

　こうした状況にいたった背景には，モンゴル帝国の支配圏が東は朝鮮，西は西アジア・ロシア平原にまで拡大し，「パクス・モンゴリカ（モンゴルの平和）」と呼ばれる政治的安定が実現していたことがある。当時イタリアのフィレンツェ商人が残した商業マニュアルには，イタリアからアナトリアを経由して中国に赴くルートにおいて，整備された街道にはモンゴル人の衛兵が配置され，昼夜を問わず安全な道中が保障されていたと書かれている。それを可能にした条件は，機動力ある遊牧民族集団による軍事的支配と，海域の連鎖で実現した広大な交易圏の成立にあった。

　13世紀の初め，チンギス・ハンは中国北部，モンゴル高原，中央アジア，東トルキスタンに及ぶ大帝国を建国した。第2代のオゴタイ・ハンは北中国を支配していた金を滅ぼし，カラコルムに都をおき，バトゥをヨーロッパ遠征に派

遣した。バトゥの軍はロシアに侵入してキエフ公国を滅ぼし、さらにポーランドに侵入してヴァールシュタット(レグニツァ)の戦いでポーランド・ドイツ諸侯連合軍を撃破するなど、キリスト教世界に大きな脅威を与えた。しかし、オゴタイ・ハンが死去したためバトゥは帰途につき、モンゴルの支配はロシアでとまった。

モンゴルによる侵略は多くのヨーロッパ人に恐怖を与えたが、同時に西アジアの東に広がる未知の世界への好奇心をもかきたてた。ローマ教皇は修道士プラノ・カルピニをモンゴルに派遣するなど、情報収集がおこなわれた。第4代のモンケ・ハンのときには、チベット、雲南を制圧、フラグを西アジア遠征に派遣して、その部隊はバグダードにはいってアッバース朝を滅ぼした。このようにユーラシア大陸の東西に伸びる、世界史上最大の領土をもつモンゴル帝国が成立した。

第5代のフビライ・ハンは中華の理念を基に設計された大都を都とし、国号を元に改めた(1271年)。そして1279年に南宋を滅ぼして中国を統一した。このとき、モンゴル人はムスリム商人と接点をもつようになり、南宋がもっていた艦船や造船技術も引き継いで、内陸の遊牧民であったモンゴルが海に出ることが可能になったのである。海軍力を獲得後、周辺諸国に遠征軍を派遣した。元は朝鮮半島の高麗を属国とし、1274、81年の2度にわたって日本遠征(元寇)をおこなった。また元は「海上帝国」をめざし、積極的に南方遠征をおこなった。

北部ベトナムでは10世紀後半に中国による千年あまりの「北属期」を脱して独立した(李朝)が、民族意識の高揚は元によって引き起こされた。13世紀半ば以降、元はベトナムの陳朝へは、3度侵攻した。ベトナムはこれに対抗・撃退するなかでベトナム人としての誇りや「われわれ」意識をもつようになり、字喃(チュノム)という独自の文字が生まれた。さらに元はその南方にあったチャンパーに遠征軍を派遣したが、チャンパーの激しい抵抗や暴風によって撤退をよぎなくされた。こうした事例は日本の元寇のケースと類似しており、自然環境と政治をめぐる共時性をみてとれよう。

モンゴル帝国が、急速にユーラシア大陸規模で拡張しえた一因は、反抗しない限り、既得権益や現地の慣習を擁護し、被征服民に対して寛容な姿勢を示し、モンゴル皇帝に帰順した有能な者を軍指揮官や地方の行政官として抜擢したことにある。その結果、書記技術・文書行政が導入され、遊牧地域だけでなく定住地域にも対応した統治システムが整備されたのである。遊牧民は本来、自ら

商業や農業をおこなわないため，遊牧世界と定住世界とをつなぐ商人たちが厚遇された。商人は物資の交易や資金運用，情報収集を請け負った。なにもモンゴル人がユーラシア規模の交易ネットワークをつくったわけではなく，すでにムスリム商人やユダヤ商人，ソグド商人，ウイグル商人，そしてインド商人などがそれぞれに形成してきた交易網が重層的に存在しており，モンゴル帝国の覇権が確立したことにより，不安定であった交通路が安定し，東西南北の往来や交易が活発化したのであった。草原の軍事力と中華世界の経済力，ムスリムの商業網を結びつけ，さらに国家主導の重商主義的政策によってモンゴル帝国は黄金時代を築いたのである。

　その後，遊牧を続けて経済的に恵まれなかった草原の３ハン国(オゴタイ・ハン国，チャガタイ・ハン国，キプチャク・ハン国)はフビライの即位に反対し(ハイドゥの乱)，西方のハン国はしだいに独自性を強め，イル・ハン国やキプチャク・ハン国がイスラーム化するなど，大帝国は内部から崩壊する兆しがみえ始めた。

　モンゴル帝国が切り開いた東西文化の交流は，結果的に遊牧民の時代を終わらせ，やがてきたるヨーロッパの世界進出を準備することになった。それは中国文明が発明・発展させた火薬・羅針盤・活版印刷などの技術の西伝である。火薬を使う大砲はヨーロッパで急速に広まり，重装備の騎士同士が戦う個人戦から鉄砲と大砲を用いる集団戦へと戦法を転換させた。また，印刷技術の普及は西アジアより先にある「豊かなアジアへの憧れ」をかきたてた。そこには新しい知識を多くの人と共有しようとする姿勢があった。そして羅針盤はヨーロッパ人の海上進出，すなわち大航海時代の到来を可能にしたのである。

　このようにヨーロッパはモンゴル帝国から西洋近代へと飛躍するための「贈り物」をもらったともいえるが，同時にペスト(黒死病)という「招かれざる客」もやってきた。14世紀にはいるころ，北半球各地で気候寒冷化が始まった。各地で長雨と低温，日照不足によって大飢饉が起こり，抵抗力が低下した人々を交易ルートに乗ってアジアから到来したペストが襲った。西ヨーロッパでは人口の３分の１が亡くなったという。まさに人・モノ，そして細菌の大規模な移動によって，生態環境の変化が人為的に引き起こされるという，まったく新しいグローバル化の時代が始まったのであった。

　モンゴル帝国はその崩壊後も多くの「遺産」を残した。たとえば，明代の鄭和の遠征は元代に形成された海域交通ネットワークを利用したものであった。

また，統治システムの面でもモンゴルの遺産は引き継がれた。15世紀にはいり，台頭してきたユーラシア大陸の各帝国は，いずれも柔軟で効率的な統治組織をもち，広大な領域を支配し，多様な民族集団を統治した。中央アジアから西アジアを席巻したティムール帝国，地中海の東からヨーロッパにかけて広大な領域を支配したオスマン帝国，中央アジアから南アジアに進出したムガル帝国，中国本土を含むユーラシア大陸の東部を支配した清帝国などである。こうした帝国のほとんどがチンギスの血統などモンゴルに由来する権威を利用していた。

2 西アジアの変容と持続

　現代の西アジア地域に目を向けると，イスラームとそれに根ざした文化が広く普及し，主としてアラビア語，トルコ語，ペルシア語の3言語が用いられるという構図がみてとれる。前章で扱われた西アジアの様子とは大きく異なった，こうした文化的構図の基礎が形づくられた時代こそ，本節で扱う7世紀から15世紀であり，それは，しばしば軍事的な侵略に起因する大規模な人口移動によって実現されたものだった。この時代の開始を告げるのは，西アジアの外縁に位置したアラビア半島からの，アラブ・ムスリム勢力の侵略であり，それはアラビア語とアラビア文字，そしてイスラームの浸透につながった。また中央アジアからは，まず軍人として，のちには独自の勢力としてトルコ系の人々が流入し，現地の人々と融合しながら政治権力を獲得していった。それは，オスマン君主メフメト2世によるビザンツ帝都コンスタンティノープルの征服へとつながる動きといってもよいだろう。

　こうした，現代につながる変容の諸局面が重要であるのは間違いないが，そうした側面のみから過去を理解することは難しいのも確かである。ローマ帝国とサーサーン朝以来のギリシア，キリスト教，ペルシア的伝統は，ときにはかたちを変えながらもこの西アジア地域の人々に受け継がれていった。また，ムスリムの統治下では，数多くのキリスト教徒やユダヤ教徒，ゾロアスター教徒が一定の制約を受けながらもその信仰を維持し，文化的な創造性を発揮することもあった。7世紀中葉から11世紀末にいたるまで，世界のキリスト教徒人口の半数ほどがムスリムの統治下にあったといわれているように，この時代の西アジア地域においても彼らのような非ムスリムが数多くみられたのである。それだけに以下でみてゆくのは，変容と持続という二つの局面であり，両者が織り成す850年間の歴史である。

ムハンマドとイスラームの創始

　7世紀初頭の西アジアでは，東ローマ帝国とサーサーン朝の勢力争いが繰り広げられていた。概してシリア・エジプト地方を勢力下においた東ローマ帝国

に対し，イラン・イラク地方を領有するサーサーン朝は攻勢に出，その結果610年代から620年代には両者のあいだで大規模な戦争が繰り返された。こうした西アジアの辺境に位置したアラビア半島は，その大部分が砂漠に覆われ，自然神が信仰された地であり，その巡礼地マッカ（メッカ）には，樹木や石など，多様な神々を祀る神殿があった。そして人々は，さまざまな血統・系譜集団を形成し，そうしたつながりが社会秩序の基層をなしていた。このマッカを拠点として隊商交易をおこなったことで知られる系譜集団，クライシュ族のうち，神殿の守護権を有したハーシム家にムハンマドは生まれた。彼は，40歳ころに神の啓示を受けたこと，そして自身が神の使徒であることを自覚し，614年ころからイスラームを人々に説き始めた。

ムハンマドの教えは，それまでのアラビア社会に伝統的だった多神教の信仰と血縁による絆を重視する考え方を否定し，神の唯一性と信仰による絆を通じた共同体の形成を唱えるものだった。こうした大変革を求める教えがしだいにマッカの若者を引きつけたため，その勢力拡大を恐れたクライシュ族の有力者たちは，ムハンマドとその信徒を迫害する。そうしたなか，部族間の争いで疲弊していた町，ヤスリブの住民から，ムハンマドをその調停者として受け入れる運動が生じた。その招きに応じて622年，ムハンマドは信徒とともにマディーナ（メディナ）と呼ばれることになるこの町へと移住した。彼は，マディーナで諸部族間の争いをおさめたのち，信仰の絆に基づいた共同体の形成をめざしてゆくことになる。

移住当時のムハンマドは，自身の教えはユダヤ教やキリスト教と区別されるものではなく，これら一神教以前にさかのぼるアブラハムの信仰への回帰であり，したがってその普遍性ゆえにマディーナのユダヤ教徒たちにも受け入れられると期待していた。しかし，彼らの理解が得られなかったため，ムハンマドはユダヤ教と決別するにいたる。これを受け，彼は礼拝の方向をイェルサレムからマッカへと改め，断食に関しても，それまでユダヤ教の贖罪の日に1日だけおこなっていたのを，ラマダーン月に1ヵ月間おこなうこととした。

マディーナで勢力を拡大したのち，ムハンマドは軍を率いて630年にマッカを征服するにいたった。おりしも，サーサーン朝が東ローマ帝国に大敗し，一時的な崩壊の危機にさらされていた時代だった。ムハンマドは，そうしたなかで新たな実力者として頭角をあらわしたのであり，彼の影響力はアラビア全土に及ぶことになるのである。

アラブ・ムスリム勢力の拡大

632年にムハンマドが死去したのち，彼の後継者として，カリフと呼ばれる信徒共同体の統率者には，マッカ時代からの古参の信徒，アブー・バクルが選ばれた。ムハンマドの死により，彼との個人的な盟約が無効になったと主張する者たちが信徒の共同体から離脱しようとしたのに対し，アブー・バクルは武力でこれを平定していった。離脱者平定を終えたアラブ・ムスリム軍は，さらにアラビア半島からイラク地方へと進出し，弱体化していたサーサーン朝軍を破り，その後イラン高原を征服した。またアブー・バクルは，各地に手紙を送り，戦利品が獲得できることを示唆しつつシリア地方への聖戦を呼びかけた。アラブ・ムスリム軍は，東ローマ軍を破ってシリアを，さらに641年にはエジプトを征服し，東ローマ帝国からそのもっとも肥沃な領土を獲得した。こうして，マディーナを拠点としたアラブ・ムスリム勢力は，ムハンマドの死後10年のうちに急速にその支配領域を拡大していった。

征服地の拡大は，広大な領土を統治する制度づくりを必要とした。これに着手したのがアブー・バクルに続くカリフたちである。それ以前は，征服地で獲得した戦利品の5分の1がマディーナのカリフ政権に送付され，残りの5分の4が参戦した戦士のあいだで分配されていた。これにかえて，征服地に徴税官を派遣し，各地で徴収した税を基礎にして戦士への俸給を支払う方式が採用され，マディーナにはそのための業務を担う官庁も設けられた。また，年を数える基準の不明瞭なそれまでの暦にかえて，ムハンマドがマディーナに移住した年を起点とするヒジュラ暦が考案され，公文書の日付が正確に理解できるようになった。さらに，広大な領土各地でムハンマドにくだされた啓示に異伝が生じるようになったため，神の啓示たる『クルアーン（コーラン）』が一冊の書物にまとめられ，正典化が進められた。

こうして，アラブ・ムスリム勢力は順調に拡大してゆくかにみえた。しかし，ムハンマドの従弟で娘婿のアリーがカリフ位に就くと，彼の就任をめぐって内乱が生じる。そのなかでアリーは暗殺され，シリア総督のムアーウィヤが勝ち残った。カリフを称したムアーウィヤは，661年にシリアのダマスクスを都とし，アラブ・ムスリム勢力の征服地を受け継いだ。ウマイヤ朝と呼ばれるこの政権では，それまでは信徒の第一人者にとどまり，原則として信徒の話し合いで選出されたカリフが，他の信徒からは隔絶された君主とされ，ムアーウィヤの子孫によって世襲されることになった。それまでの原則を逸した世襲王朝化

はしばしば反発を招いたものの，ウマイヤ朝は領土を東西に拡大することに成功し，その領土は東は中央アジアから南アジアの北部まで，西は北アフリカ一帯からイベリア半島にまで及んだ。一方，アリーを支持する人々は，イマームと呼ばれる共同体の指導者の地位はアリーの子孫に受け継がれるとして，シーア派と呼ばれる党派を形成した。これに対し，共同体の統一を重視する人々は，のちにスンナ派としての自意識を共有することになるのである。

　一方，アラブ・ムスリム軍に征服された諸地域では，その社会に急激な変化がみられたわけではなかった。マディーナのカリフ政権が貢納や税を徴収することを優先し，既存の社会組織の変革にも先住民のイスラームへの改宗にも消極的だったためであり，こうした方針はウマイヤ朝にも受け継がれた。カリフ政権は，征服地に新たに建設した基地都市にアラブ・ムスリム軍を集住させて管理下におくとともに，先住民たる大量のキリスト教徒やゾロアスター教徒，ユダヤ教徒を支配した。彼ら非ムスリムは，アラブ・ムスリムと比べて重い税負担を強いられ，社会生活上では一定の制約を課されたたものの，庇護民として，生命・財産の安全と信仰の自由を保障された。

　それだけに，ムスリムの統治下にはいることは，キリスト教徒やユダヤ教徒が宗教的活力を喪失することにつながったわけではなかった。ここで，シリア・エジプト地方に数多く居住したキリスト教徒についてみてみよう。彼らの多数派は，東ローマ帝国の支配下にあった時代においても，キリストの神性と人性の関係をめぐって帝国中央で定められたカルケドン信条を受け入れていなかった。アラブ・ムスリム軍の征服により，カルケドン信条の受容を求めるコンスタンティノープルの教会から切り離され，また三位一体や神の受肉を否定するイスラームの宗教的挑戦を前にして，両地方では宗派の形成が進んだ。その結果，コプト語を用いるエジプトのキリスト教徒のあいだでは福音書記者マルコの系譜を由緒とするコプト教会が，シリア語を母語とするシリアのキリスト教徒のあいだではシリア教会が宗派としての輪郭を整えてゆく。一方，カルケドン信条を受容した一部のキリスト教徒は，メルキト派と呼ばれる集団を形成していった。

　ただし，7世紀末から8世紀初めにウマイヤ朝カリフがもたらした変革は，西アジア地域のキリスト教徒やユダヤ教徒にムスリム支配の継続を印象づけたと考えられる。カリフは第1に，ムハンマドが天に昇り，神の御許まで達する経験をしたとされる場所に岩のドームを建設し，キリスト教徒，ユダヤ教徒に

とっても聖地だったイェルサレムにムスリム支配を象徴的に打ち立てた。第2に，それまで使用され続けてきたサーサーン朝，東ローマ帝国の貨幣にかえて，アラビア文字でクルアーンの文句が刻まれた貨幣を流通させた。そして第3に，行政に用いられていたシリア語やコプト語といった各地の現地語をアラビア語にとってかえた。行政言語の転換はまず697年にイラクで，つぎにシリア，エジプトでおこなわれ，イラン北東部から中央アジア西部にかけてのホラーサーン地方では少し遅れて742年におこなわれた。これにより，それまで行政を担っていた大量の非ムスリム官吏にかわってアラブ・ムスリムが重用されるようになる。こうした変化は，征服活動にともなうアラブ人の大移動とともに，アラビア語とアラビア文字の使用が西アジアの人々に浸透するのを後押しした。

　こうしたなか，税制面での格差や生活上の制約に不満をいだいた者，ムスリム政権と良好な関係を築くことで地位の維持・向上をめざした者のなかからイスラームに改宗する者たちがしだいにでてきた。しかし，ムハンマドの教えにもかかわらず血統を重視し，それゆえアラブ人を特権階級とみなすウマイヤ朝政権は，他民族の改宗を歓迎せず，彼らに同等の処遇を与えることを拒んだ。そのため，ウマイヤ朝の時代にはイスラームへの改宗があまり進まず，征服から100年がたった8世紀半ばの時点でも，イラクやイランではムスリムは人口の1割程度を占めたにすぎなかったといわれている。

アッバース革命

　アラブ人優遇策とウマイヤ家による排他的な支配が原因となり，新改宗者もアラブ・ムスリムもウマイヤ朝支配に対する不満を募らせていた。また，征服地から獲得した非ムスリム女性が奴隷としてアラブ人社会の上層に参入し，混血者が増大したことで，アラブの血統を特別視するそれまでの社会原理は行詰りをみせていた。そうしたなか，預言者ムハンマドの一族こそ信徒共同体の指導者たるべきとの思想が広まったのに乗じて革命運動を主導したのが，ムハンマドの叔父の子孫であるアッバース家だった。ホラーサーン地方の軍団を中核とした革命運動は，750年にウマイヤ朝90年の歴史に終止符を打った。こうして，アッバース朝の時代が始まることになる。754年にアッバース朝第2代カリフに即位したマンスールは，イラク地方に首都バグダードを建設し，中央にはカリフを補佐する宰相職を設置するとともに，地方には情報の伝達と収集を可能にする駅逓網を張りめぐらせて，中央集権的な支配体制をめざした。ウマ

イヤ朝時代のダマスクスから東方に中心が移行したこと，そしてホラーサーン軍が革命で中心的な役割をはたしたことで，西アジア地域はホラーサーン，中央アジアとのつながりを強め，両地域からの人材の受け入れが進んだ。その一方で，西方ではアッバース朝の領域からの離脱がみられ，イベリア半島やアフリカ北西部に，ウマイヤ朝の後裔（こうえい）やアリーの子孫によって独立王朝が樹立されていった。

ウマイヤ朝時代以来，広大な領域が単独の政治権力のもとにおかれ，交通路が整備されたことで，西アジアでは交易が活性化していた。こうした事情を背景として，ティグリス川・ユーフラテス川とペルシア湾を経由してインド洋と地中海を結ぶ好立地に建設されたのがバグダードである。この町には，水陸の交通網を通じて中国の絹織物や陶磁器，東南アジアの香辛料，中央アジアの毛織物，アフリカの金や奴隷，ヨーロッパの毛皮や木材などがもたらされた。活発な交易活動に加えて，農業技術の改善もみられ，アッバース朝は繁栄を謳歌（おうか）した。こうして人々の商業上の移動が活発化したことは，9世紀以降，アラビア語による多数の地理書の執筆や，今日の小切手に通じる制度の形成に結びついてゆく。

ウマイヤ朝時代のアラブ人優遇策に対する不満を背景に誕生したアッバース朝では，非アラブ人や奴隷出身者なども政府高官として積極的に登用され，ムスリムのあいだにあった税制面での不平等も解消されて，民族を問わずムスリムを平等に扱う原則がとられた。加えて，イスラームへの改宗を奨励する方針がとられるとともに，9世紀半ばには非ムスリムに課される制約が規範化され，その適用がしばしば命じられたこともあって，イスラームへの改宗が進んだ。ムスリム人口の割合はしだいに高まってゆき，イラク地方では9世紀中ごろに50％に達し，10世紀末には90％，イラン高原では9世紀初頭に40％，10世紀には70〜80％に達したとも推計されている。一方，エジプト地方でも9世紀から改宗が進んだものの，10世紀においても依然としてキリスト教徒が人口の半数程度を占めていた。

アッバース朝の中央集権体制は，紙の導入と普及にも支えられていた。アッバース朝のもとで西アジア地域が，中国から紙の使用が伝来していた中央アジアとのつながりを強めるなか，8世紀にはそれまでの羊皮紙やパピルスにかわって紙がバグダードで取り入れられ，シリアやエジプトにも製紙工場がつくられていった。大量生産が容易で書写材料としても優れていた紙は，まず行政文

書に採用された。さらに紙は，学問的著作にも用いられるようになり，学問の隆盛と多種多様な著作の登場を後押しすることになるのである。

学問の隆盛

　アッバース朝時代の前半は，信仰体系としてのイスラームがその基本的なかたちを整えていった時代である。第１に，法学者たちによって，信徒の宗教，社会生活の規範たるイスラーム法が，神の啓示である『クルアーン』と預言者ムハンマドの言行を典拠として体系化されていった。その際，法解釈の違いからさまざまな法学派が誕生するなか，主要な学祖のもとにスンナ派の四法学派が形成された。第２に，伝承の経路や伝承者の資質をもとに預言者の言行に関する膨大な伝承が吟味され，真正とされるものが伝承集に編纂された。とくに，60万とも90万ともいわれる伝承を吟味し，2762の伝承を選び抜いたブハーリーに代表されるように，ホラーサーンや中央アジア出身者の貢献がめだった。こうした学問の隆盛は，宗教知識人たるウラマーの数が増大するとともに，彼らの政治的・社会的重要性の高まりと連動していた。その一方で，内面の信仰を重視し，神との一体感を得ることをめざす，スーフィーと呼ばれる神秘家たちも登場する。これは，思想潮流としてのスーフィズムの形成につながることになる。

　非ムスリムのアラビア語受容と改宗が進むなか，アッバース朝初期にキリスト教徒たちは，信徒の改宗を防ぐべく，アラビア語を用い，ギリシア哲学やクルアーンの知識を取り入れてキリスト教擁護の文書を数多く著した。こうして，それまでの典礼言語に加えてアラビア語は，キリスト教を論じる言語としてもしだいに定着していった。また，多言語を操るキリスト教徒は，医師や書記として活躍するほか，カリフや宮廷人の後援のもとでおこなわれた翻訳運動において翻訳者の大部分を占めた。ムスリムの実用的な必要性と知的関心から生じたアラビア語への翻訳運動を通じて，古代ギリシアやペルシア，インドの哲学，医学，数学，天文学といった知的遺産はイスラームの知的伝統へと溶け込んでゆき，学問のさらなる深化と，アラビア語の学術言語としての発展を後押しした。古代ギリシアの著作の翻訳は，サーサーン朝時代におこなわれたペルシア語への翻訳や在地のキリスト教徒がおこなったシリア語への翻訳を経由して，また各地から入手したギリシア語写本からなど，さまざまな回路を通じてなされた。こうした動きのみられた当時のバグダードでは，翻訳作品から学び，キ

リスト教徒知識人に直接師事したムスリム哲学者の例が示すように，キリスト教徒とムスリムが知的空間を共有していたのである。

古代ギリシアの知的遺産の翻訳活動における草分け的存在が，イラクに拠点をおいていた東シリア教会（ネストリウス派）の総主教だったティモテオス1世である。彼は，カリフの命令でアリストテレスの翻訳にかかわる一方で，ムスリムの支配を前にキリスト教を擁護する文書を著している。またティモテオスは，教会組織の首長としてその中心を，サーサーン朝時代以来のセレウキア・クテシフォンから，その北西に建設されたバグダードに移転し，カリフや宮廷のムスリム知識人とも交流した。さらに，アッバース朝の庇護のもと，中央アジアやインドで積極的な布教をおこない，東シリア教会の最盛期を築いたのである。

学問的隆盛がみられた一方で，アッバース朝の支配体制は9世紀初頭から徐々に変容を遂げてゆく。カリフは，9世紀初頭に生じた内乱でアッバース朝中央の軍が弱体化したのを受けて，パトロン・クライアント関係に依拠した私的軍事集団の形成をめざした。その中核を占めたのは，中央アジアから大量に購入されたトルコ系などの奴隷だった。こうした方式はやがて，軍団の有力武将が類似した私的軍事集団をかかえて自立化することにつながり，そのなかからは地方で独自の政権を樹立する者もあらわれていった。エジプトのトゥールーン朝や，中央アジアからホラーサーンを支配したサーマーン朝がその例である。後者では，アラビア語とともに，アラビア文字を用いて書かれるようになっていたペルシア語での文芸活動も盛んになり，やがて行政の言語としてもペルシア語がアラビア語にとってかわることになる。ただし，地方の諸政権は単独では支配の正当性をもたず，カリフによる公認を必要とした。こうして，権威の源泉たるアッバース家カリフの存在が維持された結果，アッバース朝は，カリフを盟主とする諸政権の連合体へと転換してゆく。

宗派の鮮明化

10世紀の西アジア・北アフリカでは，ムハンマドの従弟で娘婿であるアリーの子孫が信徒共同体の指導者たるべきとするシーア派が勢力を拡大するとともに，こうした動きに対峙（たいじ）するなかでスンナ派意識の高まりもみられた。

シーア派の一分派であるイスマーイール派は，9世紀後半以来イラクやイラン，イエメン，北アフリカなどで教宣活動を展開し，アリーの子孫ではないア

ッバース朝カリフの権威を批判していた。そうした運動のなかから909年には北アフリカ中部で，カリフを称する君主をいただくファーティマ朝が樹立される。これに対抗すべく，8世紀以来イベリア半島を統治下においていた後ウマイヤ朝が929年にカリフを称したことで，3人のカリフが並び立つこととなった。こうして，その権威に対する挑戦を受けるなか，アッバース朝カリフは936年，トルコ系地方総督に大アミールの位を与えて軍事および行政の両権を譲渡するにいたり，ついにアッバース朝中央においても政治権力がカリフの手を離れることになった。これは，地方政権や軍事的実力者による大アミール位をめぐっての争奪戦を招いた。946年にバグダードに入城し，その勝利者となったのが，カスピ海南西部の地方からあらわれたシーア派信奉者のブワイフ家である。こうしてアッバース朝カリフを傀儡とするブワイフ朝が誕生した。

　この当時，地方諸政権の自立化により，地方からバグダードにもたらされる税収が低下していたことで，アッバース朝時代以来の現金俸給制度は機能しづらくなっていた。これを受けてブワイフ朝は，軍人たちにイクターと呼ばれる分与地を授与し，そこから俸給に見合う取り分を徴税する権利を認める方式を採用した。しかし，このイクター制の導入は，軍人が不当な徴収をおこない，また，水利施設の管理・維持といった費用のかかる勧農策を無視したことから，農村社会の疲弊につながることになった。また，政治的な混乱が原因でイラクを経由するペルシア湾交易ルートは衰退していった。

　これにかわって脚光をあび始めたのが，紅海を経由する交易路であり，こうした転換に利を得たのが，969年にエジプトを征服し，シリアにも領域を拡大したファーティマ朝だった。ファーティマ朝は，軍事・行政の中心として都市カイロを造営し，ナイル川流域地帯の豊かな農業生産にも支えられて繁栄した。支配者となったイスマーイール派がムスリムのあいだでも少数派だったこともあり，ファーティマ朝は，エジプト人口の半数ほどを占めていたコプト系キリスト教徒やそれ以外の非ムスリムに対して概して寛容な政策をとった。そのためファーティマ朝期には，聖堂の建設や修復が進み，キリスト教徒やユダヤ教徒が官僚として重用され，そのなかからは有力信徒として宗派集団内で影響力を高めてゆく者たちもあらわれた。ただし，言語面でのキリスト教徒のアラブ化が進む一方，典礼言語としてはコプト語が維持された影響で，彼らの教会離れの傾向もみられた。こうした傾向はやがて，コプト教会が典礼言語としてアラビア語を採用することに結びついてゆく。

ブワイフ朝もファーティマ朝も，住民にシーア派信仰を強要することはなかった。またブワイフ朝は，アリーの子孫ではない，したがってシーア派の観点からは信徒共同体の指導者たる資格のないアッバース朝カリフを廃することもなかった。その一方で，バグダードやカイロではシーア派の祝祭が営まれ，シーア派の学問が奨励され，ファーティマ朝は国外での反アッバース朝運動を継続した。こうして宗派的なシンボルが前面に押し出されたことは，シーア派と，それに対抗する人々のあいだでの対立の表面化にしばしばつながった。こうした動きは，11世紀初頭にアッバース朝カリフがシーア派の教義を否定し，スンナ派カリフとして自己規定を示したこととあいまって，両者の差異が明確化し，シーア派以外の人々がスンナ派としての自己意識を高めてゆくことにつながってゆく。

　こうしたなかブワイフ朝を排除し，スンナ派政権の再興に寄与したのは，中央アジアでイスラームを受容したトルコ系遊牧民だった。トルコ系遊牧民のセルジューク家は，11世紀前半に中央アジアからホラーサーン地方にはいって勢力を拡大し，イラン地方の支配権を握ると，それまでの諸政権と同様，アッバース朝カリフの承認を求めた。そして1055年にセルジューク朝君主は，カリフの承認を得てバグダードに入城する。その後セルジューク朝は，イラン・イラク両地域の支配を確立し，西征して1071年にアナトリア東部でビザンツ軍を破った。さらに，ナイル川の増水不足による飢饉(1065～71年)や軍人たちの対立が原因で弱体化していたファーティマ朝からシリアを獲得した。セルジューク朝のビザンツに対する勝利は，ギリシア人やアルメニア人，クルド人が居住するビザンツ領アナトリアへとトルコ系遊牧民が流入する動きを促進し，このことはビザンツ皇帝がローマ教皇に救援を要請し，十字軍の活動をもたらす要因となった。一方，アナトリアに移り住んだセルジューク家の一員はルーム・セルジューク朝を興し，やがてアナトリア中央部にその支配を確立させることになる。

　シーア派を奉ずるファーティマ朝との対抗関係もあり，セルジューク朝はスンナ派ウラマーとその学問を保護した。有能な宰相の主導のもと，バグダードを皮切りに主要都市にマドラサと呼ばれる高等教育施設が建設され，スンナ派の知識人と官吏の養成がめざされた。そのなかの一人ガザーリーは，シーア派と対峙するなかでまとまりつつあったスンナ派思想の枠組みを完成させるとともに，スーフィズムを理論化し，スンナ派信仰の一部として民衆に受け入れら

れてゆく土台をつくった。また，マドラサの普及にともなって，宗教寄進制度を通じて宗教施設を運営する慣行も広まる。ワクフと呼ばれるこの制度は，農地や商業施設といった私有財から得られる賃貸料などの収益を，宗教施設の運営費に永久にあてるというものであり，モスクや病院，さらにスーフィーの修行場にも用いられた。こうしてスーフィズムが普及するなか，特定の導師を開祖とするスーフィズムの流派がイラク地方を中心に形成されていった。

　セルジューク朝の統治を支えたのは，イラン系官僚が担ったペルシア語での文書行政と，改良を加えてブワイフ朝から継承されたイクター制だった。イクター制を運営するにあたり，セルジューク朝では，分与地の入替えによってその保有者の在地化を防ぐとともに，恣意的な収奪を未然に防ぐために中央の監督が強化された。セルジューク朝のもとイクター制は，イラクからイラン，シリアへとしだいに拡大し，のちのアイユーブ朝やマムルーク朝にも受け継がれてゆくことになる。ただし，遊牧民としての伝統を保持したセルジューク朝は，王位継承の明確なルールをもたず，広大な領土を王族の有力者たちに分封した。こうした側面は，王位継承をめぐる対立と地方諸政権への分裂へとつながってゆく。

侵略と応戦

　11世紀末から13世紀中葉の西アジアの人々は，東西からの攻勢にさらされた。西方から西アジアへと侵攻したのは，ビザンツ皇帝からの救援要請という機会に乗じた十字軍諸勢力である。11世紀末を皮切りに，その後も何度かにわたって流入を続けた十字軍は，シリアの沿岸部を占領し，いくつかの国を形成する。さらに1099年には，自ら目標に掲げた聖地イェルサレム征服を成し遂げた。一方，十字軍との接触は，イスラームへの改宗で人口を大きく減らしていたシリアのキリスト教徒たちにも影響を及ぼし，彼らのうちレバノン山脈に居住していたマロン派キリスト教徒は，1182年にローマ教皇への帰順を宣言することになる。

　十字軍諸勢力との戦いで頭角をあらわしたのが，シリアの地方政権の家臣だったサラーフ・アッディーン（サラディン）である。彼は，十字軍を巻き込むかたちで展開されたファーティマ朝の政争に機を得て1169年にエジプトでの実権を握った。アイユーブ朝の成立である。エジプトにおいてサラーフ・アッディーンは，宮廷を牛耳っていた黒人宦官と彼に与する黒人奴隷兵の勢力を一掃し

た。そして，ファーティマ朝時代以来のシーア派からスンナ派への宗旨転換をおこなうべく，カイロにスンナ派のマドラサを建設し，エジプト各地の裁判官をシーア派からスンナ派へと入れ替え，1171年にはアッバース朝カリフの権威のもとでスンナ派の復活を宣言した。こうしてエジプトでの支配を固めたのち，サラーフ・アッディーンはイェルサレムを十字軍勢力から奪い，その名声を高めたのである。

アイユーブ朝期のエジプトでは，サトウキビ栽培が急速に拡大し，砂糖商人に加えて君主や軍人たちも製糖工場の積極的な経営に乗り出した。これによりエジプトの砂糖は，西アジアの他国やヨーロッパへの重要な輸出商品に数えられるまでになった。また，インド洋と地中海を結ぶ紅海ルートでの交易も引き続き栄え，「胡椒と香料の商人」として，カーリミー商人と呼ばれる人々が活躍するようになった。こうした経済的繁栄の恩恵を受けて，コプト系キリスト教徒のあいだでは，富裕層の経済的支援によってアラビア語での文芸や美術の分野で文化的な隆盛がみられた。

その後，アイユーブ朝では旧来の軍にかえて，マムルークと呼ばれる奴隷出身者からなる軍団が組織された。大量に購入されたマムルークは，イスラーム諸学を学ぶとともに軍事訓練を積み，改宗と奴隷身分からの解放をへて，君主に忠実な騎士として軍団に編入された。しかし，彼らの勢力は強大になり，軍団の有力者がアイユーブ朝に取って替わった。こうして1250年に新たに樹立されたマムルーク朝では，概して王位が軍団の有力者によって受け継がれることになる。

一方，東方からは，モンゴル高原から勢力を伸ばしたチンギス・ハンの軍勢が侵攻した。チンギス・ハンは，中央アジアを征服したのち，ホラーサーン地方へと進み，さらに軍勢を西アジア方面へと派遣した。こうしたモンゴルの脅威を逃れて，中央アジアやイランなどからアナトリアへとトルコ系の遊牧民やイラン系の人々が大量に流入した。こうして，11世紀後半の第1波に続く13世紀の第2波の移住により，アナトリアではトルコ系住民の増大とペルシア語文化の受容が進む。移住者のなかには，ペルシア語神秘主義詩で名声を博することになるルーミーの姿もあった。アナトリアのルーム・セルジューク朝は，在地のギリシア人や流入したイラン系・トルコ系の人々を取り込んで成長したが，1243年にはモンゴル軍に敗れ，これに服属することで命脈を保つことになる。

アッバース朝後の西アジア

　チンギス・ハンの孫フラグは，1258年にバグダードを攻略し，アッバース朝カリフを殺害した。こうして西アジア世界は，500年にわたってスンナ派イスラームの正統性を継承してきたアッバース朝カリフを失った。

　フラグは，さらに西征を続けてシリアでマムルーク朝と戦ったものの，大ハン位を受け継いでいた兄の死の報を受けて東方への帰還を決意した。フラグがイランの地にとどまった結果，彼を君主とし，イラン，イラクを領有するモンゴル政権，イル・ハン国が成立した。イル・ハン国は，東アジアの元を宗主としてその権威に依存する一方，西方のビザンツ帝国と友好関係を維持することで，北方のモンゴル政権キプチャク・ハン国や南方のマムルーク朝といった強国に対抗した。軍事面ではモンゴルの遊牧諸部族を基盤とし，統治にあたってはそれ以前のセルジューク朝などの伝統を受け継ぎ，徴税業務を中心に，ペルシア語を操る在地のイラン人官僚を登用した。これら官僚職は，地方の名家に代々受け継がれることが多く，こうした名家の存在は，短命な遊牧系諸王朝の支配が続くなかで社会の継続性を担保した。

　イル・ハン国では，13世紀末に第7代君主となるガザンが麾下のモンゴルの首領たちとともにイスラームに改宗したことで，支配層によるイスラーム受容が進んだ。ガザンは，マッカのカーバ神殿を覆う黒布を奉納する権利をめぐってマムルーク朝に対抗し，ムスリム君主としての権威を示そうとした。彼が登用した宰相のもとで現地の税制への転換がなされ，それまでの人頭税にかえて地租を中心とする税制が採用されるとともに，モンゴル軍人には分与地が付与されてその経済的基盤が強化された。

　こうしてモンゴル的伝統とペルシア・イスラーム的要素を総合したイル・ハン国も，14世紀に大規模な気候変動が生じてユーラシア全土で天候不順や天災が続き，飢饉や伝染病が広がるなかで，他のモンゴル諸政権同様，内紛にゆきつく。そうしたなか，中央アジアのモンゴル政権チャガタイ・ハン国の分裂抗争から台頭したティムールは，チンギス家の人物を名目上のハンとして擁立し，チンギス家の失地回復と非ムスリムの討伐を大義として掲げて中央アジアからイラン，イラクを征服した。彼の軍事活動は，情報収集や事前工作，外交上の努力にも支えられ，アナトリアや南アジア北部にまで及んだ。ティムールは，征服した各地から職人や建築家，文人を首都サマルカンドに呼び寄せ，モスクや郊外の庭園，緑地といった大規模な建設事業を推進した。

エジプトとシリアを領有したマムルーク朝では、モンゴルとの戦いのなかでバイバルスが頭角をあらわし、君主を殺害することで権力を簒奪した。こうした経緯から、彼は自身の政権を正当化すべく、1261年にアッバース家の末裔をカイロに招聘してカリフとして擁立する。こうしてマムルーク朝では、アイユーブ朝から受け継いだマッカ、マディーナ2聖都の守護者たる地位とともに、スンナ派イスラームの正統性を受け継ぐ体制が整えられた。こうした基盤は、マムルークが外来の支配者だったこと、またイル・ハン国がムスリム君主としての権威を示そうとしたことでいっそう重要になったのであり、マムルーク朝の君主たちは、自身が購入した子飼いのマムルークを重用して周囲を固めつつ、公正なムスリムの君主として振る舞い、公益増進のために公共事業を推進し、マッカ巡礼の安全を確保することで政権を維持した。政治的安定も手伝ってマッカ巡礼が活発化するなか、巡礼を機に大旅行を成し遂げたのがイブン・バットゥータである。北アフリカから南アジア、中国にまで及ぶ彼の旅の記録は旅行記として編纂されることになる。

　イスラーム的正統性を意識した政権の性格は、非ムスリムの処遇にも影響を及ぼし、服装規制や官職からの追放、乗馬の禁止など、非ムスリムに対する規制の厳格化がしばしば命じられる要因となった。また、エジプトでは多数の聖堂の破壊や非ムスリムへの襲撃事件もみられ、これらの動きは改宗圧力を生み出してゆく。こうしてマムルーク朝期のエジプトではコプト系キリスト教徒の改宗が進み、その数は人口の1割程度にまで減少した。この割合は今日まで維持されることになる。

　初期のマムルーク朝は、シリアにおいてモンゴルや十字軍と戦うことが多く、度重なる遠征により、13世紀末には十字軍勢力を駆逐し、シリア地域の支配を確保することに成功した。外敵からの脅威がやわらいだ14世紀前半のマムルーク朝では、検地により徴税権が整理され、イクター制に基づく支配体制が整えられて、農業生産、織物や砂糖などの製造業、そして東西交易に支えられた繁栄がみられた。こうした繁栄に大打撃を与えたのが、14世紀中葉に始まり、16世紀初頭まで断続的に生じたペスト（黒死病）の流行だった。ペストの影響により、エジプトは人口の約3分の1を失い、農業生産が停滞したことで地租収入も減少してゆく。財政面での不足を補うために、15世紀初頭以降の君主たちは、胡椒や香料、砂糖などの専売政策をとってヨーロッパ商人に割高に売却したり、税制改革を施したり、軍人給与を削減するなどの対応を迫られた。

13世紀中葉のアナトリアでは，ルーム・セルジューク朝がモンゴルに敗れて弱体化したことで，トルコ系を中心とする諸勢力が乱立する状態が現出した。諸侯国のあいだでは，武力による抗争の一方で宗教や民族を超えた同盟関係や人的交流もおこなわれ，それぞれが勢力拡大をめざしてゆくことになる。強大な勢力が存在しないこの時代のアナトリアでは，人々が各地で住民組織を形成し，自衛と相互扶助に備える傾向にあった。また，遊牧系のトルコ人ムスリムと，ギリシア人やアルメニア人のキリスト教徒農民が混在するなかで，政治的に優位な集団の言語と宗教，すなわちトルコ語とイスラームがアナトリア住民にしだいに受容されていった。

　こうしたなか，14世紀初頭にビザンツ領近くのアナトリア北西部でオスマンを中心とした集団が歴史の舞台に登場する。オスマンは，この地に流入していたトルコ系遊牧民や武装したスーフィーたちに加えて旧ビザンツ軍人も吸収して勢力を結集し，ビザンツ領への略奪をおこなった。1302年にサカリヤ川が氾濫し，川沿いに築かれていたビザンツの防衛線が崩壊したのを機に，オスマンの集団はビザンツ領へと踏み込むことに成功する。その子オルハンは，近隣のキリスト教徒の軍事集団とも連合しつつ，ビザンツ帝国の衰退後に多数の小国に分裂していたバルカンに，ビザンツの同盟者として進出した。こうしてバルカンに領土を獲得したオスマン侯国は，14世紀後半には同地の諸侯を服属させ，勢力を拡大し，バルカンの国として足場を築いていった。その際，まず属国とし，のちに直接支配へと移行するという段階をへることで慎重に統合がはかられた。そのために用いられたのが，騎士に農村などからの徴税権を授与し，その代償として軍事義務を課すティマール制である。農村支配の基本方式だったこの制度は，在地の旧支配層を在郷騎士として取り込むことにも寄与した。

　その後，アナトリアへも領土を拡大していったオスマン勢力は，1402年にティムールの軍勢に敗れたことで分裂するが，再統合に成功し，ドナウ川からアナトリア中部にいたる領域を回復する。そして，1453年にはビザンツ帝都コンスタンティノープルを攻略するにいたり，西アジア世界の辺境に登場した部族集団は，中央集権的な帝国へと転換してゆくことになるのである。

3　ヨーロッパの形成と成熟

　ヨーロッパの形成期としての中世の1000年間は，大規模な移動で幕を開けた。アジアの遊牧系騎馬民族の西進に始まるゲルマン諸部族の移動が，古代地中海世界の変容を促し，ヨーロッパ形成の端緒となった。その後も，8世紀のアヴァール人，9〜10世紀のマジャール人，13世紀のモンゴル人，14世紀以降のオスマン朝の移動＝進入を経験するが，これらはみなアジアを出発地とし，黒海を抜けて西進する異民族の侵攻であった。略奪・土地占取を目的とした外来民族の移入として，ヨーロッパはほかにも，スカンディナヴィアから船舶を用いて海上・河川を進んで南下するノルマン人や，北アフリカ回廊を通りイベリア半島にいたるウマイヤ朝の進攻を経験している。

　中世のヨーロッパが，これほどの侵攻にさらされながらも外来異教徒の支配に組み敷かれることがなかった点は，ユーラシア大陸の同時代史と比較すると，特筆に値することである。その耐久性の理由の一つに，皇帝権と教皇権という二つの普遍的権威のもとに，信仰上の大義のために国を超えて軍を動員しうる十字軍，あるいは「キリストの騎士」という観念の存在があげられよう。ヨーロッパは，社会の統合に「キリストの身体」という有機的な組織観を用い，修道院などの団体の上下関係には擬制的な父子関係を，修道士同士の連帯や都市の人的紐帯には擬兄弟の関係を援用した。こうした組織観の根底には，神を父・子・聖霊の三位一体として理解する，キリスト教に固有の神観念があった。

　ヨーロッパ社会の持続力という点でもう一つ指摘しうるのは，ピーター・バークが指摘する，ヨーロッパ文明に固有の「知」の形成・分類・管理の様式である。中世の修道院は，国家や教会といった権力が管理する知から自立して，神への奉仕，すなわち信仰実践として書物を生産・流通・保管する独自の体制を築き，それをヨーロッパ中に張りめぐらせた。修道院は同時代の情報を，神の計画や救済史にそって意味づけられた知識へと加工し，同時代の社会に提供するとともに後世に伝承した。ヨーロッパは12世紀に，知識の研鑽(けんさん)・体系化・教授を担う大学という組織を生み出したが，大学で教鞭(きょうべん)をとったのも，トマス・アクィナスをはじめとする修道士であった。大航海時代

のヨーロッパの躍進を支え，19世紀における近代的学問の形成を可能にしたヨーロッパ独自の知のモードの淵源は，中世にあったのである。

　外来民族の移入を何度となく経験し，そのインパクトに耐えながらその経験を知識として内面化することで，ヨーロッパは耐久性の高い文明へと成熟していった。本節では，1000年にわたるその道筋をたどってゆきたい。

ヨーロッパ半島の環境と地形

　ヨーロッパは本来，ユーラシア大陸の一角を指す地理的呼称である。ただ，同大陸東端の中国文明に対し，その西端において際立って力強い文明を築き上げ，近代以降，現在にいたるまで巨大な影響力を誇る文明世界の呼称であることが，ヨーロッパの地理的起源をみえにくくさせてしまっている。この文明の形成期を扱う本節では，地理的空間としてのヨーロッパに立ち返るべく，ヨーロッパ半島という地理的空間を出発点としたい。

　半島といっても，ヨーロッパは陸地のみで形成されたわけではない。周囲の海，すなわちバルト海，北海，大西洋，そして何よりもアフリカ大陸とのあいだに広がる地中海が，文化・交易・軍事の面において中心を占める。陸地の大半は深い森に覆われ，集落は河川や湖沼などの水系にそってつくられた。とくに重要な水系は，二つの国際河川，すなわちスイス・アルプスから西流してオランダで北海にそそぐライン川と，ドイツの「黒い森」から東流して黒海にそそぐドナウ川である。これらヨーロッパの諸地域を連結する大河に対して，各地域を流れる主要河川は，ヨーロッパの地域や国を削り出す役割をはたした。イベリア半島を南北に分かつドゥエロ川，ガリア平原を流れて北海にいたるセーヌ川に大西洋へ流れ出るロワール川，アルプスに発してロンバルディア平原をアドリア海まで南流するポー川，ズデーテン山地に発して北海へ北流するエルベ川は，スペイン，フランス，イタリア，ドイツといった地域の形成に深くかかわった河川である。

　人やモノを運搬する幹線の役割をはたした河川は，やがて海洋に行き着く。当初は，古代世界から継承した地中海がすべてであったが，ローマ帝国の制海権の後退，ゲルマン人の未熟な航海術のために，地中海はムスリムも参入する多民族の海となった。一方，ノルマン人の一部をなす北欧のヴァイキングによって北海・バルト海と河川大系が結びつけられると，13世紀以降，ハンザ同盟

諸都市の活動によって「北の海」は地中海に匹敵する商業圏へと発展する。この間，地中海は，イタリアの海港都市が建造・所有する船舶による海上交易によって再び「わが海」となった。航海術・造船技術を高めたヨーロッパは，レコンキスタ（再征服）を完了したイベリア半島の商人や国家によって，大西洋に乗り出してゆく。

　人やモノの移動にとって難所となったのが，アルプス山脈，ピレネー山脈，カルパティア山脈といった山々である。高く聳える山塊は人の移動を遮断したが，やがて人々は幾筋もの峠道を通し，谷間に集落を形成した。これら山岳社会は，穀物生産を基盤とする国家権力がくまなく及ぶ平野部とは対照的に，移牧や採集経済を営み，ル・ロワ・ラデュリが『モンタイユー』で描くように，国家の統制をかわしながら，ときにはカタリ派などの異端の避難所となった。

　平野部も当初はその大半が森林に覆われ，開墾地にも耕地化が困難な湿原・湿地帯が多く広がっていた。12世紀以降，気候の温暖化，人口増加を背景に進んだ植民運動は，森を拓き，湿地を干拓し，耕地面積を大幅に広げた。森の減少は国と国の境界をあらわにして支配圏をめぐる紛争を誘発し，一方で耕地面積の拡大は穀物の収穫量を格段に高めた。財政基盤を充実させた諸権力は，土地への執着を強め，「領土」の拡張のための戦いに富を集中的に投下することになる。

古代から中世へ

　古代から中世への移行の問題は，ピーター・ブラウンが提唱する「後期古代」のように，3世紀から7世紀末にいたる古代地中海世界の構造転換のなかで捉えられるようになってきた。後期古代のうち，西ローマ皇帝が廃位された476年から7世紀末までの時代は，「ポスト・ローマ期」（佐藤彰一）と定義され，環地中海全域で帝国のインフラストラクチャーや統治資源を基に建国された亜ローマ国家の時代とされる。南仏トゥールーズでの西ゴート王国の建国（418年）を皮切りに，カルタゴでのヴァンダル王国（439年），ジュネーヴでのブルグンド王国（443年），ソワソンでのフランク王国（486年），ラヴェンナでの東ゴート王国（493年）と，5世紀にあいついで建国されたゲルマン人部族国家は，こうした亜ローマ国家の典型であった。これらは数パーセントのゲルマン人戦士層が大多数のローマ系住民を統治するという構造を共有していた。

　6世紀初頭，東ローマ帝国は，バルカン半島およびアナトリア半島を中心と

する東地中海世界に君臨していた。首都コンスタンティノープルは帝都としての威容を整え，総主教は皇帝への加冠者として，帝国全土の主教を統括した。527年に登位したユスティニアヌス（1世）は，世界帝国の復興をめざし，東の強国サーサーン朝ペルシアに対する防衛戦争を戦いながら，旧帝国領の回収をめざす征服戦争を組織した。前記のゲルマン部族国家のうち，北アフリカのヴァンダル王国，イタリアの東ゴート王国が滅ぼされ，帝国の支配下におかれた。

　ユスティニアヌスは，歴代の皇帝法令に自らの新法を加えた『ローマ法大全』を編纂させ，これを中央集権的な皇帝支配の基盤とした。収録されたローマ法は，キリスト教正統信仰の守護者たる皇帝にふさわしく手直しされたものであった。キリスト教と固く結ばれたローマ皇帝理念は，同皇帝が指揮した諸戦争を精神的に支え，また再建された首都のハギア・ソフィア大聖堂や，イタリア総督府がおかれたラヴェンナのサン・ヴィターレ聖堂内のモザイクに誇示された。

　東ゴート人のイタリア支配が始まった529年ころ，ローマ貴族層出身のヌルシアのベネディクトゥスが，ローマ南東に位置する岩山に修道院（モンテ・カシーノ修道院）を創設した。5世紀以降，西ヨーロッパにつぎつぎと修道院が建てられたが，その戒律はまちまちであった。ベネディクトゥスが定めた，清貧・貞潔・服従を基本とする厳格な戒律（「ベネディクト戒律」）はしだいに普及し，西欧独自の修道制の基盤となった。この戒律を規範とする修道院は，ベネディクト派と呼ばれた。

　ローマ元老院議員の家系の出で，ベネディクト派修道士であった教皇グレゴリウス1世（大教皇）は，ランゴバルド人と東ローマ帝国が対立する不安定なイタリア半島の情勢のなかで，高い行政手腕を発揮して両者の和平を仲介し，ランゴバルド人のアリウス派からカトリックへの改宗を促した。また，ブリテン島など地方への伝道を組織し，すべての西方教会で運用されるべき共通の典礼（ローマ典礼）の整備をはかった。850通に及ぶ書簡はその精力的な活動を証言し，『対話』や『モラリア』といった著作は，中世の教会知識人の必読文献となった。

　ちょうど同じころ，590年にアイルランドから聖コルンバヌスらの一行がガリア伝道のために大陸に渡り，ガリアのリュクスイユ，スイスのザンクト・ガレン，北イタリアのボッビオと，つぎつぎに修道院を創設した。このアイリッシュ・ミッションは大陸の各地に残存する異教徒の改宗を徹底するとともに，

アイルランドの修道院で成熟した高度な書字文化を大陸に根づかせる役割をはたした。

カール大帝と二つのローマ帝国

　アフリカからイベリア半島に進攻したウマイヤ朝の軍勢は，711年，同地の西ゴート王国を滅ぼし，北部を残して半島全域を制圧し，15世紀末まで存続するアンダルス（イスラーム統治圏）を形成した。ウマイヤ朝軍はさらにピレネー山脈を越えて南フランスに侵攻したが，732年，トゥール・ポワティエ間の戦いで，カール・マルテル率いるフランクの騎馬軍に敗北を喫した。イベリア半島北部では，西ゴート王国の残党が718年にアストゥリアス王国を建国し，イスラーム勢に対する領土挽回(ばんかい)の戦い（レコンキスタ）に着手した。

　ガリアでは，フランク王国の宮宰(きゅうさい)職を占めるカロリング家が実権を掌握した。宮宰カール・マルテルは教会領・修道院領を没収して王領とし，これを財源に職業的な戦士集団を編制した。カールはこの機動力の高い騎馬兵を用いてライン右岸のゲルマニアに進出し，またガリア南部の諸侯を王国に統合した。その子ピピンは，メロヴィング王を幽閉し，751年，自らフランク王に戴冠する宮廷革命を断行してカロリング朝を興し，ローマ教皇による戴冠を王位の正統性の根拠に組み入れた。王位承認の見返りに，ピピンは756年，ランゴバルド王国から奪回したラヴェンナ総督領を教皇に献上した（ピピンの寄進）。この領土が，教皇座の財政基盤となる教皇領（教皇国家）の起源となった。

　ピピンの子カール1世（大帝，シャルルマーニュ）は，父の政策を継承し，半世紀に及ぶ治世の大半を費やして，南フランス・北スペイン・北イタリア・ハンガリー・ザクセンと，王国の支配圏を全方位に拡張した。さらに，遠征ごとに広がる領土の統治効率を高めるために，全土を司教区に分ける（司教区制）とともに，地方に国王役人の伯を配置する伯領制を敷いた。また，中央からの命令の伝達，地方の実情調査の目的で，聖俗の有力者を国王巡察使(ミッシ・ドミニキ)として，各地方に派遣した。

　カルパティア山脈を原住地とするスラヴ人や中央アジアからきた遊牧民族アヴァール人の侵入により危機を迎えた7世紀の東ローマ帝国では，ヘラクレイオス帝のもとで中央・地方の統治機構の強化がはかられた。帝国領をテマと呼ばれる防衛上の管区に細分化して長官をおく軍管区制（テマ制）が整備され，また戦費調達のために効率のよい徴税制度が敷かれた。このころ，帝国の公用語

はラテン語からギリシア語に変わり，帝国の支配領域もエーゲ海域に縮減して，東ローマ帝国は，ギリシア人・ギリシア文化を基盤とするビザンツ帝国へと変貌を遂げた。

テマ長官出身の皇帝レオン3世が726年，キリストや聖人を描いた画像の崇拝を禁じる聖画像破壊令を発すると，聖画像崇拝派の修道士・聖職者が排除され，首都は混乱に陥った。聖画像崇拝を奨励する立場のローマ教皇は，この事態をビザンツ皇帝権から離脱する好機と捉え，新たな権力との提携を模索した。799年，暴動のためにローマを脱した教皇レオ3世は，アルプスを越え，フランク王カール1世に救援を求めた。翌800年のクリスマス，レオは軍を率いてローマ入りしたカールを，サン・ピエトロ大聖堂でローマ皇帝に加冠した。

カール1世は，各地から高い学識をもつ人材を宮廷に集め，自身の顧問とした。なかでも，ノーサンブリア文化の系譜を引くイングランドのアルクインは，カールの宮廷学校の校長となり，カールの文化事業の指揮をとった。続々と創設された修道院では，生き残っていた古代の著作が正しい文法と画一的な書体で書写され，王国全土の修道院・司教座の図書館におさめられた。アーヘンには古代ローマの建築論を応用した大聖堂が建造され，貨幣にはローマ将軍然としたカールの肖像が刻まれた。古典文化の復興を手がかりにしたこれらの文化刷新を，カロリング・ルネサンスと呼ぶ。

ノルマン・インパクトと神聖ローマ帝国の成立

8世紀末以降，スカンディナヴィアを本拠とするノルマン人が船団を組み，大挙してヨーロッパ各地に進出した。ヴァイキングとも呼ばれたノルマン人の戦士は，農繁期には本国で農業を営み，農閑期に船で遠路略奪行をおこなったが，同時に交易もおこなった。9世紀から10世紀初めまで，この時代のヨーロッパは，ノルマン人を中心に，東方のマジャール人，西地中海のイスラーム勢力の侵入に対処をよぎなくされるなか，政治秩序の再編や社会の変容を経験することになる。

イングランドでは，8世紀末以降にノルマン人（デーン人）が襲来し，海岸地域を略奪した。ブリテン島周囲の制海権を掌握したデーン人は，アイルランドやイングランド北西岸にも攻め入り，9世紀後半になると略奪から定住へと転じて，イングランドの内陸深くにまで入り込むようになった。アングロ＝サクソン人の王アルフレッド（大王）は，沿岸防備の強化をはかってデーン人に対抗

したが、9世紀末にはアングロ゠サクソンの七王国(ヘプターキー)の大半が滅ぼされた。

また、海上を航行しフランス西部の海岸にいたったノルマン人は、セーヌ・ロワールなどの河川を遡行(そこう)して、流域の修道院や司教座都市を襲撃した。これに対処するために、襲撃時に籠城するための城塞が、河川流域にそって建造された。セーヌ川一帯を拠点に領土を広げるノルマン人の首領ロロに対し、911年、西フランク王は、キリスト教への受洗と王への誠実宣誓を条件に、その支配領域を公領(ノルマンディー公領)と認定した。

一方、バルト海からドニエプル水系を航行して黒海にいたったノルマン人(ヴァリャーグ人)は、9世紀半ばころ、周辺の東スラヴ諸族とともにキエフ公国(キエフ・ルーシ)を創建した。キエフ公国の西隣、西スラヴ諸族の居住する中央ヨーロッパでは、9世紀初頭にモラヴィア人の国が興った。土着信仰を奉じるモラヴィアに対して、コンスタンティノープル総主教によって派遣されたキュリロスとメトディオスの兄弟修道士は、スラヴ語を表記するための文字(グラゴール文字)を考案し、スラヴ語訳聖書を携えてスラヴ語で伝道をおこなった。カトリックと正教は中央ヨーロッパで伝道競争を繰り広げたが、西スラヴ諸族は最終的にローマ・カトリック圏に属することとなった。

ドニエストル川流域に居住し、ビザンツ帝国とも交渉をもっていたマジャール人(ハンガリー人)は、9世紀末にカルパティア盆地に移動し、そこから騎馬で遠征してモラヴィア国を滅ぼし、ザクセンやバイエルンなど東フランク王国の東部国境で略奪を繰り返した。ノルマン人の活動が北西ヨーロッパの政治秩序を揺るがしたように、マジャール人の移動は中央ヨーロッパの政治秩序の解体・再編を招いた。

カール大帝没後、帝国は長男のルートヴィヒ1世(敬虔帝(けいけんてい))に継承されたが、相続問題をきっかけに、父子・兄弟間で激しい領土争いが勃発した。ルートヴィヒ没後も繰り返された戦闘のすえに、息子たちのあいだで領土問題の解決がはかられた。843年のヴェルダン条約では、長男ロタールが皇帝位とローマからアーヘンにいたる中部王国を、その弟ルートヴィヒ2世(ドイツ人王)はライン川以東の東王国を、異母弟シャルル2世(禿頭王(とくとうおう))はソーヌ・ローヌ川以西の西王国を獲得した。さらにロタール没後、870年のメルセン条約で中部王国が再分割され、東半分はルートヴィヒに、西半分はシャルルに帰し、またシャルルはのちにローマを含むイタリア王国と皇帝位を獲得した。

カロリング家の男系血統がとだえた東フランク王国では、マジャール人の侵

攻と王国分裂の危機のなか，台頭著しいザクセン大公ハインリヒ1世が国王に推戴された（オットー朝）。その長男オットー1世（大帝）は，王国東部に侵入を繰り返すマジャール人を，955年，レヒフェルトの戦いで打ち破った。また，イタリア情勢が緊迫するなか，窮地に追い込まれた教皇が救援を請うと，962年，オットーはローマに遠征し，長らく空位であったローマ皇帝に戴冠した（神聖ローマ帝国の成立）。オットー1世は，東部に辺境伯領を設置して防備体制を強化すると同時に，エルベ川以東のスラヴ諸族への伝道拠点として，ザクセンのマクデブルクに大司教座をおいた。異教徒への伝道を使命とするオットー朝の皇帝理念は，ビザンツ皇家からテオファヌを后に迎えたオットー2世，その息子で二つの皇家の血を引くオットー3世へと受け継がれた。

　カロリング朝の末期には，ノルマン人の襲撃によって数多の修道院が廃墟と化し，聖職者や修道士のあいだには妻帯や聖職売買といった悪習が蔓延していた。そうした状況のなか，ブルゴーニュに910年，アキテーヌ大公の魂の救済のために創設されたクリュニー修道院は，ベネディクト戒律を厳守する禁欲的生活を実践し，その評判を聞きつけた各地の修道院長から招致され，改革した修道院を分院として系列下に組み入れていった。在地の司教権力から解放され，教皇に直属するクリュニー系修道院は，修道士による祈禱を重視し，周年の祈禱の対価として，膨大な土地の寄進を受けた。クリュニー改革は教皇や在地の統治者の後援を受けつつ，ヨーロッパ全土に及び，系列修道院の数は12世紀初めには1500を数えた。

　クリュニー改革の震源地である西フランク王国では，カロリング家を継ぐ強大な王家が登場せず，ブルターニュ伯領，ノルマンディー公領などの諸侯領が全土に台頭した。カロリング家が断絶すると，987年，北フランスの諸侯でパリ伯のユーグ・カペーが王位に就き，カペー朝を創始した（フランス王国の成立）。西フランク＝フランスは，権力政治では帝位を得た東フランク＝ドイツに遅れをとったが，文化面では司教座・修道院の附属学校を拠点に先進性を保ち続けた。

　イングランドでは，デーン人の住む地方への再征服が進み，973年にエドガーが国王に戴冠することで，アングロ＝サクソン人の統一王国が完成した。中央統治機構としての国王宮廷と地方統治組織である州が整備され，その国土はイングランド，その王はイングランド王と呼ばれるようになった（イングランド王国の成立）。さらに，大陸のクリュニー改革がフランス経由で輸入されると，

王の支援を受けた改革派修道士の活動を通じて，イングランド全土で信仰生活の刷新がはかられた。
　ノルマン人の故郷スカンディナヴィアでは，ノルウェー・スウェーデン・デンマークが，それぞれ統一王権を形成していた。なかでもデンマークは，王国の統一者ハーラル(青歯王(せいしおう))の治世にキリスト教に改宗した。その息子は，イングランドに攻め入ってデーン朝を興し，孫のカヌート(クヌーズ)は，イングランド・デンマーク・ノルウェーの王位をかね，北海をまたぐ海域世界に覇権(はけん)を確立した。
　スカンディナヴィア諸国と通商関係にあった西スラヴ諸族のもとでは，オットー朝の宮廷の主導権と教皇の後援のもとに，国家形成期のボヘミア・ポーランド・ハンガリーの君主があいついでカトリックの洗礼を受け，紀元千年ころまでにプラハには司教座が，ポーランドおよびハンガリーには大司教座が設置された。そのさらに東に位置するキエフ公国では，大公ウラジーミル1世がビザンツ皇帝の妹を后に迎え，ギリシア正教に改宗した(988年)。同国は，11世紀には，南ロシアに加え，ノヴゴロドのある北東ロシアを統合し，黒海からバルト海にいたる広大な領域を支配下においた。
　後ウマイヤ朝が最盛期を迎える10世紀のイベリア半島では，北部のバスク地方に建国したキリスト教国のレオン王国が，ドゥエロ川を境に後ウマイヤ朝と激しい攻防を繰り返していた。一方，カタルーニャ地方では，カール大帝が設置したスペイン辺境伯領がバルセロナを中心に新たな諸侯権力へと成長し，ピレネー地方および西地中海の一大勢力となった。また，西地中海の交易では，この時代，アンダルスのムスリム商人が活躍し，北アフリカや中東にアンダルス産の繊維製品や陶器の輸出をおこなっていた。東地中海では，マケドニア朝の軍人出身皇帝のもと，ビザンツ帝国が各方面で領土を回復し，制海権を維持した。バシレイオス2世は，ブルガリア王国を併合するなど，アルメニアからアドリア海，ユーフラテス川からドナウ川に及ぶ広大な地域を統治下におさめ，帝国の最盛期を現出した。
　このように，紀元千年のヨーロッパでは，バルカン半島から，ロシアを含むスラヴ，スカンディナヴィア，ブリテン諸島，イベリア半島(北部)といったキリスト教圏が，連なる鎖のように結ばれた。これらの圏域に出現したのは，キリスト教的な統治理念をもつ君主が支配し，固有の教会組織を備えた国々であった。拡張され，結び合わされたキリスト教世界が，地中海世界の南側に広

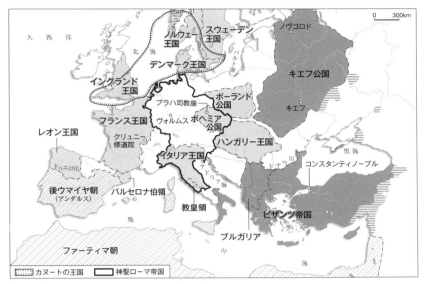

1000年ころのヨーロッパ

るイスラーム世界と向き合い，対立・交流を繰り返す構図がここに成立したのである。

改革と開発の時代

1049年，改革派の教皇レオ9世が即位すると，クリュニーの改革はついに教皇座に及んだ。通例「グレゴリウス改革」と呼ばれる教皇の位置づけをめぐる一連の改革は，中心人物であるグレゴリウス7世の治世だけでなく，レオ9世に始まり，ヴォルムス協約を締結したパスカリス2世の治世にいたる長期のプロセスであった。その改革の主眼は，世俗の君主の権力に左右されず，競合するコンスタンティノープル総主教座にも勝るローマ教皇の絶大な権威，すなわち教皇首位権を確立することにおかれた。この首位権に基づき，教皇は，教義や人事について地方教会を霊導し，新任大司教をローマにこさせてパリウム（大司教肩衣）を手渡した。教皇の書簡を携えた使節や教皇の意向を受けた教皇特使が，ヨーロッパ各地に派遣された。

教義や典礼をめぐり溝を深めていたローマ教皇座とコンスタンティノープル総主教座は，1054年，相互に破門し合うことで袂を分かった。この事件の背景

には，西方教会（ローマ・カトリック）と東方教会（ギリシア正教）がすでに別々の信仰世界を形成していたという事情があった。東西教会の再統合という「教会合同」問題は，15世紀半ばまで両教会間の重大な懸案事項であり続けた。

　グレゴリウス7世は教皇座の改革を徹底したが，司教を任じる権利（聖職叙任権）の帰属をめぐってドイツ国王ハインリヒ4世と対立することで，聖俗権威の優劣を決する政治闘争（叙任権闘争）に足を踏み入れることとなった。王が教皇を廃位し，教皇が王を破門する事態は，国内情勢が不利となったハインリヒがアペニン山中のカノッサ城に教皇を訪ね，「裸足の懺悔者」として赦免を請うという劇的な事件に発展した（カノッサ事件，1077年）。ようやく1122年のヴォルムス協約によって，大司教による司教叙任と王による封土授与を別々の儀式として執りおこなうという妥協案を得たが，皇帝権と教皇権の対立・妥協という関係は，中部イタリアの領有権をめぐる争いもあいまって，以後のヨーロッパ政治の基調となった。

　武力をもたないローマ教皇は，神聖ローマ・イスラーム・ビザンツに対抗すべく，ノルマン人傭兵の首領ロベール・ギスカールを南イタリアの公に任じた（1059年）。同じノルマン人のノルマンディー公ギヨームは，教皇の認可のもと，1066年にブリテン島に上陸し，ヘイスティングズの戦いでイングランド軍を破り，ウィリアム1世としてイングランドに新しい王朝（ノルマン朝）を開いた。このノルマン征服の経過を68メートルあまりの長さの布地に精巧な刺繡で描いた「バイユーの綴織」は，10世紀以降の英仏海峡とその両岸を含めた「環海峡世界」（鶴島博和）が生み出した一大叙事詩であった。

　ラテンシリアにおいて，セルジューク朝が1077年にイェルサレムを征服し，ビザンツ領に迫るなか，ビザンツ皇帝は軍役義務のともなう封土（プロノイア）の付与に基づく封建軍を創出して軍を増強する一方，援軍の派遣をローマに要請した。これを受け，教皇ウルバヌス2世は，クレルモン公会議（1095年）の場で，聖地奪回のための十字軍を呼びかけた。召集に応えて集結したヨーロッパの諸侯や騎士は，ビザンツ軍と連携してアナトリアを奪還し，十字軍国家をつぎつぎと樹立しながら，1099年にイェルサレムを奪還し，カトリックのイェルサレム王国を建国した（第1回十字軍）。

　12世紀のヨーロッパでは，気候の温暖化と人口の増加を背景に，耕地面積を拡大すべく，森林の開墾や沼沢地の灌漑が進んだ。相続から排除された農民の子弟が中心となって，耕地を求める人の移動，すなわち植民運動がヨーロッパ

の中心部から周縁に向かって広がった。とくに大規模であったのは，低地地方・ドイツ西部から，ドイツ東部・スラヴ地域に向かう植民(東方植民運動)であった。これらの植民では，自領の開発を目論む在地の君侯が，仲介役の植民請負人を介して入植者を招致するケースが大半であった。入植者には，一定期間貢租支払いを免除するなど，出身地よりも有利な条件を保証する植民法が与えられた。こうした植民運動は，レコンキスタが進むイベリア半島のほか，フランスやドイツの国内の森林・未開墾地でもみられた。

　これと並行して，人口増や市場経済の普及から，ヨーロッパ各地で都市が，交通の要衝・市場地・消費地・手工業生産地・情報拠点・権力の所在地として独自の発展を遂げた。これら中世都市は，周囲の数カ村を含む経済圏を形成して，地域の中心地としての機能をはたした。市場地として富と人が集中する都市は，貨幣経済が浸透したこの時代の統治者にとって，有望な財源であった。このため，君侯は領内の都市化を推進しつつ，造幣権・市場開設権・通行税徴収権などを用いて都市から利益を吸い上げた。

　この時代，豪華な典礼や聖堂装飾に巨費を投じるベネディクト派修道院への批判から，より質素で厳格な生活を追求する新しいタイプの修道院が誕生した。これらの修道院は，一つの修道院(母修道院)からつぎの修道院(娘修道院)が枝分かれするかたちでヨーロッパ中に数を増やしていった。こうした同一の会則に従う修道院のネットワークは修道会と呼ばれ，その先駆けであるシトー会(1098年創立)は，卓越した開墾技術や人里離れた土地を求める志向をかわれて，森林の開墾を進める各地の君侯によって誘致された。

　シトー会の全盛期を築いたクレルヴォー修道院長のベルナルドゥス(聖ベルナール)は，修道院を舞台に神学を発展させ，アベラルドゥス(アベラール)ら都市の知識人としばしば論争を繰り広げた。12世紀には，アラブ・イスラーム世界に継承されていた古代ギリシア・ローマの著作が，アラブ世界との接点であるトレドやシチリアでラテン語に翻訳され(大翻訳運動)，パリやシャルトルの知識人に受容された。新しい知を求める時勢は，優れた教師を求めて各地を遍歴する学生を都市の学校に引き寄せ，やがて教師と学生は学びの場を守るため団体(ウニウェルシタス)を結成した。これがボローニャ大学(1088年)，パリ大学(12世紀中ごろ)，オクスフォード大学(12世紀後半)といった初期の大学が誕生した経緯である。12世紀に起きた，このような知の革新運動を，チャールズ・H・ハスキンズは「12世紀ルネサンス」と呼んだ。

3　ヨーロッパの形成と成熟

村落や都市が増え，修道会により娘修道院がつぎつぎと創設されれば，その数に見合う聖堂が必要となる。10世紀から12世紀にかけて，堅牢な柱と重厚な壁，柱頭・扉口の浮彫り装飾がつくる厳粛な礼拝空間を特徴とするロマネスク様式の聖堂が，ヨーロッパ各地で建造された。池上俊一は，心性と社会を貫くこの時代に共通の構造を，この建築様式に象徴させて「ロマネスク世界」と呼び，文明としてのヨーロッパの誕生期としている。

君主国の台頭と教皇権

　1147年，十字軍国家エデッサ伯領がムスリムに攻略されたとの報を受け，教皇が50年ぶりに聖地十字軍を呼びかけると，シトー会のベルナルドゥスの説得が功を奏して，フランス王ルイ7世，ドイツ王コンラート3世が出征を誓った。両国王が自国から遠路率いてきた軍勢は，現地の十字軍国家と組んでアナトリアやシリアで戦闘を展開したが，さしたる成果もなく帰国する結末となった。

　この第2回十字軍の戦果は乏しかったが，王自らが参戦したドイツ・フランス，およびイングランドでは，この間，新しいタイプの国家が形成されつつあった。君主の家門が王朝を形成し，君主宮廷が臣民を統治する君主国(モナルキア)である。

　ドイツでは，シュタウフェン朝の皇帝フリードリヒ1世(バルバロッサ)が，ドイツ統治の基盤を固めるとともに，古代ローマの復興を掲げて積極的なイタリア政策を推し進めた。皇帝は，ミラノを盟主とするロンバルディア都市同盟やローマ教皇と競合しつつ，イタリア支配を強化し，ボローニャ大学のローマ法研究の成果を用いて皇帝理念の強化をはかった。

　イングランドでは，フランス貴族のアンジュー伯アンリがヘンリ2世として王位を継承し，長い内乱期に終止符を打ってプランタジネット朝を開いた。ヘンリは，すでに相続によってノルマンディー公領・アキテーヌ公領を獲得していたため，イングランドと南西フランスの広大な領土(いわゆる在仏所領)を，海峡をまたいで統治することとなった。ヘンリの国制・司法改革を通じて統治機構を整備した国家は，1189年，三男のリチャード1世(獅子心王(ししんおう))に継承された。

　そのヘンリ2世の封主であるカペー朝のフランス王は，台頭著しい大諸侯とのあいだに封建的主従関係を結び，弱い財政基盤を補いながら，王の権威を維持した。12世紀半ばころのフランスでは，王侯の主導で森林の開墾・湿地の干拓が進み，多くの耕地や村落がつくられる一方，都市の数も増加した。そのな

かで，王国の首都へと成長したパリには大学が設立され，パリ郊外のサン・ドニ聖堂は，天へと伸びる垂直性を特徴とした先進的な建築様式（ゴシック様式）に改築された。同様式は，シャルトル大聖堂やパリのノートルダム大聖堂のほか，13世紀以降はドイツのケルン大聖堂をはじめ，ヨーロッパ全土に普及した。フィリップ2世（オーギュスト）は，耕地の拡大，人口の増加，都市の発展といった国力の高まりを背景に王領を大幅に拡大して統治基盤を強化した。

　イェルサレム王国をはじめとする十字軍国家はこの間，周囲のイスラーム勢力との絶えざる紛争の渦中にあった。12世紀後半になると，エジプト・アイユーブ朝のサラーフ・アッディーン（サラディン）が北進して十字軍国家を攻撃し，1187年にはイェルサレムを陥落させた。この事態を受けて教皇が発した十字軍の号令に，ドイツ・フランス・イングランドの三大君主国が応えた。陸路を行くフリードリヒ1世は行軍途上で不慮の死を遂げたが，フィリップ2世とリチャード1世はシリア沿岸都市をめぐる激しい戦闘のすえ，聖地奪回をはたせぬまま，休戦条約を結んで帰国した（第3回十字軍）。聖地イェルサレムは約1世紀ぶりにキリスト教徒の手から失われ，以後の聖地十字軍はその奪回をめざす戦いとなった。

　人とモノの大規模な移動を引き起こした十字軍は，地中海世界の勢力図を変えただけでなく，アルプス以北の君主国を巻き込んだ国際的な政治社会の形成を促した。そこでは，諸勢力が外交や戦争，同盟と対立を繰り返しながら競合し，その過程で君主や諸侯の家門同士は婚姻を通じて互いに結ばれた。血縁関係は相続権の主張の根拠となったため，紛争を誘発することもあったが，血統の断絶を防ぐセーフティネットともなった。

　1198年，教皇に選出されたインノケンティウス3世は，1202年にイェルサレムの奪回と東西教会の合同を掲げて聖地十字軍を組織した。しかし，輸送を担うヴェネツィアの意向を受け，十字軍は教皇の意に反し，攻撃目標をパレスチナ・エジプトから，コンスタンティノープルに転じた。制圧された帝都には，十字軍指揮官を初代皇帝とするカトリックのラテン帝国（1204～61年）が建国され，ビザンツ帝国は亡命国家として地方に存続するばかりとなった。

　教会の権威主義や聖職者の腐敗を糾弾する民衆主体の異端運動は，12世紀，カタリ派（アルビジョワ派）と呼ばれる運動となって，北イタリア・南フランスに広まった。教皇は，カタリ派を支持する諸侯を破門し，フィリップ2世の協力を得て十字軍を派遣して，カタリ派を撲滅した（アルビジョワ十字軍）。これ

らの経験をもとに，異端者を捜索し，特別の手続きで審理する異端審問所が教皇座に整えられた。

また，法学を大学でおさめた法曹教皇インノケンティウスは，破門や聖務停止令などの教会刑罰を効果的に用いながら，地域の政治に介入した。イングランドでは，リチャード1世の後継王ジョン（欠地王）が，大司教人事をめぐって教皇と対立し，破門を宣告された。加えて，対フランス遠征の軍役・戦費負担を拒む諸侯の要求に屈し，1215年，ロンドン近郊で大憲章（マグナ・カルタ）への署名をよぎなくされた。

さらにジョンは，神聖ローマ皇帝と提携してフランスへの攻撃を企てたが，フィリップ2世は，これをブヴィーヌで撃退した（1214年）。フランスは教皇と良好な関係を保ち，とくにルイ9世（聖ルイ）は2度も聖地十字軍を率いたことで，後年，教皇によって列聖された。南西フランスでは，プロヴァンス地方に支配を広げたバルセロナ伯領と，イベリア半島東部のアラゴン王国が統合をはたした（1137年）。このアラゴン連合王国は，半島中央部のカスティリャ王国，半島西部で独立をはたしたポルトガル王国（1143年成立）とともにレコンキスタを推し進め，イスラーム勢力を半島南端のグラナダ王国に封じ込めた。レコンキスタは13世紀中にほぼ完了し，アラゴンは西地中海へ，ポルトガルは大西洋へと勢力を伸ばした。

神聖ローマ帝国では，オートヴィル朝シチリア王の娘を母にもつ幼少のフリードリヒ2世の手にシチリア王位が移り（1197年），シチリア王国は帝国に併合された。成人したフリードリヒは，パレルモの王宮にアラブ人・ギリシア人・ラテン人の廷臣をかかえ，先進的な行政組織を整備する一方，ナポリ大学を創設するなど文化事業も手がけた。しかし，息子に委ねたドイツ王国では諸侯の台頭を許し，また誓約した十字軍出征をはたせずに教皇から何度も破門された。フリードリヒが1250年に死去すると，帝国はシチリアを失い，ドイツ以外の王をも含む対立国王が並び立つ大空位時代を迎えた。

ローマで開催された第4回ラテラノ公会議（1215年）では，教皇の主導で，信者の信仰生活全般にわたる共通の規範がはじめて定められ，また教会がもつ権限はすべて教皇座に由来することが確認された。さらにこのころ，教皇座に省庁が整備されて行政組織としての教皇庁の土台が築かれるとともに，アッシジのフランチェスコが創設したフランシスコ会（1209年）や，ドミニコ会（15年）といった新進の修道会が教皇によって認可された。

これら托鉢修道会の修道士はパリ大学やオクスフォード大学で教鞭をとり，神学研究の最先端を担った。イタリア人でドミニコ会士のトマス・アクィナスは『神学大全』を著し，アリストテレス哲学を用いてスコラ学を体系化した。また，イングランド人でフランシスコ会士のロジャー・ベーコンは，実験に基づく自然科学とスコラ学の統合を唱えた。都市の修道士たちは，辻々での説教で市民に信仰教育を施す一方，教皇座の異端審問官として活動した。さらに，托鉢修道士のルブルク，プラノ・カルピニは，教皇・国王によってヨーロッパの脅威であったモンゴル人の許に派遣された。

　12～13世紀のヨーロッパでは，商品の生産・消費地としての都市が通商路で結ばれ，物資の移動が活発化し，各地で大小の定期市が開かれるようになった。さらに，香辛料・絹織物などの奢侈品をおもに扱う地中海商業圏と，魚加工品・木材・穀物などの日常的物資をおもに扱う北ヨーロッパ商業圏が形成されると，両商業圏を結ぶ位置にある都市が国際市として発展した。シャンパーニュ地方は，14世紀にアントウェルペンにその地位を奪われるまで，ヨーロッパ最大の市場として繁栄した。このように，都市の成熟とネットワーク化を背景として，ヨーロッパは巨大な商業圏へと成長を遂げた。

百年戦争と中欧・バルト海世界

　13世紀末，大規模な戦争を遂行するフランスとイングランドにおいて，王権は，多額の戦費を賄うために議会を開催し，課税に対する同意を臣民に求めた。イングランド王エドワード1世は，1295年，俗人と聖職者がともに参加する会議（いわゆる模範議会）を開催し，またフランス王フィリップ4世（美王）は，1302年，聖職者・貴族・市民の三身分からなる全国三部会をはじめて召集した。課税の対象が聖職者に及んだことで教皇座との衝突が生まれ，フィリップ4世とボニファティウス8世との対立は，1303年，フィリップの家臣による教皇逮捕（アナーニ事件）という衝撃の結末となった。

　その後，フランス人司教が教皇に即位してアヴィニョンに居を定めると，70年近くものあいだ，教皇庁がローマを離れる事態となった（アヴィニョン教皇庁時代，1309～77年）。教皇はこの間，フランス王権の後ろ盾を得ながら，イタリアの教皇領をめぐる戦争の指揮をとり，また教皇庁の組織改革と徴税システムの整備を通じて財政再建をはたした。教皇庁のローマ帰還後，今度はイタリア派の教皇がローマ，フランス派の教皇がアヴィニョンに立つ教皇並立（シスマ）

に陥った(教会大分裂，1378〜1417年)。その際，両陣営が各国に支持を働きかけたため，いずれの教皇を支持するかで，ヨーロッパ全体が二つの陣営に分断される結果となった。

　14世紀にはいると，プランタジネット朝のイングランドとヴァロワ朝フランスとの関係が，イングランドの在仏所領をめぐって緊迫した。両国の武力衝突は，イングランド王エドワード3世のフランス王即位宣言(1340年)とともに本格化し，100年以上にわたって戦闘と休戦を繰り返した(百年戦争)。当初はクレシーの戦いで歩兵長弓隊がフランス騎士軍に勝利するなどイングランド軍が優勢であったが，1429年にジャンヌ・ダルクがオルレアンの包囲を解いてシャルル7世の国王戴冠を実現すると，フランスの優位に転じた。戦争は，教皇・公会議による和平調停もむなしく長期化し，両国の財政を著しく疲弊させたあげく，ようやく1453年，イングランド軍の全面撤退(カレーを除く)によって終結した。

　その後，イングランドは長い内乱の時代(バラ戦争，1455〜85年)に突入し，国内では，貨幣地代の普及により農民層が分解し，のちにジェントリと呼ばれる中小領主層や，独立自営農民(ヨーマン)層が新たに形成された。一方，ようやくイングランドを国土から排除したフランスでは，ヴァロワ朝のもとで中央集権化が進められた。

　神聖ローマ帝国では，カール4世(ルクセンブルク朝)の治世に，帝国宮廷がプラハに移され，また皇帝がボヘミア王とハンガリー王をかねたことで，帝国の重心は大きく東へ移動した。一方，諸侯は，国王から授与された封土・官職を自分の私有財産と結合し，さらに購入や相続，または強奪によって集積した土地を加え，一円的な支配を築いていた。この領邦は，裁判権・貨幣鋳造権などの国王の特権を奪い，君主の地位・財産が世襲される，「国家」と呼ぶべき存在(領邦国家)であった。100を超える聖俗の領邦君主の筆頭が7名の選帝侯であり，その地位は1356年発布の金印勅書で世襲と認められた。

　南ドイツの領邦君主ハプスブルク家の勢力拡大に危機感をいだいたスイスの三つの邦は，1291年に共同防衛のための永久同盟を結んだ(スイス国家の成立)。アルプス通行の要である峠道の利益を守るため，さらに多くの邦が加わり，スイス盟約者団と自称するようになった。盟約者団は独自の強力な軍隊を擁してハプスブルク家やブルゴーニュ公といった周辺諸侯との戦闘に勝利し，15世紀末までには事実上の独立をはたした。その強さを証明した盟約者団の兵士は，

ローマ教皇やフランス王に傭兵として雇用された。

　ドイツ北方のバルト海では，鱈・鰊などの豊富な水産資源やフィンランド産の毛皮，またバルト海を抜けて北海・大西洋にいたる交易ルートをめぐり，沿岸諸国がしのぎを削る政治社会（バルト海世界）が形成されていた。12世紀以降，内乱を克服したデンマーク王国，フィンランドを征服したスウェーデン王国は，北ドイツの諸侯や北東ロシアのノヴゴロド公国とバルト海の覇権を競い合った。また，東方植民運動が進むなか，13世紀にはリューベックが帝国都市として台頭し，ドイツ騎士団がバルト系部族を武力で改宗させるために聖地イェルサレムから移転してきた。

　1230年代の末，バトゥ率いるモンゴル軍がヨーロッパに遠征すると，ロシアの大半を制圧し，軍を分けてハンガリーやポーランド方面に進軍した。ポーランドの諸公とドイツ騎士団の連合軍は，1241年，シュレージエン地方のヴァールシュタット（レグニツァ）で大敗を喫したが，バトゥ軍の帰国によって支配はまぬがれた。一方，キプチャク・ハン国の統治下におかれたロシアでは，ノヴゴロド公アレクサンドル・ネフスキーがモンゴル軍の征服を貢納によって回避する一方，領土拡張を目論むスウェーデンやリトアニア，ドイツ騎士団の侵攻を撃退し，勢力を維持した。

　通商同盟を結成したハンザ諸都市（ハンザ同盟）は，14世紀にはいると，魚加工品・穀物・塩や毛皮・琥珀・蜜蠟などの輸出を取り仕切り，ヨーロッパ各地に張りめぐらされた通商網を駆使して，バルト海の商業利権を掌握した。また，植民運動を組織して広大な耕地を集積するドイツ騎士団は，穀物・木材の輸出によって利益をあげ，プロイセン地方での国家建設に着手した。

　劣勢となった北欧3国は，デンマークの王母マルグレーテの主導のもと，スウェーデンのカルマルで同君連合を結成した（カルマル連合，1397年）。また，14世紀初めに統一をはたしたポーランド王国では，カジミェシュ3世（大王）が成文法典の編纂などの一連の改革をおこない，国力を高めた。さらに1386年には，リトアニア大公国と結んでヤギェウォ（ヤゲロー）朝を創始し，1410年にタンネンベルク（グルンヴァルト）の戦いでドイツ騎士団に勝利したのを機に，バルト海東部での覇権を確立していった。また，ロシアでは，モスクワ大公イヴァン3世がノヴゴロドなどの北東ロシア諸国を併合し，200年以上に及ぶキプチャク・ハン国の支配（タタールの軛）から脱して，ロシア国家の統一をはたした。

危機の時代のヨーロッパ

14～15世紀のヨーロッパは，さまざまな危機に直面した。危機は社会の衰退を招く反面，危機克服のための試行錯誤のなかに，新たな制度や文化の形成をもたらした。

第1の危機は，教会分裂の問題である。当事者間の交渉ではシスマを解消できないなか，公会議を人民の代表機関とみなして教皇より上に位置づける考え方(公会議主義)があらわれた。公会議の権限において現教皇を廃し，新教皇を選出する方法は，近世の身分制国家を支えた議会主義に近いものであった。神聖ローマ皇帝ジギスムントの提唱で，1414年，帝国内のコンスタンツで公会議が開かれ，シスマはようやく解消された。以後，異端問題や教会改革，東西教会合同といったカトリック教会全体にかかわる案件は，公会議において協議・解決されるべきことが明記された。

第2の危機は，領主制の危機である。13世紀末ころまでに農業生産の量的拡大は限界に達し，人口の増加が農産物の供給力を上回るようになった。また，14世紀初頭に天候不良や凶作(きょうさく)，飢饉(ききん)が各地を襲い，そこへ1348～50年のペスト(黒死病)の大流行が重なって，農業生産を土台とする領主制が危機に陥った。農民は耕作地を放棄し，都市に流入して下層民となり，多くの村落が廃村となった。下層・貧民層が増えた都市では，社会対立が激化し，ユダヤ人の排斥や困窮する労働者の叛乱が起こった。

一方，貢租収入が激減した領主層は経営の立直しをはかったが，貢租や賦役の負担増は，フランスのジャックリーの乱(1358年)やイングランドのワット・タイラーの乱(81年)などの農民叛乱を招いた。一方で，直営地での賦役の金納化や，耕作地の集積による経営の大規模化が進み，中部ヨーロッパでは輸出向け穀物生産のために農奴制が強化される地域もあった(再版農奴制)。

第3の危機は，反体制的な異端運動である。14世紀後半にオクスフォード大学の神学者ウィクリフが唱えた反教権主義的な教説は学内に追随者(ロラーズ)を生み，民衆的な政治運動となって広まった。ウィクリフ主義は大陸に伝播し，チェコのプラハ大学では，神学部教授フスがウィクリフ説を支持する論考で多くの賛同者を得た。フスがコンスタンツ公会議で異端とされて火刑に処されると，フスを支持する追随者たち(フス派)の運動は過激化し，運動鎮圧のための十字軍との戦争に発展した(フス戦争)。

第4の危機は，オスマン帝国の侵攻による危機である。14世紀前半の内乱期

に衰退したビザンツ帝国は，セルビアなどのバルカン諸国の自立を許し，オスマン帝国のアナトリア侵攻を防ぎ切れずにいた。皇帝ジギスムントの提唱で西欧騎士の十字軍が派遣されたが，1396年のニコポリスの戦いで撃破された。西からの援軍を渇望するビザンツ皇帝は，フェラーラ・フィレンツェ公会議で東西教会の合同を受け入れる妥協までしたが，結局，援助は得られなかった。1453年，帝都コンスタンティノープルはメフメト2世の軍の攻撃を受けて陥落し，もはや首都のみに縮減していた帝国そのものも消滅した。

この時代のヨーロッパでは，度重なる危機に対処すべく，人民主権に根拠をおいた合議の場が整備されていった。国内では，諸身分を招集した身分制議会が各地で発達し，キリスト教世界全体では，公会議が各国の利益を調整し，平和を確立するための協議の場としての機能をはたした。

生の文化と死の文化

イタリア中部の都市フィレンツェは，金融業・毛織物業を軸に国際的な商業都市に成長し，14世紀には富裕な平民層を主体とする都市国家としての体制を整えつつあった。商人は跡取りとなるべき子弟に帳簿作成に必要な算術などの教育を与え，大学に通う者も増えて市民の知的生活が向上した。また，都市政府は国威を示すために巨大な公共建築物を建て，大商人は富を誇示するために壮麗な邸宅や教会を建てた。

こうしたフィレンツェの繁栄を背景に，職人階層からは芸術家が，貴族や商人・公証人の子弟からは著述家や学者が輩出した。芸術家も学者も古代ギリシア・ローマの文化を理想視し，その復興のなかに新たな文化を創造した。地獄・煉獄・天国からなる死後世界の旅を通じて人間の生を活写した『神曲』の作者ダンテをはじめ，桂冠詩人のペトラルカや『デカメロン』の著者ボッカチョといった文人のほか，従来の絵画の技法を一新したジョットなど，最初期のルネサンスを担った人々の多くがフィレンツェ人であった。芸術の都フィレンツェの名声は高まり，その人材や技法はヨーロッパの各地に広がった。

都市間の激しい抗争が続くなか，イタリアの芸術家たちは人間の生の輝きを，古典古代の様式を手本にいきいきと表現した。その表現様式は16世紀，ミラノの修道院食堂に「最後の晩餐」を描いた万能人レオナルド・ダ・ヴィンチ，システィーナ礼拝堂の壁面いっぱいに「最後の審判」を描いたミケランジェロ，同じヴァティカン宮殿内の一室に「アテネの学堂」を描いたラファエロといっ

た巨匠の作品によって完成の域に達した。

　一方で，中世末期は，戦争や叛乱，略奪や暴動，ペスト禍や飢饉により，社会不安が増大した時代でもあった。ヨハネ黙示録の記述に符合するこれらの予兆を前に，終末の接近を告げる預言が巷に流布し，人々は最後の審判に備えた。死後の魂を浄める場として煉獄の観念が定着すると，煉獄で受ける罰を軽減しようと，人々は寄進・布施など教会への善行を競っておこない，イェルサレムやローマ，サンティアゴ・デ・コンポステラなどの聖地に巡礼に赴いたり，教皇が発行する贖宥状を買い求めた。また，身近となった死は，「死の舞踏」図や朽ち果てる屍を彫った墓像を生み，キリスト像についても拷問具で流血し，苦悶する受難の姿が好んで制作された。これら死の芸術は，暗澹たる時代の鏡である反面，神中心の描写から人間主体の描写へと，芸術家の感性が変化したことのあらわれでもあった。

　1479年，カスティリャ・アラゴンの両王国が合併して，スペイン王国が誕生した。「カトリック両王」と呼ばれた女王イサベルと国王フェルナンドの夫妻はナスル朝グラナダ王国を滅ぼし，レコンキスタを終結させるとともに，ポルトガルと競いながら，大西洋への本格的進出を始めた。こうして15世紀末までに，ヨーロッパは膨張の第1段階を終え，その地理的範囲を確定し，ローマ・カトリックを信奉する君主国の集合体となった。次世紀以降，ヨーロッパは海を越える膨張の第2段階に移る一方，内部では宗派分裂を引き起こし，国家間の宗派的対立・紛争の時代へとはいってゆくことになる。

4　孤高の文明の地，アメリカ大陸

　日本における世界史認識では，南北アメリカ大陸は，15世紀末，コロンブスによる「発見」とともに登場するのが一般的である。そして，この時点を基点として遡行的に，とりわけ中央・南アメリカの各地において「発見」以前に存在した諸文明が「古代文明」の名のもとに，エピソードの羅列という体をなしつつ概略的にふれられることになる。
　15世紀までのアメリカ史がこのような取扱いを受けているのはなぜか。
　まず，紀元前1万4千年紀にベーリング海峡が生まれてユーラシア大陸とアメリカ大陸が分離されて以来，後者における諸文明は世界の他地域とほぼ没交渉のまま成立し，物質的にも文化的にも独自の発達を遂げてきたことがあげられる。そのため，これら諸文明を世界史のなかに位置づけることは，「発見」を含む世界の一体化が始まるまでは，かなり困難な作業となり，人々の無関心を惹起してきた。
　また，とりわけ南アメリカの諸文明について，文字を利用する習慣がなかったことも重要である。これは文字資料が残っていないことを意味するから，伝統的に文字資料を主要な手がかりとしてきた歴史学にとって，当該諸文明は手ごわい対象となる。考古学的な手法を用いた研究が進展し，ようやくこれら文明の諸相が徐々に明らかになってきた，というのが現状である。
　そのような意味において，アメリカ大陸は長らく孤高の文明の地であったといってよい。

文明の誕生

　前1万2千年紀に地球の温暖化が始まるまで，アメリカ大陸はユーラシア大陸と北部で連結されていた。この間に，モンゴロイド系の狩猟・採集民が東北アジア地域からアメリカ大陸に移動し，動物の狩猟に基づく生活形態を確立した。それと同時に，彼らは南下を進め，パナマ地峡経由で南アメリカに進出し，ほぼ前8千年紀にマゼラン海峡に到達したと考えられている。
　その後，温暖化と乾燥化が進むなかで，定住型の農耕・牧畜経済への移行を

可能にし，また必要とする条件が整ってゆく．すなわち，気温水準をはじめとして，穀物類など主食となるような植物を栽培する自然環境が実現された．その一方で，狩猟の主要な対象をなしていたマストドンや大アルマジロなど大型哺乳類が絶滅あるいは激減し，また人口が増加するなかで，狩猟・採集以外のライフスタイルをみいだす必要が生じた．

ただし，北アメリカでは，東には森林地帯が，中部には草原地帯が，おのおの広がっており，前者では焼畑移動農耕が，後者では狩猟・採集が経済の基盤をなさざるをえなかった．それゆえ，北アメリカでは，新しいライフスタイルがみいだされて採用され，さらには文明が成立するには，長い時間を要することになる．

これに対して，アメリカ大陸の中部と南部では，農耕について試行錯誤が続き，ほぼ前2千年紀にいたって，トウモロコシ・ジャガイモ・カボチャなどを主要な栽培対象とする農耕形態が確立した．このうち南アメリカでは，さらに，リャマやアルパカなどが家畜化され，農耕・牧畜経済が営まれるようになった．こうして中部アメリカや南アメリカでは，西ユーラシア（コムギ・オオムギの栽培と，ヤギ・ヒツジの牧畜）とも東ユーラシア（イネの栽培と，各種動物の狩猟または牧畜）とも異なる農業形態に基づく定住生活が誕生し，確立したのである．

定住型の農耕（および場所によっては牧畜）経済を採用した人々は集住し，村落を形成し始めた．農耕によって生産された財は備蓄されて富となり，社会の階層化と精神生活の複雑化をもたらし始めた．文明の誕生である．

アメリカ大陸で最初に文明が誕生したのは，中部アメリカの各地とりわけ現在のメキシコと，南アメリカの中央アンデス地方（現ペルー周辺）であった．両者は，前1200年代から前1000年代にかけて，宗教が重要な役割をはたす宗教文明が成立し，それゆえ石や乾燥煉瓦（れんが）などで造られた神殿などを含む大規模な祭祀（さいし）センターとして都市が生じ，宗教都市として成長する，という特徴を共有している．

中部アメリカでは，メキシコ湾岸の各地に祭祀センターがつくられるようになり，宗教的な性格を色濃く有する文化が誕生した．この文化は巡礼などを通じて中部アメリカ各地に広まり，各地域によって多様な形態をとることになるが，今日では「オルメカ文化」と総称されている．オルメカ文化は，前500年代から前100年代にかけて，オアハカ盆地（現メキシコ南部）やメキシコ中央高原を中心として発達し，巨大な神殿や球戯場などからなる祭祀センターが登場し

た。

　オアハカ盆地では，前500年ころ，政治・軍事・宗教の中心地として，中部アメリカ最初の都市モンテ・アルバンが建設された。同市を首都とする国家サポテカは，やがてオアハカ盆地を政治的に統一し，灌漑(かんがい)農業を経済的な基盤としつつ，後6世紀にいたるまで繁栄を享受した。

　中央高原では，都市テオティワカンが急速な拡大をみせ，最盛期である後3世紀から6世紀にかけては，人口10万から20万を擁し，今日「太陽のピラミッド」と呼ばれる神殿をはじめとする各種の宗教施設で彩られた巨大な宗教都市となった。

　さらに，前1000年代から前800年代にかけての時期になると，文字が発明され，利用が始まった。その後も中部アメリカではさまざまな文明が花開くが，それらは総じて文字をもつ文明であった。

　中央アンデス地方では，水神信仰を中心とし，石造神殿の建築を特徴とする宗教文化が成立し，普及した。この文化は，代表的な祭祀センターであるチャビン・デ・ワンタルの名をとって「チャビン文化」と呼称されている。チャビン文化は前3世紀ころに衰退するが，その後も，この地域では，ワリ，ナスカといった，宗教的な色彩の強い文化が出現した。

マヤ文明

　前1000年代，中部アメリカのユカタン半島周辺部(現在のメキシコ南部からグアテマラ・ベリーズ・ホンジュラス・エルサルバドルにかけての一帯)で，神殿ピラミッドの建設が開始され，それを取り巻く都市が形成されるとともに，宗教儀礼を司る国王を中核とする国家が生まれ始めた。マヤ文明の誕生である。文明が誕生した背景には，この地域の主食たるトウモロコシが突然変異を繰り返して生産性の高い農耕が可能になり，人々の定住と社会分化を促進したことがあった。

　マヤ文明には，ユーラシア大陸の諸文明とは異なるさまざまな特徴があるが，それらは中部アメリカの環境条件を反映していた。

　まず，大型の動物が家畜化されなかったため，農作業，財や情報の輸送，都市の建設など，すべての活動は人力によっておこなわれた。そのため，主食など生活必需品の遠距離交易は盛んではなく，また中央集権的な政治システムの構築は困難だったため，強大な国家による地域的統一は不可能であり，結果と

して中小規模の諸王国が並立することになった。神殿ピラミッドを要する都市を中心とする自給自足的な国家が，道路や海路によってネットワーク状につながりあい，一つの文明圏を形成していたのである。

また，ユカタン半島周辺部には大河がなく，熱帯雨林，サバンナ，そして高原からなっていた。そのため，飲料水や農業用水をはじめとする水の管理が重要な課題となった。この課題を担ったのが，諸国の国王である。彼らは，公共貯水池を建設および維持することにより，自らの神聖性や支配の正統性を証すとともに，農業に携わる多くの国民を支配する実効的な権力を得た。

さらに，中部アメリカでは，鉄器は使用されなかった。マヤ文明においても，さまざまな道具の中核をなすのは石器であった。この地域の人々が鉄製品を目にするには，16世紀，スペイン人の来襲を待たなければならない。

マヤ文明は，8世紀から10世紀にかけて，急速な衰退を迎える。具体的には，神性を帯びた国王を頂点とする国家制度の弛緩と，都市人口の減少である。その原因としては諸説があるが，人口が増加したため土地の耕地化が進み，それが自然環境の持続可能限界を超えてしまって生態系が悪化したことや，諸王国内の権力闘争や王国間の戦争が激化したことが，主因としてあげられている。

その後，この地域では，遠隔地交易に権力の基盤をおく小規模な諸王国が，並存しつつ盛衰を繰り返した。

しかし，16世紀にはいると，スペイン人が侵略と植民地化を本格化させるなかで，伝染病による大量死亡や，強制労働やカリブ海諸島への強制移住などによって，人口は激減する。そして，17世紀末に最後の都市タヤサルがスペイン人に占領されるにいたり，文明としてのマヤは滅亡した。

アステカ文明

このように，中部アメリカでは，6世紀から8世紀にかけて，メキシコ中央高原のテオティワカン，オアハカ盆地のサポテカ，ユカタン半島のマヤといった，それまで各地を支配していた政治勢力が衰退するという現象がみられた。そして，各地では中小規模の都市が群雄割拠し，また，政治的な混乱などを背景として，大規模な人口移動が生じた。この一種の混乱期は，その後しばらく続くことになる。

14世紀にいたり，メキシコ中央高原にあるメキシコ盆地を中心として，中部アメリカ最大の国家が登場する。アステカ王国である。アステカ人は同世紀半

ばに中央盆地に進出し，1428年にテノチティトランを首都として独立をはたした。同盆地にはテスココ湖という塩湖が存在したが，テノチティトランはこの湖上の島という特異な場所に建設された都市であった。

　アステカ王国は，湖や河川を対象として大規模な治水事業をおこない，「チナンパ」と呼ばれる灌漑地で農耕をおこなった。このチナンパ耕作は，トウモロコシ，マメ，カボチャなどを主要生産物とし，人糞を肥料とする，土地集約的で定住的で，かつ高い生産性を誇る農業であった。チナンパ耕作により，テノチティトランをはじめとする都市住民に対する食糧供給が可能となったのである。

　アステカは周辺地域に対する進出を進め，16世紀初めには人口600万を誇るまでに巨大化したが，進出の目的は，領土の直接的な占領よりは，貢納(こうのう)の獲得にあった。貢納の対象となったのは，各種の奢侈品(しゃし)や特産品のみならず，首都をはじめとする都市人口の生活を維持する主食など農産物である。そして，貢納がなされる限り，進出先の既存支配層や文化の存続は認められる傾向にあった。

　しかし，同国の独立から1世紀もたたない1519年，中南米で一攫千金(いっかく)を夢見るスペイン人の一人コルテスが，遠征隊を率いてメキシコ湾岸に上陸し，各地で侵略を続けつつテノチティトランに迫った。彼らはアステカの支配に反発する先住民勢力と連合し，2年後の1521年には，スペイン人が持ち込んだ天然痘など各種伝染病が猛威をふるうなか，同国を降伏させることに成功した。テノチティトランは全面的に破壊され，その上に，スペイン領植民地の首都メキシコ市が築かれることになる。

インカ文明

　目を南アメリカは中央アンデス地方に転じると，チャビン文化の衰退後，しばらくのあいだは，小規模な首長国や中規模の王国が群雄割拠する時代が続いた。ようやく15世紀になって，急速に勢力を拡大する政治体と文明圏が登場した。これが今日いうところのインカ帝国とインカ文明であり，同帝国は現在のエクアドル・ペルー・ボリビア・チリにいたる広大な地域を支配するようになった。

　中央アンデス地方は，太平洋にそった海岸部，アンデス山脈沿いの山間部，そして東部に広がるアマゾン低地部に区分できる。インカ文明が広まったのは，

このうち海岸部と山間部である。海岸部では、アンデス山脈を水源とする河川の流域に、その水を利用してトウモロコシ、マメ、カボチャなどを栽培する灌漑農業が広まった。また、海に面していることもあり、魚介類や海草の採集も盛んであった。山間部では、低地におけるトウモロコシ栽培、中高度地域におけるジャガイモ栽培、そして高地におけるアルパカやリャマなど家畜の飼育が、主要な産業となった。海岸部と山間部ともに、基本的には一定の地域内で自給自足が完結できる経済システムが構築されていたのである。

インカ帝国は、既存の首長国や王国の支配者に対し、貢納というかたちで服属するのであれば地域的な支配権の維持を認めるという、間接的な支配の形式を採用した。服属の要求がいれられない場合は、軍事力を用いた征服戦争が実施された。貢納の内容は、地域的な自給自足システムが優越していたことを反映して、基本的には労働力であった。これら労働力は、おもに、帝国内の各地を結ぶ道路などを整備する公共土木事業、あるいは軍役の担い手として利用された。

1533年、皇帝の地位をめぐる兄弟争いで首都クスコが騒然とするなか、ピサロ率いるスペイン人遠征隊が到着する。彼らは皇帝を捕縛・処刑し、これをもってインカ帝国は終焉を迎え、中央アンデス地方はスペイン領植民地の一部となった。

もっとも、インカ文明は文字をもたない文明であり、今日にいたるまで、その実態が十分に解明されているとはいえない。おもに考古学的な手法を用いた研究の進展により、さらなる知見が得られることが期待されている。

第3章 世界の一体化の時代

7世紀頃	ガーナ王国（〜13世紀半ば頃）
1240	マリ王国（〜1473）
1368	明（〜1644）
1392	朝鮮王朝（〜1910）
1428	ベトナム，黎朝（〜1527,1532〜1789）
1464	ソンガイ王国（〜1591）
1488	バルトロメウ・ディアス，喜望峰到達
1492	コロンブス，アメリカに到達
1494	イタリア戦争（〜1559）
1498	ヴァスコ・ダ・ガマ，インド到達
1501	サファヴィー朝（〜1736）
1517	宗教改革開始
1519	マゼラン一行，世界周航（〜22）
1521	アステカ王国滅亡
1526	ムガル帝国（〜1858）
1570頃	スペイン，マニラ建設
1571	レパントの海戦，オスマン軍撤退
1581	オランダ独立宣言
1600	イギリス東インド会社設立
1602	オランダ東インド会社設立
1613	モスクワ大公国，ロマノフ朝となる
1616	アイシン（清）（〜1912）
1618	三十年戦争（〜48）
1640	英，ピューリタン革命
1644	李自成の乱。明滅亡
1648	ウェストファリア条約
1661	仏，ルイ14世親政開始
1688	英，名誉革命（〜89）
1701	スペイン継承戦争（〜13）
1732	13植民地成立
1740	オーストリア継承戦争（〜48）
1756	七年戦争（〜63）
1755	清，支配領域最大化

1 新しい世界の胎動

　15世紀から16世紀にかけて，ヨーロッパ諸国の主導のもと，ヨーロッパ・アフリカ・アジア・アメリカの接触が深化拡大し，世界が政治的，経済的，あるいは文化的に接合してゆく現象がみられた。そのなかで，東アジアが他地域の優位に立つ時代は終わり，世界が一体化し，諸地域の動向がシンクロナイズしてゆく時代が始まる。

　15世紀になると，イベリア半島に位置するポルトガル，カスティリャ，アラゴンなどの諸王国が海外に進出する動きが活発化する。進出の目的地とされたのはアフリカ，そして，何よりもまず当時「インディアス」と呼ばれた南・東アジアであった。この動きは，やがて，オランダ，フランス，イングランドなどによって追随され，受け継がれてゆく。いわゆる大航海時代である。

　これら諸国が(南・東)アジア航路の探求と開通に国家として乗り出したことには，いくつかの動機があった。まず，中世ヨーロッパには，アジアまたはアフリカのどこかにキリスト教徒である国王プレスター・ジョンがおさめる国家が存在するという伝説が広まっていた。イスラーム勢力に対抗するには，その背後に位置するはずの同王国との連携が有効と考えられ，その発見が急がれた。とりわけ，レコンキスタ(再征服)が完了間近まで進みつつあったイベリア半島では，宗教熱が高まり，プレスター・ジョン伝説は無視できない動因をなした。

　ただし，より重要なのは，大西洋を経由してアフリカや(南・東)アジアとの直接的な交易ルートを開拓したいという経済的な動機である。当時，金を中心とするアフリカ物産と香辛料をはじめとする(南・東)アジア物産は地中海を経由してヨーロッパに輸入されていたが，この地中海ルートはムスリム(イスラーム教徒)商人とイタリア(ジェノヴァ，ヴェネツィア)商人に支配されていた。大西洋ルートが開拓できれば，彼らの仲介を廃することにより，これら奢侈品を安価に入手することが可能となる。大航海時代を担う人々を動かしたのは，何よりもまず経済的な動機，すなわち(南・東)アジア交易であった。

　もちろん，大航海時代が始まるには，これら動機だけでは十分でなく，遠距離航海を可能とする諸技術が実用化されていることが必要不可欠である。

羅針盤は，11世紀ころに中国で開発されたが，13世紀ころにヨーロッパに伝わり，15世紀初めには広く実用に供されるようになっていた。また，主要な船舶であった帆船については，中国の造船技術が進んでいたが，15世紀にはいると，ヨーロッパにおいても遠距離航海が可能な帆船が開発および実用化された。さらに，かつてはキリスト教的な世界観に基づいてつくられていた地図も，徐々に実用的かつ科学的な観点が重視されるようになり，14世紀には羅針盤との併用を前提とした航海用地図（羅針儀海図）が作成され，改良が加えられた。ヨーロッパの海外進出は，こういった技術的な基盤と前提のうえに開始されたのである。

アジア交易

　インドから日本にいたる地域との接触を主導したのは，ポルトガルであった。同国は，ジブラルタル海峡に面するセウタの占領（1415年）を皮切りとして，アフリカ大陸沿いに南下を試み，世紀後半にはギニア湾にいたった。さらに同国王室は，アフリカを周回してアジアにいたる東回りの航路を発見するべく，バルトロメウ・ディアスやヴァスコ・ダ・ガマを司令官とする艦隊を組織して派遣し，前者の喜望峰上陸（1488年）と後者のカリカット到達（インド，98年）を実現した。これによってポルトガルは香辛料をはじめとするアジア物産を輸入しうることになったが，対価として輸出しうる商品を国内で生産できず，またインド洋交易はムスリム商人の支配下にあったため，東部アフリカから東アジアにいたる各地の交易拠点を軍事占領することによって仲介交易にむりやり参加するという政策を採用した。そして，東部アフリカではキルワやモンバサといったインド洋沿岸の重要な交易都市を攻略し（1505年），インドではゴア（10年）やセイロン島（現スリランカ，05年）を占領し，東アジアではマラッカ（ムラカ，11年）の占領やマカオ（57年）における居留地の設置などを進めるなど，武力に頼りつつアジア海上交易に基づく帝国を築いた。

　ところが1580年，ポルトガルは，王家の断絶を契機としてスペインと同君合同（事実上の併合）を組むことをよぎなくされた。この事態に反応したのが，16世紀半ばから17世紀半ばにかけてスペインからの独立を求めて叛乱を続けていたオランダである。オランダは，ポルトガルの交易拠点に対しても攻撃をしかけるという手段にで，17世紀にはセイロンやマラッカを奪取した。ポルトガル

は1640年にスペインとの同君合同を解消するが，もはやアジア交易における劣勢を覆すにはいたらなかった。かくして，アジア交易の主導的地位は，ポルトガルからオランダに移行する。

アメリカの植民地化

　ポルトガルに対抗し，大西洋を西に進んだのが，カスティリャ，アラゴン，そして両国が合同して成立したスペインである。カスティリャは，カナリア諸島の征服(1402年)に成功し，奴隷労働に基づくサトウキビ栽培と砂糖の生産という，のちにアメリカ各地で広がる経済システムを導入した。アラゴンは，13世紀から14世紀にかけて地中海交易の重要な担い手の位置を占めていたが，その後イタリア諸都市とりわけジェノヴァとの覇権争いに敗れ，新たな交易対象を探求せざるをえなくなった。1479年，両国は同君合同を結んでスペイン王国となり，東回りのアジア航路を開拓しつつあったポルトガルに対抗して西回りのアジア航路を発見するべく，コロンブスによる冒険航海事業の支援を決定した。コロンブスは航海に成功してカリブ海にいたり，サンサルバドル島に上陸した(1492年)。もちろん彼はこの地をインディアスと信じて疑わなかったが，16世紀にはいるとアジアとは別の大陸であるという説が唱えられて人口に膾炙し，提唱者の名をとって「アメリカ」と呼ばれるようになった。

　スペインにとって，アメリカの征服と統治すなわち植民地化は国家的な事業であり，副王や総督の任命，裁判所(聴聞院)や通商担当省庁(通商院)の設置，関連法制の整備などが矢継ぎ早に進められ，統治の外観が整えられた。ただし，当時のスペイン政府は，イタリアをはじめとするヨーロッパ各地の国際紛争に対処するのに忙しく，アメリカ植民地には十分な手がまわらなかった。そのため，植民地の一定地域について，私人に対して，そこに居住する先住民に貢納と賦役を課する権利を託す「エンコミエンダ」と呼ばれる制度が導入された。

　かくして，アメリカ各地とりわけ中南米(ラテンアメリカ)で植民地化を担う役割は，一攫千金を夢見て渡ってきた冒険家たち，通称「征服者(コンキスタドール)」に委ねられた。彼らにとってアメリカは致富の地であり，「インディオ」と呼ばれた先住民は略奪と酷使の対象にすぎなかった。代表的な征服者としては，アステカ王国を征服(1521年)したコルテスや，インカ帝国を征服(33年)したピサロがあげられる。1540年代にはポトシ(現ボリビア)やサカテカス(現メキシコ)であいついで銀鉱脈が発見され，先住民の強制労働による銀の生

産と，スペイン本国に対する輸出が始まった。また，各地では，先住民を使役する大農場であるプランテーションが拓かれた。

　征服者たちがヨーロッパから持ち込んだ疾病に対する免疫がなかったこともあり，先住民の人口は激減した。とりわけ，いち早く植民地化された西インド諸島や中部アメリカでは，先住民は絶滅に近い状態となった。この事態に際して，代替的な労働力として着目されたのがアフリカ人奴隷である。早くも1505年，スペインはアフリカ人奴隷のアメリカ輸出を開始し，それ以来，膨大な数のアフリカ人が奴隷として大西洋を渡った。こうして，先住民からアフリカ人への人種交替や，征服者・先住民・アフリカ人奴隷のあいだの混血といった現象が進むことになった。

　中南米で生産された銀など貴金属は一気に，そして大量に，スペイン，さらには同国を経由してヨーロッパに流入した。16世紀だけでも，スペインが中南米から輸入した銀の量は7000トンを超えている。これは，15世紀末の流通量の2倍以上であり，各地の物価水準に大きな影響を与えた。貴金属の流入は，貨幣価値の下落を招き，価格上昇を惹起する。16世紀から17世紀前半にいたるヨーロッパでは，おりからの人口増加（したがってモノ不足）もあいまって，年平均物価上昇率は1～1.5％に達した。この事態は「価格革命」と呼ばれている。

　このように，コロンブスの冒険から1世紀もたたないうちに，中南米はスペインの巨大な植民地と化した。ただし，ブラジルだけは，ポルトガル人カブラルがスペイン人よりも先に足を踏み入れたことを理由に，ポルトガルの植民地となった。もっとも，先住民の強制労働，ついでアフリカ人奴隷の輸入に基づくプランテーション経営が広まった点については，なんらスペイン領アメリカ植民地と変わるところはないといってよい。

世界の一体化

　大航海時代は，アメリカとヨーロッパ，ヨーロッパとアジアを経済的に結びつけ，ヨーロッパを結節点とするグローバルな交易システムを生み出した。このシステムは交易に参画する各地の経済構造を変革させ，それにより，交易にとどまらず生産から消費にいたるまでの経済システムの総体がグローバルにリンクし始めた。このグローバルな経済システムを，社会学者エマニュエル・ウォラーステインは「近代世界システム」と名づけている。成立した近代世界システムは，今度はシステムを構成する世界各地の社会や政治のあり方に影響し，

それらの構造を変化させてゆく。

このうちアメリカとヨーロッパは，大西洋ルートによって結ばれた。

中南米については，当初は征服者たちによる略奪物，ついで16世紀半ばからはポトシ銀山などで生産された銀をはじめとする貴金属が，まずはスペインに，ついで同国を経由してヨーロッパ各地さらにはアジアに運ばれた。さらに，プランテーション経営が各地で広まり，主要な生産作物としてサトウキビが，16世紀にはブラジルに，17世紀には西インド諸島に，おのおの導入された。この事態に着目したフランスやオランダも，西インド諸島における植民地の獲得と経営に乗り出した。サトウキビの栽培と砂糖の生産は重労働であり，かつ大量の労働力を必要としたため，奴隷制度など強制労働制度に適合的であった。また，17世紀にヨーロッパに伝えられたコーヒーは一大ブームを引き起こし，この事態に対応するべく，18世紀にはジャマイカやブラジルなどで生産が始まり，普及した。これらプランテーションにおける換金作物（ステイプル）の単一作物栽培（モノカルチャー）は大量の安価な労働力を必要としたため，ここでもアフリカ人奴隷の強制労働が用いられることになった。

北アメリカについては，17世紀冒頭，北東部（ニューイングランド）においてイングランドが，北部（現カナダ東部）においてフランスが，おのおの定住植民地の建設を始めた。イングランド（のち1707年にスコットランドと合同してグレートブリテン，本章ではグレートブリテンを「イギリス」と呼称する）領植民地は大西洋沿いに南下して拡大し，増加するイングランド（のちイギリス）人移民を受け入れた。彼らは先住民と軍事衝突を繰り返しては土地を奪取するとともに，農業さらには各種製造業に携わった。これに対してフランス領植民地はイングランド領植民地の西側にそって拡大を続け，ミシシッピ川沿いに南下してメキシコ湾にいたる広大な「ヌーヴェル・フランス」を構成した。ただし，主要な産業は輸出用の毛皮生産であり，農業や工業の成長は遅れたため，フランス人移民の増加は緩慢なものにとどまった。このうち北アメリカ南東部では，16世紀から，アフリカ人奴隷を使役して米やタバコを生産するプランテーションが広まり始めた。その後18世紀後半になると，プランテーション生産物として綿花が普及することになる。

こうして，ヨーロッパ諸国がアフリカに各種工業製品を輸出し，対価として奴隷を購入して南北アメリカに輸送・売却し，これまた対価として銀・砂糖・コーヒー・タバコ・綿花などを購入してヨーロッパに輸入するという三角形の

貿易構造ができあがった。いわゆる大西洋三角貿易である。

　これに対してアジアとヨーロッパは，アフリカ沿岸・インド洋ルートによって結ばれた。このうちインド洋からアジアにいたる部分は，すでにムスリム商人などによって拓かれており，ポルトガルをはじめとするヨーロッパ諸国は力ずくで参入するというかたちとなった。しかも，ヨーロッパ諸国にとって，アジア諸地域からもたらされる産品たる香辛料（東南アジア）・茶（中国）・陶磁器（中国）・綿織物（インド）は渇望の対象であったが，これに対してアジアの側には，ヨーロッパ産品に対するニーズはほとんど存在しなかった。産業革命が始まるまでは，ヨーロッパは先進地アジアの後塵を拝する立場にあり，アジア産品を一方的に購入せざるをえなかった。そして，支払い貨幣として用いられたのは，おもに，中南米から輸入された銀などの貴金属であった。ここにおいて，アジアとヨーロッパの交易は，アメリカとヨーロッパの交易にリンクすることになる。

　また，近代世界システムの成立は，システムを主導したヨーロッパ諸国に対しても影響を与えずにはおかなかった。遠距離交易ルートの中心は，地中海やバルト海から，大西洋に移動した。それにともない，ヨーロッパ内部における経済的な覇権は，地中海交易を主導していたイタリア諸都市国家や，バルト海交易を担っていた北ドイツ諸都市国家などから，大西洋に乗り出しやすい位置と乗り出す動機を備えた諸国家，すなわちポルトガル，スペイン，さらにはオランダ，イングランド，フランスなど西ヨーロッパ地域へと移ってゆく。これら諸国家では，最重要輸出産品の一つたる銃器などをはじめ，船舶や毛織物などを生産する工業が発展していった。これに対して，プロイセンやポーランドなど東ヨーロッパ地域では，西ヨーロッパ地域向けの輸出穀物を生産するべく，領主が隷農を使役する農場領主制が広がることになった。ここには，ヨーロッパ内部における東西の地域差がみてとれる。

人間中心主義（ヒューマニズム）の時代

　ここで視点をヨーロッパの内部に，もう少し限定してみよう。

　15世紀から16世紀にかけての時期，ヨーロッパでは，イタリア・ルネサンスの成果が各地に広まり，またアフリカ・アジア・アメリカとの接触が深化拡大するなど，社会のあり方を根本的に変える重要な事象が生じた。その結果，それまでが「宗教の時代」であり「神が世界の中心にある時代」であるとすれば，

15世紀以降は「人間中心主義の時代」であり「人間が世界の中心にある時代」となった。ここでいう人間中心主義は，英訳すると「ヒューマニズム」ということになるが，このヒューマニズムとは，わたしたちがよく耳にする「人道主義」という意味とは異なったものである。また，ルネサンスの思想的な基盤となった「人文主義」も英訳するとヒューマニズムとなるが，人間中心主義と人文主義とは，一部で重なりつつ，一部で異なっている。本節における人間中心主義すなわちヒューマニズムとは，まさに「ヒューマン」すなわち人間がもっとも重要であると考える思想を意味している。

　この意味における人間中心主義をもっともよく体現しているのは，17世紀フランスで活躍した科学者デカルトであろう。彼は，万物を疑ってみるという方法を用いて，科学の土台を探求した。そして，唯一疑いえないもの，すなわち科学の土台として「自分」を発見した。周知の「われ思う，ゆえにわれあり」コギト・エルゴ・スムである。科学とは世界を捉える営みであるから，これは，世界や万物の根本には「自分」すなわち人間があることを宣言しているに等しい。もっとも，彼は無神論者ではなく，「神の存在証明」なるものを試みている。しかし，ここにおいて，神は世界の中心の座を人間に譲ったのである。

　そして，デカルトをはじめとする人間中心主義者（ヒューマニスト）の念頭におかれた人間とは，神を信じることを生活の中心にすえ，信仰に生きる一種の機械ではなく，理性を用いて自らの生活や世界を把握・創造・改良してゆく生物であった。人間のイメージは，神によって生かされる客体から，理性を活用して生きる主体へと転換する。さらにいえば，ここにおいて，神をはじめとする人間を取り巻く環境と人間との力関係は，前者の優位から後者の優位へと移行する。人間を取り巻く環境を「自然」と呼ぶとすれば，人間は，自然によって支配される存在ではなく，自然を支配するべき存在として認識される。人間は，世界を把握する力を手にしていることを自覚したのである。

　もっとも，実際に，当時のヨーロッパの人間が自然を支配し世界を把握できていたかといえば，そうではない。科学技術の水準は，そのような理想を実現するには程遠いものであった。この理想と現実のギャップは，18世紀半ばのイギリスで連鎖的な技術革新すなわち産業革命が始まることにより，ようやく縮小し始める。その意味で，15世紀から18世紀までの期間は，ヨーロッパ史の観点からすれば人間中心主義が現実化してゆく過程における一種の移行期であった。

宗教改革

　ヨーロッパにおける「宗教の時代」が終焉を迎えつつあることを，まさに宗教と信仰の領域で明らかなものとしたのが，16世紀に生じたキリスト教の分裂，すなわち宗教改革とそれに引き続く諸事態であった。ただし，このことは，単純に，ヨーロッパの人々の信仰心の弱体化として理解されるべきではない。信仰心の弱体化が進み，あるいは少なくとも「カエサルのものはカエサルに，神のものは神に」という政教分離の原則が受容されるには，早くとも19世紀末を待たなければならない。

　宗教改革の気運は，実際には，一部エリート層の脱宗教化の進展と，民衆のあいだにおける信仰熱の拡大深化という，一見相矛盾する二つの現象のはざまで高まった。そして，新しく生まれたプロテスタント諸派は，カトリック教会の政治性を批判しつつも，宗派の違いをめぐる戦争・革命・叛乱・移民などを引き起こし，社会・経済・政治の諸領域に大きな影響を与えることになった。

　イタリア半島で始まったルネサンスは15世紀に最盛期を迎え，また，ヨーロッパ各地に広まって文化や思想の諸領域で影響を与えた。このうち人文主義者（ヒューマニスト）と呼ばれる一群の思想家たちは，たいていはキリスト教への信仰とカトリック教会への敬意を保っていたものの，教会への盲従を拒む態度を養う思想を紡ぎ出した。

　その一方で，15世紀から16世紀は，人々とりわけ民衆のあいだで敬虔心が高揚をみた時期であった。宗教改革の舞台となるドイツ諸邦では，現世に対する不安から救いの確かさを求める心性が高まり，巡礼，寄進，マリア信仰をはじめとする聖人崇拝といった行動が，各地で活発化した。

　かくしてカトリック教会は困難な立場におかれることになった。「宗教の時代」のヨーロッパにあってすべての権威を独占してきた教会にとり，人文主義者の活動は古代ギリシア・ローマという別の権威の登場を意味した。また，敬虔心の高揚は，信仰の対象を独占する教会に対する求心力を強化する可能性もあれば，教会の存在意味たる宗教活動そのものの質に対する不満を生む可能性もあるという，両義的な性格をもっていた。

　修道士マルティン・ルターは，1517年に「九十五カ条の論題」を発表し，カトリック教会の宗教活動は不十分かつ不純なものであるとして全面的に批判するとともに，人間は善行ではなく信仰によって救済されると説いた。また『新約聖書』をドイツ語に訳し，いわば教会を経由しない信仰を容易なものとした。

ドイツ諸邦では，ルターの支持者はエリート層・民衆の双方に広がり，アウクスブルクの和議(1555年)によって，領邦君主は自らの領邦の宗教を選択する権利を得た。ルターの所説は，ヨーロッパ各地に伝播するとともに，カトリック教会を批判する各種の宗教運動を引き起こした。ルター派をはじめ，カルヴァン派や再洗礼派など，これら非カトリック教会派は「プロテスタント」と総称されることになる。

プロテスタント，とりわけカルヴァン派は，人間の生活はすべて神のためにあると主張したが，これは，経済活動の意義を認め，また生活の合理化・組織化・規律化を信者に求めることを意味した。かくなる宗教思想は商工業者の心性に適合的なものであり，プロテスタンティズムはヨーロッパ各地で，とりわけ商工業者のあいだに広く受容されてゆく。フランスでは，16世紀半ばからカルヴァン派が勢力を増し，「ユグノー」と呼ばれる彼らとカトリック勢力とのあいだに内戦が勃発した(1562〜98年)。王朝交替をへて即位したアンリ4世は，ユグノーに信仰の自由を認める「ナントの王令」(1598年)を発し，ようやく事態を収束させた。ネーデルラントは，カトリックを奉じるスペインの領土だったが，北部の商工業者を中心として，住民のあいだに，カルヴァン派をはじめとするプロテスタントの教義が普及した。彼らプロテスタントはスペイン本国に対して武装叛乱し，長い独立戦争(1568〜1648年)を戦ったのち，オランダ連邦共和国として独立する。

キリスト教内部の新旧教義の対立は，イングランドでは，革命を引き起こすまでにいたった。同国は国王の私的事情からカトリック教会を離脱し，その結果，国王を首長とする国教会が成立した(1534年)。しかし，カトリック勢力の巻返しと，「ピューリタン」と呼ばれるカルヴァン派の進出が続き，宗教状況は不安定さを増した。国教会をあいだにはさんだ三つ巴の宗教的対立は，17世紀にはいると，国王大権の強化を志向する国王と反発する議会との政治的対立と共鳴し，事態を深刻化させてゆく。議会支持派の中心は地方を地盤とするエリート層であったが，彼らの多くはピューリタンだったからである。議会支持派は，ピューリタン革命(1640〜60年)と名誉革命(88〜89年)という二度の革命に訴えることにより，立憲君主政(権利の章典，89年)とプロテスタント信仰の自由(寛容法，89年)を実現した。

もちろん，カトリック教会の側も，手をこまねいて事態の推移を見守っていたわけではない。1545年，トリエントで公会議が開かれ，宗教改革への対応が

論じられた。公会議では，カトリックの教義的正当性が再確認されると同時に，聖職者の綱紀粛正にかかわる自己改革の実施が決定された。この動向を「対抗宗教改革」と呼ぶが，対抗宗教改革の最大の担い手となったのが，いち早く1534年に結成されていたイエズス会である。同会は布教と教育に活動の重点をおいた修道会であり，ヨーロッパ各地で再カトリック化を推進するとともに，ポルトガルとスペインがカトリック国であったことを背景として，中南米やアジアで積極的な布教活動に乗り出した。1549年キリスト教を日本にもたらしたフランシスコ・ザビエルは，同会創設者の一人である。

主権国家体制の成立

　16世紀半ば，イタリア半島やイベリア半島など地中海沿岸の一部を除き，ヨーロッパは一気に平均気温がさがるという現象にみまわれ，のちに「小氷期」と呼ばれる時代にはいった。17世紀にはいると小氷期はピークに達し，地中海沿岸部でも気温の低下が始まった。各地で，飢饉(ききん)，人口の減少，耕作の放棄，疾病の流行，民衆の困窮といった現象が生じるが，人々は事態に対処する術(すべ)をもたなかった。宗教改革は，この事態から生じた人々の不満や不安を一つの背景として始まり，各地に広まった。もちろん人々はまったくの無策だったわけではなく，たとえば大航海時代におけるグローバルな交易の促進や移出の増加は小氷期への対応策という側面をもつが，それらは十分なものとはいえなかった。かくして，各地で社会的，政治的，あるいは経済的な混乱が引き起こされることになる。

　1580年，スペインは，同君合同というかたちで事実上ポルトガルを合併した。これによって，アメリカに広大な植民地をもち，アジア交易を主導する世界強国が出現した。しかも当時のスペインは，毛織物工業が盛んなフランドル地方と国際交易港アントウェルペンを含むネーデルラントを領土としていたため，圧倒的な経済力を誇ることになった。ところが，17世紀にはいると，イベリア半島でも小氷期が本格化し，本国産業の中核をなしていた農業と，羊毛生産を目的とする牧畜業は，ともに大きな打撃を受けた。また，レコンキスタの記憶が残るスペインは，カトリックの盟主を自認していたため，宗教改革の影響が広まると，ヨーロッパ各地で対抗宗教改革を支援した。これに反発したネーデルラント北部は叛乱，さらには独立戦争に訴え，スペインの支配下から離脱してオランダとなった。ここにスペイン，さらにはポルトガルの黄金時代は終わ

1　新しい世界の胎動

りを告げる。

　同じころ，ヨーロッパ中部・東部では，国制のあり方をめぐる国際戦争が始まった。ボヘミアにおけるプロテスタント貴族とカトリック国王の対立に端を発する三十年戦争(1618～48年)である。同戦争は，当初はたんなる宗教的な対立という性格をもっていたが，ボヘミア王が開戦翌年に神聖ローマ帝国皇帝として即位するや「統治の単位は神聖ローマ帝国(皇帝)か，国家・領邦(国王・領邦君主)か，領地(貴族)か」という国制のあり方をめぐる争いという色彩を帯びることになった。また，スウェーデンがプロテスタント側を支持し，スペインがカトリック側を支持して参戦するにいたり，国際的な宗教戦争ともなった。さらに，カトリック国家フランスが，スペインを牽制するべくプロテスタント側に立って参戦するにいたり，事態は，ヨーロッパの覇権をめぐる，まさに純粋政治的な国際戦争と化した。

　1648年にウェストファリア条約が結ばれ，三十年戦争は終結した。これにより，オランダとスイスの独立が認められた。また，神聖ローマ帝国では，領邦が実質的に完全な主権を得，帝国は実質的にも理念的にも形骸化した。かくして，領邦を含む国家という対等なプレイヤーが，条約・同盟・戦争・外交といった慣習的なルールに基づいて行動するという国際秩序のあり方が定められた。これを「主権国家体制」と呼ぶ。

　主権国家は，国内では，自らが独占的に支配する領域である「領土」の範囲を確定するために国境を画定した。また，そこに生活する人々を「国民」として統治の対象とするべく，官僚制度をはじめとする国家機構，すなわち政府を整備するとともに，さまざまな社会政策や経済政策を推し進めた。主権・領土・国民は今日「国家の三要素」と呼ばれるが，ここに「国家」や「政府」について語りうる時代が始まったのである。

　オランダは，独立戦争中の1602年，喜望峰からアジア全般にわたる地域の交易・外交・軍事・植民地経営を担う特許会社として東インド会社を設立し，アジア交易の主導権をポルトガルから奪った。とりわけ17世紀後半からはジャワの支配に乗り出し，香辛料やコーヒーの交易を独占した。その後，同国は繁栄の途をたどったが，フランドル地方がスペイン領にとどまったこともあって国内産業基盤は弱く，すべてはアントウェルペンついでアムステルダムにおける中継貿易にかかることになった。

　興隆するオランダに対抗したのがイングランドとフランスである。イングラ

ンドは1600年に東インド会社に特許を与えてオランダ東インド会社に対抗させるとともに，三度にわたってオランダと戦い（イングランド・オランダ〈英蘭〉戦争，1652〜54，65〜67，72〜74年），北アメリカからオランダの勢力を駆逐した。さらに，名誉革命をへて，オランダから君主を招くという方策により，同君合同を結ぶことに成功した。フランスもまた，英蘭戦争でイングランド側に立って参戦するなどオランダと対立を繰り返した。さらに，17世紀半ばには東インド会社を設立してアジア交易に乗り出し，インド東部などに植民地を設けた。かくして，18世紀になるとオランダの経済的な繁栄は衰退に向かい，イギリスとフランスによる覇権争いが本格化した。

　イングランド（のちイギリス）では，名誉革命をへて国民の所有権が保証される一方で国家機構とりわけ徴税機構が整備され，予算規模が拡大して軍備拡充が可能となった。この時期のイングランドを，歴史学者ジョン・ブリュアは「財政＝軍事国家」と呼称している。フランスでは，イングランドに対抗するべく，17世紀から18世紀にかけて，国家主導による産業とりわけ工業の振興（重商主義），輸入関税の引上げや特許会社の保護といった手段を用いた貿易黒字の増加（重金主義）など，積極的な経済政策が展開された。また，常備軍や官僚機構が整備され，ギルドや地方自治体の自治をある程度尊重しつつも，国王主導のもとに「絶対王政」と呼ばれる中央集権的な国制の構築が進められた。

　こうして国力の増強に努めた両国は，スペイン継承戦争(1701〜13年)，オーストリア継承戦争(40〜48年)，そして七年戦争(56〜63年)と，長い戦いに乗り出した。のちに「第2次百年戦争」と呼ばれるこの過程において，イギリスは，カナダ，北アメリカのミシシッピ川以東地域，セネガル，インド東部などの植民地をフランスから獲得した。また，スペインからフロリダを獲得し，かくして北アメリカの東半分はイギリス領となった。これに対して，フランスは，ミシシッピ川以西地域をスペインに割譲して北アメリカから撤退するなど，植民地の大部分を失った。最終的な勝利をおさめたのはイギリスであった。

科学革命から啓蒙思想へ

　ヨーロッパに新しい時代をもたらした諸事象，すなわちルネサンスの深化と成果の普及，大航海時代，そして宗教改革は，人間中心主義を経由して，科学と技術の発展を促した。人間が世界を把握することは可能であり必要であるという認識が広まり始めたからである。そして，新しい科学と技術が，今度は政

治・経済・社会のあり方に影響を与えてゆくことになる。

　15世紀から16世紀にかけての時期には，長距離遠洋航海に必要な天体観測に対するニーズを背景に，天文学が発達し，また航海術の改良をもたらした。とりわけコペルニクスは地動説を唱え，カトリック教会の公認教義的な位置にあった天動説を批判した。また，銃や大砲を活用した戦争術がオスマン帝国経由で導入されて普及し，それまでの騎兵ではなく歩兵と砲兵を中心とした戦術の発展と，築城術の技術革新をもたらした（軍事革命）。さらに，グーテンベルクが開発した活版印刷技術は，書籍，のちには雑誌や新聞の発行を容易にし，知識の爆発的な普及をもたらした。その恩恵を受けた一人が，宗教改革の開始者ルターである。

　17世紀にはいると，望遠鏡の改良や顕微鏡の発明など，自然科学で用いられるツールの技術革新が続き，「仮説を設定し，各種の自然現象を観察・分析し，法則を導出し，それを検証する」という，科学という知的営為の基本的な手続きが確立された。それとともに，科学を担う科学者を養成する高等教育機関と，彼らの活動の場となる学会が整備された。これら事象を総称して「科学革命」と呼ぶ。こうして人間の知的営為の主要な対象は，かつて人文主義者たちが重視した古典から，目の前で繰り広げられる現実の諸事象に移行してゆく。いまや自然は人間が観察し分析する対象となったのであり，これは人間中心主義的な心性の深化を意味していた。

　これら知識や心性にかかわる変化を土台として，18世紀，イギリスとフランスを中心に開花したのが「啓蒙思想」と呼ばれる諸思想である。彼らは人間中心主義を全面的に打ち出し，理性を備えた人間が科学に基づいて行動することによって進歩がもたらされるという世界・自然・時間のイメージを提示した。その集大成が，18世紀後半のフランスで刊行された『百科全書』と，同じころにイギリスで刊行されたアダム・スミス『諸国民の富（国富論）』である。進歩を重視する彼らの所説は，新しい時代の到来を予告するものであった。

　啓蒙思想について留意するべきは，それが知識人内部だけでなく，エリート層や民衆のあいだにも広まったことである。

　人間は自らの行動によって社会の諸側面の進歩を実現しうるという啓蒙思想の発想は，発展途上国のエリート層のあいだでは，政策的な介入によって富国強兵を実現し，先進国に追いつく（キャッチアップする）べきことを説く政策思想として読み替えられ，受容された。この政策体系を「啓蒙専制」と呼ぶが，

啓蒙専制を採用した例としてはロシア，プロイセン，そしてオーストリアがあげられる。

ロシアでは，15世紀になり，モスクワ大公国が，モンゴルすなわち「タタールの軛(くびき)」からの独立政策を主導するとともに，近隣諸侯国と戦って政治的な統一を進めた。16世紀にはいると，同国はウラル山脈の西側をほぼ支配することに成功し，「ルーシのツァーリ」がおさめる国家，すなわちロシア帝国を自認するようになった。歴代ツァーリは，農奴制，貴族官僚制，国家に対する教会（ロシア正教会）の従属，そして皇帝専制（ツァーリズム）を特徴とする独自な国家機構の整備を進めた。17世紀にはいり，ロシアは，一方で黒海とバルト海に向けて領土を拡大するとともに，他方では毛皮を求めてシベリアに進出し，清(シン)とネルチンスク条約（1689年）を結んで国境線を画定した。同世紀末に即位したピョートル1世は，重商主義に基づく産業振興，軍隊や行政機構の改革，啓蒙思想の受容など，ヨーロッパ諸国をモデルとする改革を進めるが，その目的は，富国強兵を達成して主権国家体制に参加することにあった。

プロイセンは，1701年に王国となり，領主貴族（ユンカー）が農奴を労働力として用いる農場経営を主要な経済的基盤としつつ，常備軍と官僚制の整備を進めた。富国強兵に成功した同国は，オーストリア継承戦争と七年戦争に参戦して勝利し，主権国家体制の一翼を担うにいたった。

オーストリアは，興隆するロシアとプロイセンのはざまに立って，両国に対抗するべく富国強兵の途(みち)をとらざるをえなかった。

これら諸国の君主は，啓蒙思想家を招聘して政策的助言を求めるとともに，国内産業の保護育成，宗教の自由の保証，社会保障制度の導入，初等教育制度の拡充など，各種の改革を推進した。

その一方で，民衆とりわけ都市の中間層のあいだでは，18世紀にはいり，喫茶店（コーヒーハウス，カフェ）や私人宅（サークル，サロン）で，科学技術からゴシップにいたる多様な話題，とりわけ政治をはじめとする時事問題を論じ合うという習慣が広まった。新聞や雑誌も，こういった場で読まれ，記事の内容が議論された。こうして，公的な事情についての集合的な意見である「世論（公論）」と，世論が形成される空間である「公共圏」が形成され始めた。世論は徐々に政治を動かす力を得，世紀後半には，イギリス・フランスさらには英領アメリカ植民地などを激動させてゆくことになる。

2 　多様な人々が織り成す世界

　「世界の一体化の時代」の西アジア地域は，帝国と呼ぶにふさわしい政体がつくりだす広域的秩序に覆われていた。それは，多様な文化的背景をもつ人々がそれぞれの利害関心をかかえて参入した秩序であり，そうした利害を調節する機能を担った枠組みだった。その第1は，ヨーロッパへと深く食い込み，その東部を中核としつつ，アナトリアからシリア地方，そして北アフリカを勢力下におさめたオスマンであり，第2は，その東方に位置し，カフカースからイラン高原，ホラーサーン地方を領有したサファヴィーである。そして両者の歴史には，ムガル帝国を中心とした南アジアの歴史も密接に連動していた。もとより，「世界の一体化の時代」をみるにあたって地域を分けることは容易ではなく，オスマン帝国にとってはヨーロッパとの，サファヴィー帝国にとっては中央アジアとの関係も重要だったのはいうまでもない。ただし，この時代の西アジアと南アジアは，リズムを共有した度合いが比較的高かった。

　共有されたリズムとは大まかにいえば以下のとおりである。両地域では，15世紀中葉から16世紀にかけて，広域的秩序を形成する帝国の誕生・成長がみられ，多様性が強さへとつながった，あるいは強さが多様な人々を引きつけた時代が現出する。こうした広域的秩序が人とモノの流れを刺激するなか，17世紀初頭からは，西欧の海上進出とあいまった世界的な潮流のなかで商品経済の進展と貨幣経済の浸透が加速した。一方，これに起因する社会的変化は，正統な信仰に対する意識のさらなる高まりへ，そして宗教的な引締めへとつながり，従来の「寛容」の度合いに影を投げかけてゆく。また，経済的な発展はしだいに地方社会の諸勢力の成長へと結びつき，18世紀には，それまでの広域的な枠組みはある程度維持されつつも地方諸勢力の時代が訪れるというものである。以下でみてゆくのはこうした，西アジアと南アジアの「世界の一体化の時代」である。

東地中海の覇権

　1453年のコンスタンティノープル征服は，部族集団から出発したオスマン勢力にとって帝国としての時代の幕開けだった。それまでは，オスマン家を第一人者としながら一定程度の独立性を保持した諸集団の連合体としての性格が依然として強かったのに対し，コンスタンティノープルを首都にしてからは，君主が主導権を独占し，彼を中心として集権的体制を整える傾向が加速していったのである。君主への権力集中は，キリスト教徒子弟から徴用したその直属の常備軍，イェニチェリ軍団の大幅な拡充にもつながった。そして15世紀後半にオスマン帝国は，多様な文化的背景を有する人々を取り込みながら，東西に領土を拡大してゆくことになるのである。

　そうした帝国の縮図がイスタンブルとも呼ばれるようになった帝都である。帝国化を主導したメフメト2世は，宗教や民族の区別なく，イスタンブルの周辺には農民を，その内部には都市社会に有用な職人や商人を招来し，さらに強制移住策をとることで住民を確保した。そして，ビザンツ期以来の聖堂の一部を存続させ，聖堂の修復や新設を認めるとともに，その一部をモスクなどに転用した。また，モスクやマドラサ（高等教育施設），病院，商業施設を新たに建設し，商業施設の賃貸料などをこれら施設の運営費にあてることで都市のインフラストラクチャー整備を実現した。こうしてイスタンブルは，ムスリムだけでなく，ギリシア系やアルメニア系のキリスト教徒，ユダヤ教徒を受け入れた多宗教・多民族都市として復興してゆく。そしてメフメト2世は，11世紀における中興期のビザンツに匹敵する領土を誇るなか，東地中海の覇権を掌握し，この地に栄えた世界帝国の継承者を自任することになるのである。

　そのオスマン帝国にとって，新都は東西交易の結節点としても重要な意味をもった。イスタンブルは，北方ではステップ地域から黒海へとつながる交易路に，東西方向では南アジア・イラン方面から地中海にいたる交易路に接続していた。こうした交易路の存在は，東方の産品をイスタンブルへ，そして広大なオスマン領へと供給するだけでなく，通過する物資からの関税収入をももたらしたのである。

　メフメト2世よりのちの時代になると，オスマン帝国はスンナ派イスラーム的正統性への依存度を高めてゆく。それは，帝国の東方でサファヴィー教団が勢力を強め，オスマンの帝国化に反発を覚えたトルコ系遊牧民たちを引きつけていったためである。とりわけ，新たに征服された中部以東のアナトリアでは

その傾向が顕著だった。こうした情勢のなか16世紀初頭のオスマン帝国は，新興のサファヴィーを軍事的に破り，また経済封鎖を試みるべく，サファヴィー側の主要な産品でオスマン領を通じてヨーロッパに輸出されていた生糸と絹の交易をとめようとした。オスマンの軍事行動は南方のアラブ地域にも及び，マムルーク朝を破ることでシリア，エジプト，さらにアラビア半島の両聖都を獲得することにつながった。サファヴィー・マムルーク両国に対する勝利を決定づけたのは，オスマンがいち早く導入していた大砲や鉄砲などの火器であり，それを扱うイェニチェリ部隊だった。こうしてオスマンは，マッカ(メッカ)，マディーナ(メディナ)とその巡礼路の守護者として，スンナ派イスラームを旗印に掲げる帝国へと転換していった。

　では，オスマン支配の到来は人々にどのような変化をもたらしたのだろうか。オスマン帝国は，征服地から経済的利益を得ることを優先し，そのために征服以前の慣習と社会集団を維持することを原則とした。税の種類や徴税額はオスマン以前の慣習に基づいて決定され，時代とともに徐々に調整されていったのである。キリスト教徒やユダヤ教徒といった非ムスリムは，ムスリムよりは重い税負担を強いられ，また，聖堂の鐘を鳴らさないことや馬に乗らないことといった宗教上・生活上の制約も課せられた。その一方で，イスラームへの改宗を強制されることはなく，信仰の保持は原則として保障された。こうしたなか，帝国の歴史を通じて人口の3分の1程度を占めた非ムスリムたちは，宗派ごとの聖職者組織を通じてゆるやかな結びつきを保ち，宗教と結びついた社会生活の面で自由を享受することができた。小国に分裂し，抗争の続いたそれ以前の状況と比べれば，バルカンとアナトリアでの生活の安定度は，オスマン帝国という強力な守護者のもとで増したと考えられる。それだけに，15世紀末にイベリア半島を追放されたユダヤ教徒にとっては魅力的な移住先の一つであり，医師や職人などの技術者を含むユダヤ教徒をオスマン側が積極的に受け入れたことで，帝国内のユダヤ教徒人口では，スペイン語の一変種を話すイベリア半島出身者とその子孫が多数派を占めるにいたった。

　16世紀のスレイマンの治世にオスマン帝国は，西北方ではハンガリーを，東方ではイラクを征服するにいたり，また南方では地中海の私掠者集団を臣属させ，その支配下にあった港市政体を取り込むことで北アフリカを勢力圏に入れた。こうした領土の拡大は，当時の技術水準としてはイスタンブルからの遠征で征服できる限界に達しつつあったと考えられる。以後，拡大がとまったわけ

ではないにせよ、16世紀後半にオスマンは、君主主導のもとで領土を拡大していった国から、軍人政治家やウラマー(宗教知識人)、宮廷の宦官などから構成される支配層が一定の領土を統治する国へと変容してゆく。

　こうした転換を可能にすべく、スレイマンの治世後期には制度の体系化が進められた。これまで経験的に形づくられてきた統治のための諸制度が、スンナ派イスラームの観点から問題のないように体系的にまとめられ、統治の歯車としての役割を担ったウラマーの官僚機構が整備されていったのである。さらに16世紀末からは、税制改革とともにティマール制が縮小され、徴税請負制の拡大が進んだ。これは、特定の請負人が一定範囲の税収を期限つきで買い取ることで徴税を代行し、請負額を国庫におさめるとともにそれ以上の徴収をおこなうことで自身の取り分を確保する仕組みである。この結果、ティマール制を支えてきた在郷騎士は没落し、それにかわる軍事力として常備軍がさらに拡充され、またムスリム農民から火器を使う傭兵が集められた。社会的上昇の糸口をつかんだ傭兵たちからは、従来はキリスト教徒子弟から徴用されていたイェニチェリ軍に登用される者や、有力な軍人政治家が派閥を形成するなかでその私兵となる者もあらわれた。こうして、17世紀には社会の流動化が進み、農民から支配層に参入する道が開ける一方、イェニチェリのなかには副業を通じて都市社会に溶け込む者もあらわれた。ここでオスマンの東方に目を転じてみよう。

サファヴィー教団の転身

　1405年にティムールが没したのち、東部アナトリアからイラン高原の地域では、アクコユンル朝などのトルコ系遊牧民諸勢力が覇を争っていた。そうしたなか、預言者ムハンマドの娘婿アリーを神格化するなど、既存宗派の枠組みを逸脱しかねない大胆なやり方で布教をおこない、トルコ系遊牧民の支持を獲得していったのが、サファヴィー教団と呼ばれる神秘主義教団だった。サファヴィー教団は、遊牧民の軍事力を背景に成長し、1501年にはアクコユンル朝の都、タブリーズを征服する。ここに、教団の祖の子孫であり、その長でもあった人物を君主として、サファヴィー教団は政治勢力としてのかたちを得た。初代君主イスマーイールは、東はホラーサーンから西はイラク、アナトリア東部にまでいたる領域を併合していった。その勢力拡大は、1514年にオスマンの火器に敗れるまで続いたのである。

　10世紀のブワイフ朝やファーティマ朝の場合と異なり、サファヴィー帝国は、

統治下のムスリム住民に対してシーア派信仰を奨励し、強制することさえあった点で特徴的である。15世紀のイラン高原やアナトリアでは、スンナ派に属する住民が多数派を占めていた。ただし、これらの地域の人々のあいだでは宗派間の境界が曖昧、さらにいえば宗派への分化が未成熟な部分もあり、サファヴィー教団などの例にみられるように、既存宗教の枠組みにとらわれない極端な思想が展開されることもあった。そうしたなかイスマーイールは、オスマンに対する敗戦後、それまでの過激な思想を廃し、シーア派のなかでも人々に受け入れられやすい十二イマーム派を採用した。そして、アラブ地域から十二イマーム派の学者を招き、彼らを説教や教育活動に従事させることでシーア派の普及をめざしたのである。こうした目的のため、のちにサファヴィー帝国は、イマームの聖廟を庇護したほか、一般民衆に向けてペルシア語で教義を説くべく、初歩的な宗教指南書の執筆や、宗教書のアラビア語からの翻訳を奨励するなどといった政策もとることになる。

　こうした動きは、アナトリア中部および東部におけるトルコ系遊牧民の支持獲得をめぐって争ったオスマン側の動向との相互作用のなかで進んだ。オスマン帝国は、自領のアナトリアにおいて、トルコ系遊牧民のうちサファヴィー教団の信奉者と目される者の一部を処刑・迫害する一方、ほかの者には軽い刑罰を与えることで対応し、ときには官職や特権を付与することで懐柔していった。また、バルカンを含む領域内では金曜礼拝モスクの建設運動を推進し、礼拝の共同実践を強制した。こうして、サファヴィー・オスマン両国では、それぞれシーア派、スンナ派の定式化と、その領域内での受容が徐々に進行してゆき、サファヴィー領ではシーア派が多数派を占めるにいたった。

　このように両国は、それ以前の西アジアの諸王朝と比べて人々の信仰に介入する度合いが高かった点で注目に値する。ただし、どちらも直接的な介入の対象としたのはムスリムに限定されており、オスマン帝国によるムスリムへの働きかけがとくに都市部においてキリスト教徒やユダヤ教徒の改宗を間接的に促したという側面はあったものの、それ以外の者たちは従前どおりの宗教・宗派を維持することができた。また、ムスリムに限ってみても宗派区分が国境によって明確に線引きされたわけではない。サファヴィーが国境地帯のクルド系諸部族に対してはスンナ派信仰を容認したように、離反しないのであれば両国とも周縁部では柔軟な対応をとった。こうした周縁部の勢力は、サファヴィー・オスマン両国の中央政府と十分な交渉力を有したのであり、また中央の周縁部

に対する支配は間接的なままに，現地の既存の権力関係に依存するかたちでなされたのである。

　サファヴィー初期の政治においては，建国時の軍事的な貢献からトルコ系遊牧民が強い発言権を有した。征服地は原則として部族長に与えられ，彼らはその所領から得られる税の大部分を取り分とした。一方，官僚として行財政を担ったのは，イラン高原を統治したこれまでの諸王朝の場合と同様，在地のイラン系名家出身者だった。イスマーイールは，主要なトルコ系部族やイラン系名家と政略結婚をおこない，土地や官職を付与することでその支持を獲得した。ただし，イスマーイール亡き後は部族間の主導権争いが生じたことを受け，彼らの専横を抑制する策が求められることになる。こうした目的のもと，イラン系の名家が重用されるとともに，部族間の均衡を考えた人事がなされ，さらにカフカース地方への遠征後は，同地出身者が軍人として登用され，重用された。

　こうした傾向は，16世紀末に即位したアッバース1世の時代にカフカース地方の大部分を勢力下におさめたことでさらに強まった。アッバース1世の治世には，グルジア出身者を中心とした軍人が積極的に登用され，彼らのなかから中央政府の有力者や軍人，諸地方の知事が輩出した。また，アッバース1世はトルコ系遊牧民からも王直属の近衛兵団に登用することでその忠誠の確保に努めるとともに，火器を扱う部隊を充実させ，これにイラン系の人々をあてた。こうして，トルコ系遊牧民のみに依存した体制は改められ，多様な人々がサファヴィー帝国という一大事業に参入してゆくことになるのである。

　アッバース1世の功績としては，新たにイスファハーンを首都に定めたことも重要である。イスファハーン旧市街の郊外には，王宮を中心に緑と水にあふれた新市街が建設され，両者を結ぶ場所には王の広場が，そしてその周囲にはさまざまな商業施設や宗教施設が設けられた。こうしてイスファハーンは，イラン系やトルコ系のムスリムに加え，カフカース出身のグルジア人，経済界で存在感を示したアルメニア人，経済・金融分野で影響力のあった南アジア出身のヒンドゥー系商人などを内包するコスモポリタンな都市へと成長し，「世界の半分」といわれるほどの繁栄をみせた。こうしたサファヴィーとペルシア語文化を共有したのが，ムスリム諸王朝が打ち立てられた南アジアだった。

陸の帝国と海の帝国

　南アジアでは13世紀以来，概して北部ではムスリム系の，南部ではヒンドゥ

一系の諸王朝の興亡がみられた。その後を受けて北部に一大帝国の礎を築いたのは，アフガニスタンのカーブルに拠点を構えていたティムール朝の王子バーブルだった。バーブルの南アジア進出は，16世紀初頭に南アジア北部のムスリム王朝の支配層内で内紛が深まるなかで，その一派が彼に支援を要請したことを契機とした。これを受けてバーブルは，サファヴィー軍を破ったオスマン帝国の火器からヒントを得て自軍に火器を導入し，南アジア北部に足場を築くことに成功する。1526年，のちにムガルと呼ばれることになる国ができあがったのである。

　その王家が南アジア北部に支配を確立したのは，16世紀後半のアクバルの時代のことである。アクバルは，南アジアの周辺諸国に対して騎兵の機動力と火器の威力を背景に軍事的な侵攻をおこないつつ，ヒンドゥー系およびムスリム系の諸国をときには帰順させ，ときには軍事的に併合するなどして積極的に領土を拡大した。そしてその過程では，旧支配層にムガル皇帝の至上権を認めさせ，官職を付与することで取り込んでいった。ティムール帝国の伝統を受け継いで行政面でペルシア語が用いられたため，イラン高原から南アジアへと成功を求めて移住してきたイラン系の人々も官僚として重要な役割をはたした。こうして，アクバル以降のムガル帝国は，特定の民族集団や宗派，出自を優遇するのではなく，むしろ在地のムスリムやヒンドゥーと，新たに流入して定着したトルコ系やイラン系といった多様な人々の均衡を考慮することで支配体制を維持してゆくことになる。そうしたなか，イラン高原や中央アジアからは，ペルシア語に根ざした韻文などの文化や細密画，ティムール朝式の庭園文化や建築文化がもたらされた。

　ムガル帝国は，王家はムスリムでありながら臣民の圧倒的多数がヒンドゥーを中心とした非ムスリムであり，それだけに統治下の住民の信仰に干渉することが少なかったことを特徴としている。アクバルは，ムスリムの統治下において非ムスリムに課すことが原則とされた人頭税を廃止し，ヒンドゥー寺院の修復や新設を許可し，宮廷でヒンドゥーの祭りを祝い，非ムスリムに改宗を迫ることなく支配層に取り込むなど，同時代の西アジア地域の諸政権からみれば異例ともいえる宥和策をとった。またアクバルは，自身のスンナ派だけでなく，シーア派ムスリムやヒンドゥー，ジャイナ，キリスト教徒などを宮廷に招いて自由に宗教論議をおこなわせたという。非ムスリムに対しては，結婚や相続，家庭生活にかかわる事柄を，宗教・宗派別のやり方に従って処理することが許

容された。支配者層にはイスラームへの改宗者もみられ，都市や農村の住民のあいだでも，イスラーム神秘主義教団の影響でイスラームへの改宗はゆるやかに進んだが，ムガル統治下の住民のうちムスリムの割合は1割に満たなかったと推定されている。こうしたなか，ムガル帝国の統治下では，ヒンドゥーの王権と結びついたバラモンの影響力が後退した結果，既成の宗教，社会秩序に批判的な神秘主義思想がヒンドゥーのあいだで支持を得て，民衆運動として発展するという側面もみられた。

　ムガル帝国の統治制度は，軍人官僚制を軸としつつ，官僚の叙任権を皇帝に集中させることで集権性を担保していた。アクバルの時代には，上級官僚の地位を等級づけする制度が整備され，上級官僚は官位に応じて俸給と経費を支給され，それによって定められた規模の騎兵を維持してゆくこととされた。そして帝国政府は，俸給と騎兵隊の維持費に相当する額の地租徴収権を官職保持者に付与しつつ，財務省の監督下で徴税をおこなわせるとともに，何年かごとに配置替えをおこなうことで官職保持者と特定の領地との結びつきを回避した。こうした制度は，のちに上級官僚が増加していったことでムガル帝国の財政を圧迫してゆくことになる。

　南アジア北部でムガル帝国が勢力圏を広げた16世紀，この「陸の帝国」と棲み分けるように南アジアのおもに南部に「海の帝国」の足場を確保していったのは，喜望峰経由でインド洋へと進出し始めたポルトガルである。本章第1節でみたとおり，その背後には，紅海を経由する胡椒と香料の交易路を封鎖し，アジアとの直接的な交易ルートを開拓するという経済的動機があった。ポルトガルは，大砲を積載することで得られた軍事的な優位性を背景に，レコンキスタの心性をインド洋に持ち込み，沿岸部の都市などを暴力的に制圧して交易の拠点とした。16世紀前半にはオスマン帝国も，新たにアラブ地域を獲得したことで，そこを足がかりにインド洋進出を試み，のちにはエジプトのスエズに運河を建設することによって地中海から紅海をへてインド洋へと展開することも計画した。しかし，オスマン側にはインド洋で「海の帝国」に対抗するだけの人的・物的資源は不足しており，この計画が実行に移されることはなかった。

　もっとも，人的・物的資源が十分ではなかったという点では，イベリア半島の小国ポルトガルも同様である。ポルトガルは，膨大な経費を必要とする紅海の海上封鎖を断念し，通行証制度の導入へと政策を転換することをよぎなくされる。これは，一定額を支払った現地商人に通行証を発行し，海上交易を認め

2　多様な人々が織り成す世界

るものだった。新制度の導入は，ポルトガルにとっては一定の財源となったが，人員や資金が不足するなかで実際の運用は困難だった。そのため，「抜け穴」の多かったこの制度は，現地商人の活動には大きな影響を及ぼさなかったという。結果として，紅海ルートと喜望峰ルートはそれぞれ，オスマン領への供給とヨーロッパへの供給を担うかたちで棲み分けられ，共存することになった。

綿・絹・銀

　こうした海上の進出の活性化が，帝国がつくりだす広域的秩序の存在とあいまって，17世紀以降の西アジア・南アジア地域では商業的発展がみられた。

　ヨーロッパ諸国の進出の影響をもっとも直接的に受けたのは南アジアだろう。17世紀初頭の南アジアへは，従来のポルトガルに加えてオランダ，イングランド，そして少し遅れてフランスの東インド会社が進出した。インド洋交易全体からみればこれら諸会社の活動は小規模にとどまったものの，南アジア各地に拠点を築いた各会社とその関係者は，西ヨーロッパ・南アジア間の交易に加えて，アルメニア系，ヒンドゥー系の商人と協力することでアジア域内交易に参入することができた。なかでもオランダ東インド会社は，徳川政権下の長崎およびサファヴィー帝国下のバンダレ・アッバースから持ち出した銀などの貴金属を対価として活用することで莫大な利潤を得た。一方，現地の商人たちは，独自の資本と人脈，情報網，そして言語能力を駆使し，巧みにヨーロッパ商人と結びつくことで自身の商業活動を活発化させた。彼らはとりわけ，南アジアの産品として綿布を周辺諸地域に輸出することで利益を得ていったのである。

　17世紀後半に南アジアの綿布がヨーロッパで人気を博し，需要が高まると，イングランド（のちイギリス）の東インド会社がその輸出で優位な立場を得ることになる。これは，南アジアという生産地からみれば，ヨーロッパという新市場が開けたことを意味した。こうしたなか，内陸部では綿花栽培に適した地方の開発が進み，ベンガルやグジャラートなどの沿岸部は，綿布生産地帯として発展した。のちにイギリスが追いつくことをめざす「世界の工場」，綿産業の先進地たる南アジアの姿である。綿花以外にも胡椒やサトウキビの生産も広がり，アメリカ大陸から流入したタバコの栽培も始まった。こうした商品経済の発展は，ムガル帝国が採用した税の金納制とあいまって，貨幣経済の浸透へ，そして貴金属に対する需要へとつながっていった。

　そうした貴金属を南アジアへともたらした国の一つがサファヴィーである。

ヒンドゥー系の商人が南アジアの文化とともにもたらした綿布や香料などの輸入品に対し，サファヴィー側にはその対価となるような輸出品が不足していた。そのため，アメリカ大陸からヨーロッパをへて，そしてオスマン帝国からも流入した銀を中心とする貴金属が南アジアからの輸入品の対価として流出したのである。貴金属の不足は貨幣の流通量に影響し，ときには政府による俸給支払いの遅延も引き起こした。こうしたなか，サファヴィー政府は貴金属の流出を阻止すべく禁令を発したが効力に乏しく，その統治下では貨幣経済の浸透度合いは限定的なものにとどまった。

　そのサファヴィー領の特産品は，カスピ海沿岸地域で産出される生糸だった。この生糸交易に，16世紀中葉にポルトガルが，のちにはイングランドとオランダがペルシア湾を経由して参入することになる。オスマン帝国と敵対関係にあったサファヴィーは，その関税収入になるオスマン領を通じた生糸交易を避けるべく，また対価としての貴金属を得るべく，新規参入の西欧諸国との経済的な連携を求め，対オスマンの政治的な同盟関係をも模索した。しかし，商業上の利害が十分にかみ合わないなか，アッバース１世は，カフカース地方とその周辺からイラン高原各地に移住させたアルメニア人のうち，商人層に生糸取引の独占権を付与するにいたる。これによりアッバース１世は，生糸交易の統制をはかるとともに，その利益の一部を国庫におさめさせることで収入の確保をめざした。首都イスファハーンの近郊に移住させられたアルメニア人商人たちは，そこを拠点に南アジアからオスマン領，そしてヨーロッパに幅広い交易網を展開する。さらに，1639年にオスマン・サファヴィー間で条約が結ばれ，両者の関係が安定したことは，オスマン領へ，さらにそれを経由してヨーロッパへとつながる陸路のルートに安定をもたらし，彼らの活動にも追い風となった。

　以前から地中海交易で西欧と密接なつながりをもったオスマン帝国では，17世紀にはヨーロッパ商人とその産品が着実に流入量を増やしていった。こうした流入は，消費者保護を優先するオスマン政府の方針のもとでは必ずしも排除の対象とはならず，結果としてオスマン市場では国内産外国産問わず多種多様な産品が競合することになる。ただし，17世紀にはヨーロッパ産品の競争力は高くなく，その一方で帝国の各地では特産品が生まれ，それらが比較的安定した広域的支配のもとで海上・陸上のルートを通じて流通した。なかでもコーヒーの普及は，その産地イエメンから集積地カイロを結ぶ紅海交易の再活性化につながり，カイロからはイスタンブルなどの帝国諸都市や地中海岸のヨーロッ

パ諸港へとコーヒーが送り出された。

　こうして商品経済の進展がみられるなか，農産物や手工業製品の交換のために，オスマン領各地に地方経済の中核となる都市が成長する。バルカンとアナトリアでは都市の数が急速に増加し，アラブ地域も含めて帝国全土で既存の都市も発展をみせた。東西絹交易の中継地として重要性を高めたシリア地方のアレッポや，イスタンブルからアドリア海の港町ドゥブロヴニクにいたるルート上にあったサライェヴォがその例である。一大消費地へと成長した帝都イスタンブルへは，オスマン政府から特許を得た大商人が，黒海西岸からの穀物，西アナトリアとトラキアの果実や野菜，アナトリア黒海岸からの木材，エジプトの米などを供給した。そうしたなか遠隔地交易においては，東・中欧に進出した正教徒商人や，マルセイユ商人と結びついたアルメニア人商人の成長がめだっていった。

正統信仰と不寛容

　西アジア・南アジア諸地域へヨーロッパ商人の往来がめだつようになった17世紀には，それに付随してカトリック宣教師の流入も顕著である。ムガル皇帝が宣教師を宮廷に招いたこともあったとはいえ，「世界の一体化」を象徴する彼らの存在は，ムガル，サファヴィー，オスマンのどの領域においても改宗者の獲得にはあまりつながらなかった。オスマンとサファヴィーの両国では，ムスリムがカトリック信仰への改宗に興味を示さなかったため，布教活動は正教会やアルメニア教会に属するキリスト教徒，そしてユダヤ教徒に向けておこなわれた。これに対抗するために，オスマン帝国下の正教会やアルメニア教会は信徒への統制を強める傾向をみせる。それは直接的にはアルメニア教会がオスマン政府の支持を背景にカトリック改宗者を弾圧・追放することにつながり，間接的には正教会，アルメニア教会ともにイスタンブルを中心とした組織化を進める傾向を助長した。

　キリスト教徒のあいだでみられた宗教的な引締めは，現世的な娯楽が広まった都市社会の変化とも無関係ではないように思われる。この時代には，16世紀後半に飲用が急速に拡大したコーヒーやアメリカ大陸からもたらされたタバコが流行し，新たな社交の場としてコーヒー店が普及，ムスリムのあいだでは依然として限られながらも識字層が拡大するとともに，現世的・日常的な主題をもつ詩が好まれるようになっていた。実際，こうした変化は，17世紀のオスマ

ン帝国のムスリムのあいだで正統信仰に対する意識の高まりをもたらしていた。都市社会の変化とそれ以前からの宗派意識の高まりがあいまって，17世紀中葉のオスマン帝国ではスンナ派イスラームの諸慣習の徹底を主張し，それからの逸脱を糾弾する一種の原理主義集団が台頭する。指導者の名からカドゥザーデ派と呼ばれたこの集団は，ときにはオスマン宮廷とも結びつき，政治的影響力をもつこともあった。

　カドゥザーデ派の運動は第1に，ムスリム内部の綱紀粛正と正統とされる信仰の普及努力というかたちをとった。その結果，コーヒー，酒やタバコ，一部の神秘主義教団が批判の対象とされた。また，拡大しつつあった一般の識字層に向けて，さらには読み聞かせることも意識して，トルコ語で宗教指南書が執筆された。第2に，正統信仰に対する意識は非ムスリムへの改宗圧力としても作用した。その矛先はバルカンのキリスト教徒や宮廷内のユダヤ教徒医師に，さらにユダヤ教徒のあいだでメシア運動を展開し，終末と救済を説いて広汎な支持を得ていたサバタイ・ツヴィにまで及んだ。第3に，軍事的にはクレタ島の征服など「異教徒」に対する聖戦が鼓舞され，ヨーロッパ方面のオスマン領が最大化することにつながった。その勢いは1683年のウィーン包囲にまで及んだが，これは失敗に終わり，それに続く16年間の戦争の結果，オスマン側はハンガリーなどの領土を失うことになる。

　興味深いことに，この時代に正統信仰を意識した風潮がみられたのはオスマン帝国にとどまらない。17世紀後半に度重なる自然災害や疫病に悩まされたサファヴィー帝国では，ウラマーの影響のもとでより正統な信仰を求める動きが強まり，それは神秘主義教団に対する攻撃に結びついた。こうした動きは非ムスリムに対する全面的な排斥につながったわけではないものの，ヒンドゥー寺院の偶像の破壊や非ムスリムに対する改宗の強要もみられた。また，カトリックへの改宗もみられたアルメニア人商人に対しては，財政難から税負担が増やされ，商業上の特権も削減されて，生活上の制約も課されるようになった。同時代にナントの王令を廃止したフランスからユグノーが流出したように，サファヴィーの政策転換は，一部のアルメニア人商人がヴェネツィアやロシア，インドなどに流出するという結果を招いた。

　ムガル帝国でも17世紀のアウラングゼーブの治世にスンナ派イスラームの純化を説く思想潮流が影響力をもち，それは絵画への援助を廃止することや宮廷から歌舞音曲を追放することにつながった。さらに，西アジアの場合と同様に，

イスラームの純化から非ムスリムへの圧力へと傾き，統治下の非ムスリムに対してそれまでの寛容策が部分的に後退した。こうした流れのなかでは，南方のデカン地方への戦争拡大にあたってムスリムの支持を取りつける目的で，アクバルの時代に廃止された人頭税を復活することも意味をもちえた。一方で，ヒンドゥー支配層の理解を得るためにも，軍籍にある者に対しては人頭税を免除する措置をとるというような現実的な態度は維持された。こうしてなされたデカン地方への大規模な遠征により，アウラングゼーブは同地のムスリム2王国を征服し，1680年代には帝国の最大版図を実現する。しかし，それとともにムガル帝国は，マラーターと呼ばれる新興のヒンドゥー豪族層と対峙することになる。彼らとの戦いが長期化したことは，ムガル帝国の限界を露呈させるとともに，財政的負担の累積にも結びついていった。

多極化の時代

　17世紀以来の経済的な発展は，それまでの権力の一極集中を解消し，富の蓄積をそれぞれに成し遂げた諸勢力の台頭を招いた。その結果，18世紀の西アジアと南アジアでは地方諸政権の興隆がみられた。

　マラーターと戦うなかでムガル帝国が疲弊し，また18世紀中葉には，サファヴィー旧領の東辺部から登場した2勢力の侵略でムガル，マラーター双方が打撃を受けたことで，南アジアでは，それまで徐々に成長しながら帝国的秩序のもとで抑制されてきた諸勢力が各地方で政治的に結集する傾向をみせた。その結果，ムガル皇帝の権威を形式的には承認し，そこから政治的正当性を獲得しつつも事実上は独立した諸政権が各地方に成立し，またムガルとは無関係の政権も登場していった。

　各地方政権は，以前から南アジアに進出していたイギリス，そしてオランダにかわって参入していたフランスから先進的な軍事技術と戦術を受容し，軍事顧問を招いて西欧式軍隊を組織することで軍事力の強化を進めた。そのための費用を賄うべく，軍事財政主義的な政策が採用され，中央集権的な行政改革を通じて財政基盤の確立がめざされた。その過程において存在感を示したのが財務取扱人である。彼らは，各地の政治権力者に対する融資をはじめとして財務を担うことで，地方政権の中枢で政治的影響力を獲得していった。各政権が交易と産業を振興したこともあり，経済的にはそれ以前からの商工業の発展が着実に継続する。そうしたなか，カーストや宗教の違いを超えて，共通の地方文

化を共有する中間的な階層が確立してゆき，地方レベルでの社会的・文化的統合が進んだ。

イラン高原とその周辺では，17世紀末から諸部族集団や地方有力者の火器武装が進んだ結果，軍事面におけるサファヴィー中央の優位性が相対的に低下していた。そうしたなか，1722年にはアフガン人が首都イスファハーンを征服し，200年以上続いた秩序に実質的に幕を閉じるにいたる。その後，安定した統一政権があらわれないなか，軍事力を有する集団が各地で自立し，それぞれが勢力拡大の動きをみせた。地方によってこれは，住民の支持を獲得するための地域振興策に結びつき，公共事業に財力がそそがれた。その結果，部族集団やそれ以外の地方有力者は地域社会との結びつきを強め，ある程度安定した支配をおこなうことができた。

オスマン帝国の場合，この時代の変化の背景には17世紀末に税制改革の一環としておこなわれた，徴税請負制への終身契約の導入があった。そしてこれは，他の地域と異なり，地方勢力の伸張だけでなく，イスタンブルでは経済力のある一部の軍人やウラマーに富が集中する傾向を招いた。17世紀後半の多くをバルカンの中心都市の一つ，エディルネで過ごした君主とその宮廷がイスタンブルに帰還したのち，この帝都ではさまざまな建設活動が進められ，再開発がおこなわれた。そうしたなか，オスマン王家と富裕層が牽引するかたちで，ボスフォラス海峡沿いの海辺に別荘が建設され，郊外に建設された庭園への行楽が広まり，大規模な宴席が催され，ヨーロッパから逆輸入されたチューリップ栽培が流行するなど，消費文化が花開いた。文化的には，書籍への関心が高まるなか，図書館がつくられ，印刷技術の導入とともに印刷本も普及し始めた。

徴税請負制は，オスマン臣民のキリスト教徒の経済的成長にも結びついた。彼らのなかから財務取扱人として徴税請負制に参入し，富を蓄積する者があらわれたのである。また，ヨーロッパ諸国の庇護下にはいることによって商業活動で躍進する者もあった。そうした傾向は，フランスがオスマン政府から獲得した通商上の権限を拡張させてゆくなかで高まった。富裕化したキリスト教徒たちは，その経済力を背景にそれぞれの宗派共同体内で慈善事業に財をそそぎ，イスタンブルへの集権化を進める教会組織を財政的に支えることで各宗派集団内での威信を高めていった。こうして，ときには外国とも結びつきながら一部のキリスト教徒が経済的に成長していった一方で，コーヒー店や神秘主義教団の修道場で交流し，同じ生活文化を共有した中流以下の都市在住のムスリム支

配層と商工民の境界はますます曖昧になり，支配層と被支配層の融合が進んだ。

地方では，在地の有力者が中央で徴税を請け負った人物の下請けをする，あるいは中央政府から徴税を直接請け負うことで富を蓄積し，さらに中央政府から官職を買い取ることでその地位を高めた。こうして頭角をあらわした地方名望家たちは，徴税請負から得られる収入に加え，既存の耕作地を集積し，新たな農地の開墾・開拓を進めるなどして富を増大させたのであり，フランス向けに綿花栽培をおこなった西アナトリアやシリアの地方名望家の例が示すように，なかにはヨーロッパ市場を意識した生産をおこなう者もあった。そして，彼らの多くは，それぞれの勢力圏で公共事業にその財をそそぐことで地域社会との結びつきを強めていったのである。

それぞれの利害関心をかかえた地方名望家たちは，おのおのが私兵団を有し，なかにはロシアやフランスなどの外国と直接交渉する者もあらわれて，オスマン中央政府からの自立性は高かった。エジプトや北アフリカ，シリアなどの帝国の周縁部ではさらに自立性の高い在地有力者が台頭した。ただし，これら地方諸勢力の富と権力の源泉は徴税請負制にあり，それを成り立たせていたのはオスマン帝国という秩序だった。また，対外的には後ろ盾としてもオスマン帝国の存在が意味をもった。そのため，彼らは既存の体制を否定することはなく，対外的な戦争の際にはオスマン政府の要請に応じて私兵を率いて参戦した。オスマン政府は，徴税請負制の運用と名望家間の勢力均衡を通じて支配体制を維持することができたのである。

しかし，こうした体制が不安定な均衡のうえに成り立っていたことも確かであり，南方への領土拡大をめざすロシアの圧力の前にその限界を露呈することになる。地方名望家の私兵団と統率困難な傭兵に依存して1768年からおこなわれた対ロシア戦争は敗北に終わる。これは，地方に対して直接的な統治をおこない，統制を強化すること，新たな軍事技術を導入し，中央政府の統率下に軍隊を再編すること，そしてそのために中央集権的な徴税制度を整備し，税収を中央政府へ効率よく吸い上げることの必要性を示していた。ここに，近代国家への転換に向けた改革の努力が始まることになるのである。

3 大交易時代のアジア

　ここでは14世紀後半から18世紀までの中国(明・清時期)の歴史,とくに海域アジアとの関係に注目しながら激動の時代を概観する。中国史では宋代が一つの転換期であったが,16世紀はもう一つの画期であった。しかも日本や東南アジア,そしてヨーロッパ勢力をも巻き込んで歴史は動き出した。世界商品であった生糸や茶を産する経済先進国としての中国の名は遠くヨーロッパにも届き,彼らは海を渡り,アジアをめざした。まさに第1次グローバリゼーションと呼んでよい。ヨーロッパの参入によりアジアの交易は活性化し,さらなる繁栄をアジアにもたらした。その舞台である海の世界は,国境線もなく,出自の多様な商人や海賊が自由に活躍した,まさに地理的・民族的なグレーゾーンであった。

　そのようなゆるやかな広がりをもった境界も,16世紀末ころから徐々に境界領域がより狭くハードな空間へと変容してゆく。交易による富を基盤に軍事力を強化した政権が台頭し,火器の普及とあいまって軍事的衝突が境界で多発するようになった。たとえば,秀吉の文禄慶長の役以後,明は日本を特定の権力に支配された固定的領域に属するものとして認識し,警戒するようになった。その結果,中国東南沿海に漂着した琉球人が倭人と誤認される事件があいついだ。国家や民族のあいだの曖昧な存在を許容しないような装置が徐々に働くようになったのである。そのような時代にそれぞれの国である種意図的に形成されたものが,今日でいう伝統文化というものである。境界が変容しつつあるなか,華商らは依然として東南アジアを中心に移住していった。近代以降の大量移民を支えるシステムもこのころに形づくられた。

明による中華統合と朝貢 = 海禁システム

　14世紀中期はユーラシア全域で寒冷化した「小氷期」であり,西アジアからヨーロッパにかけてペスト(黒死病)が広がり,東アジアでも寒冷化によって飢饉・洪水・疫病があいつぎ,政治的混乱や戦乱が拡大,長距離交易は衰退し,貨幣流通は収縮していった。こうした混乱のなかで元朝の中国支配は動揺し,

高麗王朝やベトナムの陳朝も衰退に向かい，日本でも南北朝の動乱が続いていた。

そうしたなか，安徽省北部，淮河のほとりの貧農の家に生まれ，放浪生活を送っていた，のちに明の太祖となる朱元璋は，白蓮教徒が起こした紅巾の乱に身を投じ，しだいに頭角をあらわしていった。その後，朱元璋は長江流域の群雄勢力を打ち破り，1368年に南京で皇帝の座に就き（洪武帝），国号を明とした。同年，大都（現在の北京）を陥れ，遊牧民のモンゴル政権を万里の長城の北に駆逐した。こうして南方の政権が北方の中原も併合し，中国全土がほぼ統一された。

朱元璋は王朝成立と同時に，胡服・胡語・辮髪を禁止して，伝統的な中華の風俗を復活した。一部では，この明の統一をもって，異民族王朝であったモンゴル人が駆逐され，漢民族国家が復興されたのだという評価がなされることがある。しかし，これは事実に反している。実際には唐の制度に代表される中華の文化の復興がめざされたのであり，漢民族の習俗の復興ではない。そもそも，中華と夷狄を区別する華夷思想には，民族的・人種的な要素は含まれていない。夷狄も中華の文化に浴せば中華の民と同等にみなされたし，中華の民も礼を失すれば夷狄と同等に扱われた。つまり，元朝打倒の正当性は，その民族性ではなく，モンゴル人支配者が徳を失ったという点に求められ，それは「天命」であった。こうした「天命思想」は，中国の歴代王朝の交替時につねにみられた論理であった。

明朝の統治下になっても華北ではモンゴル人などが活動する多民族的な状況は続き，明朝政権の基盤である華中や華南との統合が重要な課題であった。自由な商業や貿易を重視し，文化・宗教の多元性を認めた元朝とは対照的に，明朝は農村と儒教を基盤として，一枚岩的な国家や経済をつくろうとしたのである。

政治的には儒学者をブレーンとし，科挙や律令編纂などの制度を復活させ，「中華」の王朝であることを誇示しようとした。そして，経済的には，自給性の強い，完結的な農村社会を基盤として，国家が社会経済を統制する支配体制を構築しようとした。すなわち，全国の農民と土地を把握して，画一的な里甲制のもとに編成するとともに，江南デルタにおいて広大な田地と主要な手工業を国有化して，現物主義的な経済・財政システムをつくりあげてゆく。

ここでいう現物主義とは，貨幣を介在させずに，政府の財政活動を実現しよ

うとするもので，民衆から穀物や飼料などの現物で税を徴収するものである。明朝の初期に現物主義が導入された歴史的背景としてはつぎのことが考えられる。もともと洪武帝政権は，食糧や軍需物資を現物で調達する軍事集団であった。また，モンゴル政権が実施してきた紙幣を主とした通貨制度も崩壊していた。もっとも，中国で伝統的に用いられてきた銅銭も発行されたが，銅資源はすでに涸渇状態であった。洪武帝は商業を管理し，貨幣の使用を制限し，現物主義を推進していった。しかし，この理念は，のちにみる経済成長による社会変化という現実とのあいだに大きな乖離を生み出してゆく。

　こうした商業政策は外国との貿易関係においてもみられた。元末以来，東南沿海部では，海賊や密貿易業者の横行で海上の治安は悪化した。明朝成立後も張士誠や方国珍の残党が，倭寇勢力と結びついて活動していたこともあり，沿海民と倭寇や海賊との結託を断ち切るため，洪武帝は「海禁令」を出すことになる。「海禁」とは「下海通番の禁」の略称で，明清時代におこなわれた国家による海洋統制策の総称である。海禁体制下の中国民衆は，海外渡航や貿易で大きな制限を課せられたが，その内容は時代によって異なる。最初，海禁の目的は沿海部の治安維持であり，商人の海外渡航や貿易は許されていた。しかし，倭寇・海賊・密輸業者が跋扈するなか，政府公認の海外貿易のみを継続することは難しく，海外貿易の窓口であった3カ所（寧波・泉州・広州）の「市舶司」が廃止され，民間の海外貿易は全面的に禁止された。海禁は従来の海防策から密貿易の取締りへと役割が拡大された。こうして14世紀末には，明朝の海外貿易は朝貢にともなう国家貿易に限定され，民間貿易はすべて密貿易として取締りの対象となった。

　海禁は朝貢制度と一体化することで東アジアの国際秩序の維持にも貢献することとなり，ここに海防・貿易統制・国際秩序の維持という三位一体の機能を有する「海禁＝朝貢システム」が形成されたのである。

　洪武年間（1368〜98年），明朝は海外への使節を35回も派遣し，積極的に朝貢使節を受け入れた。その結果，この時期，17カ国が朝貢するにいたった。朝貢貿易は，東アジア地域がきわめて多く，高麗と朝鮮王朝はあわせて60回，琉球も中山・山北・山南の3王国をあわせて，計54回もの朝貢をおこなっている。日本からも，南朝の懐良親王などの名義により10回の来貢が記録されているが，その多くは却下された。また東南アジアでは，アユタヤ朝（39回），ベトナム（25回），チャンパー（23回），カンボジア（12回），マジャパヒト朝（11回），パレ

3　大交易時代のアジア　165

ンバン（6回）などの諸国が来貢しており，インド洋地域からはインド南部のチョーラ朝の来貢が記録されている。

　ところが明朝は，1386年に日本と断交したのをはじめ，94年には，琉球，カンボジア，シャム（現タイ）を除く海外諸国の朝貢を絶つとともに，民間の海外貿易を重ねて厳禁した。こうして洪武末年には，民間貿易だけではなく，朝貢貿易までもが厳しく制約されていった。

　しかし，1402年に即位した永楽帝（えいらくてい）の時代は，対外的に閉鎖志向であった明朝にあって，例外的に積極的な外交・通商政策がとられた時代である。ベトナムへの侵攻，5回に及ぶモンゴル遠征などの大規模な軍事遠征が繰り返された。また，海洋進出の代表例として鄭和（ていわ）の遠征が知られている。鄭和は，本名を馬三保（さんぽう）といい，雲南のムスリムの家に生まれた。先祖は元代に雲南の開発に尽力した色目人政治家サイイド・アジャッル（賽典赤（さいてんせき））であり，「馬」は預言者ムハンマドの子孫であることを意味する。その後，鄭和は宦官（かんがん）でありながら軍功をあげて出世し，1405～33年，7回にわたる遠征を率いた。その航跡は，ベトナム，ジャワ，スマトラ，マラッカ（ムラカ）など東南アジアだけでなく，カリカット，ベンガル，アデン，ジェッダ，さらに東アフリカのマリンディにまで及んだ。その目的は，明への朝貢の督促と胡椒（こしょう）や蘇木（そぼく）などの南海産品を持ち帰ることであった。その旗艦の全長は約130メートルにも及び，コロンブスのサンタマリア号の5倍もある大船であった。鄭和艦隊は従来の交易ルートを利用して航海し，アジア域内貿易を前提に中国を頂点とする朝貢貿易の広域化を目論んだものであった。その結果，朝貢国の数は総計40カ国以上にのぼった。

　このようにみると，はるか遠方の国々から中華文明の徳を慕って，朝貢しにきたかのように思われるが，実際は貿易目的であったと考えられる。諸国から明に来航した使節は，実際には国家の使節ではなくて貿易商人であったかもしれない。鄭和の遠征については原史料が残されていないためにさまざまな憶測がなされているが，明朝がイスラームのネットワークをもつ鄭和を活用し，中華のシステムをインド洋に広がるイスラーム・ネットワークに接合しようとしたことは間違いなかろう。しかし，鄭和の遠征が終わると，インド洋からの朝貢は急減し，15世紀半ばのセイロン（現スリランカ）からの朝貢が最後となった。

政治の海

　東アジア海域は古い時代から「政治の海」としての性格が強かった。21世紀

にはいり，急速な経済発展を遂げた中国が南シナ海において影響力を拡大させているが，そのような海への関与の仕方は「海禁＝朝貢システム」に原型をみることができる。アジアの海域史を研究している羽田正によると，インド洋沿岸の国家は領域内の人々と強い政治的関係をもたず，商人たちの活動に対しても関心がなかったという（納税はした）。すなわち，国家の枠に捉われず，商人たちは集団レベルで自由な貿易をおこなっていたのである。これに対して，東アジアではそれぞれの「国」が明朝に臣従することを条件に貿易がおこなわれており，「国」と「人」とが一致するという原則があったという。つまり，この原則に違反して中国と貿易をおこなえば，それは密貿易であり，海賊として罰せられることになる。インド洋海域が「経済の海」だとすると，東アジアの海は「政治の海」であった。これはあくまで理念上の秩序である。しかし，海を越えて東南アジアに一定の影響を与えていった。

　このような明の海禁＝朝貢貿易の政策は，東アジア・東南アジア海域において，思わぬ効果を生んだ。すなわち，現地支配者の権威を高め，国家統合を進める役割をはたしたのである。13〜14世紀，東シナ海から南シナ海にかけて貿易活動が活発化していたことは，各地で発見される中国製陶磁器の破片の数が増加することからうかがえる。モンゴル帝国の朝貢招請以来，官民含めた交易が栄えていたといえる。14世紀末，明の海禁によって，多くの華人海商が福建（ふっけん）や広東（カントン）から東南アジア各地に移住し，現地の王権のもとで，実質的に明朝との朝貢貿易を担ったのである。15世紀前半には，鄭和の遠征に呼応して多くの港市国家が来貢し，とくにシャムのアユタヤ朝やジャワのマジャパヒト朝は，明朝との朝貢貿易と東南アジア域内貿易を結びつけて繁栄した。この時期，東南アジアの「交易の時代」を象徴する二つの港市国家がある。東にあって，東アジアと東南アジア貿易の結節点として繁栄した琉球，そして西では，東南アジアとインド洋を結ぶ集散港として台頭したマラッカをあげることができる。

　琉球を例にとってみよう。琉球が中国との朝貢関係を開始したのは14世紀後半，中山王察度（さっと）の入貢以来である。しかし，その前提の一つには，ほぼ同時期における日元間の貿易ルートの変更があった。倭寇の活発化により，中国沿海部の治安が悪化し，従来の博多―明州（現在の寧波）ルートにかわり，琉球を経由する肥後高瀬―福建ルートが一時的に利用されることになった。琉球列島が日明間を中継する要因をみてとれよう。また，福建から東南アジアへの移民・交易の拡大は琉球にもいたり，那覇（なは）に華人居留地「久米村」が築かれた。

3　大交易時代のアジア

そして，明朝も朝貢貿易の便を考え，琉球に外交・交易の専門集団としての福建系中国人，いわゆる「閩人三十六姓」を派遣し，また海船を無償で支給したりした。一方，琉球の権力者も朝貢活動の円滑な運営のため，この福建系華人を利用した。

　琉球は日本，朝鮮，そして東南アジアを結ぶ中継貿易を展開し，その中国への進貢船は，硫黄・馬や貝殻などの沖縄諸島の物産，日本刀や扇子など日本の工芸品，東南アジア産の胡椒などを持ち込み，帰路には中国の陶磁器や絹などを持ち帰って別の国にもたらした。琉球の外交文書である『歴代宝案』には明との交流に加えて，シャム・安南・ジャワ・パレンバン・マラッカ・スマトラなど東南アジア諸地域との盛んな交易の姿がうかがえる。「大交易時代」を築いた琉球の中継貿易の基層には民間勢力としての福建や九州の商人たちの存在をみる必要がある。琉球の繁栄の背景には，東シナ海・南シナ海に活動した華人・「倭人」などの民間商人による地域間交易のネットワークに琉球列島が組み込まれ，無国籍的な海商たちが集う寄港地として，天然の良港，那覇が自然発生的に形成・活用されたことがあると思われる。そして朝貢貿易が重要度を増すようになると，琉球列島の権力者は中国皇帝に朝貢し，より積極的に中華の制度を導入し，自らを権威化することで「琉球」(もとは明朝からの命名)としての王権の存立を確かなものとしていったのである(琉球の「琉球化」)。

海賊がつなぐ海

　15世紀半ばになると，海禁＝朝貢システムは揺らぎ始め，明朝への朝貢国は減少し，かわって密貿易が活発化していった。そして15世紀末から16世紀初頭にかけて，海禁＝朝貢体制がしだいに弛緩するとともに，東南沿海の広州湾や，西北辺境では，朝貢貿易の枠外に「互市」というシステムが成長してゆく。互市とは，中国の辺境における管理された貿易のことである。儀礼的な君臣関係をもたない民間商人や国家がこの枠内で中国と貿易することが許された。

　16世紀にはいると，対外貿易をめぐる暴力事件が発生するようになる。ポルトガルは1511年にマラッカを占領し，東南アジアの海上貿易に強引に参入する。このためムスリム海商は周辺の港市に拠点を移し，東南アジアの交易ネットワークは多極化する。1513年にはポルトガル船は広州湾に来航して「互市」に参入しようと試みる。また，日本の大内氏と細川氏による朝貢貿易の主導権争いが激化し，1523年には寧波における武力衝突(寧波の乱)へと発展した。琉球の

朝貢貿易も1520年代からは朝貢船の減少や小型化によっていっそう縮小した。こうしてしだいに海上貿易の中心は密貿易へと移っていった。
　このような動きの最大の原因は，中国国内，とくに江南デルタなどで商品経済が発達し，それにともなって貨幣需要が増大したにもかかわらず，それを埋め合わせる貨幣が存在しなかったからである。明朝の建前としての現物主義に限界がきていたのである。
　この時期，経済の中心地となった江南地域では生態系の変化が起きていた。宋・元の時期に「蘇湖熟すれば天下足る」といわれ，蘇州・湖州など長江下流域は一面の水田地帯であった。しかし，15世紀から水不足が進み，米作は減少し，桑や木綿の作付けへと転換していった。農業は商業化し，生糸・木綿の生産がおこなわれ，とくに松江の木綿，湖州の養蚕は有名であった。さらに織布・染色・つや出しなど繊維関連の手工業が農家の副業として発展した。こうした商業的な農業経済への転換により，多くの資本や労働力が必要とされるにいたった。また，茶や藍（あい）などの農産物や陶磁器・鉄・紙などの商品生産も発展した。重要な点は，こうした中国産品が国内市場を制しただけでなく，日本やヨーロッパなど広く海外に市場をもつにいたったことである。ヨーロッパ人による中国産品の買付けが拡大し，大量の銀が中国にもたらされた。
　16～17世紀東アジア海域における交易時代の「エンジン」となったのは，銀の流通であった。日本からは，1530年代，朝鮮半島経由で伝来した灰吹法という精錬技術を用いて開発された石見（いわみ）銀山から大量の銀が中国に流入した。また，メキシコ銀がフィリピンのマニラ経由で中国に流入した。こうして，海外の銀と中国の生糸・陶磁器などの交易は，当時の東アジアで最大利益をあげる貿易となり，東アジア海域はさまざまな出自の商人が「せめぎあう海」となったのである。ポルトガルによる平戸開港（1550年），マカオでの居留権獲得（57年），長崎開港（71年），そしてスペインによるマニラの建設（71年）などは，この交易ブームによる一連のできごとであった。密貿易はおもに後期倭寇の主力であった華人海賊，そしてポルトガル商人によっておこなわれた。
　このときに活躍した「海賊」に王直（おうちょく）という人物がいる。安徽省徽州の出身で塩商をへて広州へ出たのち，日本・ルソン・ベトナム・シャム・マラッカに禁制品の硫黄・生糸などを輸出して富を築いた後期倭寇のリーダーである。浙江省沿海の島を拠点としていたが，のちに九州の戦国大名との交易を通じて，頻繁に五島や平戸に来航し，拠点を平戸に移した。1543年，ポルトガル人が種子

3　大交易時代のアジア

島に鉄砲を伝えた際に通訳を務めた「大明儒生五峯」と称する人物は王直であったとされる。もっとも鉄砲は五島や平戸へはすでに伝来していた可能性が高く、火薬の原料である硝石が日本では産出しないため、中国からこれをもたらす王直を九州の領主たちは歓迎したと思われる。その背景には戦国期日本で火薬の需要が高まっていたことがある。

　一方、ポルトガル人は、1511年にマラッカ王国を滅ぼした際、琉球（レキオ）の存在を知り、そこから日本の情報を得ていた。マラッカより東のアジア海域の地理学的情報をヨーロッパの言葉ではじめて記したトメ・ピレスの『東方諸国記』には、琉球人が日本に赴き、黄金と銅を買い入れ、さらにマラッカに黄金・銅・武器・工芸品・生糸・陶器・緞子などをもたらした、と書かれている。1557年マカオでの交易活動を許されたポルトガルは、日本・中国間の中継貿易である「南蛮貿易」で富を獲得し、その利益は他の拠点であったゴアとマラッカの維持にもあてられるほどであった。

　また1547年フランシスコ・ザビエルはインドから中国に向かう途中、マラッカでアンジローという薩摩出身の日本人に出会い、洗礼を施している。日本が「銀の島」だということは当然マラッカに伝わっていたはずである。そして、1549年ザビエルはキリスト教布教のため日本に上陸した。本格的に世界と日本とが結びつく、東アジアの第1次グローバリゼーションの始まりは、倭寇や琉球人などのネットワークによって準備されたのである。

　王直など倭寇を鎮圧した明朝は1567年ころ、海禁をゆるめ、民間商人の海上交易を認めた。おりしも太平洋ルートでアジアに進出してきたスペインが1571年にマニラを建設し、ガレオン船によりメキシコから大量の銀が流入し、東アジア・東南アジアの交易ブームはいっそう過熱化していった。16世紀後半から17世紀半ばに清朝が鄭氏勢力を封じ込めるための「遷界令」を発令するまでの約90年間、中国海商は積極的に海外貿易を展開し、交易ネットワークを拡大させた。その結果、マニラ、ベトナム中部のホイアン、シャムのアユタヤ、ジャワのバタヴィアなど海域アジア各地に華人コミュニティが形成された。マニラでは福建とのあいだを華商による大型ジャンクが年20～30隻往来し、開港後20～30年で華僑人口は百人規模から3万人に増加した。華商は独自の交易以外にヨーロッパ商人の代理人としての役割をはたすこともあった。また九州各地の港町にも華人海商や知識人などが渡来し、「唐人町」が形成されたが、のちの「鎖国」政策で長崎以外の唐人町は日本社会に同化してゆき、東南アジアの

ような華人コミュニティとそのネットワークが成長することはなかった。

清朝の平和

　17世紀，商業の活性化により，明の現物経済の理念は破綻し，草原および海外世界との分断をはかった長城の増築や海禁政策も乗り越えて，民間の密貿易で力をつけた勢力が中国の周辺部から立ち上がってきた。

　北方からは，のちに明を滅亡にいたらせることになる北方の女真（じょしん）というツングース系の民族である。女真が暮す森林地域は高麗人参や貂（てん）の毛皮が特産で，中国の経済発展にともない，その密貿易が拡大する。そうしたなか，台頭してきたのがヌルハチである。およそ30年をかけて女真の諸部族を統一，のちに「満洲（マンジュ）」と改名する。この集団の性格として注目すべきは，異民族から構成された武装商業集団としての性格である。交易達成のためには異民族との協力関係を維持しなければならない局面もあった。清朝は，その初期の時点において，すでに満洲人・漢人・モンゴル人を含んだ多民族の混成政権の志向性を有していたのである。

　東南沿岸でも，海域交易を支配した王直のような勢力があらわれる。福建出身の鄭氏の海上勢力である。1620年代後半，おもに厦門（アモイ）を拠点に日中間の貿易を支配した鄭芝龍（ていしりゅう）は，700隻の船を配下にもち，彼が発行した証明書なしには東アジアの海は航海できないほどであった。1644年に明が滅亡すると，鄭芝龍は清に帰順したが，平戸で芝龍と日本人女性である田川マツとのあいだに生まれた子の鄭成功（ていせいこう）は，父親と別れ，清朝に抵抗する道を選んだ。鄭成功は，東シナ海や南シナ海での交易で得た潤沢な資金をもとに勢力を誇示し，清朝を脅かした。しかし，清朝は鄭氏勢力と住民との接触を絶つため，1661年に遷海令を出して，海岸線から30里（15キロ）以内に住む住民を内陸に移住させた。そのため，台湾へと移動した鄭成功は，台湾に拠点を設けていたオランダ東インド会社を攻め，台湾から撤退させた。その後，鄭成功も死去し，清朝は鄭氏勢力を鎮圧することに成功した。ここに，16世紀以降，東アジア海域を支配し続けてきた海上軍事勢力は姿を消すことになった。しかし，オランダ東インド会社は東シナ海から撤退後，東南アジア島嶼（とうしょ）部を武力制圧し，領土支配を広げていった。18世紀半ばにはジャワ島全土を占領するなど，交易の独占から植民地支配へと支配形態を変え，20世紀まで続くオランダ支配の基礎を築いた。

　ヌルハチのもとに服属した諸集団は，八つの軍隊からなる「八旗」を編成し，

3　大交易時代のアジア　　171

モンゴル文字を改良した満洲文字をつくるなど，独自の制度を整えた。そして1616年にヌルハチは，「ハン」の位に就き，アイシンを建国した。ヌルハチの死後，ハンの位を継いだホンタイジは，明の制度をまねた中央官制を整備した。1636年，ホンタイジは中国風に「大清」の国号を定めて皇帝に即位した。その儀式には，満洲人・モンゴル人・漢人のそれぞれが即位を願う上奏文を奉じる形式をとるなど，ここでも「多民族国家」としての性格が示されていた。
　このように清朝が，商業・多民族志向という点において，商業を忌避し，華と夷を分別しようという明朝の性格とはまったく反対であったことがわかる。明朝は国内の内乱でなかば自滅するのであるが，清朝がこれにとってかわったのも，清朝の体質が時代の趨勢にふさわしかったからともいえよう。
　清朝に抵抗し続けていた三藩の乱や鄭氏勢力が弾圧された1680年代から100年あまり，中国清朝は康熙帝・擁正帝・乾隆帝の3人の優れた皇帝のもと安定した支配をおこなった。東南沿岸の安定にともない，清朝の関心は内陸部へと移った。北方でまず直面した強敵はロシアである。毛皮を求めてシベリアに進出してきたロシアは17世紀前半に太平洋岸に到達，黒龍江沿岸で清朝と対峙するにいたる。1689年に結ばれたネルチンスク条約で，アルグン川・外興安嶺の線で両国の国境が決められたが，この条約は中国がはじめて外国と対等の立場で結んだ条約といわれる。
　もう一つ，中央アジアで強大化していたのが遊牧帝国ジュンガルであった。ロシアとの妥協を清朝が急いだのもジュンガルを牽制する意図があった。ジュンガルは東トルキスタンを支配しつつ，中央アジアへ進出，さらに彼らが信仰するチベット仏教の本拠であるチベットをめぐって清朝と対立していた。ジュンガルがチベットに侵入すると，これを機に清朝はチベットに介入し，徐々にチベット支配を強化していった。1755年，乾隆帝がジュンガル帝国を滅ぼし，東トルキスタン全域を清朝の支配下に入れ，「新疆」(新しい領土)と名づけた。こうして清朝はモンゴル帝国以来の広大な領域を支配するにいたった。
　その清朝の統治はいくつかのレベルに分かれていた。第1に，清朝の発祥の地である東北地域は特別行政区域とされ，漢人の入植は清末まで禁止されていた。第2は，18の省がおかれた中国本土で，明同様，科挙官僚が派遣されて統治がなされた。西南地域のミャオやヤオの少数民族居住地では，少数民族の有力者を「土司」に任命して，世襲の統治をおこなわせた。第3は，内外モンゴル・新疆・青海・チベットで「藩部」と呼ばれ，理藩院の管轄下におかれた。

その他，周辺の朝鮮・琉球など，清朝に定期的に朝貢使節を派遣していた国も実質的な支配は及ばなかったものの，理念的には中国皇帝の勢力下にあったと考えられた。また，広州で貿易をおこなうために来航したヨーロッパの国々は清朝の側からみれば，恩恵を求めてきた「互市」の国として第4の領域に位置づけられた。

この統治体制を歴代の中国王朝と比べてみると，中国本土と朝貢国の領域については歴代王朝の支配構造を受け継いでおり，清朝皇帝は中華帝国の皇帝としての顔をもっていた。一方，東北地域と藩部の領域については，清朝皇帝は北方・西方民族のハンとして支配していたのである。清朝皇帝は二つの顔をもっていたのである。

清朝支配が安定していた時期，その繁栄ぶりをあらわすような膨大な文化事業がおこなわれた。康熙帝は毎日，学者に儒学の講義を命じた。彼は朱子学を重んじ，『康熙字典』『古今図書集成』といった大部の書物を編纂させた。康熙帝の時代には，古今の書籍を網羅して編纂した『四庫全書』がつくられたが，清朝批判の書物を見つけ出すという政治的な意図もあった。また，カトリックの宣教師がもたらした科学的知識は中国の知識人のあいだで関心を集める。康熙帝や乾隆帝も西洋の天文・地理・数学・医学などの科学を重視し，宮廷内で専門家として重用した。そのころ，中国で活躍していたイエズス会の宣教師は中国人の風俗習慣を尊重しながら布教活動をおこなっていたが，これが教皇庁で問題視され（典礼問題），教皇庁が中国人信者の祖先祭祀などを認めない方針を出すと，清朝はキリスト教に対して厳しい姿勢をとるようになり，雍正帝のとき，キリスト教の布教が禁止された。

人口爆発と社会の流動化

鄭氏勢力との闘いのため，1630年代から80年代にかけて，中国の貿易活動は停滞したが，海賊勢力がいなくなると，康熙帝は海禁を解き，沿海地方に海関を設けて貿易を再開する。ここにきて，清朝は朝貢と通商を切り離し，朝貢をおこなわず「互市」だけをおこなうことを正式に容認するようになった。これ以降，清朝は海外貿易の拡大へと大きく舵を切ったのである。

それまで最大の貿易相手国であった日本で銀の産出が減少したため，中国にとって重要な貿易相手国は東南アジアとインドであった。福建や広東の商人が大挙して，東南アジアへ渡航した。たとえば，シャムに渡った潮州人移民は現

地の米流通を支配し，中国とシャムとの貿易を大規模におこない，現在にいたるタイの華人財閥を形成していった。

　明代中期以降，中国の経済は外需，とくに銀の流入に依存するようになった。この時期日本にかわって，新しい貿易相手国があらわれる。それは17世紀末から広州にやってくるようになった西洋諸国である。彼らは当時の世界商品であった中国の陶磁器・生糸・茶を直接買いつけるため，中国へのアプローチを試みるようになる。西洋諸国は東南アジアの国々のように中国へ輸出する物産をもたなかったため，支払いは銀でおこなうしかなかった。とくにイギリスでは産業革命をへて，人々の生活のなかに喫茶の習慣が定着しつつあり，中国産の茶を大量に消費するようになっていた。銀の流入によって中国は未曾有の繁栄を示し，「乾隆の盛世」と呼ばれる清朝の黄金時代となった。

　注目すべきは，この時期，中国で世界にも類をみない勢いで人口が増加したことである。戦乱と不況の17世紀は1億で推移したが，康熙年間の末から雍正年間，社会が安定し，人口は増加傾向を示し，18世紀半ばに3億に増加し，19世紀にはいると，なんと4億に達した。この人口増加の背景には，商業発展に加えて，華中・華南の山地開発があった。藍・タバコ・木材・紙・茶・漆などの商品作物が生産された。このため，山地への移住がさかんにおこなわれたが，16世紀にアメリカ大陸から移入されたトウモロコシやサツマイモなどが山地でも栽培可能であり，貴重な食糧となった。しかし，山地の過度の開発は環境破壊を招き，土壌の流出などによる洪水が頻発した。さらに辺境は政府の監視がゆきとどかず，単身男性が集まり，暴動や叛乱が発生しやすかった。18世紀末には新しく開発された陝西・四川・湖北の省境地帯では，白蓮教徒による宗教叛乱が起こり，清朝の支配を脅かすほどにいたった。

　じつはこの清代の人口爆発と流動化する中国社会のなかに，今日の「膨張する」中国の謎を解くカギがある。人口が増加すれば，それに見合った行政力の強化が必要である。しかし，清朝の場合，人口が2倍3倍になっても，官僚のポストは微増したにすぎなかった。それは地方長官の負担増と無政府空間の増加を意味した。たとえば，500年ほど前の宋代の県知事は約8万人の民衆を見張ればよかったが，18世紀末の県知事は約25万人の，19世紀には約30万人もの民衆を管理しなければならなくなったのである。清朝統治の及ばない「隙間」が全国規模で生じていった。こうした無政府空間を埋めたのが，官僚ポストにあぶれて清朝に不満をいだきだした知識人や遠距離交易で富裕化した商人，

そして犯罪分子であった。

　中国では「農本商末」思想が長く続いたが，明清時代になると，利益を追求することに倫理的問題はなくなり，商才のある子弟を積極的に支援する事例が増える。当時の「儒を棄て，商に就く」という常套句(じょうとうく)は，官僚への道と商人への道が二者選択となっていたことを示している。そのため，宗族のなかには子弟の科挙による立身と商売による発財を一族の戦略とする者もでてきた。明代中期以降，商人らは出身地別にグループ(「商幇(しょうほう)」)を形成し，中国各地に商業ネットワークを展開した。

　当時の人の流れをみるため，中国の内陸部である安徽省徽州商人の事例をみてみよう。先に紹介した16世紀半ばの東アジアの海で活躍，ポルトガル人を日本につなぎ，平戸に拠点をもった海賊王直もこの徽州の出身であった。徽州商人は明代では山西商人と並ぶ二大商幇である。徽州は山間の盆地に位置したため，耕地不足から出稼ぎや移住をするしかなかった。しかし，山間部とはいえ，長江や大運河とのアクセスの良さから江南デルタを経由して北は北京，南は福建・広東へとつながっていた。徽州商人は，明代以前から地元特産の竹・木・瓦(かわら)・漆など建築材や，硯(すずり)・墨・筆・紙・茶などを行商していた(いわゆる「文房四宝」で知られる徽墨・歙硯(きゅうけん)・宣紙は安徽特産)が，明代からは塩商として勢力を拡大し，長江流域や華北と江南を結ぶ大運河などの交通の要衝を押さえて，綿布や生糸，絹，木材，米，大豆などの地域による価格差が大きい商品を全国に売りさばきビジネスに成功した。明代徽州の民間では「走広」(広東に行く)という慣用句があった。明代のころまで，嶺南(広東・広西)の地は，それ以北の人から「瘴気(しょうき)(マラリアなどの疫病)の地」として恐れられていた。しかし，開発による環境変化や漢民族の南下によって，疫病の流行地域は縮小し，人々の意識も変化していった。徽州の商人も頻繁に広東へ行くようになったのである。安徽の茶は高級茶として知られ，徽商によって広州に運ばれたのち，西洋諸国に輸出された。このビジネスは成功したようで，徽州から広東までの行程(地名や寺廟など)の情報や船の借り方，仲介商人や納税についての情報が記載されたガイドブックが多数刊行されていた。彼らは出稼ぎ先における相互扶助のため，徽州会館を設立し，異郷で亡くなった同郷者の棺を故郷へ送還するなどの慈善活動を共同でおこなった。このような団体は広州以外にも天津・上海(シャンハイ)・杭州などにもつくられた。

　このほかに明・清代に活躍した商幇としては，台湾や東南アジアに商圏を拡

大した福建省の厦門・泉州の商人，清末の太平天国の兵乱を逃れて，上海を拠点に勢力を拡大した浙江省の寧波人，北米のゴールドラッシュなどを契機に多くの海外移民を生んだ広東人などのグループがある。現在も海外各地のチャイナタウンに行くと，地縁・血縁に基づく団体がみられるが，それは中国国内の同郷ネットワークの延長上に位置づけられる。このように，急増した人口の一部は，商品や人が移動するルート上を同郷ネットワークの国内外へ伸展するというかたちをみた。

　急増した人口の受け皿は，地理的空間からみると市鎮というマーケット・タウンである。商品流通が拡大する過程で，農村と都市の中間地点に市鎮が形成された。先に紹介した徽州商人に関して，当時の江南では「徽商がいなければ鎮は生まれない」ということわざがあった。中国経済史の岡本隆司は，日本と中国の近世における集落形態の比較をおこない，中国ではこの時期に増殖した市鎮など行政機能をもたない集落に人口の大多数が居住していたという。つまり，国家権力の管理がゆきとどかない「民」の空間の存在の有無が，日本と中国の大きな違いなのである。そして，この市鎮社会こそが，農村と都市の境界であり，無頼などの遊民やブローカーが暗躍し，密売や人身売買が横行する空間となっていた。たとえば，清末，華南の珠江デルタ地域の市鎮では，海外の労働力需要に応えるべく，苦力の募集や海外出稼ぎの斡旋がおこなわれていた。貧困だけでは海外への大量移民は生まれない。海外の情報に敏感に反応し，労働者を斡旋するブローカーの存在が重要である。国家による公的な社会保障制度が発達しなかった中国社会において，このような仲介機能が欠かせなかった。

　このように増加した人口は空間的には市鎮へと流れたが，社会構造的にみた場合，それは「民間社会」として把握され，そこにおける秩序は農村部では宗族が，都市部では商人による同郷・同業会館，そして秘密結社などの中間団体が担うこととなった。清朝の行政力の低下とは裏腹に，多種多様な中間団体の数は劇的に増えていった。国家による制度的な保障のほとんどない社会において，民衆はさまざまな縁故を頼り，いずれかの中間団体に属すことでしか，生存しえなかったのである。

アジアの「発展」の型

　近代以降に形成され，今日も広く共有されている，「遅れた」アジアと「進んだ」ヨーロッパという西洋中心主義的な歴史認識に対しては，これまでもさ

まざまなかたちで批評がなされてきた。ここでそれらを振り返ることはしない。それは，21世紀の今日，中国を筆頭にアジア諸国の発展がめざましい（少なくとも経済面）という現実から議論を組み直す必要があるからでもある。これに関して近年経済史研究者のあいだで歴史像の見直しにつながる興味深い指摘がなされている。アメリカの経済史家ポメランツは『大分岐』という著作のなかで，18世紀末までは，世界の中核地域であった中国の長江デルタ，日本と西ヨーロッパのイングランドは，生活水準や経済発展のレベルにおいて同程度にあり，商業的農業化とプロト工業化を軸とした地域間分業と市場経済の発展が存在したと指摘した。しかし，18世紀後半の人口増加にともなう生態環境の制約（エネルギー源としての森林資源の縮小や土壌流出など）に直面するなかで，西ヨーロッパだけがその危機を突破し，産業革命をへて，近代化に成功したとされる。

　この議論に対して，東アジアにおいても独自の仕方で危機を乗り越えたことが明らかにされている。すなわち，18世紀の日本では農業・商工業ともに開発が限界に達したが，嫡子単独相続による「イエ」が確立したことにより，農家経営の過度の零細化は回避され，限られた資源を持続的に利用する資源節約的なシステムが形成され，「東アジア型発展経路」をたどったとされる。一方，18世紀の中国では，国内フロンティアの開発・市場経済の発達・海外貿易の拡大によって，経済成長が持続し人口も急増した。中国の宗族にみられる均分相続は経済の成長局面においては，富を広範に分配して経済活動をいっそう活発化し，人口のさらなる増加を可能にし，行政力の低下とあいまって，宗族や同郷組織など中間団体の成長を促した。しかし18世紀末以降，中国においても開発が限界に達し，富の細分化と取り分の減少によって農民の窮乏化が進行したのである。

　こうしてみると，「ヨーロッパの優位は18世紀末から20世紀末まで200年間のできごとにすぎないのではないか」とか，「再び中国の時代がきた」などという極論まででてくるかもしれない。しかし，考えてみれば，ここでいう「発展」という見方やそこで使用されている指標は基本的に西洋近代の学問に由来するのである。「発展」や「進歩」というイデオロギーにかわるパラダイムが登場しない限り，ヨーロッパの優位は揺るがないように思う。

　したがって，ここで考えるべきことはむしろアジアの国や地域の「発展」の「仕方」，その内在的なメカニズムではないか。統計的な数字も重要だが，数字にはあらわれない社会の質的な変化に注目すべきだと思う。その意味で，明・

清期の中国をみると，軽々と国境を越えて活動する人々の姿が顕著である。それは地縁・血縁などのネットワークとして外へと拡大してゆくかたちの「発展」をみせた。中国という「まとまり」を近代的用語で分析することの困難さは，まさに16〜18世紀に現実となったのである。鎖国によって，国家統制が容易であった日本とは異なり，中国が近代的国民国家をめざしながらも未完に終わったのには理由があったのである。

4 　歴史のなかのアフリカ

　「アフリカの歴史」というと、わたしたちは何をイメージするだろうか、というよりも、何をイメージできるだろうか。

　もちろん、ピラミッド、王家の谷、そしてアレクサンドリアの大図書館に代表される文明が咲き誇ったエジプト、ギリシアやローマと地中海西部の覇権を争ったカルタゴ、さらにはローマ帝国やイスラーム諸王朝の支配のもとに、一種の地中海文明圏の一部をなした北アフリカ（マグレブ）など、アフリカ大陸の北に位置する地中海沿岸部については、それなりの歴史をイメージし、語ることが可能かもしれない。

　問題は、それ以外、つまりもっと南にくだり、サハラ砂漠に出会って以降の地域である。この地域は、サハラ（を含んでそれ）以南を意味するサブサハラと呼ばれているが、わたしたちはサブサハラの歴史について、何を知っているのだろうか。ただちに思いつくキーワードとしてあげうるのは、人類のゆりかご、大航海時代と奴隷貿易、植民地化とアフリカ分割、そして1960年「アフリカの年」あたりだろう。もっとも、東部アフリカにおけるホモ・サピエンスの誕生は10万年以上前にさかのぼりうるのに対して、大航海時代が始まるのは15世紀であり、両者のあいだには膨大な時間が流れている。

　いずれにせよ、その時空間的な広がりに比して、サブサハラ、とりわけヨーロッパとの接触が本格的に始まった大航海時代以前の同地域に関するわたしたちの知識は、あまりにも貧弱であるといわざるをえない。

　本節では、国家と呼びうる社会政治組織が各地に成立してから、19世紀にヨーロッパ諸国による植民地化が本格化するまでのアフリカの歴史について、とりわけサブサハラに重点をおきながら概観する。地中海沿岸に広がる北部アフリカについては、西アジア（第1章第1節、第2章第2節、第3章第2節）および地中海沿岸（第1章第2節）を取り扱うほかの節に譲りたい。

「アフリカ史」という困難

　サブサハラの歴史をめぐる知識の貧困という現状の背景には、まずは同地域

に固有の事情がある。すなわちサブサハラに広がったのは，基本的には文字をもたない文化であった。例外は，東北部に位置するエチオピアだけである。歴史学は，通常は文字を用いたなんらかの文書資料（史料）に基づいて進められるから，これは大きなハンディキャップとなる。

　無文字文化の担い手にとって，過去は，おもに口頭によって伝承される。この口頭伝承は，オーラルヒストリーと呼ばれる歴史学の一手法が発展するのにともない，今日では，資料として，文書資料と同等の位置づけを与えられつつある。ただし，口頭伝承によって遡及しうるのは通常400年から500年程度といわれており，それ以前の時期については，資料としての信頼性は低くなる。それゆえ，口頭伝承以外の資料を利用するとか，隣接する諸学問領域の手法を援用するとかいった方策を考案することが必要となる。遺跡の考古学的研究，比較言語学や文化人類学の知見の援用，外部の文献における言及の批判的分析などである。これは，文書資料が比較的豊富に残っているヨーロッパ史や中国史の研究者にとっては，あまり直面することのない課題にして難問である。

　さらに事態を日本に限定すると，そもそもサブサハラのみならずアフリカ全般に対する関心が高くないという固有の事情が付け加わる。欧米諸国は，かつて同地に植民地をかかえ，あるいは同地を舞台とする奴隷貿易の当事者であったということから，一定の関心をもち続けてきた。この関心を反映して，アフリカ史についても，とりわけ広大な植民地を獲得・支配・経営した経験をもつイギリスとフランスを中心として，試行錯誤をへつつもそれなりの蓄積があるといってよい。これに対して，日本にとって，アフリカとりわけサブサハラは，いかなるゆえにか，地理的にも，政治・社会・経済的にも，そして心理的にも，はるかなる「異国」であったし，今日においても「異国」であり続けている。その理由を探ることは，これは日本思想史学の重要な一課題となるだろう。

　かくして，アフリカ史を論じることは，とくに日本では困難である。このような状況のなかで，それでも日本をはじめ世界各地では，アフリカ史を，とりわけ探究困難な大航海時代以前のサブサハラ史を含めて，その総体について明らかにしようとする取組みが続けられている。その意味で，アフリカ史学は現在進行形の学問領域であるといってよい。

自然環境と諸産業

　アフリカ大陸では，さまざまな自然環境が，ほぼ同心円状に位置している。

その中心をなすのは，赤道直下のギニア湾沿岸からコンゴ盆地にかけてみられる熱帯雨林地帯である。その周辺には，サバンナや疎林からなる広大な地帯が広がっている。さらに南北の回帰線付近まで進むと，北回帰線下には広大なサハラ砂漠が，南回帰線下の西部にはカラハリ砂漠が，おのおの姿をあらわす。そして，サハラ砂漠を越えた大陸北端と，カラハリ砂漠を越えた大陸南端には，地中海性気候がみいだせる。

　産業をみると，農牧漁業については，熱帯雨林地帯は，地形や感染症の関係で牧畜に適さず，また気候の関係で穀物栽培にも適していないため，ヤマノイモ，紀元前後にアジアから導入されたバナナ，大航海時代にアメリカから導入されたキャッサバなど，根菜の栽培が中心となった。サバンナ・疎林地帯では，焼畑農耕に基づく雑穀栽培が中心となり，また，このうちサバンナ地帯では牛などの牧畜がみられた。砂漠地帯になると，一部地域における灌漑農業を除き，耕作や牧畜は困難であった。工業については，大陸各地で鉄鉱石が産出されることを反映して，紀元前数世紀ころに西部で鉄器の製造が始まり，ついで各地に広まった。商業については，砂漠周辺地帯で塩が生産され，各地で金が産出し，また象牙の採取が可能だったことなどから，奢侈品の交換を中心とする遠隔地交易が大陸の内外で展開された。

　ただし，アフリカにおける産業史については，依然として不明な点が多い。たとえば，アフリカ大陸にはナイル，ニジェール，コンゴ（ザイール），ザンベジなど大河が流れているが，これら河川が重要な交易ルートをなしていたか否かについては，いまだに定説が定まっていない。それゆえ，なすべきことは山積しているが，今後アフリカ産業史を考えるにあたっては，アフリカ史がもつ二つの特徴が留意されなければならない。

　第1は，技術や知識の継承のあり方である。サブサハラでは，職業が世代間で継承されるという現象がしばしばみられた。それにともない，諸産業や生産にかかわる技術や知識も親から子へと継承されてきた。この場合，技術や知識は，いわば，すでにあるものとみなされるから，新たな生産方法を試行したり，他所で用いられている技術を学習および導入したりして技術革新を遂行することに対するモチベーションは，どうしても低くならざるをえない。技術や知識は変わることなく伝承され継承され，やがて停滞的な色彩を帯びることになる。

　もちろんサブサハラを含むアフリカに住まう人々が新しい技術に無関心だったというわけではない。たとえば，広大なサハラ砂漠を越えて交易をおこなう

べく，紀元前後にはラクダが導入された。数世紀後には，その本格的な利用による砂漠隊商（トランスサハラ）交易が始まり，北部の内陸部からギニア湾沿岸部にかけての地域が地中海沿岸部と結ばれた。

それでも，文化人類学者である川田順造は，アフリカにおける技術や知識の世代間継承制度を，中世ヨーロッパにみられた遍歴職人制度と比較し，技術革新との親和性は後者のほうが高かったと指摘している。

第2は，気候変動をはじめとする自然環境との相互作用である。アフリカでは地域によって自然環境がくっきりと異なるが，これは，自然環境のおのおのがもろい均衡のうえに成立していることを意味する。それゆえアフリカでは，気候変動が産業構造さらには社会の存続そのものを左右し，あるいは逆に産業のあり方が自然環境に大きな影響を与えた。

前者の例として重要なのは，赤道上空を吹く冷涼で湿潤な赤道西風の位置である。8世紀前後，赤道西風の活動域が南北に拡大すると，西部では内陸部が湿潤化してガーナなどの王国が興り，南部ではリンポポ川流域が湿潤化して牧畜を基盤とする社会が成立した。13世紀になると，赤道西風は南下して西部内陸部の湿潤期は終わりを告げ，社会の中心は南下した。これに対して南部では湿潤な地域が広がるようになり，グレートジンバブエなどの王国が最盛期を迎えた。後者の例としては，ナイル川上・中流域の歴史があげられる。このうち中流域では，前9世紀，製鉄業と牧畜を経済的な基盤としてクシュ王国が成立したが，製鉄に必要な森林伐採と牧畜に必要な草地利用が過剰に進行したため，4世紀に滅亡した。上流域では，1世紀，アクスム王国が成立したが，牧畜と農耕による環境破壊を一因として，12世紀に滅亡した。

人とモノの移動

アフリカ大陸，とりわけサブサハラは，砂漠や熱帯雨林が広範に広がっていることもあり，一見人やモノの移動に適さないようにみえるが，実際には，各地でさまざまな移動がなされてきた。

人の移動については，もっとも重要なのは，ムスリム商人や大航海時代以後のヨーロッパ諸国による奴隷貿易にともなう人口移出と，バンツー系住民の移動である。ムスリム商人による奴隷貿易は，アフリカ北部，地中海沿岸部，そして西アジアを市場とし，召使いを主要な使途とする奴隷が交易された。売買された奴隷は合計で1200万人にのぼり，男女比は1対2で女性が多かったと概

算されている。

　また，紀元前後のサブサハラをみると，すでに農耕や牧畜が広まっていた西部や東部，農耕が始まった中部，そして狩猟・採集経済に依存していた南部と，北から南に向かう農耕の普及がみられた。この事態を担ったのが，バンツー語と呼ばれる言語を用いる人々である。バンツー系住民は，西部の内陸部（現カメルーン・ナイジェリア国境付近）に故地をもち，おもに農耕に従事していたが，前5世紀ころにアフリカに伝えられた鉄器製造技術をいち早く受容し，気候変動などを契機として，前3世紀ころに東および南に向かう大移動を開始したといわれている。移動は10世紀までには終了するが，この過程で，彼らは中部や南部に鉄器製造技術と農耕をもたらすとともに，狩猟・採集経済に依拠していた先住民（中部のピグミー系住民，南部のコイサン系住民）の優位に立った。

　モノの移動をみると，農耕や生活必需品製造業については技術水準と生産性が低いため地域内における自給自作的な性格が強かったことを反映して，奢侈品や特産物の遠隔地交易が重要な位置を占め，また政治的あるいは社会的に大きなインパクトをもった。すなわち，遠隔地交易ルートを掌握した国家が興隆し，交易を保護するとともに，その利益を独占的に享受したのである。

　西部では，主要な交易物産は，各地で産出される金，砂漠周辺地帯で産出される塩，そして奴隷であった。7世紀にイスラーム勢力が地中海沿岸部の北アフリカに進出すると，ムスリム商人が，とりわけ金と奴隷を求め，サハラ砂漠を縦断して西部各地に到来するようになった。ラクダの導入によって可能となり，彼らを主要な担い手として発達したのが，砂漠隊商貿易である。サハラ砂漠周辺の南西部に位置するニジェール川沿いには，砂漠隊商貿易を重要な権力源として，ガーナ王国（7～13世紀），マリ王国（13～15世紀），ソンガイ王国（ガオ王国，15～16世紀）があいついで興亡した。ただし，大航海時代をへてヨーロッパ諸国が海沿いに進出してくると，砂漠隊商交易は衰退することになる。

　東部では，9～10世紀ころ，インド洋沿岸地域にムスリム商人が進出するとともに，季節風を利用して沿岸部，アラビア半島，インドを結ぶインド洋交易ネットワークへの参入が始まった。現ソマリアからモザンビークにいたる沿岸部各地（とりわけ島）に，モガディシオ（現ソマリア），キルワ，ザンジバル（ともに現タンザニア）など交易都市が建設され，ムスリム商人などアラブ人の定住が進んだ。インド洋交易においてアフリカ東部から輸出された主要な物産は，金，奴隷，そして象牙である。また内陸部のナイル川上流域では，アクスム王国

(1〜12世紀)が、インド洋から地中海沿岸にいたる広範な地域を対象とする遠距離交易を経済的な基盤として栄えたが、主要な交易物産はここでもまた金、奴隷、そして象牙であった。

南部では、リンポポ川とザンベジ川流域の内陸部において、各地で産出される金を主要な交易物産とするインド洋交易と、牛の牧畜とを経済的な基盤として、マブングブエ(13世紀)、グレートジンバブエ(13〜15世紀)、トルワ(15〜17世紀)、モノモタパ(15〜19世紀)といった諸国家が勃興した。

これら地域の結節点をなすのは中部、すなわちコンゴ川流域であるが、9世紀になると、同川上流部から、豊富に産出される銅がインド洋沿岸部と大西洋沿岸部の双方に移出されるようになった。そして、コンゴ王国(14〜19世紀)をはじめとする諸王国が、これら交易などを経済的な基盤としながら成立した。

宗教と交易

アフリカ、とりわけサブサハラにおける宗教の歴史を振り返るとき、ただちに目につく特徴は、東部の一部地域を除いてイスラームが重要な役割をはたしたことと、宗教なかでもイスラームの普及が交易と深く結びついていたことである。アフリカのイスラーム化は、地中海沿岸部から西部へ、アラビア半島から東部および南部へ、という二つのルートで進められた。

まず前者のルートであるが、イスラームが成立して布教活動が開始されると、サハラ砂漠の北辺から地中海沿岸にいたるマグレブ地域はただちにイスラーム勢力の支配下におかれ、住民のイスラーム化が進んだ。これは周知の事実であるが、興味深いのはイスラーム化の動きが南下し、西部にイスラームが広まるプロセスである。

マグレブのイスラーム化はアラブ人によって軍事的に進められたが、同地の先住民であるベルベル人は、アラブ人と対抗するべく、イバード派と呼ばれる異端的な信仰を採用した。同派は、イスラームへの改宗を強要せず、他宗教との共存を許容するという特徴をもつ。西部の諸国家や住民、たとえば成立直後のガーナ王国が邂逅(かいこう)したのは、このような「平和的な」イスラームを奉じる、とりわけ商人であった。それゆえ西部では、イスラームの到来以前から存在した伝統的かつ土着的で、国王を権威として崇拝する宗教的な心性をもつ住民が、砂漠隊商貿易を担うムスリム商人と平和共存するという現象がみられた。そして彼らとの経済関係を基盤として、住民のイスラーム化がゆるやかに進行した。

事態が変化したのは11世紀，北西部に成立したムラービト朝が正統派(マーリク派)の信仰を受容し，西部の非ムスリムに対して聖戦を宣言したときである。実際にムラービト朝はガーナ王国を攻撃して崩壊させた。これ以降，マリやソンガイなど西部の諸王国はイスラームを国教とし，同地域のイスラーム化は急速に進んでゆくことになる。これら諸王国にとっても，イスラームは，領土を拡張し，より多くの住民を統合する際に必要となる権威の源泉として，受容するメリットをもつものであった。

　つぎに後者のルートであるが，季節風を利用してアフリカ東部とアラビア半島などを結ぶインド洋交易そのものは，紀元前からおこなわれていた。イスラームが成立すると，まずはアフリカ東部に点在する島嶼部，ついで沿岸部に，アラブ系やペルシア系のムスリム商人が出現した。それとともに，住民のあいだでイスラームの受容が始まり，すでに8世紀には島嶼部の都市で，13世紀にはいると沿岸部の交易都市にも，モスクが建設されるにいたった。これら都市は一種の都市国家の様相を呈したが，そこではアラブ系，ペルシア系，そしてバンツー系住民が共存していた。

　このようなイスラーム化というアフリカ大陸全体の歴史的傾向に対して，例外的な存在となったのがナイル川流域である。これら地域では，早くからキリスト教が受容され，イスラーム勢力の進出に抵抗し，あるいは彼らと共存することが試みられた。

　このうちナイル川下流域(現エジプト)では，キリスト教成立直後から，アレクサンドリアを中心として，布教と受容が始まった。ただし，同地で広まった信仰はカルケドン公会議(451年)で異端と宣告されて主流派と分裂し，信者たちは，今日のコプト教会を結成した。7世紀には，イスラームが同地域に進出して支配的勢力となったが，コプト教会は人頭税を支払うことなどを条件に存続を許された。

　またナイル川中流域では，3〜4世紀ころにキリスト教化が始まり，ノバティアとムクリアという二つのキリスト教王国が成立した。両者は7世紀に統一されてドンゴラ王国となり，また同じころアロディア王国が建国された。これらキリスト教諸王国は，イスラーム勢力とのあいだで緊張関係を保ちつつ存続したが，ドンゴラは14世紀にイスラーム化し，アロディアは16世紀に滅亡した。これにより，ナイル川中流域はイスラーム化した。

　さらにナイル川上流域では，アクスム王国のもと，4世紀ころにキリスト教

の受容が始まり，ザグエ王国（12〜13世紀），ソロモン王国（13世紀成立）と，キリスト教王国が続いて今日にいたっている。

大航海時代

　アフリカ大陸にとって，大航海時代は，ジブラルタル海峡に面する地セウタがポルトガルに占領された1415年に始まった。その後，ポルトガルと接触するなかで，ムスリム商人による砂漠隊商交易は衰退し，また，沿岸部を中心として，金や象牙など奢侈品を輸出して衣類や銃器など工業製品を輸入する交易が始まるといった現象がみられた。ただし，これら現象のインパクトは，おもに沿岸部に限られた。

　事態が変化したのは，1505年，スペインがアメリカに対する奴隷輸出を開始してからのことである。コロンブスがアメリカに到達（1492年）して以来，アメリカでは，銀など貴金属の鉱山が開発され，また，サトウキビ，綿花，タバコ，コーヒーなどを生産するプランテーション（大農場経営）が広まった。これらは大量の安価な労働力を必要としたが，ここで着目されたのがアフリカ人奴隷である。ヨーロッパ諸国による奴隷貿易はすでに15世紀初めからなされていたが，アメリカに対する輸出は，その規模と影響の点で圧倒的なものであった。19世紀半ばに奴隷貿易が終了するまでの数世紀で，大西洋を渡った奴隷は1200万人を超え，その男女比は2対1で男性が多かったといわれている。

　これ以後，とりわけアフリカ西部および中央部の沿岸部において，主要な輸出品は奴隷となり，各地で奴隷を獲得するための交易，襲撃，戦争などが広まった。スペインをはじめとするヨーロッパ諸国は，自らが「奴隷狩り」に手を染めたわけではなく，各地の国王や首長といった有力者から奴隷を購入した。大西洋岸の各地には，サン・ルイ，ゴレ島（ともに現セネガル），エルミナ（現ガーナ），サン・トメ（現サン・トメ・プリンシペ），ルアンダ（現アンゴラ）など，奴隷の取引と積出しをおこなうための商館を備えた港湾都市が建設された。国王や首長は，奴隷を入手するべく，他の国家や集団（部族，民族）を襲撃した。こうして，奴隷貿易のインパクトは沿岸部から内陸部へと波及していった。

　16世紀半ばになると，アフリカからアメリカに向かう奴隷貿易を主要な構成要素とする貿易システムが成立した。すなわち，ヨーロッパから各種の工業製品をアフリカに輸出してアフリカ人奴隷と交換取引し，奴隷をアメリカに移送してプランテーションで生産された換金作物（ステイプル）と交換取引し，これ

ら産品をヨーロッパに輸入して販売するというものである。これは大西洋三角貿易と通称されているが，ヨーロッパ諸国の工業の生産性がアフリカやアメリカと比較して相対的に高かったことを基盤とし，またヨーロッパ諸国の政治的，社会的，および経済的な優位を強化するとともに，資本の蓄積，市場や原材料供給地の確保，技術革新のモチベーションの供給など，やがてくるヨーロッパ産業革命の歴史的な前提をなすものであった。

　奴隷貿易を中心とするヨーロッパとの接触は，アフリカ各地に対して，甚大な，それもマイナスの影響を与えた。アフリカの「停滞」を語るとすれば，その基点はこの大航海時代に求められるべきである。まずもって，奴隷の輸出は人口，それも諸産業を担う中核的な労働力である成年男子の減少をもたらし，各地で産業の停滞や衰退を招いた。また，奴隷の交換取引は，取引主体であるアフリカ人有力者や商人にとっては致富の機会であり，他方で一般民衆にとっては奴隷となって故郷を離れることを強制される機会であった。こうしてアフリカ社会は，各地で，国王など有力者と民衆とのあいだで深く分裂することになった。さらに，大西洋三角貿易は，ヨーロッパ諸国の安価で高品質の工業製品を流入させることにより，アフリカの在来工業を衰退させ，さらには技術革新の芽をつんだ。たしかに，キャッサバ，トウモロコシ，ジャガイモなど，アメリカ原産の農作物が導入され，のちに人々の重要な栄養源となるという現象もみられたが，それはあくまでも副次的なものでしかなかった。

　なお，ヨーロッパとアフリカの接触の基本的な形態は，18世紀にいたるまでは，沿岸部における交易にとどまっていた。その重要な例外として最後に言及されなければならないのは，アフリカ大陸の南端で生じた事態，すなわちオランダによるケープ植民地の設置と拡大である。喜望峰周辺の大陸南端地域は，アジアに向かう航路の補給基地として重要な地点であり，また，ヨーロッパ人にとってはなじみ深い地中海性気候が広がっていた。17世紀にはいって国際貿易のヘゲモニーはポルトガルやスペインからオランダに移行するが，その主役たるオランダ東インド会社は，世紀中葉(1652年)に，この地に植民地を拓いた。これがケープ植民地である。同地ではヨーロッパ型の牧畜農耕が可能だったため，数年後にはオランダからの移民による入植と定住が始まった。白人農民の移民は，世紀転換期には1000人を超え，同地はアフリカではまれな白人定住植民地という性格を帯び始めた。定住植民地は，移民の数が増えれば必要な土地も増えるから，必然的に拡大する傾向をもつ。ケープ植民地もその例にもれず，

牧畜を生業とする先住民（コイサン系住民）と衝突しつつ，北方に広がっていった。それにともない，アフリカ大陸南端部の社会構造は，政治，経済，文化など，すべての面で大きく変容することになる。

適応と抵抗

　ポルトガルをはじめとするヨーロッパ諸国の出現に対して，アフリカ大陸の人々はさまざまな対応を示した。

　各地の有力者にとり，豊かで強大なヨーロッパ文化は自己の権威を向上させるアクセサリーであり，ヨーロッパ諸国が求める奴隷貿易は致富の好機であった。たとえば，中央部に広がるコンゴ王国では，1485年ポルトガルと国交が結ばれるや，国王はキリスト教に改宗したりポルトガル国王と義兄弟の契りを結んだりするなど，積極的な欧化政策をとった。これを対等な外交関係の成立とみなしうるか否かは難しい問題であるが，その一方では黒人奴隷の輸出も始まり，王国の周辺地域を含めると，19世紀までに数百万人の奴隷が輸出された。民衆の側をみると，たとえばケープ植民地の成立にともない，先住民は，一定の抵抗をみせつつも，結局は退却と移住をよぎなくされた。ナイル川上流域に広がるキリスト教王国ソロモンは，16世紀にはいってイスラーム勢力と軍事的に衝突するが，その際にはポルトガルに支援を依頼・獲得した。このように，アフリカ各地の人々は，基本的には，自己すなわちアフリカと他者すなわちヨーロッパとのあいだの非対称的な力関係のなかで，ヨーロッパの存在という新たな現実に，積極的にか消極的にか適応せざるをえなかった。

　だからといって，ヨーロッパ諸国の進出に対するアフリカの人々の抵抗が皆無だったというわけではない。16世紀初め，コンゴ国王はポルトガル国王に信書を送り，奴隷貿易に反対する姿勢を明らかにした。アフリカ西部では，17世紀にはいり，イスラーム聖職者が，各地で奴隷輸出をはじめとする海運交易を活発化させていたフランスに対して聖戦を宣言し，武装蜂起した。その背景には，ムスリム商人が担う砂漠隊商貿易が衰退することに対する危機感があった。また，各地で奴隷狩りの対象とされた民衆は，当然ながら逃亡や反抗を試みた。

　しかしながら，総体的に評価すると，大航海時代を始期とするアフリカとヨーロッパの本格的な接触は，後者の圧倒的な優位のなかで進んだといってよい。今日においてもよく目にし耳にする「停滞するアフリカ」というイメージは，この時代以降にヨーロッパとの接触のなかで本格的に実体化してゆくのである。

第4章 欧米の時代

●	イギリス産業革命始まる
1772	ポーランド分割(～95)
1773	プガチョフの叛乱(～75)
1776	アメリカ独立宣言
1782	タイ，ラタナコーシン朝
1789	フランス革命(～99)
1796	イラン，カージャール朝(～1925)
1802	ベトナム，阮朝(～1945)
1804	ハイチ独立。以後ラテンアメリカ諸国の独立続く
1806	神聖ローマ帝国解体
1814	ウィーン会議(～15)
1830	仏，七月革命
1832	英，第1次選挙法改正
1838	英，チャーティスト運動
1839	タンズィマート改革の開始
1840	アヘン戦争(～42)
1848	仏，二月革命。独・オーストリア，三月革命
1851	太平天国の叛乱(～64)
1853	クリミア戦争(～56)
1857	インド大叛乱(～58)
1861	アメリカ，南北戦争(～65)
1864	第1インターナショナル結成
●	中国で洋務運動
1867	ハプスブルク帝国(～1918)
1868	明治維新
1869	スエズ運河開通
1871	ドイツ帝国(～1918)
1876	ミドハト憲法発布
1877	英領インド帝国(～1947)
1884	ベルリン会議(～85)。アフリカ分割
1885	インド国民会議
1887	仏領インドシナ連邦

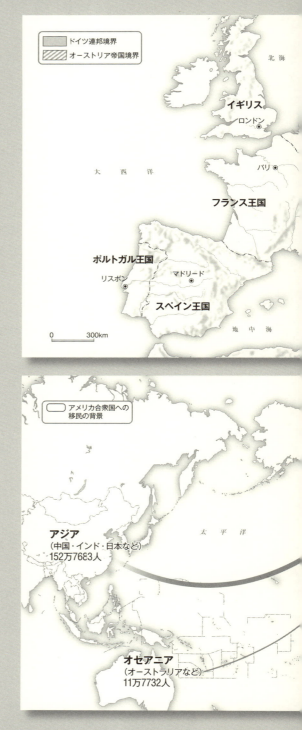

1　二重革命の時代

　18世紀後半から19世紀末にいたる時期を「長い19世紀」と呼ぶとすれば，この長い19世紀は，しばしば，歴史学者エリック・ホブズボームの命名による「二重革命の時代」と呼ばれている。ここでいう二重革命とは，一方に18世紀中葉のイギリスに始まる産業革命，他方に18世紀末のアメリカ（合衆国）独立とフランス革命を典型とする市民革命（ブルジョワ革命）という二種類の革命が，重層的に連関しながら展開し，震源地たるヨーロッパ・北アメリカ（以下本節では「欧米」と略記）から世界各地に波及し，さまざまなインパクトを与えてゆく，という事態のことである。

　二重革命のうち，産業革命とは，技術革新が連鎖的かつ集中的に生じ，生産システムのあり方を一新させることを意味している。産業革命は，経済力さらには軍事力の強化，すなわちわたしたちに身近な言葉でいえば「富国強兵」をもたらす。また市民革命とは，「生まれ」すなわち先天的な属性に基づくハイアラーキー（ピラミッド型の階層構造）を特徴とし，その点で不自由かつ不平等な社会（身分制社会）から，能力・富・知識など後天的に獲得しうる属性に基づくハイアラーキーを特徴とし，その点では自由かつ平等な社会（近代社会）への移行を画する社会変動を意味している。これまた身近な言葉でいえば「四民平等」の実現といってよいだろう。市民革命によって登場する近代社会では，その社会の構成員が政治的，経済的，あるいは文化的な行動に乗り出す動機（モチベーション）が高まることになる。

　二つの革命は，ともに，政治・経済・文化など，社会のさまざまな側面を大きく変化させた激動とも呼ぶべき事象であるが，時系列的にみて基底をなすのは，どちらかといえば産業革命である。すなわち，イギリスで生じた産業革命のインパクトに対応するべく，英領北アメリカ植民地では独立運動が，フランスでは革命が，おのおの生じた。そして，これら事態に対応するべく，欧米内の他地域において，さらには欧米外の諸地域において，さまざまな事象が発生してゆく。

「進歩」の観念

　二重革命を主導したのは，なによりもまず「進歩」の概念である。二重革命は進歩を促す事象として肯定的に評価され，また，進歩の概念は，二重革命が展開するなかで，広く人口に膾炙(かいしゃ)することになった。進歩とは，そもそもは「昨日よりは今日のほうが良い。そして，今日よりは明日のほうが良くなるはずだ」という時間軸にそった観念である。しかしながら，進歩を促す事象であるとみなされた二重革命が欧米で始まったという歴史的経緯を反映して，この観念は空間軸にも投影され，大略「進歩していない非欧米よりは，進歩した欧米のほうが良い。そして，非欧米も，欧米を模倣すれば，やがて進歩し，良くなるはずだ」という欧米中心主義(西洋中心主義)的な時空間認識として具体化してゆく。ここから，わたしたちに身近な言葉遣いでいえば「文明(civilization)」や「文化(culture)」といった概念が誕生する。

　欧米中心主義的な進歩の観念は，二重革命が欧米に政治的・経済的・文化的なパワーをもたらしたことを背景として，グローバルに拡散し，世界各地にインパクトを与えてゆく。欧米諸地域の人々は，自らが享受する進歩の経済的な基盤を維持強化するべく，あるいは非欧米地域の人々に(彼らの主観においては)進歩の果実を共有させるべく，政治的，経済的，あるいは軍事的に，非欧米地域に進出した。非欧米諸地域の人々は，欧米中心主義的な進歩の観念が欧米諸地域から輸出され，圧倒的な力で押し寄せてくるなかで，それを受容して欧米化すなわち二重革命の実現による進歩という路線を採用するべきか，その受容を拒否して独自の進歩の道を探求するべきか，という選択に直面した。

　このような意味で，長い19世紀は「二重革命の時代」であり，「「進歩」の時代」であり，そしてまた「欧米による支配の時代」であった。

イギリス産業革命

　1730年代，とりわけ60年代から，イギリスでは，綿工業(綿糸業，綿織物業)を中心として，技術革新(イノベーション)すなわち新しい生産技術の発明があいついだ。それとともに，蒸気機関が改良・実用化され，化石燃料を動力源とする機械を用いる機械制工場制度が登場した。産業革命の開始である。これにより，資金をもつ資本家が工場を設立して労働者を雇用し，機械を用いた生産をおこなう生産システムである資本主義が確立した。

　しかし，なぜ産業革命は綿工業で始まったのか。それまでイギリス繊維産業

の中心は羊毛産業(毛糸業,毛織物業)だったというのに。

　イギリスでおもに技術革新を担ったのは,職人やエンジニアなど,いわば「たたき上げ」の人々であった。彼らに技術革新のインセンティヴ(誘因)を与えるのは,何よりもまずビジネスチャンスだろう。そして,18世紀イギリスの綿工業には,広大なビジネスチャンスが広がっていた。

　当時,綿工業の領域における「先進地」はインドであった。大航海時代をへてイギリスはインドとの貿易を本格化させるが,その過程でインドから大量に輸入されたのは「キャラコ(calico)」と呼ばれる綿織物であった。高品質のキャラコはイギリス市場,さらにはイギリスから再輸出されて各地の市場を席巻したが,イギリスはインドに対する有力な輸出品をもっていなかったため,キャラコの輸入代金を貴金属(銀)で支払うという貿易パターンが定着した。これは,当時の経済政策のバックボーンをなす経済思想である重商主義(貴金属の保有量を国富の目安と考え,したがってその流出を否定的に評価する)からすると,好ましくない事態であった。また,競争的な産業である羊毛産業界のロビー活動により,キャラコの輸入を制限・禁止する法律の制定が繰り返されていた。

　それゆえ,国内で綿織物を安価・大量に生産する技術を開発できれば,輸入品であるキャラコを代替するかたちで巨大な販路が期待できる。このように輸入品を国内製品で代替することは,後発国の工業化政策の一つ「輸入代替型工業化」として知られている。イギリス産業革命は政策的に開始されたものではないが,グローバルにみると「後進地」イギリスが「先進地」インドに追いつく(キャッチアップする)ことをめざす営みとして開始されたのである。

　それでは,なぜ産業革命はイギリスで始まったのか。18世紀ヨーロッパをみると,経済的な大国としてはフランスとイギリスがあり,政治的・経済的・軍事的な覇権を争っていた。なぜフランスではなくイギリスだったのか。イギリスの優位はどこにあったのか。

　人々がビジネスチャンスに直面し,安心して技術革新に取り組むためには,技術革新の成果が自らに帰属するという確信が必要だろう。社会全体についていうと,所有権が保証されていなければならないということである。そして,イギリスでは,名誉革命の帰結たる権利の章典(1689年)により,国王政府が個人の所有権を侵害することは禁止されていた。

　また,イギリス産業革命においては蒸気機関が動力源として用いられ,生産性を大きく向上させることに貢献したが,イギリスでは,蒸気機関のエネルギ

一源である石炭は，イングランド・スコットランドの境界に位置するノーサンバーランド地方をはじめとして，ほぼ各地に遍在していた。その有利さは明らかだろう。

さらに，産業革命によって生産性が上昇し，生産量が増えると，原料供給地と製品市場が必要になる。これら地域として考えられるのは自国，植民地，そして外国貿易であるが，イギリスとフランスの最大の差は植民地の規模にあった。七年戦争（1756〜63年）にいたる英仏対立のなかで，フランスは北アメリカやインドをはじめとして，世界各地で植民地，すなわち原料供給地兼製品市場を失っていたからである。

産業革命のインパクト

イギリス綿工業に始まる産業革命は，他国における産業革命の試みを誘発した。それは，技術革新によって自国産業の生産性を向上させなければイギリス産業の原料供給地兼製品市場と化す可能性があったからである。

ベルギー，フランス，一部ドイツ諸邦などでは19世紀前半に，アメリカ合衆国（以下本節では「合衆国」と略記），日本などでは世紀後半に，たいていは政府主導のもと，遅ればせながら産業革命が実現された。これら諸国は後発資本主義国と呼ばれている。これに対して，アジア・アフリカ・南アメリカに広がるこれ以外の地域では，連鎖的な技術革新は実現にいたらず，イギリスや後発資本主義国の原料供給地兼製品市場，さらには植民地となる危険にさらされることになった。

かくして，イギリスを頂点とし，後発資本主義諸国が中間部分を，そしてその他地域が底辺をなすグローバルな分業体制が成立する。これにより，グローバルな財の移動すなわち国際貿易は爆発的に拡大した。19世紀前半から中葉にかけて，世界貿易は年3〜4％前後という高い伸び率を示している。

それだけではない。蒸気機関は交通手段に応用されて蒸気船・蒸気機関車の登場をもたらし，移動費用を低下させた。工業の発達は，工場地域や既存都市における労働機会の供給を増加させた。これにより，労働機会やより良い生活を求めて移動する人々が増加した。国際的な人口移動である移民についてみると，19世紀は「移民の世紀」となる。

かくのごとく産業革命は人やモノ（さらに，19世紀後半には電信技術の発達に基づく情報）の移動を，ローカルな次元からグローバルな次元にいたるまで劇的

に活発化させた。この事態は，人々の日常生活の諸側面が環境の制約から自由になったことを示唆している。

　蒸気機関が実用化されるまで，財を生産する際のエネルギー源として用いられていたのは，おもに水力（水車）や木材（薪）だった。これでは，作業場の立地を自由に決定することはできない。産業革命まで，経済活動が展開される空間のあり方は環境に大きく制約されていたのであり，輸送しやすい化石燃料が利用されるようになって，はじめて経済活動に携わる場所を比較的自由に選択することが可能になったのである。

　また，水力や木材は，エネルギー源としての利用可能量や効率が十全ではなかった。そのため，人口が増加し，経済活動が活発化すると，効率の悪い部分まで利用せざるをえなくなる。生産性は低下して経済活動は沈滞し，財の価格の上昇と生活水準の低下を通じて，結局，人口増加は抑制されてしまう。人口動態や経済活動についても，産業革命までは，環境の制約が一定の抑制メカニズムとして機能し，負のフィードバックが実現されていた。このメカニズムは（当時としては）無尽蔵の利用可能量と高い効率をもつ化石燃料がエネルギー源として利用されることによって，はじめて無効化される。のみならず，人口の増大は経済活動の活発化をもたらし，経済活動の活発化が富裕化を通じて人口のさらなる増大をもたらすというかたちで，正のフィードバックが機能し始める。実際，いち早く産業革命を実現したイングランド地域では，19世紀前半，人口は倍増する。

　日常生活における環境の制約が弱まったことは，人々の意識にも影響を与えずにはいない。かつて啓蒙思想家たちは人間中心主義的な思考様式を採用し，「人知を超えた「なにか」」が人間を制約するという事態を否定・批判した。それからしばらくのときをへて，産業革命の渦中にある人々は，科学という名のもとに人間が明らかにしつつある理屈に基づいて動く機械や蒸気機関車や蒸気船を目にし，自らの日常生活が環境から自由になりつつあることを実感した。かつては「人知を超えた「なにか」」だった環境は，その座を追われるにいたったのである。

　ここから，同じく「人知を超えた「なにか」」である神や神を信仰の対象とする宗教に対する疑念と，科学に対する信仰の念，換言すれば科学信仰の宗教化が生じる。二つの宗教の対立は，たとえば，ダーウィンが刊行した生物学の書『種の起源』（1859年）が（一部の人々から）神に対する冒瀆と受け止められ，今

日にまでいたる激烈な論争を惹起したことにみてとれる。

アメリカ合衆国の独立と発展

　1776年夏，独立を求めて前年から本国イギリスと戦争を続けていた13の北アメリカ植民地の代表はフィラデルフィアで独立宣言を公布し，「13のアメリカ邦連合(thirteen United States of America)」という国家連合の成立を宣言した。その7年後，イギリスは独立を認め(パリ条約)，1788年には憲法が制定され，国家連合は連邦国家となった。アメリカ合衆国(United States of America)の成立である。

　独立宣言は，前文で「すべての人は平等につくられ，生命・自由・幸福追求など不可譲の諸権利を創造主から与えられている」と述べたうえで，社会契約論を援用してイギリスからの独立を正当化した。憲法は，修正条項(1789～91年)において，信仰・言論・出版・集会・武装・財産所有などの基本的人権を国民に保障した。これにより，平等な権利を自由に享受する人々によって構成される近代社会の誕生が宣言された。その意味で，合衆国の独立・成立は，一つの市民革命であったといってよい。

　合衆国，したがって英領北アメリカ植民地の起源は，通常，16世紀末以来の宗教的な理由に基づくプロテスタント入植者の移住に求められている。その意味で，合衆国は初発から「移民国家」，それも「宗教的な性格の濃い移民の国家」であった。この起源は，その後の合衆国の歴史を大きく規定した。

　まず，合衆国は，独立後も積極的に移民を受け入れ，グローバルな人口移動の震源となった。とりわけヨーロッパからは，大量の移民が大西洋を渡った。その数は，たとえば1821～90年の総計で1400万人近くに達し，その後も増加を続けた。独立時の人口が300万程度だったことを考えると，移民の規模は驚異的である。

　ただし，移民が合衆国をつくりあげたことは，彼らの到来以前の北アメリカ大陸が無人の地だったことを意味するわけではない。移民は定住型農業植民地の設立を志向していたため，先住民(「インディアン」と通称された)とただちに対立することになった。そして，合衆国成立後に移民が増加し，彼らが用いうる土地や天然資源が必要になると，合衆国政府は「インディアン強制移住法」を制定する(1830年)など先住民をミシシッピ川以西に広がる「西部」に追いやる政策を強行して彼らの財産を事実上没収し，おもにヨーロッパ出自の元移民

すなわち新たな国民に分与した。この政策により，先住民の人口は激減した。また，南部は，綿花栽培に適した気候だったため，黒人奴隷制度に基づく綿花栽培プランテーションが広まった。18世紀末に70万人程度だった黒人奴隷は，南北戦争によって奴隷制度が廃止される直前の1860年には約400万人へと激増する。先住民や(元)黒人奴隷の処遇をめぐる「人種問題」は，合衆国の歴史に突き刺さる棘となる。

　先に述べた先住民政策に典型的にみられるとおり，合衆国の西部は，挑戦や新規巻返しを可能にする新天地として，国内の諸問題を自然に解決してくれる空間として，あるいは開拓されるべき未開の地として観念された。西部に広がる自然，さらには広く人間を取り巻く環境は，科学などを用いて征服し支配し文明化するべき「外部」であり，このような営みこそが進歩であるとみなされた。西部開拓の最前線は「フロンティア」と呼ばれたが，新たな(あるいは再度の)挑戦を尊ぶ精神を意味する「フロンティア・スピリット」は，独立・個人・進歩・幸福・科学・実益などを重視し，楽観主義を特徴とするライフスタイルであるアメリカ的生活様式(American way of life)の中核をなした。のちに1890年，合衆国の国勢調査報告書は「フロンティアの消滅」を宣言するが，歴史学者フレデリック・ターナーは，これは合衆国のアイデンティティを揺るがす事態であると主張し，大きな反響を呼ぶことになる。ここには，合衆国の国民にとって「フロンティア・スピリット」がいかに重要なものだったかがみてとれる。

　その一方で，合衆国は，その起源を反映して，宗教色の濃い社会であり続けてきた。独立宣言では，前文を再読すればわかるとおり，基本的人権は「創造主」から与えられたものとみなされた。また，憲法修正条項第1条は信仰の自由を定めたが，それは政治が宗教に介入することを禁じるものであり，宗教が政治に介入することを禁じるものではなかった。今日においても，原理主義的なキリスト教は南部を中心に広く深く定着しているし，合衆国大統領は聖書に手を置いて就任宣誓することが常である。

フランス革命

　18世紀後半のフランスにとって，最大の課題は，産業革命を開始したイギリスに対していかに対抗するかにあった。そのため，政府は，減税やギルド廃止などの規制緩和による技術革新の促進や，敵の敵である合衆国独立運動の支援

などを試みたが，国庫は収入源の不足と支出増によって破綻の間際にいたった。政府は，増収策として，それまで聖職者(第一身分)や貴族(第二身分)が享受してきた免税特権の廃止を試みたが，これは身分制社会の根本原理にかかわる路線変更であった。そのため聖職者や貴族は反発し，進退極まった政府は，1788年，身分制議会である全国三部会を招集して決着を委ねることになった。

　もっとも，これだけならば，事は経済財政政策をめぐる支配階層内部の政治的対立というエピソードで終わったかもしれない。しかし，1780年代のフランスでは旱魃や天候不順が続いて農村部は疲弊し，民衆は困窮していた。とりわけ1788年は凶作であった。このような環境的条件のもとに発表された全国三部会の招集は，民衆をはじめとする平民(第三身分)にも代表の選出・派遣権を与えることにより，彼らの政治的覚醒をもたらした。かくして，民衆がアクターとしてナショナルな政治の舞台に登場する。

　翌1789年に開催された全国三部会は，政府さらには聖職者・貴族の予想を超えた事件の場となった。平民代表が自らの集会を「国民議会」と名づけ，聖職者・貴族の代表にも合流を呼びかけたのである。「国民」という名称が示唆するとおり，これは身分制的な原理そのものを否定する企てであった。政府による弾圧の試みは，パリ民衆の蜂起とバスティーユ監獄襲撃を招き，失敗した。いわゆるフランス革命の開始である。国民議会は，民衆からの支持のもと，封建的特権(身分制に基づいて領主が享受していた特権)の廃止，基本的人権と国民主権を謳う人権宣言の採択，教会財産の国有化と聖職者の公務員化，立憲君主政を定める憲法の制定など，身分制社会から近代社会への転換を一気に推進した。一連の事態すなわちフランス革命が市民革命であると判断されるゆえんである。

　もちろん，革命を推進する革命派(あるいは共和派)は，一枚岩ではなかった。革命を支持する貴族は国王の権力を制約することを望み(貴族の革命)，中産層(ブルジョワジー)は自由な経済活動による致富を促進する自由主義的な経済政策を期待し(ブルジョワジーの革命)，農民や都市民衆は生存権が保障されることを主張した(農民の革命，民衆の革命)。フランス革命は，これら複数の革命が，場合によっては協力し合い，場合によっては相対立するなかで進行する，いわば「複合革命」であった。

　社会構造の転換を急激に進めるフランスの動向は周辺諸国の警戒を惹起し，1792年以後，フランスはイギリス・オーストリア・プロイセン・ロシアと断続

的な戦争状態にはいった。対外戦争という非常事態は，国内的には，王政の廃止と共和政の採用，所有権の制限や生存権の保障といった民衆に対する配慮に基づく社会経済政策の実施，反革命派を弾圧する恐怖政治など，革命の急進化を招いた。また，諸国と対抗するべく，均質なメンバー（国民）からなる国家である「国民国家」を構築し，国民を動員することが急がれた。

革命派は，聖職者やカトリック教会が身分制社会の重要な構成要素だったことを反映し，また，しばしば啓蒙思想の影響を受けていたため，反宗教的なスタンスと，科学・理性・進歩といった観念に対する共感を共有していた。それゆえ，彼らは，人々の時空間認識をはじめとする心性や習俗を脱宗教化（脱キリスト教化）し，科学・理性・進歩に基づくものにつくりかえようと試みた。新しい暦（共和暦）の導入，メートル法の採用の徹底，地方言語の弾圧と「国語」たるフランス語の普及の強行などが，つぎつぎに実行された。これによって「新しい人間」を創出することがめざされたのである。

しかし，人々の心性や習俗は，そんな簡単に変えうるものではない。フランス語の強制に対しては各地で反発が生じたし，共和暦は10年強（1792～1805年）しか利用されなかった。とりわけ脱宗教化については，多大な困難が予想された。革命派もそのことは理解し，祭典などの手段を用いて，宗教のかわりに「理性」あるいは「最高存在」なるものに対する信仰を広めようとした。

革命の開始から10年。対外戦争のなかで頭角をあらわしたナポレオン・ボナパルトは，日々の激動に疲れはてた人々の声を背景としてクーデタを決行し，革命の終了を宣言した。そののち彼は皇帝に就任し，革命の成果を分別し，継承・存続させうるものは継承・存続させることにより，革命派と反革命派の対立を調停しつつ近代社会をフランスに定着させようと試みた。ただし，権力の源泉が軍事的栄光にある以上，彼には戦い続け，勝ち続けることが必要である。国民国家の動員力・求心力を背景に，一時はイギリス以外のヨーロッパ全土をほぼ勢力下においたナポレオンであるが，ロシア侵攻（1812年）に失敗し，数年後に失脚・退位した（王政復古）。

諸改革

ナポレオン失脚後，国際秩序を再建する場として，オーストリアの主導のもと，ウィーン会議（1814～15年）が開かれた。そこでは，フランス革命以前への復古をめざす「正統主義」が唱えられたが，実際には，産業革命によって強大

な経済力をもつことになったイギリスと，近代社会と国民国家を実現することによって国民の動員に成功したフランスを前にして，ヨーロッパ諸国はなんらかの改革をよぎなくされることになった。近代社会を実現しようとする思想は自由主義と呼ばれ，国民国家を求める思潮はナショナリズムと呼ばれるが，問題は，改革を実行するにあたり，両者をどの程度取り入れるかにあった。

イタリア半島とドイツ諸邦では，改革は統一運動に結晶した。両者は歴史的な経緯から小国に分立していたが，産業革命の遂行には十分な規模の国内市場が存在することが望ましかったからである。

イタリア半島は，ウィーン会議によって10国に分割されたが，いち早く自由主義化と産業革命を開始したサルデーニャの主導のもと，1861年にイタリア王国として統一された。しかし，産業革命によって工業化が進む北部と，生産性が低い農業を主産業とする南部のあいだの経済格差は大きく，国民国家の形成は遅れた。19世紀末にはいると，経済成長が進まない南部からは，大量の移民が合衆国をめざした。

ドイツは，18世紀末に約300の領邦に分裂していたが，プロイセンとオーストリアが統一の主導権をめぐって争うことになった。プロイセンは，いち早く19世紀初めから，農奴の解放，国内関税の撤廃，営業の自由化など自由主義的な改革を進め，また(オーストリアを除く)諸邦と関税同盟を結んで製品市場を獲得することにより，産業革命の基盤を整備するとともに，軍事力を強化した。さらに，均質な統一ドイツを実現するべく，多民族帝国オーストリアと開戦・勝利してオーストリアをドイツから排除し，ドイツ・ナショナリズムを創造し喚起するべく，フランスに戦争をしかけて圧勝した(1870年)。こうして，オーストリアを排除し，プロイセン国王を皇帝とするドイツ帝国が成立した。

オーストリアでは，改革の必要性は「民族問題」として立ちあらわれた。皇帝位を事実上世襲してきたハプスブルク家が支配する領土は，オーストリアのみならず，ハンガリー，ボヘミアなど，東ヨーロッパに大きく広がっていたからである。1848年には，数年来続く天候不順による凶作と，突如フランスで生じた革命を受けて，首都ウィーンでは革命が勃発するが，それは，憲法制定・農奴制廃止・封建制度廃止など自由主義の是非をめぐる対立と，連邦制度・民族自治権の是非など「ナショナリズムの単位はいかなるものであるべきか」をめぐる対立の結節点として生じたため，複雑な経路と帰結をともなった。オーストリア政府は，プロイセンに敗れたのち，ハンガリーに自治権を与えてオー

ストリア゠ハンガリー二重君主国（ハプスブルク帝国）を成立させた（1867年）が，その他の民族の不満は残り，独立運動の火種は残ったままだった。

ロシアでは，事態はさらに深刻だった。ロシアは農業国であるが，農業の担い手の中心をなしたのは勤労意欲の低い農奴であった。対ナポレオン戦争で苦戦を強いられるなかで，皇帝政府は，農奴制の廃止を中核とする改革によって産業革命を本格化させることの必要性を認識するにいたる。しかしながら，農奴制の廃止のいかんは，領主が貴族として皇帝を補佐するロシア身分制社会の根幹にかかわる大問題であった。ようやく19世紀後半になり，農奴制の廃止をはじめ，地方自治体の設置，税制・通貨・銀行・財政といった経済システムの整備など，一連の改革が実施に移された。

近代社会・資本主義・国民国家をいち早く実現したイギリス・フランスでは，今度は，これらシステム，とりわけ資本主義に内在する新しい問題が出現した。民衆とくに工場労働者の生活水準の低さをめぐる「社会問題」である。

イギリスでは，労働組合が組織され，待遇改善を求めてストライキなどの運動を展開した。政府もまた，科学的な調査に基づき，未成年者労働時間制限法や公衆衛生法などの制定による解決をはかり，それなりの成功を得た。ただし，アイルランドは例外である。アイルランドはイギリスの「辺境」あるいは「植民地」という性格が強く，貧しい農業地域として，産業革命から取り残されていた。とくに1840年代の天候不順によって引き起こされた主食ジャガイモの疾病が飢饉を招き，人口800万程度の同島において，約100万人の死者を出した。さらに100万人強の人々が，おもに合衆国に移住した。

フランスでは，労働組合の結成が禁止されていたこともあり，それ以外の結社（アソシアシオン）を設立することによって社会問題の解決を主張する思想がさまざまに提示された。それらは「社会主義」と呼ばれた。また，民衆のあいだでは，各地でマリア（聖母）信仰が広まるなど，宗教的な心性の復活・強化がみられた。王政復古後のフランスでは，カトリック教会・王党派と，反宗教的な共和派（すなわち旧革命派）のあいだで，政治・社会・文化などの諸次元において，民衆からの支持の獲得をめぐる対立が続いた。しかし，その根底では，なんらかの信仰の対象を求める心性が存在し続けていたのであり，争点は，信仰の対象は何かという点にあった。

東方問題

　ナポレオンが引き起こした騒乱がおさまった19世紀初頭，ヨーロッパ諸国の東南方には，弱体化しつつあるとはいえまだ広大な領土を誇るオスマン帝国（トルコ）が広がっていた。ヨーロッパ諸国は，政治的・経済的な思惑と，宗教的な理由から，同帝国の動向に対して大きな関心を示した。そして，互いに同盟や対立を繰り返しつつ，同帝国の内政に介入しようと試みた。諸国はオスマン帝国をめぐって生じる諸事態を「東方問題」と呼び，介入を正当化する根拠としたが，これら事態の背景に諸国の動向があったことを考えれば，この名称自体の正当性が問われなければならないだろう。

　この東方問題のうち，最大のものは地中海東部，とりわけボスフォラス・ダーダネルス両海峡周辺部からギリシアにいたる地域の動向であった。バルカン半島各地では，オスマン帝国支配下の諸民族，とりわけキリスト教を奉じる人々のあいだに，民族意識の萌芽と，それに基づいてオスマン帝国の支配に抵抗する運動が広まりつつあった。その一方で，この地域に対しては，イギリスとロシアの双方が経済的・政治的な関心を示していた。両者が絡み合い，事態は複雑な経過をたどることになった。

　1821年，ギリシアで独立を求める蜂起が生じた。当初ヨーロッパ諸国は傍観していたが，バルカン半島から中東にいたる地域の覇権をめぐるイギリスとロシアの駆引きのなかで，後者は宗教（正教）の共通性などを理由として独立運動を支援し，さらにはオスマン帝国と開戦してこれを破った（ロシア・トルコ〈露土〉戦争）。これにより，ギリシアは自治を認められたが，それとともに，ロシアはボスフォラス・ダーダネルス両海峡の自由航行権を獲得した。これは，黒海沿岸からの穀物輸出を促進する点で農業国ロシアの経済的利益にそうものであり，また海軍の出動ルートを確保する点で政治的・軍事的利益にもそうものであった。しかしながら，この地域はイギリスにとって最重要な原料供給地にして製品市場であるインドとの交易ルートにあたるため，この事態はイギリスの警戒と反発を招いた。

　南方に進出しようとするロシアの政策は「南下政策」と呼ばれるが，南下政策と英印ルートはアフガニスタン（同地での英露対立は「グレートゲーム」と呼ばれる）など各地で交錯し，19世紀の国際政治における重要な対立軸をなすことになる。

　1852年，オスマン帝国治世下のパレスチナで，イェルサレムやベツレヘムな

ど聖地の管轄権をめぐって，正教徒とカトリック教徒のあいだで争いが生じた。ロシアはこれに反応し，同帝国内の正教徒を保護するという口実のもと，翌年，同帝国と開戦した。この動きに対して，英印ルートの弱体化を恐れるイギリスと，オスマン帝国に巨額の債権をもっていたフランスが，帝国側に立って参戦するにいたり，戦争はヨーロッパ諸国を巻き込んで大規模化した。クリミア戦争（1853～56年）である。

イギリス・フランスとロシアという当時の大国が正面からぶつかったことと，ロシアの領土の広大さを反映して，戦線はバルト海からカムチャツカまで広がった。最終的に戦闘の焦点はクリミア半島にあるロシアのセヴァストーポリ要塞をめぐる攻防戦となり，膨大な戦死者・病死者を出したすえに同要塞は陥落して戦争の終結を告げた。

ロシアでは，敗戦の衝撃のなかで，農奴制の廃止を含む政治・経済・社会システムの一新，通称「大改革」が始まることになった。勝利したオスマン帝国の側でも改革を加速させる必要性が痛感され，憲法の発布などに基づく法治国家化がはかられた。その一方で，バルカン半島のオスマン帝国領では，各地でナショナリズムに基づく独立の気運が高揚し，帝国の弱体化を促した。

大不況と帝国主義

ヨーロッパ諸国は，産業革命と市民革命を経験するなかで，あるいは両者のインパクトを受けて改革を進めることにより，均質な国民からなる（と想像された）国民国家の姿を整えようと試みた。国民国家が国民を動員する力には，目を見張るものがあったからである。広大な領土と多様な民族構成をもつがゆえに国民国家として凝集することが困難だったロシアやオーストリア（ハプスブルク帝国）も，国民国家形成の成否は別として，その例外ではない。ただし，国民国家は，その最大の目的が産業革命の実現による経済成長であるからには，成立するや否や，自らと異質なものを追求し獲得し内包しなければならない。その一つが，自国産業に有利な原料供給地兼製品市場である植民地である。植民地をかかえる国家を「帝国」と呼ぶとすれば，初期の国民国家は帝国に転化することを宿命づけられていた。あるいは，技術革新を駆動力とする経済システムが成長を続けるには，植民地・原料供給地・製品市場・自然環境など，自らとは異質な「外部」が不可欠である，というべきかもしれない。

産業革命を経験するなかで，諸国では科学技術の経済的，のみならず政治

的・社会的な重要性に対する認識が高まった。そのため，イギリスに追いつくために政府の主導のもとに産業革命を急いだ後発資本主義国を中心に，科学技術振興のための制度，とりわけ大学をはじめとする高等教育機関の整備が進められた。

その結果，19世紀後半になると，ドイツや合衆国を中心として，石油内燃機関の発明，各種電気器具の実用化，鉄鋼業における技術革新，化学工業の発達，さらには生産マネジメントの合理化といった事態が生じた。これを第2次産業革命と呼ぶが，第2次産業革命の結果，世界の工業の中心はイギリスから合衆国とドイツに移動し，綿工業にかわって重化学工業が主要産業の位置についた。重化学工業は，たくさんつくるほど安くつくれるという「規模の経済」が働くため，大規模な工場が出現するとともに，製品市場の拡大が必要となった。

その一方で，1870年代にはいると，欧米諸国では，農業部門を中心に成長率が全般的に低下し始めた。この現象は「大不況」と呼ばれるが，第2次産業革命と大不況が重なり合って生じるなかで，各国は，製品市場を広げなければならないが，国内市場は縮小してゆく，という事態に直面した。この難局を切り抜けるべく，各国は，国内市場を守ることをめざして他国産品に高率の関税を課す保護貿易政策を採用するとともに，植民地の獲得・拡大に乗り出した。このうち後者の政策路線を「帝国主義」と呼ぶ。

イギリスは，スエズ運河の開通(1869年)以来インドさらにはアジア各地への海上ルートの要諦となったエジプトと，アフリカ回り航路の拠点たる喜望峰と豊富な天然資源をもつ南アフリカを結ぶアフリカ各地に進出した。また，インドと同君合同を成立させ(1877年)，さらには中国の事実上の植民地化を進めた。フランスは，北アフリカから西アフリカにいたる地域と，インドシナ半島を支配下におさめた。ドイツはアフリカの一部で，オランダは東インド(インドネシア)で，おのおの植民地を経営した。かくして，アフリカやアジアは，イギリスとフランスを中心とするヨーロッパ諸国によってほぼ分割されてしまった。

分割が終了すれば，つぎにくるのは再分割の要求と試みであろう。とくに，遅れて産業革命が始まったため植民地獲得競争に出遅れた後発資本主義諸国，とりわけ第2次産業革命を主導することになったドイツ，19世紀中葉の開国以来急ピッチで欧米諸国に対するキャッチアップを進めた日本，南下政策を続けるロシアといった国々は，イギリスとフランスが主導する既存の国際秩序に対して不満を高めてゆく。しかも，欧米の相互不干渉を求めたモンロー宣言

(1823年)以来,孤立主義をとって植民地獲得競争に参加しなかった合衆国ですら,19世紀末にはキューバの保護国化とフィリピンの植民地化に乗り出した。その背景には,国内植民地とも呼ぶべきフロンティアの消滅があった。

　こうして,植民地獲得を進める欧米と植民地化されるその他地域(アジア,アフリカ,ラテンアメリカ)との対立に,植民地の再分割をめぐる欧米内部の対立がオーバーラップするなかで,世界は20世紀に突入してゆくことになる。

2 植民地化に直面する人々

　19世紀にはいり，イギリスを嚆矢として，ベルギー・フランス・ドイツ諸邦など，ヨーロッパ諸国において産業革命が進行し，完了すると，技術革新によって高い生産性を実現した国内産業とりわけ工業のマネジメント，すなわち適切な経済政策を採用することが，各国政府にとって重要な政策課題となった。国内需要を賄うだけの生産力を身につけた工業の産品は，いまや輸出によって外貨を稼ぐ重要な産業部門となったからである。また，工場労働者をはじめ工業に携わる人口が大きく増加したため，工業における景気変動は彼らの生活を左右し，場合によっては大衆貧困現象やストライキなどの社会不安，さらには蜂起・革命運動・彼らを支持基盤とするクーデタといった政治変動を惹起する力をもつにいたったからである。

　産業革命が完了したのちの経済政策の中核をなすのは，原材料供給地の確保と自国製品市場の開拓である。こうして着目されたのが植民地であり，この時期，各国の植民地政策は何よりもまず経済の論理に基づいて展開されることになった。

　この事態に対して，ラテンアメリカ・オセアニア・南アジア・アフリカの人々はさまざまな形態で対応を試みた。もっとも，19世紀においては，優越したのは基本的にはヨーロッパ諸国であった。その背景に，産業革命がこれら諸国にもたらした巨大な生産力があったことは，いうまでもない。

自由貿易帝国主義

　19世紀においてヨーロッパ諸国が展開した植民地政策は，必ずしも軍事力を用いた植民地の獲得・維持・拡大というかたちをとるわけではなかった。イギリスをみると，産業革命を完了したのちに採用された経済政策の中核は，植民地の獲得ではなく，むしろ自由貿易の推進におかれた。ヨーロッパ諸国に対しては，1860年代にフランス・ベルギー・イタリアなどとあいついで通商条約を結び，相互に関税を大幅に引き下げた。ヨーロッパ外部に対しては，たとえばアヘン戦争（1840～42年）に勝利して結ばれた南京条約においては，香港の割譲

とともに，上海(シャンハイ)はじめ5港の開港による自由貿易の促進が定められた。さらにいえば，世紀前半の論壇を賑わせた穀物法の是非をめぐる論争をへて実施された同法の廃止(1846年)は，一方的自由貿易すなわち輸入自由化を宣言するものであった。

　自由貿易は輸出拡大を約束するものではなく，とりわけ輸入自由化は自国製品の国内市場の縮小をもたらしかねないから，植民地政策の意図とは齟齬(そご)をきたすようにみえる。両者の関係は，どのように理解すればよいのか。この点を考える際に留意するべきは，植民地化を成功裏に進めるためには，戦争の遂行と勝利，植民地住民の反発の鎮圧，植民地行政機構の整備など，コストがかかるということである。植民地政策の主要目的は植民地の獲得ではなく原材料供給地と製品市場の確保であるから，それらを最小のコストで獲得できれば，手段は自由貿易でもよいし軍事的征服でもよい。軍事力を用いて征服しなくても，自国産業にとって原材料供給地や製品市場となれば，その地は一種の植民地(経済的植民地)とみなしてよい。その意味で，自由貿易と植民地化は，同じ目的をもった一連の経済政策であった。この政策は「自由貿易帝国主義」と呼ばれている。

　ラテンアメリカ，オセアニア，南アジア，アフリカの各地は，全般的に産業革命の進行が遅れたため，イギリスをはじめとするヨーロッパ諸国が展開する自由貿易帝国主義に対して，なんらかのかたちで対応をよぎなくされた。産業革命の遅れは未発達な工業，弱体な軍事力，ひいては外交をはじめとする国際関係における低い交渉力につながるから，これら各地の人々にとって，自由貿易帝国主義に対応することは困難な営為となった。自由貿易を受け入れれば，ヨーロッパ諸国の工業製品のほうが安価だろうから，それらの輸入が増加するだろう。自由貿易を拒めば，征服による植民地化と，ひいては宗主国からの工業製品輸出を中心とする植民地政策の適用という事態が待っているだろう。いずれにせよ，自前の産業革命が始まることは，期待できない。

　それでは，どうすればよいのか。

　このような観点からみて興味深いのは，地域は異なるが，独立後のアメリカ合衆国南部の経験である。19世紀前半の同国南部では，黒人奴隷労働に基づく綿花栽培プランテーションが広まった。生産された綿花はおもにイギリスに輸出され，同地の綿織物産業を支えた。合衆国南部は，独立後も，イギリスの経済的植民地だったといってよい。南北戦争(1861〜65年)によって黒人奴隷が解

放されたのちも，南部の主要産業は綿花栽培であり，その労働力を確保するべく黒人奴隷解放を骨抜きにする政策がさまざまに試みられた。植民地という状況を脱することは，たとえ軍事的な強制力が加えられていなくても，それほど簡単ではないのである。もっとも南部は合衆国という（連邦とはいえ）主権国家の一部をなしており，南部からの綿花輸出が合衆国経済の総体に占めるウェイトが小さくなれば，南部の経済的植民地という色彩は薄れるだろう。実際，世紀後半の北東部や中部では，産業革命の進行が本格化していた。また，イギリスでも，南北戦争を契機として，リスク分散の観点から，エジプトやインドから綿花を輸入する動きが強まった。こうした動向を背景として，ゆるやかにではあるが，合衆国南部では脱植民地化が進んでゆく。ここには，自由貿易帝国主義に対抗することの困難と可能性がみてとれる。

ラテンアメリカ諸国の独立

　18世紀のラテンアメリカでは，スペインとポルトガルを中心とするヨーロッパ諸国による支配が続いていた。しかし，19世紀にはいり，これら諸国が植民地主義を採用するのと反比例するかのように，ラテンアメリカ各地では独立運動が生じ，19世紀前半には，西インド諸島の一部を例外として，ほぼ全域が主権国家として独立した。その成功率の高さと時期的な集中性の点で，ラテンアメリカの経験は特筆に価する。

　ラテンアメリカ諸国の独立の最大の背景をなしたのは，フランス革命と，それに引き続く諸事象である。さらに，独立なったアメリカ合衆国と産業革命を進めるイギリスの動向が，これら諸国の独立運動と独立後の進路を大きく左右した。

　ラテンアメリカにおける独立運動は，西インド諸島の一角を占めるフランス領植民地サン・ドマングに始まる。同地は17世紀末にフランス領植民地となり，18世紀後半には黒人奴隷労働を用いてコーヒーや砂糖を生産するプランテーション経営が興隆したため，フランス経済を支える重要な経済拠点となった。ところが，フランス革命が生じるや，同地の黒人奴隷は革命の理念を奉じて叛乱に訴えた。国民公会は逡巡のすえ黒人奴隷解放を宣言したが，ナポレオンは弾圧政策に転じたため，叛乱は独立運動と化し，開戦（1801年）・戦勝（03年）・独立宣言（04年）・憲法制定（05・06年）をへて，黒人共和政であることを憲法に明記した国家ハイチが誕生した。ハイチの動向を受けて，ベネズエラ・ブラジ

ル・キューバなどラテンアメリカ各地でも黒人奴隷解放運動が発生したが，これらはすべて宗主国に弾圧されて失敗した。

　続いて独立運動に影響を与えたのは，フランス革命の「遺産相続人」ナポレオンによる対外戦争の一環たるイベリア半島侵攻（1808年）であった。ナポレオンは，スペイン本国とその植民地に対して，国民主権，領主裁判権廃止，出版の自由など，自由主義的な改革を強いた。ただし，クリオーリョと呼ばれる植民地生まれの白人プランテーション経営者からすれば，この改革は自らの権益に反するものであり，彼らを中心として独立運動が生じた。この動きの延長線上に，1810年代から20年代にかけて各地で独立戦争が生じ，スペイン軍に対する勝利を受けて，メキシコからチリ・アルゼンチンにいたるスペイン領植民地のほぼ全域が共和政のかたちをとって独立した。その過程では，南アメリカ北部の独立戦争を主導するシモン・ボリバルが奴隷解放を宣言するといった事態もみられたが，基本的には，これら諸国の独立は自由主義に批判的なクリオーリョの利害にそってなされた。その一方でポルトガルは，ナポレオンのイベリア半島侵攻に際して，首都をリオデジャネイロ（ブラジル）に移し，1815年にはブラジルと同君合同を組んだ。1820年，ポルトガルでは，国民主権，三権分立，封建的特権廃止など自由主義的な改革を主張する革命が生じたが，その結果ブラジルは元の植民地に戻るものとされた。この事態に憤慨した地主・軍人・官僚などブラジルのエリート層は同君合同を解消し，自由主義的な立憲君主政を採用する帝国として独立した。

　独立後のラテンアメリカ諸国では，このような独立の経緯を反映して，自由主義の受容の程度については，旧スペイン領諸国とブラジルで一定の相違がみられた。ただし，基本的には植民地期のエリート層が主導するかたちで独立運動が進められたため，白人による大規模土地所有という社会構造や，プランテーション経営によるモノカルチャーという輸出指向型の経済構造は，独立以前とさほど変わることなく維持された。代表的な輸出品としては，ペルーやチリの硝石，ブラジルやコロンビアのコーヒー，アルゼンチンの食肉その他牧畜産品がある。政治の主導権は，白人地主，とりわけプランテーション経営を基盤として私兵を指揮する政治家（スペイン語で「カウディーリョ」）に握られた。これに対して人口の大部分を占める先住民（インディオ）・解放黒人・混血民（メスティーソ，ムラート）は，政治から排除されるとともに，経済的困窮に苦しむ社会的下層を構成した。かくして，ラテンアメリカ各国では，巨大な諸格差を包

含する社会ができあがった。

　このような動向を支持した代表的なヨーロッパ諸国がイギリスであった。同国にとり，広大なラテンアメリカは，産業革命完了後の自国産業とりわけ工業のための原材料供給地兼製品市場として魅力的な存在だったからである。それゆえ，イギリスは諸国の独立運動を支持してポルトガルやスペイン，さらには独立阻止のための干渉を試みるオーストリアなどを牽制（けんせい）するとともに，同地域の第一次産業（農業，鉱山業）を振興させるべく投資を促進した。また，アメリカ合衆国は，ヨーロッパとアメリカの相互不干渉を唱えるモンロー宣言（1823年）を発してアメリカ大陸に対するヨーロッパ諸国の干渉を牽制するとともに，ラテンアメリカ諸国に対する影響力の確保に努めた。

　もちろん脱植民地化の試みがなかったわけではない。すでに1826年，ボリバルの提唱により，ラテンアメリカ諸国による相互防衛条約締結の国際会議がパナマで開催された。会議では，さらに，市民権の相互承認，域内戦争の禁止，奴隷貿易の禁止などが論じられたが，最終的には成果なく終わった。

　このように，ラテンアメリカ諸国は，独立は達成したものの，19世紀を通じて，イギリスをはじめとする欧米諸国の経済的植民地という性格を強めてゆく。欧米諸国からの経済的独立という課題は，のちの時代に持ち越されることになる。

オセアニアにおける「イギリス自治領」の成立

　オセアニアにあるオーストラリアとニュージーランドは，独立を選択したラテンアメリカ諸地域と異なり，植民地という制度的な枠のなかで自治権を拡大するという方針を選択した。その背景には，両地域はイギリスによって植民地化され，移民として入植したイギリス人がおもに牧畜とりわけ牧羊に携わるべく定住し，それゆえ土地の所有権をめぐってアボリジニ（オーストラリア）あるいはマオリ（ニュージーランド）と呼ばれる先住民と対立して弾圧・圧伏させ，後者と混血することなく生活を営んだという，いわば「純粋白人定住植民地」として成立し発展したという歴史がある。

　オーストラリアでは，すでに数万年前から人類が生活していた。大陸としてのオーストラリアが他の地域から孤立していたこともあり，彼らは狩猟・採集経済に基づく文化をつくりあげ，長いあいだ保持することになった。彼ら先住民がヨーロッパ人と本格的に接触するのは，18世紀末のことである。

アメリカ合衆国の独立によって囚人流刑地を失ったイギリス政府は，新たな流刑地としてオーストラリアを選択し，1788年，最初の囚人が上陸して入植を開始した。囚人入植者の大多数は初犯の窃盗犯であり，普通の民衆とさほど変わらない人々であったが，それまで先住民が狩猟・採集に利用していた土地を無主地とみなし，開墾して農場や牧場とした。

　当初，宗主国政府は，オーストラリア植民地の経済システムを，中小自営農民による自給自足型とするか，大規模牧羊による羊毛輸出型とするかで揺れ動いたが，1820年ころに後者が採用され，大量のヒツジが導入された。羊毛の大部分はイギリスに輸出され，世紀中葉には，イギリスの輸入羊毛の半数はオーストラリア産となった。牧羊業は急速に発達し，囚人入植者だけでは労働力が不足したため，1831年，政府は補助金給付を用いて一般の移民を促進することを決定した。

　さらに1851年，金鉱が発見されてゴールドラッシュが始まり，オーストラリアの最大の輸出品は羊毛から金に変わった。金に魅かれた移民の増加によって人口も急増し，世紀初頭には１万程度だった人口が，1860年には約100万となった。イギリス政府は，植民地の順調な経済成長を評価し，自治権の付与と憲法制定の許可を決定した（1852年）。かくして，植民地は外交・軍事以外の全領域で自治を享受することになった。イギリス自治領（ドミニオン）オーストラリアの成立である。

　世紀後半のオーストラリアは六つの自治領からなっていたが，フランス・ドイツなどが太平洋に進出する動きをみせたことに対応し，世紀末になると連邦（自治領連邦）結成の機運が高まった。1891年に憲法制定会議が開催されて連邦憲法草案が起草され，２度の国民投票とイギリス議会の承認をへて，1901年，連邦の結成と連邦憲法の発布が実現された。

　このように，一見するとたんなる成功物語のようにみえるオーストラリア史であるが，その裏では激しい人種差別が，日常生活の次元から政策の次元にいたるまで展開された。その最大の犠牲者は，いうまでもなく先住民である。18世紀末に数十万人いたと推計されている先住民は，20世紀にはいるころには数万人に減っていた。連邦憲法は，彼らを社会福祉制度の対象からはずす一方で，州政府による「保護」の対象と定めた。「保護」の手段としては，居留地への隔離や，労働条件・移動・結婚の制限が採用された。彼らが完全な国民と認められ，選挙権が与えられるのは，じつに1960年代のことであった。

また，ゴールドラッシュは数万人の中国人移民を引き寄せたが，彼らに対する人種差別意識(黄禍論)から反中国人暴動が多発した。その帰結は，暴動の鎮圧ではなく，中国人移民制限法の制定であった。オーストラリアは「純粋白人定住植民地」でなければならなかったのである。この方針はオーストラリア連邦にも継受され，1901年の連邦成立の直後には，おもに非白人の移民希望者にヨーロッパ言語の識字テストを課す移民制限法が連邦議会で制定された。いわゆる「白豪主義」政策であり，ここに明らかなように，オーストラリアのナショナル・アイデンティティは「白人性」に求められた。

　ニュージーランドについても，事態はさほど変わらない。イギリス人移民による同地の本格的な植民は，1839年，ニュージーランド会社が先住民から広大な土地を購入し，翌年には移民を運んだことに始まる。事態の急展開に慌てたイギリス政府は，同年，先住民の首長たちと条約を締結してニュージーランドを植民地とした。さらに1852年には基本法が制定され，ニュージーランドはオーストラリアと同時に自治領となった。その中心的な産業は，羊毛生産向け牧羊業，金鉱業，そして食肉生産向け牧畜業であった。

　その後，自治領政府による土地の購入が進められたが，これは先住民の不満を引き起こし，1860年，土地戦争と呼ばれる激しい武装衝突が始まった。土地戦争は先住民の敗北に終わり，さらに先住民土地法(1865年)が制定されて先住民の土地譲渡が容易になったため，先住民は多くの土地を失って困窮化した。また，1860年代に始まるゴールドラッシュはニュージーランドでも中国人移民の増加と彼らに対する反感(黄禍論)を生み，80年代には彼らを主要な対象とする移民制限が始まった。のち，非イギリス国民の移民希望者に対しては，識字テストの義務化が法定(移民制限法，1899年)された。移民制限が撤廃されたのは1944年のことであり，先住民の復権要求が公的に顧みられるようになったのは70年代以降のことである。ニュージーランドにおいても，そのナショナル・アイデンティティは「白人性」に求められてきたのである。

　結局，オーストラリアとニュージーランドは，自治領という枠組みのなかで，宗主国に対して工業原料・貴金属・食品を輸出する経済的植民地になる，という途(みち)を選択した。

　純粋白人定住植民地という歴史をもち，それゆえ先住民との関係が今日にいたるまでナショナル・アイデンティティや利害(とりわけ土地所有権)にかかわる問題(先住民問題)として残存している地域としては，両国以外では，オセア

ニアではないが，アメリカ合衆国・カナダ・南アフリカがあげられる。

アフリカ分割

　サブサハラのアフリカは，大航海時代をへてヨーロッパ諸国と接触するなかで，グローバルな世界経済システムに組み込まれることになった。その際，最大の輸出品は大西洋三角貿易の一翼を担うアメリカ向けの奴隷であり，またヨーロッパ諸国をはじめとする「外部」と接触するのは沿岸部とりわけ交易都市の商人やエリート層に限られた。しかし，18世紀になると，事態は大きく変化してゆく。

　その契機としては，まず奴隷貿易の衰退があげられる。ヨーロッパ諸国では，18世紀末から，神のもとの平等を説くプロテスタンティズムや人間の尊厳を重視する啓蒙思想の影響のもとに，奴隷制度廃止運動が広まった。また，産業革命によって成立した工場制度においては，奴隷ではなく，労働意欲と能力をもった賃金労働者が労働力として期待された。こうして奴隷制度に反対する世論が広まり，ヨーロッパ諸国では，おもに19世紀前半，奴隷交易や奴隷労働使用を禁止する法律があいついで制定された。これに対応して，南北アメリカ諸国でも，南北戦争下に奴隷解放宣言が発せられたアメリカ合衆国をはじめ，世紀半ばにかけて奴隷制度があいついで廃止された。最後に残ったのは，1888年まで奴隷制度が存続したブラジルである。

　この事態を受けて，アフリカ貿易に携わる人々は，アフリカから輸出しうる新しい産品をみつけなければならなくなった。ここで着目されたのが，機械用潤滑油の原料となる落花生やアブラヤシ（西部），綿花（東部），ゴム（中央部）などの工業用作物，銅（中央部，南部）をはじめとする鉱産物，そしてコーヒー（東部）などの商品作物である。産業革命の進展と，それにともなうライフスタイルの変化を受けて，これら産品に対する需要は急増していたため，生産適地や鉱山を発見するべく，ヨーロッパ諸国政府に支援された探検隊が各地を探索することになった。また，東部など，比較的気候がおだやかな地域では，ヨーロッパ人の入植が開始された。こうして，それまでは沿岸部にとどまっていたヨーロッパ人が，内陸部に向けて直接進出を開始した。それは，広大な地域において，土地の収奪や，各地住民に対する直接支配が，必要であれば武力を用いて進められることを意味した。

　アフリカ内陸部に対するヨーロッパ人の武力征服を支えたのは，これまた産

業革命がもたらした各種の技術革新であった。土地の収奪をはじめとする征服事業に抵抗した現地住民は，19世紀前半に改良が進んだ連射式機関銃など，当時最先端の兵器によって簡単に制圧された。また，サブサハラで流行していたマラリアはヨーロッパ人の進出をおおいに妨げていたが，1820年に特効薬キニーネが抽出されて広く実用に供されるようになると，マラリアの犠牲者は激減した。

これら産業革命の成果で武装したヨーロッパ諸国は，世紀後半になってアフリカ全土の植民地化を本格化させた。イギリスはエジプトからナイル川をさかのぼってケニアまで南下するとともに，1795年にオランダ領ケープ植民地を占領してイギリス領(1814年)とし，オランダ移民の子孫(ボーア人)を北に追いやりつつ，南部の内陸部を北上した。フランスは広大な西部を支配するとともに，これを北東部にある紅海の拠点ジブチと接続させることをめざした。中央部では，コンゴ川沿いの広大な地域に，ベルギー王の私領であるコンゴ自由国が成立した。その他の諸国も植民地獲得競争に参画するにいたり，対立や混乱の発生が懸念されたため，1884年から翌年にかけて，ドイツ首相ビスマルクはベルリンで国際会議を開催し，アフリカにおける植民地化の原則と基本的な勢力範囲を定めることに成功した(ベルリン会議)。いわゆるアフリカ分割である。

もちろん，以上はヨーロッパ側からみた経緯であり，アフリカの人々にとっては，これは侵略以外のなにものでもなかった。彼らは，武力による抵抗運動に訴え，逃亡や非協力などのかたちで消極的な抵抗を試み，あるいは宗主国や植民地政府に協力することによって生き残りをはかるなど，さまざまなかたちで事態に対応した。各地で生じた武力抵抗は，最終的には，圧倒的な軍事力を誇るヨーロッパ諸国の前に壊滅的な敗北を喫する。しかし，これら抵抗運動はのちの独立運動に継受され，第二次世界大戦後，独立に結実するであろう。

インド帝国の成立

インド亜大陸では，18世紀にはいってムガル帝国が衰退し始め，マラーター同盟(中央部)やマイソール王国(南部)など地方政権が力を伸ばして群雄割拠の情況を呈した。イギリス東インド会社はイギリス政府から占領地の統治権を与えられていたが，この状況を利用して勢力を拡大し，プラッシーの戦い(1757年)でベンガル(北東部)太守とフランスの連合軍を破り，さらに19世紀前半にかけてマイソール王国やマラーター同盟の内紛に介入して，これら地域を東イ

ンド会社領とした。世紀半ばにはパンジャーブ（北西部）が藩王国（保護国）化され，インドの大部分は東インド会社の支配下におかれることになった。

東インド会社の攻勢の背景には，英印交易がイギリス経済の要をなすという事情があった。産業革命を進めるイギリス綿工業にとって，インドはアメリカ合衆国と並んで重要な原料（綿花，インディゴ）供給地であった。また，対中国貿易における赤字と，その結果たる銀の対中流出を阻むため，インド産アヘンの対中輸出が進められた。実際，インドの主要な輸出産品は，19世紀初頭のインディゴ・綿織物から，世紀半ばのインディゴ・綿花，そしてアヘン戦争後のアヘン・綿花へと変化してゆく。

東インド会社は「文明化の使命」の使徒を自任し，キリスト教布教の許可，英語教育の開始，イギリスに倣った法制の導入など，インド社会のヨーロッパ化を進めた。これを受けて，人々のあいだには，とりわけ都市部の知識人層において，ヨーロッパをモデルとしてカースト制度・女性差別・偶像崇拝などを批判する社会改革運動が生じた。その一方では，東インド会社の諸施策をヒンドゥー教をはじめとする伝統的な生活様式に対する挑戦とみなして反発したり，『ヴェーダ』に依拠した諸社会改革の導入やヒンドゥー教の布教を説いたりする復古主義的な心性や運動も広まった。両者は，のちに成立するインド・ナショナリズムにおける二つの潮流の源をなす。

また，東インド会社は，税制の整備と財源の確保に努めるべく，北部には，地主を中心とする請負人が地租の徴税を請け負って納税する制度（ザミンダーリー），南部には，農民が直接地租を納税する制度（ライヤットワーリー）を導入した。地租の支払い者を土地所有者とするかたちで土地所有権が確定されたため，ザミンダーリーが採用された地域では，農民は小作農となった。どちらの制度においても地租は高率であることが多く，農村部では，在来の綿織物工業の衰退とあいまって，困窮が広まった。

1857年，復古的な反英主義という動向の延長線上に，ベンガルで大規模な叛乱が生じ，全域に広がった（インド大叛乱）。東インド会社はどうにか叛乱を鎮圧したが，事態を重くみたイギリス政府は直接統治に乗り出すことを決意し，1858年，インドを正式に植民地化するとともにムガル帝国を滅亡させた。直轄領と藩王国からなる英領インド植民地の成立である。東インド会社は1874年に解散し，3年後にはイギリス国王を皇帝とするインド帝国が誕生する。

イギリス政府は，インドに対する植民地統治を確固としたものにするべく，

社会経済領域でさまざまな政策を進めたが，それらは，場合によってはイギリス政府の意図を超え，あるいはそれに反するかたちで，インド社会に大きな影響を与えた。政府は，直接統治を始めるや否や，インドの現状を把握するため国勢調査を実施したが，それは各個人に対してカーストや宗教といった属性をあてはめるものであった。これによって，それまで曖昧さを含んでいた諸カーストの範囲が確定され，カースト間の関係が整理されるとともに，序列化が進んだ。また，心性でも生活様式でも宗教でもあったヒンドゥーは「宗教」とされ，他の宗教とりわけイスラームと並列におかれた。カースト制度にせよ，ヒンドゥー教徒とムスリム（イスラーム教徒）の宗教対立にせよ，今日のインドを特徴づけるとされる諸事象は，イギリス支配下に「つくられた伝統」という側面をもっている。

　また，政府は，イギリス産業の巨大な製品市場にして原材料供給地たるインドの経済成長を促すべく，鉄道や電信などインフラストラクチャーの整備や，高等教育を含む教育制度の拡充を進めた。これにより，都市化が進むとともに，都市部を中心として経営者・公務員・ジャーナリストといった中間層が形成され始めた。また，インド人資本による綿織物や麻織物など繊維工業が復活し，製品を東アジア・東南アジアの各地に輸出し始めた。一部農村部では，麻や穀物など商品作物が栽培および販売され，場合によっては輸出されるようになった。これら在来産業における民族資本主導の経済成長は，イギリスからの独立を求めるインド・ナショナリズムの経済的な基盤となってゆく。インドは19世紀半ばに正式にイギリス領植民地となったが，それと相前後して，経済的植民地化という傾向に抗う動きが出現したのである。

3 西アジアの「長い19世紀」

　「長い19世紀」の変革の震源地がヨーロッパであれば，その揺れは，隣接した西アジアへとただちに波及しただろう。実際，そうした外部からのインパクトを無視してこの時代の西アジアを理解することは不可能だろうし，本章でこれまでみてきたような，欧米を中心とした不均衡な構造のなかには西アジアも組み込まれていった。ただし，その歴史は必ずしも「東方問題」や「グレートゲーム」といった観点のみから理解できるものでもない。当然のことながら，この地域の歴史を形づくっていったのは，バルカンを中心に，アナトリア，シリア地方，北アフリカなどを勢力下においたオスマン帝国，そしてイラン高原を中心に，その周辺におよぶ広域的秩序を継承しようとしたガージャール朝という2国の領域内で，またときにはその外部へと飛び出しながら生きた人々の活力である。そして彼らは，近世以来培われてきた秩序と変容のサイクルの延長上に，「長い19世紀」を経験したのである。

　以下では，欧米発の変革の衝撃が大きかっただけにしばしば忘れられがちなこうした側面をみてゆきたい。それは，18世紀後半のロシアの南下を前にした秩序再編の動きに始まり，多方面にわたる社会経済的な変容と近代国家化の営為をへて20世紀初頭の二つの革命にいたる，西アジアの「長い19世紀」である。

ロシア南下と秩序再編

　大国化したロシアの脅威を前に，オスマン帝国は，軍制改革と中央集権化の道を歩み始める。しかし，その前には二つの障壁があった。軍制改革を達成するためには，都市の商工民と混ざり合ってその代弁者となり利権集団と化していたイェニチェリを，そして中央集権化のためには，各地でなかば自立して領地経営をおこなっていた地方名望家たちを，懐柔するなり排除してゆく必要があったのである。イェニチェリはイスタンブルの都市社会に，名望家はそれぞれが基盤とする地方社会に深く根ざした存在だっただけに，これは容易ではなかった。それだけに，1770年代から19世紀前半のオスマン帝国は，彼らの既得

権を切り崩し，改革をめざすオスマン君主と，こうした動きとときに対峙し，ときに連携しながら生き残りをめざすイェニチェリや地方名望家との力関係に彩られる。そうしたなか，1808年に即位したマフムト2世は，官職の剥奪や財産没収，分割相続などを通じて大名望家の勢力を削ぎ，中央集権化をめざした。中央政府主導の秩序再編の動きは，一部地方の自立化につながる一方で，バルカンとアナトリア，シリア地方といった中核地域を中央政府の統制下へと組み込んでゆく。またマフムト2世は，砲兵隊などを増強するとともに，イェニチェリ軍団に対し，その内部に腹心を送り込むなどして慎重に軍団解体の準備を進めた。そして1826年にはこれを廃止し，中・下層のムスリムを兵士の母体とする新軍団を組織する。

　イェニチェリ廃止にともなう改革の影響は，軍事組織にとどまらない。第1に，庇護者たるイェニチェリを失った同職組合はヨーロッパ産品との競争に敗れて解体に向かう。これは，国際市場との結びつきをもったキリスト教徒に比してムスリム商工民が後退するとともに，手工業の主たる担い手が都市部の男性から比較的安価な労働力としての農村部の女性へと移行することを促し，産業構造の転換につながった。第2に，新軍団への洋装の導入をきっかけとして，文官の服装も改められた。これにともない，それまで法令によって服装やターバンの形状で官職や宗教の違いを顕在化させてきた慣行が廃れてゆき，ムスリムの宗教知識人や非ムスリムの聖職者以外の人々はすべてフェズと呼ばれる帽子をかぶるとされたことで，外見面での平等化が進んだ。そして第3に，新軍団の兵員徴用のために，1846年にムスリム住民に対して徴兵制が導入された。人口調査の試みをともなった徴兵制の導入は，同時期に進められた徴税制度の改革とあいまって，地方名望家やイェニチェリといった中間権力を介することなく，中央政府が住民を個人単位で把握し，管理する体制への移行を促した。

　こうした近代国家化は，それを進めるオスマン政府にとっては帝国住民の同意をいかに取りつけるかという課題をはらんでいた。それだけに，そのための財源を中央政府に確保すべく，徴税方式と地方行政制度の改革を進めるにあたっては，改革の公正さが高らかに表明されねばならなかった。また，地方においてはムスリムと非ムスリムそれぞれの代表を含む評議会を設置し，住民の声を吸い上げる仕組みが選ばれた。各地方で影響力を誇示した大名望家が姿を消したのち，1839年にタンズィマートと称される一連の改革事業が始まると，地方社会の人々のあいだには宗教や民族にかかわらず，新たな秩序に適合する

ことで自身を取り巻く状況を改善してゆこうとする動きがみられた。

18世紀後半のロシアの南下は，黒海とその周辺域での経済活動にも及び，オスマン臣民の正教徒商人の経済的成長に結びついた。彼らは，ロシアがオデッサ港を建設した際に誘致されたことを受けてこの新港に数多く移住する。さらに，革命後の混乱のためにフランスが東地中海交易から撤退するなかで，イギリスやロシア，そしてオスマン政府の庇護や優遇策と，オスマンとヨーロッパ列強の条約がつくりだす秩序の恩恵を得て，正教徒商人は黒海および地中海沿岸地域の港湾都市に拠点を築き，海運業を掌握するにいたった。その商業網は西ヨーロッパにまで広がり，ロシア南部の穀倉地帯と炭鉱地帯を世界経済につなげる回路を形成した。こうして築いた資金とネットワークをもとに，彼らのなかからは金融業に進出し，アルメニア人財務取扱人に取って替わるかたちで，国庫や政府高官への貸付を通じてオスマン政界への影響力を高めてゆく者もあらわれた。

カフカース方面でロシアの南下を迎えたのはガージャール朝である。イラン高原北部を拠点としたガージャール族は，18世紀末に支配領域を拡大し，他の競合勢力を排除してカフカース山脈南部からイラン高原の地に政治的統一をもたらした。こうして登場したガージャール朝は，ロシアの軍事的圧力を前に，部族ごとの軍にかえて正規軍を創設し，新技術の導入や西欧式の訓練の採用を通じてその整備を進めた。以後，同王朝は，18世紀の動乱期に各地方に根を張った名望家たちの権力構造を温存しつつ，彼らと相互依存の協力関係を取りつけることで20世紀初頭までイラン高原を統治してゆく。その歴史を彩ったのは，比較的脆弱な国家権力と社会各層の活力であり，後者がときに王朝を支持し，ときに暴力をともなうかたちで抗議するという相互交渉であった。

そうしたなか，とりわけ地域社会との結びつきを強めていたウラマー（宗教知識人）層がその代弁者，利害の調整者として影響力を高め，彼らを商人層が経済的に支援するという傾向がみられた。こうした傾向を支えたのはサファヴィー時代以来の住民のシーア化であり，シーア派特有の哀悼行事はこの時代にも発展し，殉教劇の流行は農村部にまで及んだ。この傾向は，ガージャール朝が都をおいたことで一地方都市から着々とした発展を遂げた，イラン高原北部のテヘランでも同様である。地方各地からの移民を引きつけたテヘランでは，王族や官僚の主導権と都市社会が有する社会的要請があいまって，商業空間の整備や，モスクやマドラサといった宗教施設の建設が進み，商人やウラマーが

19世紀の西アジアとバルカン半島

活動の場を得ていったのである。

対外交渉と社会変容

　19世紀にヨーロッパ列強は，その内部での勢力均衡を原則としつつ，経済的・政治的な思惑から西アジア地域への介入を強めていった。そうしたなかこの時代の西アジアでは，対外交渉の重要性が飛躍的に高まった。

　ガージャール朝は，南下をめざすロシアと，それを警戒しつつ南アジアの植民地化を進めるイギリスという19世紀の2大国を前に，両者の緩衝国としての地位に利を得て，ときにはフランスも巻き込みながら外交努力を展開した。すなわち，対ロシアで利害を共有する相手として，19世紀初頭にはフランスと，その後イギリスと条約を結び，とりわけ後者とは，財政的・軍事的支援を条件に排他的条約を締結することになる。一方，こうした方針は，領事裁判権の付与や低関税の受入れといった経済的な代償をともなっており，1828年の対露条約を皮切りとして，イギリス・フランスが同等の特権を獲得していった。これは，安価な大量生産のヨーロッパ産品のガージャール市場への大量流入と，それによる伝統産業の衰退につながっていった。これに拍車をかけたのが蚕を死にいたらしめる微粒子病の世界的な流行であり，ガージャール朝の主要産業だった養蚕業の低迷を招いた。

　こうしたなか，イラン高原に拠点をおくかつての諸王朝が築き，ガージャール朝が継承しようとした広域的秩序は徐々に解体に向かう。前述の1828年条約ではロシア帝国との国境が確定し，ガージャール朝はカフカース領を失った。

3　西アジアの「長い19世紀」　221

1847年にはイギリスとロシアの介入を受けて，ガージャール・オスマン間の国境を確定することが決定され，境界地域の遊牧集団も国境線のどちらかに帰属することとされた。その10年後にはイギリスとの条約でアフガニスタン方面への，1860年代から中央アジアへ進出したロシアとの1881年条約では，同地方へのガージャール朝の要求が否定され，長らく歴史を共有してきたホラーサーンも解体された。残されたのは，のちに国民国家イランへと継承される領域であった。

　外交の重要性が高まったのは，列強の利害調整の材料とされたオスマン帝国にとっても同様である。時代の変化に対応すべく，オスマン帝国は1793年のロンドンを皮切りにヨーロッパの主要都市に常設大使館設置の試みを開始した。そして19世紀には，中央政府の行政組織を内務や外務，財務といった省庁に分割する改革が進められるなかで，ヨーロッパの主要都市に派遣された官吏や留学生のなかから，語学を学ぶとともに経験を積み，外務官僚として成長する者があらわれる。また，外務省内に設置された翻訳局は，フランス語などの翻訳・通訳業務にあたるとともに，外務官僚の養成機関としての役割も担った。こうして誕生した外務官僚は，列強の介入により独立の承認にまでいたる1820年代のギリシア問題や，ギリシア叛乱鎮圧戦への出兵をきっかけに支配領域の拡大・世襲化を求めたメフメト・アリのエジプト問題，それに付随して生じたイギリスとの自由貿易交渉，さらに1850年代の対露クリミア戦争のように，対外交渉が帝国の存亡を大きく左右しうる時代状況に利を得て，政界の主導権を握っていった。

　こうしたなか，当時の国際的威信言語であったフランス語はオスマン帝国においても政治的・文化的にその重要性を高めてゆく。それは，先進知識を受容するための回路であり，したがって，軍医学校などの新たに設立された高等教育機関においては教育の言語だった。1831年に創刊された官報も，オスマン語に加え，当初はギリシア語やアルメニア語といった帝国内諸集団の言語だけでなく，フランス語でも刊行された。そうしたフランス語は，学習過程においてムスリムに有利だった帝国の伝統的な威信言語，アラビア語およびペルシア語の場合と異なり，キリスト教徒やユダヤ教徒のオスマン臣民にとって学習機会を得やすい言語でもあった。とりわけ彼らは，当時普及の度合いを増していた欧米人宣教師の学校や各宗派共同体の学校でフランス語を中心とした西欧諸語，そして先進知識を受容することにより，社会的上昇の機会を得ることができた。

時代状況を反映して，この時代の西アジアでは外交官として，お雇い外国人として，宣教師として，また商業上の理由で西ヨーロッパやロシアなどから流入する人々の数も増大している。ガージャール領では，その西北に位置し，対ヨーロッパ貿易の拠点だったタブリーズや，政治的中心として外交官やお雇い外国人が訪れたテヘランでその傾向が顕著だった。オスマン領の場合，クリミア戦争の際に同盟国のイギリス・フランスから数多くの人々が流入したことにより，イスタンブルを中心とした港湾都市部の住民には西欧人と接触する機会が増大した。こうして，イスタンブルやイズミルなどでヨーロッパ風の飲食店や商店，劇場がしだいに広まりをみせた。また，豊富な外国製品の流入とともに，ナイフとフォークで食事をとる，椅子や机を利用するといった西欧風の生活様式が都市部を中心にオスマン人の日常生活に入り込んでいった。さらに，戦争中には電信網が整備されるとともに，オスマン・トルコ語新聞が戦況報告で商業的に成功し，これが印刷技術と新聞という媒体の普及を促すなど，情報伝達技術の革新も進んでいった。

特権と平等

　もとより，パレスチナの聖地管理権問題に端を発したクリミア戦争は，オスマン帝国にとっては政治的に重大な転機だった。

　19世紀にオスマン帝国のキリスト教徒のあいだで民族意識の高まりがみられ，それぞれの言語による初等教育や新聞出版活動が広まってゆくなか，そうした動きの受け皿となったのは，近世以来，聖職者が取りまとめの責を担い，その内部での一定の自由を容認されてきた宗派共同体だった。オスマン政府は，帝国全体の住民を個人単位で把握する傾向を強める一方で，地方行政改革において非ムスリムを共同体の代表として取り込んだように，キリスト教徒やユダヤ教徒の宗派共同体を解体するのではなく，その枠組みを利用する傾向も強めてゆく。こうした動きは，聖地管理権問題に関連して生じたロシアの外交的な介入とあいまって，オスマン政府が1853年に非ムスリムの宗教的特権を保障し，それにより宗派共同体という枠組みを強化することへと帰結する。そしてこれは，制度化された宗派共同体と帝国レベルでの国民形成との折合いをいかにつけるかという課題へとつながっていった。

　クリミア戦争が終結に向かうなかで，オスマン政府の高官たちは，外交的圧力を感じながらその後の改革の方針を示すべく，1856年に改革勅令を発布した。

これにより，オスマン政府は非ムスリムの宗教的特権を再度保障するとともに，それまでイスラーム諸王朝が1000年以上にわたって保持してきた大原則を放棄し，ムスリムと非ムスリムの平等を宣言した。つまり，宗教にかかわる事柄を例外としつつ，宗教的・民族的帰属にかかわりなく，政治的には平等なオスマン国民として領域内の全住民を統合してゆく方針を表明したのである。
　こうした転換を受け，非ムスリムに対して用いられてきた一連の表現は差別的であるとして禁止され，非ムスリムのみに課されていた人頭税は，改革勅令の発布に先駆けて廃止された。また，原則として非ムスリムも兵役義務を担うこととされたが，実際の運用にあたっては非ムスリムには兵役代替税が課せられることになった。そして，先天的な属性としての宗教に基づく不平等を是正することが選択されたことを受け，機会の平等としてオスマン官界への非ムスリムの受入れが正式に始まった。その結果，官吏養成を主眼とする専門高等教育機関の一部では，学生の半数以上を非ムスリムが占める例もみられ，とりわけ，金融業や商業で正教徒の後塵を拝した，しかしトルコ語運用能力をもつ者が多かったアルメニア人のあいだからは，社会的上昇のための選択肢としてオスマン官界に積極的に参入する動きが帝国末期まで続いた。
　こうしてキリスト教徒やユダヤ教徒は，オスマン国民としての権利を享受し，また原則としてはその義務を担う一方で，宗教的特権の名のもとに，宗教実践の自由と，実際には非宗教的な内容が中心を占めるようになっていた教育や出版活動をそれぞれの言語で展開することがあらためて保障された。その結果，宗派共同体は，民族意識の発露の受け皿としての役割を高め，その凝集力を強めてゆくことになる。そしてその内部では，各宗派共同体の俗人有力者や高位聖職者のあいだでの主導権争いをともないながら，オスマン政府の要請を受けて，宗派共同体運営の方法をめぐる規定づくりが進められていった。こうした動きは，正教徒，アルメニア人，ユダヤ教徒という主要な非ムスリム宗派共同体内で，評議会や共同体議会を創設したり，制度化したりすることに結びつき，それぞれの内部で政治の場を拡張してゆく。その一方で，民族意識の高まりは宗派別の共同体区分に亀裂をもたらす作用もあり，それは，ギリシア語文化に軸をおいた正教徒の教会組織からの独立をめざすブルガリア人の要求と，オスマン政府によるその承認につながった。
　クリミア戦争がオスマン社会にもたらしたもう一つの大きな変化は，ロシア帝国からのムスリム難民・移民たちの大規模な流入である。オスマン側の戦勝

と戦後に生じたロシア帝国のカフカース北部征服を受けて，クリミアやカフカース北部のムスリム諸民族のなかからオスマン領へと移住する動きが高まった。その過程において多くの人々が命を落としたとされるものの，戦後20年のあいだに60万人とも200万人ともいわれる人々がロシア帝国を離れ，3000万ほどの人口を擁したオスマン帝国に流入する。こうした人口移動は，18世紀末のロシアによるクリミア併合後の移動，そして1877〜78年の戦争と領土喪失にともなう難民・移民の流入とあわせて，オスマン帝国の人口構成と社会情勢に大きな影響を及ぼした。オスマン政府は，想定を大きく超える数のムスリム移民を帝国各地に住まわせるよう対応することになる。定住先の困難な環境ゆえに数多くの人々が命を落とし，また多宗教・多民族からなる各地域の社会関係をときには悪化させ，土地をめぐる争いを引き起こすことがあった反面，新たな労働力の流入は，数多く残されていた未開墾地の開発を促し，アナトリア中南部などでは大土地農場が形成されることにつながった。

　ムスリムと非ムスリムを平等とする方針は，中央政府の諮問機関や地方評議会において非ムスリムが行政に参加する機会を高めた。その成果は，中央では最高評議会とそれを改組した国家評議会に，地方では1867年の州制法で再編された各行政単位レベルでの評議会，そして州議会にみることができる。とりわけ地方では，選挙制度が採用され，整備されるなかで地域住民の地方行政への参加も進んだ。これと並行して帝国内諸民族の言語で新聞・雑誌が叢生し，立憲主義者に言論の場を与えてゆく。おもに地方で蓄積された代議制の経験は，立憲運動の流れを受けて，1876年に発布されたオスマン帝国憲法により，第1次立憲政と帝国議会に受け継がれた。同憲法は，宗教・宗派にかかわりなく全オスマン国籍保有者をオスマン人と呼ぶこと，特権の保障下にある宗教・宗派上の事項を除いては全オスマン人が平等であることを謳い，オスマンの国民国家化の流れを追認するものでもあった。

　こうした転換の背後には，1870年代中ごろの大凶作による税収減がクリミア戦争以来の外債に依存してきた財政を破綻させたこと，そしてボスニア・ヘルツェゴヴィナとブルガリアで大規模な蜂起が生じ，これにヨーロッパ列強が介入したことに起因する危機的な状況があった。これは結果として，ロシアによる軍事的な介入を招いた。対露戦争という非常事態を受け，オスマン君主アブデュルハミト2世は議会の閉鎖と憲法の停止を宣言し，第1次立憲政期は短命に終わった。そして対露戦争に敗れたオスマンは，ロシアの一人勝ちを危険視

する他の列強の介入によって緩和されたとはいえ，1878年のベルリン条約で大規模な領土喪失を経験するのである．

国家形成と植民地化

このように，19世紀にはヨーロッパ列強の論理のもとで西アジアの広域的秩序が解体されていった．その結果，分離独立，あるいは自治国化を達成した地域や，植民地化される地域がみられることになる．

オスマン帝国のなかでも比較的人口が多く，キリスト教徒の割合が高かったバルカンに目を向けてみると，19世紀に独立，ないし自治をへての独立を達成した国々がめだつ．オスマン領の北西に位置するセルビアでは19世紀初頭の名望家間の抗争が蜂起につながり，それが自治公国化をもたらした．ギリシアでは，その北部を勢力下においた大名望家を中央政府が討伐しようとするなかで蜂起が生じる．この動きは長期化し，当初は消極的だったヨーロッパ列強の介入を招いたことで，1830年の独立につながった．またオスマン領の北縁に位置し，18世紀末から隣国ロシアの影響力が高まっていたワラキア・モルドヴァ両ドナウ公国は，同君連合をへて1862年に合同し，ベルリン条約で独立を承認された．オスマン帝国の中核地域を形成したブルガリアも，同条約で自治を，1908年には独立を獲得している．一方，バルカンでもムスリム人口が比較的多かったボスニア・ヘルツェゴヴィナはオーストリア＝ハンガリー二重君主国（ハプスブルク帝国）による占領をへて，1908年に同国に併合されるにいたった．

これらバルカン諸国の自治国化後，独立後の経験は類似している．政治的には，比較的早くから憲法制定と議会制の導入が進められ，そうした制度的枠組みのなか，有力政治家が私的な結びつきをもとに党派政治を展開した．宗教的には正教徒が多数派を占めるなか，自治・独立の獲得と前後して，イスタンブルの正教会世界総主教の傘下を離れ，それぞれが自治教会を形成し，国家の枠組みに宗教を一致させる選択をとった．経済的には，どの国も旧来の広域的な秩序から切り離された小国となったがゆえに，発展には構造的な限界をかかえており，国外への移住や出稼ぎ，周辺の大国への従属がみられた．また対外的には，ハプスブルクやロシアなど，庇護者となりうる他国との関係に左右されることが多かった．これらの事情ゆえに，バルカン各国では国内の政治的・経済的不満の捌け口として，オスマン帝国からの領土獲得が掲げられる．こうした方針は，オスマン領の住民の取込みを意図した文化教育活動としても顕在化

した。とりわけ，商港テッサロニキを擁するマケドニア地方は，ギリシアやセルビア，ブルガリアの領土拡大の争点となった。

　オスマン帝国のなかでも比較的人口が少なかった，そしてムスリムが多数派を占めた北アフリカに目を転じると，19世紀のあいだにヨーロッパ諸国による植民地化が進行した。エジプト州では19世紀初頭に，オスマン軍人メフメト・アリがナポレオンによる占領後の混乱を収拾し，州総督として実権を掌握，自立化の傾向を強めた。メフメト・アリは，綿花の栽培と専売制の導入によって財政基盤を整えることで，18世紀末に始まるオスマン中央の軍制改革を範としつつ，その達成に先んじて司法や行政，教育面の改革を進めることになる。とりわけ，徴兵制導入にともなう人員確保の必要性から，衛生面一般の改善が進められたことは，エジプトの人口増加に寄与した。しかしその独立は，オスマン政府との条約によって実現した自由貿易体制のもとにエジプトをとどめおきたいイギリスの論理に阻まれる。やがてエジプトは，スエズ運河開削の財政的負担により，経済的にイギリスへの従属を強め，1882年からは同国の占領下におかれることになる。

　オスマン領の西端に位置したアルジェリア州は，1830年にフランスの侵攻を受け，47年までにはほぼ全土が制圧された。制度上フランスの一県として同国に併合されたのちは，フランスやスペイン，イタリアなど，地中海の北岸からの入植者が大量に流入する一方で，住民構成に応じた多元的な統治体制が敷かれた。こうしたなか，オスマン政府にとっては，エジプトとアルジェリアのあいだに位置したリビアに対していかに支配を確立するかが課題として浮上する。その重要性は，隣接したチュニジアをフランスが占領した1881年にはいっそう高まった。さらにリビアは，オスマン帝国が一列強として1880年代以降のアフリカ分割に参入するための足掛かりとして，その後背地を勢力圏として要求するためにも重要性を有したのである。

　イラン高原と歴史を共有してきたカフカース山脈南部の地域は，1801年から20年代にかけてロシア帝国につぎつぎと併合された。ロシア帝国は，その中核都市ティフリス（現トビリシ）にカフカース総督府を設置するとともに，旧来の社会秩序を利用すべく，その管轄下の県レベルでは現地の有力者を取り込み，1881年の皇帝暗殺までは宥和的な政策をとった。ロシア帝国への併合により，カフカースのグルジア系・アルメニア系のキリスト教徒やトルコ系のムスリムは，ペテルブルクやワルシャワなど帝国他地域への留学やロシア軍，官庁での

3　西アジアの「長い19世紀」　227

勤務を通じて社会的上昇の機会を得た。政治的な中心となったティフリスは，カフカース諸民族が混在する都市として成長し，各民族の言語での出版活動の中心にもなった。また，カスピ海西岸の都市バクーでは油田開発が進んだ。1872年に政府の独占政策が廃止されると，内外からの資本が流入するとともに，ロシア人やアルメニア人，そして何より隣接したガージャール領北西部からトルコ系ムスリムの出稼ぎ労働者が流入し，人口の急増と工業化が進んだ。

汽船と鉄道

　工業化が進んだ19世紀は，汽船と鉄道が普及していった時代でもある。汽船がしだいに帆船に取って替わっていったことは，船舶の大規模化をもたらすとともに，天候に左右されづらくなったことで運行の計画性を劇的に改善した。ドナウ川およびティグリス川・ユーフラテス川では，汽船により川をさかのぼる運行が現実的なものとなり，またスエズ運河の開削も人とモノの流れを変えてゆく。そして，沿岸部に形成された汽船のネットワークは鉄道網の拡大により内陸へと結びつけられていった。こうした19世紀の変化は，並行して進んだ道路網の整備や郵便と電信網の拡張，新聞・雑誌の普及とあいまって，人，モノ，情報の流れを飛躍的に拡大していったのである。

　汽船の運航や鉄道の敷設はおもに，原料の輸送を容易にし，市場を拡大したいヨーロッパ諸国の資本によって進んだ。それだけに，鉄道敷設にかかわる利権の供与は，オスマン・ガージャール両国の外交戦略とも密接に結びついてゆく。アブデュルハミト2世は，列強間の競合を喚起すべく，重工業での躍進著しいドイツにアナトリア地方での鉄道建設を委ね，またシリア鉄道をめぐっては，ドイツと対抗させるべく，フランスにその敷設権を与えている。ガージャール朝も，改革の財源確保を目的として，カスピ海からペルシア湾に通ずる鉄道建設とそれに付随する多様な利権をイギリス人ロイターに付与したことに代表されるように，鉄道敷設などの利権供与を通じてイギリスとロシアのあいだで生き残りをはかった。

　輸送手段の変化は，何より経済的な影響が著しい。工業化の進んだヨーロッパ諸国からは，大量生産の安価な商品が不平等条約のもと低関税で西アジア市場に流入した。その影響はまず沿岸部に，そして鉄道網の拡大にあわせて徐々に内陸部へと広がってゆく。こうしたなか西アジア諸地域では，綿糸生産からイギリス製の綿糸を用いた織物生産への移行や，女性の安価な労働力に依存し

た欧米への輸出向け絨毯製造業の活性化，アヘンや綿花，米や小麦などの輸出向け農産物の生産増大，ガージャール朝におけるタバコ栽培の開始といった生産面での転換がみられた。そしてこうした食糧や綿花は鉄道網を通じて沿岸部の港へと輸送され，国際市場へと接合する。

19世紀に拡大した物流網は，新聞や雑誌を運んだ点でも重要である。この時代に普及していったオスマン・トルコ語やペルシア語，ギリシア語，アラビア語など多言語の出版物は，国境を越えて広域的に流通し，政治思想の往還を可能にした。さらに，こうした越境性は，ロンドンなどのヨーロッパ諸都市でのオスマン・トルコ語やペルシア語出版，イスタンブルでのペルシア語出版の例にみられるように，オスマン・ガージャール両国が敷く出版統制をかいくぐり，体制への異議申立てを可能にしてゆく。

南アジアに発するコレラが19世紀になってはじめて世界的に大流行したことにあらわれているように，人的移動の活性化は疫病の拡大をともない，その影響は西アジア地域にも及んだ。オスマン帝国では検疫制度が導入され，とりわけ，1865年にイスタンブルでコレラが大流行したことを受けて翌年に第3回国際衛生会議が同地で開催されたのちは，衛生面での疫病対策が大都市部で進められてゆく。衛生面での改善は，交通網の発達による食糧輸送が飢饉を減らしたこととあいまって，19世紀の人口増加を後押しした。

疫病流行の要因の一つとして警戒されたのが遠隔地から多くの人々が集まるマッカ（メッカ）巡礼であり，19世紀には汽船と鉄道の普及により，巡礼や聖地参詣の規模が大幅に拡大するとともに，そのルートも変化していった。マッカ巡礼は，陸路ではなく，近郊の港町まで船で移動しておこなわれるようになった。ガージャール朝のムスリムも，カスピ海やカフカースを通じて黒海に出て，そこから海上ルートでイスタンブルを経由して巡礼に向かうようになった。これは，それまでその途上でおこなわれたオスマン領イラク地方のシーア派聖地参詣がマッカ巡礼から切り離されること，そして同地の政治的安定に助けられて，年に10万人の参詣者を出すほどまで活性化することにつながった。これにともなってガージャール領からの移住者も増えたことで，イラク地方ではこの時代にシーア派人口の割合が高まっていった。

一方，ロシア帝国からも，マッカ巡礼や学業，商売のため，海上ルートでのオスマン帝国との往来が活性化する。これは，オスマン領のトルコ語出版網にロシア・ムスリムが参入することにつながるとともに，ロシア帝国政府がムス

リム臣民に対する警戒心を高めることにも結びついた。同様の見方を，いまやインドやアルジェリアなどの植民地に大量のムスリム人口をかかえたヨーロッパ列強が共有するなか，アブデュルハミト2世はカリフとしてイスラーム的価値を強調し，列強諸国の警戒心を駆り立てた。列強の関心が東アジアやアフリカの分割に向かった国際情勢にも助けられて，オスマン帝国は30年を超えるアブデュルハミトの治世において，対外的な安定期を経験した。

専制と反発

　こうしたなかアブデュルハミトは，国内においては議会を停止するとともに大宰相府を抑えて自身に権力を集中させ，君主専制の安定した支配構造を築き上げていった。そして，軍や非ムスリム共同体，地方名望家など，既存の権力構造の代表者と直接結びつくことで，社会的・経済的な利害調整機能を自身と宮廷に集約する。こうして生まれた内外の安定のもと，アブデュルハミトは交通や通信のインフラ整備を進めるとともに，正教徒が牽引する社会全体の経済成長に支えられて，社会的弱者に対しては家父長的恩恵として福祉，慈善，教育を積極的に施していった。

　こうして，19世紀末から20世紀初頭のオスマン帝国では高等教育機関が拡充されるとともに，とくにムスリム住民のために，初等および中等の新式教育の普及が推進され，病院や救貧院，孤児院などの開設といった福祉事業や貧民救済策がオスマン君主の恩恵としておこなわれていった。このような施策は，経済的に成功した一部の人々や外国の同宗派者からの支援に支えられ，宗教的特権のもとに宗派共同体内で独自の相互扶助と福祉を実現する非ムスリムとのあいだに生じていたムスリムに不利な社会的不平等を是正し，彼らの不満をやわらげる意味をもった。

　アブデュルハミトがとくに重視したのは帝国の周縁地域やアレヴィー，シーア派など，帝国中央からみて異端的とされる住民の居住地域であり，そうした地域では重点的に学校がモスクと並んで建設された。また，アラブ系やクルド系の遊牧部族長の子弟のためには独自の教育機関をイスタンブルに設立し，彼らを通じての諸部族の取込みがはかられた。初等から高等までの教育の普及は，アラブ系やアルバニア系など，地方出身者のオスマン人エリートとしての社会的上昇を促すとともに，徴兵制や土地登記制度とあいまって，帝国の周縁にいたるまで，国家の存在を意識させる回路として機能してゆく。また，学校教育

を通じた地方名望家子弟の取込みは，彼らを通じた中央・地方関係の安定・強化につながった。

　しかし19世紀末になると，高等教育機関が官僚予備軍を過剰に供給する一方で官界の人事が硬直化するなか，不満を募らせたムスリム学生や官僚などから反体制運動に走る者が登場する。青年トルコ人と総称された彼らは，出版統制と弾圧を逃れて国外に亡命し，ヨーロッパ諸都市やカイロで言論活動をおこなっていった。一方，体制への不満は，19世紀後半にヨーロッパ諸国への利権供与を繰り返しながら，国内の経済的停滞に対処できずにいたガージャール朝に対しても高まってゆく。こうした動きは20世紀初頭のイラン立憲革命，青年トルコ革命に帰結する。後者を主導したのは統一進歩協会，オスマン帝国を構成する諸集団の「統一」とともに「進歩」の概念を掲げた人々だった。

4　東アジアにおける「文明」をめぐる交流と対抗

　アジアの豊かな物産が世界の人々を魅了し，とりわけヨーロッパにおける需要の拡大が大航海時代を準備した。それ以来，さまざまなアジア物産が世界商品として取り引きされていった。16世紀東アジアでは生糸・絹織物・陶磁器などが世界商品として輸出されたが，それは「奢侈品」であり，購入できる人は少なく，その影響力は限定的であった。しかし，18世紀になると，砂糖・紅茶・コーヒー・タバコ・アヘンなどが世界商品として取り引きされるにいたった。それらは「嗜好品」であり，いったん味を覚えると，やめることが困難で，習慣性があった。また，紅茶に砂糖を入れて飲むという作法がヨーロッパで普及するなど，商品自体が他の需要を生むという側面もあった。

　さらに問題は，嗜好品の生産のために西洋列強は海外に植民地を建設し，奴隷や国内であぶれた人口（犯罪者なども）をそこでの労働力として酷使したことである。ごく単純化していうと，アジア物産の輸入代替の方法として，日本は江戸時代に自給体制を整えたのに対して，西洋諸国は海外に植民地を設けて，安価な労働力で生産する方法をとったのである。19世紀，西洋は近代資本主義，のちに帝国主義という新しいシステムをともない，今度は巨大な市場を狙って東アジアに到来したのである。

　「近代」という概念は18世紀後期以降の西洋における固有の歴史変化，すなわち主権国家体制の成立，市民社会の成立，産業革命による資本主義の成立などを特徴とする社会のあり方を意味した。しかし，その後，ヨーロッパが世界の覇権を握り，「近代」が世界規模でスタンダードな社会のあり方となることで，非ヨーロッパ世界の国々にとっても「近代」は避けがたいものとなった。ただ，どのような「近代」が到来し，どのように対応したかは国によって違いがあった。アヘン戦争によって不平等条約を強いられ，その後も列強による侵攻が続いた清朝中国が「近代」の全般的な導入に消極的であったのと異なり，幕末に日本も不平等条約を結んだが，自ら進んで「近代」を目標とした。その差を生んだ理由は単純ではないが，根本的には社会構造の違いに起因すると思われる。いずれにしても東アジア諸国にとっての「近

代」は「西洋の衝撃（Western Impact）」と称されるように，アジア社会に大きな影響を与えるものであった。

とくに西洋とアジア諸国との軍事力の差は歴然であった。ヨーロッパにおけるナポレオン戦争は，それまでの傭兵主体の軍隊から，一般国民からなる国民軍へと性格を変化させたが，300万人という総動員兵力の点でその規模は空前であった。さらに産業革命期とも重なり，イギリス・フランスなどで兵器が大量生産され，軍隊の巨大化を可能にした。18世紀から19世紀にかけて戦争に明け暮れたヨーロッパの軍事力に対して，長いあいだ平和を享受していた中国や日本がかなうはずはなかった。

しかも18世紀の中国は人口が激増し，生産が追いつかずに社会の貧困化，治安の悪化を招いた。そして流動化した人口は伝統的な社会秩序の外側，すなわち秘密組織へと流れていった。18世紀後半からの中国では反体制的な組織がつぎつぎと沸き起こり，清朝は繰り返し，その鎮圧に追われた。18世紀末の四川を中心に広がった白蓮教徒の乱，19世紀中期に江南一帯を席巻した太平天国の乱，その半世紀後に華北で拡大した義和団など，長期にわたり戦乱に明け暮れた。かくして，明治維新を転機に富国強兵を進め，アジアの盟主たらんとした日本の「近代」が明るいイメージで描かれることが多いのに対して，中国の「近代」は内乱や列強の侵略に苦しむ，暗いイメージで捉えられることとなった。

境界空間の消滅と新たな交流

近代以前の東アジアの歴史は「陸」ではなく，「海」からみることによってダイナミックな動きとともに豊かなイメージをもつことができる。すなわち，国単位の歴史ではなく，人やモノの移動，情報の伝播など交流の「場」としての「海域」の歴史である。13世紀半ばから18世紀末にいたるアジアの海は，「ひらかれた海」「せめぎあう海」「すみわける海」と形容されるように，時代とともに変容する個性豊かな交流の場であった。そして，アジアにおける交流の基軸は交易である。アジア物産の交易こそがアジア発展の原動力であった。

歴史上，交易の一手段として，「沈黙交易」が知られる。交易をする双方が接触をせずに物品を交換する方法で，言葉が通じない者同士による原初的な交易という見方もあるが，「沈黙」は必要条件ではなく，物理的接近を忌避し，

争いを防ぎ平和的に交易をおこなう一つの知恵だと考えられる。しかし，人口が増加し，商品への欲求が高まり，交易規模が拡大するに従い，人々は積極的にコミュニケーションをはかり，商業を発展させるようになる。それでは商人たちはどのようなかたちで意思疎通をはかったのであろうか。

近代東アジアにヨーロッパ人があらわれたとき，中国の対ヨーロッパ交易の拠点広州で用いられた言葉として「ピジン英語(Pidgin English)」が知られている。英語と現地の言葉が自然に混合してできた言葉である。たとえば，"Can do?"(いいですか？)，"Chinchin"(要求する，中国語の「請」の音から)，"Chop"(押印，文書，許可証など)などがある。もっとも16世紀にはポルトガル人がすでにマカオにきており，ピジン英語のなかにはポルトガル語の要素もはいっている。18世紀以降，イギリス商人の中国進出によって，中国の対外貿易では英語の需要が高まるとともにピジン英語が使われるようになる。さらに19世紀にはプロテスタント宣教師が中国で英華辞典などを刊行，ほかにも商業指南書でもピジン英語が紹介された。こうしたピジン英語を「ブロークン」あるいは「スラング」としてみることもできるが，むしろ当時のアジア海域に広くみられた普遍的な現象として考えるべきである。実際には，広州に限らずマカオ・マラッカ(ムラカ)・香港(ホンコン)・上海(シャンハイ)・横浜などでピジンは使われており，ここから東アジア海域を舞台に自由に移動していた無数の人々を想像することができる。それは，16世紀から19世紀半ばにいたる，ヨーロッパ人のアジア海域への進出以降の貿易と文化の交渉の痕跡なのである。

ところが，1860年代ころより諷刺画で有名な『パンチ』など西洋のメディアが人種差別的な視点から，ピジン英語を話す中国人を描くようになる。アジアと西洋の双方にとって「橋渡し言語」であったピジン英語が「愚かさ」の象徴とみなされる時代になったのだ。「境界の言葉」であったピジン言語を否定し，周縁化していったシステムこそが「近代」である。こうして東アジアにおいて，帰属の曖昧(あいまい)な境界空間は消し去られ，国家によって統合された均一な空間が形成されてゆく。

19世紀半ばの東アジア近代は，西洋がもたらした「近代」をめぐる多様なドラマである。いち早く西洋列強の手法を取り入れて，他のアジア諸地域を侵略した日本とアジアとの関係は歴史問題として今日にいたるまで存在し続けている。しかし，今同時に考えるべき問題は東アジア全体の問題として「近代」を俯瞰(ふかん)的に眺め，その受容における相互関係(補完・依存など)を見直すことだと

思う。単純な比較，あるいは孤立的な把握は偏狭なナショナリズムに寄与することにしかならない。そこで，本節では，人・モノ・情報などの文化交流のなかでも，言葉による交流に注目し，東アジアの変容を検討してみたい。近代世界において，言葉は思想，価値観，文明を伝える重要な役割をはたした。しかし，近代メディアの発達により，偏った価値観が拡散する可能性もあり，言葉と実態の乖離（かいり）という問題にも注意をはらう必要がある。東アジアにおいて「近代」的な思想の連鎖と断絶がどのように進行したのかをみてゆこう。

西洋学知の受容

　西洋の学問の優位性を示すことでキリストの福音を伝えようという，マテオ・リッチ以来の宣教師による努力は，結果的に布教を超えるかたちで東アジアの伝統的秩序にじわじわと影響を与えた。万国図（地理書）によって東アジアで信じられてきた宇宙観・世界観を覆し，球体である世界には多種多様な国家が存在することを教え，万国史によって，それぞれの国や民族には独自の歴史や文化があることを伝え，最後に万国法によって，世界のあらゆる国は主権国家として平等の権利をもつという多元的・相対的な万国公法の理念を示すことで，中華の朝貢（ちょうこう）・冊封（さくほう）体制にみられる東アジアの華夷（かい）秩序を否定する論拠となった。

　19世紀中ごろまで東アジアの国々は「海禁」や「鎖国」（日本）などと呼ばれた対外政策がとられ，密貿易や海賊を防ぐため，それぞれの公権力による対外関係の独占的管理がなされていた。欧米世界との交渉は原則禁止されていたが，対外関係を完全に遮断していたわけではなかった。

　たとえば，日本は当時，中国を中心とした朝貢体制には属していなかったが，中国を「通商の国」として長崎で交易関係をもったし，朝鮮は「通信の国」と位置づけ，釜山（プサン）に倭館（わかん）が設けられ，対馬（つしま）の宗家が文化交流をおこなっていた。さらに薩摩の支配下にあった琉球は福州の柔遠駅（琉球館）に使節や留学生を派遣することで，その情報は日本にももたらされた（太平天国の乱の知らせは，福州→琉球→薩摩→大坂適塾というルートで伝達された）。西洋の新しい学知，すなわち「西学」は東アジアの伝統的な外交・通商ルート，すなわちアジア経由の回路によって日本に流入していたのである。中国からの情報は交易で来航した唐船が長崎入港時に提出した「唐船風説書」によってもたらされた。とくに1840年のアヘン戦争，それに続く太平天国の乱に関する情報は日本国内で注目

され，知識人のあいだで海外事情への関心が高まった。

　ちょうどそのころ，中国で活動する西洋人プロテスタント宣教師たちは，まず西洋の科学や政治制度の優秀さを広く知らせることで，西洋の宗教であるキリスト教を広めようとした。そのため，彼らは教義や西洋文明を紹介した著作を中国語に翻訳・出版した(「漢訳西学書」)。また，開港場では『遐邇貫珍』(香港)や『六合叢談』(上海)といった「総合情報誌」が刊行され，ただちに日本に舶載された。その内容はキリスト教の教義紹介もあったが，世界各地のニュースや自然科学関係の記事も多く含まれていたため，一部は洋書調所などで翻刻され，公刊された。

　もともと日本にはもう一つの海外情報ルート，オランダからの学問(蘭学)導入があった。18世紀半ばから19世紀半ばまでの約百年間に翻訳・著述された西洋の天文学・暦学・地理・医学・算学などの書籍は470種に及んだ。当時のオランダにはヨーロッパで最新の科学技術の成果が集まっており，日本はその恩恵を受けることができた。しかし，西洋の軍艦の来航やシーボルト事件(1828年)などが起こり，蘭学への統制が厳しくなる。さらに1837年のモリソン号事件，39年の「蛮社の獄」の弾圧がおこなわれるなど，西洋からの直接的な知識の導入が一時的に困難になった。

　まさにこの時期，1840年アヘン戦争が勃発し，西洋の脅威は現実味を帯びてゆく。中国でもアヘン戦争の体験を踏まえて，世界情勢について叙述した本が出版される。とくに魏源の『海国図志』は自国の変革の方向を探ろうという姿勢や西洋批判が示され，同じく西洋の脅威に直面していた日本の知識人の共感を呼んだ。外国語が読めなくても，漢文が読める日本の知識人にとって，漢訳西学書は容易に西洋の新知識と世界情勢を摂取できる重要な回路であった。1840年から55年までに中国船によって日本に舶載された中国書は，3407種，4万5481冊にも及んだという。そのなかには多数の西学の書物も含まれていたであろう。このように漢訳西学書の輸入をとおして，日本と西洋との出会いを中国が準備したという側面があった。書籍という印刷メディアによって東アジア世界における情報や思想は連鎖していたのである。

　それ以上に重大なできごとは，西学の摂取によって，日本人の中国観・アジア観に大きな変化を生じさせたことである。西学書を読むことによって，西洋人の視点による地理知識の増大と西洋自然科学・技術への畏怖をもたらしたと同時に，西洋の侵略に対して，有効な手段をとらず，中華意識にこだわる中国

を蔑視し，衰退と亡国に向かいつつあると認識するようになった。

　その後，中国経由による西学伝来の回路はしだいに狭まり，1853年のペリー来航と欧米諸国との条約締結という事態を迎え，直接西洋から学問を学ぶ回路が急速に整備されていった。その流れは幕末の欧米諸国への留学生派遣，明治維新以降の御雇い外国人による「洋学」教育へとつながってゆく。

　一方，中国における西学の受容は16世紀末，明末に来訪したイエズス会の宣教師マテオ・リッチにさかのぼる。彼らの学知は数学・天文学・地理学において知的刺激を与えたが，それは宮廷内にとどまった。その後，産業革命をへて，世界進出を支えた時代の西洋学知をもたらしたのは，19世紀のプロテスタント宣教師たちである。彼らはマラッカやマカオを拠点に華僑への布教をおこなったのち，広東でも宣教活動を展開した。科挙に失敗した洪秀全は病臥中の夢で現世の妖魔を倒すようにいわれる。その後，広州で中国人宣教師からもらったパンフレットに同様の内容が書かれていたことから，キリスト教に入信し，自らをキリストの弟であるとして拝上帝会を組織した。その後，下層民の支持を集めて勢力を拡大させ，1851年に太平天国を称して叛乱を起こし，清朝はその対応に追われることになった。また19世紀末に革命運動を起こすことになる孫文も青年期，ハワイと香港でキリスト教および西洋文明の影響を強く受けていた。近代中国では民間知識人による西学の受容は体制を揺るがす契機となっていたのである。

　清朝もアヘン戦争，そしてアロー戦争に敗北した以上，もはや西洋の学知を無視することはできなかった。それまで「夷務」とされてきた西洋との事務（貿易に限る）は，外交や科学技術も含めた広い範囲の事務として「洋務」へと格上げされた。そして幕末明治の日本と同様に外国語人材の育成，武器製造の施設などが急ぎ建設された。しかし，この「洋務運動」は結局，国家規模の政策ではなく，李鴻章など地方大官の軍事力を強化し，太平天国など内乱の鎮圧に寄与しただけであった。

　西洋諸国の海外進出の背景には事前の情報収集そして，何より未知の世界への好奇心があった。近代直前の日本では多くの知識人が伝統的な交易ルートや漂着民からの情報に飛びつき，それが国内で広く流布した。日本はそうした世界の動きに敏感に反応し，西洋の東方への進出に対して強い危機感をいだくことで急速な近代化に成功した。しかし，長年にわたり世界商品である生糸・茶・磁器などを輸出して富力を増し，交易を恩恵としてしか考えなかった中国

は，国内の叛乱には監視の目を向け続けたが，海外の動向には依然無関心であった。

近代国際関係と移民

　産業革命をへて，喫茶の習慣が広がったイギリスでは中国産の茶を大量に消費するようになっていた。18世紀末に輸入税率が下がったため，イギリス人による茶の買付けは急増する。しかし，イギリスの主要な輸出品である毛織物は中国でほとんど売れなかったため，代金は銀によって支払うしかなかった。これによって中国へは大量の銀が流入し，経済好況をもたらした。そこで銀の流出で貿易赤字に苦しんだイギリスは植民地インドに着目する。インドには綿花など中国が必要とする物産が存在した。イギリスはインド物産の対中国輸出によって茶の支払いにあてるようになった。そして，その代表がアヘンである。中国とイギリスの貿易は，茶の輸入でイギリスの赤字，インド・中国貿易は，綿花とアヘンの輸出でインドの黒字，そしてイギリスはインドに綿製品を売り込むかたちで，銀をほとんど動かさずに為替で決済するシステム，いわゆる三角貿易が形成された。

　アヘンの輸入が急増したため，今度は中国から銀が流出する事態となり，銀不足は経済の停滞を招くこととなった。禁制品であり，また麻薬であるアヘン吸飲の習慣が広がったため，清朝政府は林則徐を広州に派遣，林はアヘン商人から没収したアヘンを廃棄処分とした。そして，イギリスは軍隊を派遣し，アヘン戦争が勃発，1842年南京条約が締結される。その結果，アヘンの賠償，上海など5港の開港，自由貿易，香港島の割譲，関税自主権喪失，領事裁判権の容認などが決められ，他の欧米列強とも同様の条約を締結した。

　しかし，清朝にとってこの「不平等条約」は，「大皇帝恩准」(皇帝の恩恵によって許された)であり，暴力的な「外夷」をなだめるため仕方なく結んだものと考えていた。したがって，清朝は近代的な国際関係や西洋の価値観などを受け入れる意図はまったくなかった。幕末日本が締結した不平等条約を日本人は，不平等だと認識し，屈辱に感じて挽回をはかろうと躍起になった。その結果，体制の変革と西洋文明をめざすことになった。1868年の明治維新で成立した明治政府は上からの富国強兵策を進め，東アジアでの勢力拡大をはかった。1875年に朝鮮近海に軍艦を派遣し，翌年に日朝修好条規を押しつけた。これは朝鮮を「自主」の国として清の属国であることを否定し，日本の領事裁判権など不

平等な内容をもっていた。また，1875年にはロシアと樺太・千島交換条約を結び，千島列島を領土とした。さらに1879年に琉球に軍隊を派遣し，琉球王国を滅ぼして沖縄県を設置した。このように日本は欧米列強のやり方に倣い，アジアに対していった。

しかし，清朝は違った。日本が国のすがたを西洋近代に合わせるという意味で「開国」したのに対して，清朝は体制を維持したまま貿易を自由化する「開港」にとどまったのである。そうした清朝の姿勢をみてとった欧米列強は再び武力によってアロー戦争をおこない，天津条約を締結した。そこでは列強の外交官の北京(ペキン)駐在，外国人の中国での旅行と貿易の自由，治外法権，キリスト教布教の自由などが規定されていた。清朝内部ではこの内容に対して反対が強く，批准を拒否し続けた。そこで英仏軍は天津に上陸したうえ，さらに北京を占領，円明園を略奪した。18世紀を通じ，世界でもっとも経済力のあった清朝がもてる富をつぎ込んで造られた宮殿・楼閣・庭園・湖などがことごとく破壊された。現在，無残に破壊された円明園は「屈辱の百年」のシンボルとして愛国教育の題材として使われている。さらに英仏軍の兵士は磁器・絹織物・宝石などの財宝を略奪，連合軍最高司令官のエルギンは美術品などをオークションにかけ，その金を将兵に分配し，最高級品はヴィクトリア女王とナポレオン3世に贈られたという。時代はくだり21世紀，クリスティーズなど大手オークションにはこの時代の美術品が出品され，中国人富裕層が落札して中国の美術館に寄贈するという動きがみられる。しかし，中国側には，もともと中国にあったものをなぜ買わなければならないのか，という不満もある。

結局，皇帝の離宮を徹底的に破壊された清朝は屈辱のなか，1860年北京条約を締結した。これによって，天津条約の内容の実施，さらに天津の開港が決定されたが，重要な点は清朝による中国人の海外移住禁止政策の撤廃と移民の公認である。

もともと明末以降の商業発展にともなう商品の流通，人の移動の活発化によって，中国の社会は流動化し，地縁・血縁関係を軸とした移住民社会となっていた。19世紀半ば，東南アジアのプランテーションやカリフォルニアの金鉱などで労働力需要が高まると，中国人が苦力(クーリー)として非合法に海外に渡航していた。北京条約はこの流れにいっそうの拍車をかけた。清朝によって移民が公認されたとはいえ，中国人移民の安全が保障されたわけではなかった。中国の香港や厦門(アモイ)などから出港した移民のチケットの手配や移民先での就業斡旋(あっせん)などは，基

本的に同郷組織や秘密結社によって管理されていた。明末以来の国内移住戦略の延長線上に近代の海外移民を位置づけることができる。海外華僑は明清中国以来の移住民の秩序である地縁・血縁のつながりによって相互扶助をはかった。とくに広東系移民の場合，移民中継地である香港に1870年に東華医院という慈善医院が設立され，海外の華僑社会と香港，広東とをつなぐ民間の相互扶助ネットワークが形成されていった。

　同時期の日本においても島原や天草などから中国や東南アジアに渡って娼婦として働かされた「唐ゆきさん」が知られる。1898年，誘拐された唐ゆきさん40人あまりが香港で婦女子の保護をおこなっていた保良局（東華医院の関連組織）によって救助された。そして帰国に尽力したことで明治政府から銀杯と感謝状を拝領している。近代日本の移民が「棄民」とされたのに対し，中国人移民は民間の相互扶助団体による慈善ネットワークによって救済されたのである。そもそも流動化した人々は国家権力を忌避し，国家の制度に頼らず，地縁・血縁，宗教など仲間的結合を利用して，生き残りをかけ，またビジネスを展開した。まさに体制の外側に広大な民の領域（そこは「江湖」の世界が勢力をもった）が広がっていたのである。一方，明治日本は単純労働力としての華人の流入を防ぐことで，国内の経済や地域社会の管理に成功したという側面もあった。また，アヘンの中国への流入にしても，イギリス人が売り込んだことは確かだが，彼らは中国の商習慣に疎いため，買弁と呼ばれた中国人を雇わざるをえなかった。中国沿岸部や東南アジアに張りめぐらされたネットワークによって密輸密売して利益を得ていた華人の秘密結社の存在は無視できない。

　天津条約によって外国公使が北京に駐在することとなり，それに対応する官庁を設ける必要があり，翌年「外交」を担当する総理各国事務衙門が設けられた。そして，1877年からイギリスなど諸外国に公使館が設置され，近代外交関係が開始された。そして，海外華僑の増加にともない，彼らを「国民」として保護することとされた。しかし，清朝にその力はなく，官位を販売する新聞広告が海外の華字新聞に掲載されるなど，その狙いは海外で成功した富裕な華僑の経済力であり，さらに孫文ら清朝打倒を目論む革命派の監視であった。

　また，1870年代は領土をめぐる「境」についても紛争が起こる。清朝の周辺で領土の喪失が徐々に進行した。ロシアは中央アジアのコーカンド・ハン国，カザフ・ハン国を併合した。日本は1879年に琉球を領有し，フランスとは清仏戦争（1884～85年）をおこないベトナムの宗主権を喪失する。イギリスは朝貢国

ビルマ（現ミャンマー）を植民地化した。伝統的には国防の重点は内陸辺境部におかれてきた（塞防論）が、日本の台湾出兵をきっかけに海軍力の増強をはかり、沿海部の防衛を強化する議論（海防論）が強まり、互いに論争となった。結局、これはどこを中国として守るのかという問題であった。清朝は中華世界の秩序維持のため、宗主権の強化をはかる。たとえば、1884年藩部として間接統治をおこなっていた新疆を省として直轄統治し、また翌年に福建省の一部であった台湾を省に変更した。「夷」と「中華」にまたがる「中華帝国」的形態を近代的国際関係に適合させる方向で国境を設定しようとしたのである。

科学と帝国主義

19世紀後半、東アジアにおける漢訳西学書による思想連鎖は、中華の伝統的体制をじわじわと切り崩していった。もちろん、東アジアの華夷秩序に取って替わったはずの近代的国際秩序が国家間の平等を保証したわけではなかった。西洋列強は、日本・中国・朝鮮に不平等条約を押しつけたし、いち早く西洋に倣った日本はその国際法に基づいて台湾、そして朝鮮を植民地化していった。近代東アジアにおいて、普遍的な価値観が共有されたのではなく、西洋で形成された覇権的な価値観がそれぞれの国で「文明」として受容されたのだった。

中国近代を代表する知識人梁啓超は日清戦争に敗れたことの重大性をつぎのように述べていた。すなわち、わが国を四千余年に及ぶ長い夢から呼び醒ましたのは、じつに甲午（日清）の戦に敗れて台湾を割譲し、200兆を賠償したときである、と。それは、何より清朝の軍事の近代化である洋務政策の失敗を意味したからである。そして、それまで歯牙にもかけなかった日本の近代化に知識人の目が向けられるようになった。明治維新を模範とする改革案（変法）が形成される。19世紀末、今度は日本がアジアにおける知の連鎖の中心的な結節点として大きな役割をはたすようになるのである。

明治維新に倣った上からの政治改革である変法運動は梁啓超やその師康有為らを中心にして、変法に賛同した光緒帝の支持のもとに進められた（戊戌変法、1898年）。科挙の改革、近代的な学校制度の導入などが実施された。しかし、これに反対した保守派は西太后を動かしてクーデタを起こし、光緒帝は幽閉され、梁啓超や康有為は失脚して日本に亡命し、変法運動は3カ月あまりで失敗した（その後、科挙の廃止や海外留学など、変法の改革は20世紀初頭に清朝自身によって、自らの延命をはかるための近代化政策として実行された「光緒新政」）。

4　東アジアにおける「文明」をめぐる交流と対抗

清朝は安くすみやかに人材育成をおこなうために日本への留学を推奨した。清朝による留学生派遣は，洋務政策の一環として1870年容閎（ようこう）の建議によるアメリカへの学童派遣が最初であるが，人数も少ないうえ，帰国後に活躍できる場もなかったため，その影響は限定的であった。しかし清末期の日本への留学は1896年に始まり，1905年には約1万人といわれるほど隆盛を極め，中華民国期まで続く日本留学は大きな潮流であった。1901～39年に日本の高等教育機関を卒業した中国人は1万1000人あまりともいわれる（戦前，高等教育を受けた日本人は少なかったことを考えるとかなり多い）。ここに留学生を通じておこなわれた欧米→日本→中国という，新たな知の回路が切り開かれた。おりしも，1905年は中華帝国で約1300年間にわたっておこなわれてきた官吏登用試験である科挙が廃止された年でもある。儒学にかわって西洋の学問（「新学」）が公的な学知として認知されたといえる。そして，その見本は近代化に成功した隣国日本であった。

　近代日本を訪れた西洋人は，日本における高等教育のあり方に驚いたという。近代教育を導入したほかのアジア・アフリカ諸国では，現地語のなかに「デモクラシー」「エコノミー」などの語彙がはいるが，日本では日本語に置き換えられた。また，高等教育は英語かフランス語によっておこなわれるが，日本ではすべての教育を日本語で受けられる，と。日本人は西洋の思想や学術を日本に紹介する際，近代概念を意味する「日本漢語」を考案することによって日本語だけで議論できる（文明生活ができる）ようにしたのである。たとえば，「自由」「権利」「義務」「国会」「憲法」「司法」「行政」「共和」など，近代国家をつくる基本用語である。当時，来日していた中国人留学生や革命家はこの「新漢語」によって近代的学問を身につけ，また政治活動を展開していった。孫文が1895年日本に逃亡した際，邦字新聞に「革命党孫文……」という記事を見て，革命党を名乗るにいたったという逸話がある。また，「中華人民共和国」の「中華」以外は日本から輸入したもので毛沢東（もうたくとう）は国名の3分の2が日本語になってしまうことを悩んだという言い伝えもある。なお，現代中国語の社会科学用語の6～7割は日本語由来だという。

　新漢語を身につけた留日学生は清朝の危機的状況を打開するべく多くの雑誌を刊行して言論活動を展開した。『湖北学生界』『浙江潮（せっこう）』といった名称からうかがえるように留学生の活動は出身地別におこなわれた。しかし，民族主義や革命運動の高まりとともに，しだいに中国人としての意識が形成されてゆく。

それは，孫文ら広東省出身による興中会，浙江省出身が多い光復会，湖南省出身が多い華興会など反清朝の革命組織が合併し，1905年，中国同盟会が創設されたことからうかがえる。

さらに1902年，著名な文学者魯迅(ろじん)は上海経由で日本へ赴いた。魯迅が残した蔵書4000冊，うち約1000冊は日本語の書物であった。しかし，彼は日本文化に興味をもったのではなく，ヨーロッパやロシア・ソヴィエトの思想や文化，文学に関する書物の数が多かった。魯迅は日本を通じて西洋の新知識を吸収していたのである。

このように西洋近代が生んだ学知は中国の伝統的世界観を否定したが，同時に新しい世界観を中国に提供した。その代表は社会進化論である。中国に進化論が本格的に紹介され，一種の流行状況を引き起こすようになるのは，厳復(げんふく)がハクスリーの著作を翻訳してコメントをつけた『天演論』が正式に刊行（1898年）されて以降のことである。進化論が，近代の中国人に強く支持された理由は，それが彼らにとって国家・民族の優劣，盛衰を説明しうる普遍的な理論として受け止められたからである。その理論が中国にも適用されるためには，当然中国も普遍世界のなかの一員，すなわち「世界のなかの中国」でなければならない。すなわち，社会進化論は，近代における西洋の優位と中国の劣勢は決して固定的な秩序ではなく，経済発展によって強い中国を実現できるという希望を中国人に与えたのだ。そして，その想いは21世紀の今日まで受け継がれ，まさに現在達成されつつあるといえる。

19世紀末から20世紀初頭にかけて，アジアの諸都市が直面した社会問題の最たるものは，大量に流入する移住民，そして断続的に流行する疫病であった。こうした問題は，国境を越えた人・モノ・カネの移動の大規模展開による世界の一体化の結果であり，優れて「近代」的現象といえる。これはアジアに進出した西洋諸国の諸活動にとっても予期せぬ障害となった。そこで西洋諸国は近代学問を帝国主義統治に動員することで対処していった。移民の管理は法的規制が可能であったが，伝染病の脅威は等しく西洋人にも降りかかった。たとえば，「帝国医療(Imperial medicine)」と呼ばれる帝国主義支配のための医学体系はその典型的な学知であった。それは武器による破壊行為ではなく，医療という一見，人道的な行為を装い，人種主義を内包しつつ，支配を正当化するイデオロギーとして機能したのである。「衛生」の制度化は，たんなる都市の清浄化ではなく，現地の「不潔な」生活習慣や社会悪の排除をも含んだ民族差別

的な国家統制色のきわめて強いものであった。

　近代以降，伝統的な華夷思想を否定された中国ではあったが，新しく登場した社会進化論は弱肉強食の国際社会での生存競争を不可避とし，結果的に強い中国を志向するナショナリズムを高揚させた。しかし，その一方で貧困にあえぐ民衆が大量に開港場へと流入してスラムを形成し，また「苦力」として海外出稼ぎをよぎなくされた。当時，貿易都市において西洋人あるいは日本人の目にふれる中国人は下層労働者であることが多く，中国を差別化するイメージを増幅した。

　全面的な近代化を推進する日本は，「衛生」など近代科学を支配の道具として用い，台湾や旧満洲(中国東北)などにおいて「科学帝国主義」を実践してゆく。その際，日本には「遅れた」周辺民族を「文明化」する使命があると説明された。しかし，このような差別意識は日本だけのものではなかった。1903年，大阪で第5回内国勧業博覧会が開催され，「学術人類館」において，アイヌ・台湾の高砂族・沖縄・朝鮮・清国・インド・ジャワなどの人々が民族衣装の姿で展示されたところ，沖縄と清国が抗議し，問題となった。いわゆる「人類館事件」である。博覧会はその開催国の国力を示すための手段であり，植民地支配した地域の物珍しい物品が展示され，生きた住民の展示もその延長であり，「帝国主義の巨大なディスプレイ装置」と呼ばれるゆえんである。大阪博覧会での「人間の展示」は民間業者が設置したパビリオンでおこなわれた。沖縄県の遊女の展示に対して，沖縄の言論人太田朝敷は，自分たちを台湾の生蕃やアイヌと同一視している，として批判した。また，「阿片吸引男性と纏足女性」の展示が予定されているとの情報を入手した清国留学生や領事館はこれに抗議し，展示は中止された。

　この展示が学術の名のもと，「文明」を自認する日本が周辺民族を「野蛮」視したものであることは間違いない。しかし，同時に沖縄の人が自らを日本民族の一員として台湾やアイヌの人を差別し，また清国留学生が，インドや琉球を「亡国」の民，ジャワやアイヌ・台湾の生蕃を「世界でも最低の卑しい人種」などとみなしていたのは，伝統的中華思想と近代的な人種観念がないまぜとなっていたことがみてとれる。そして問題は日本だけでなく，他の国や地域の人も近代的な人種観念を受け入れ，他の民族を差別していたことである。この背景には，当時，沖縄や留学ブームの清国や朝鮮から多くの若者が近代文明を学びに日本を訪れていたこと，また鉄道や船舶などの交通手段の発達によっ

て人の移動が促進されたことがある。西洋文明がもった二面性，すなわち進んだ科学技術の成果としての「光」の部分と，自民族の優秀さを誇示し「野蛮」な人種を支配することを容認する「陰」の部分とを東アジア世界の人々は共有していったのである。

深まる「江湖」化

　これまでみたように，「近代」というもの（価値観やシステム）の到来は避けられないものであったが，東アジアにおける受容のルートや対応は複雑であった。最初は東アジアの伝統的な交易ルートにそって，開かれた海域を移動する自由な人々によって伝えられた。それは商売や布教など動機は多様であったが個人間の信頼をベースにした，基本的に水平な関係であった。しかし，欧米列強に倣い日本が近代的な国家システムを急速に整備し，帝国主義的政策を推進してゆくことで海域は国境で仕切られ，東アジアの秩序は大きく変容していった。「近代」の学知は東京という政治の中心から周縁（かつては交易の拠点）へと，マスメディアや留学というルートで拡散していった。そして，アジアの人々は生存競争に勝つために人種主義や国家主義の思想を受け入れていった。20世紀にはいると，帝国主義列強によるアジア支配はより過酷なものとなり，アジアの人々は支配からの脱却のため，民族の独立を訴えるようになるが，その場合も発展させるべき単位は国家以外にはなかった。それは，アジアの民族運動を担った指導者の多くが植民地宗主国で高等教育を受けた知識人であったことからも理解できる。先にふれた孫文，フィリピン革命のホセ・リサール，インドのネルーなどが知られる。

　中国では清朝打倒をめざす民族運動は海外の留学生や華僑のあいだで高まり，ハワイで反清秘密結社である興中会を組織していた孫文は革命運動の統一をめざし，東京で中国同盟会を結成した。そして，1911年清朝が列強の借款によって鉄道を建設すべく国有化をはかるや10月10日武昌で反清朝の武装蜂起が発生，各地で革命派が蜂起したため，各省は独立を宣言した（辛亥革命）。革命派は孫文を臨時大総統に選び，1912年アジア最初の共和政を謳った中華民国が成立した。

　清朝は，近代的軍隊である北洋軍を握る袁世凱を起用し，革命派と交渉させたが，袁は清朝を見限り，皇帝の退位と共和政の維持を条件に孫文から大総統の地位を譲り受け，北京で就任した。ここに二千年以上にわたる中国の皇帝政

治は終わりを告げた。その後，野にくだった孫文は国民党を組織，武装蜂起を繰り返し政権奪取をめざしたが，軍閥の抗争や帝国主義列強の支配など多くの困難がこれを阻んだ。結局，国民国家建設の速度を指標に文明化の度合いがはかられる時代にあって，中国はそれを実現できなかった。その理由は外的な要因もあるが，より重要なのは中国の社会の仕組みであったと思われる。

　近代以降の中国にみられた潮流の一つに,「江湖」化の深化がある。当時の日本が国民国家化していったのとはまったく異なるベクトルであったともいえる。今日の中国でも問題となっている「コネ社会」や「真面目は損する」など，さまざまな社会病理の淵源は，明代中期以降の商業発展と人口増加，とりわけ移民や遊民の大量発生に求められる。「江湖」とは広くは世間一般を意味するが，流浪の生活や武術界などを指すこともある。ここでは，多くの庶民が悪質なルールに染まり，実践するようになった事態を指す。儒教による社会秩序を構築してきた中国であるが，16世紀以降の人口増加によって土地を失い，生存のため異郷へと移住する下層民が増える。彼らは郷土における儒教秩序から離れ，生きるために無業遊民らが形成した社会秩序へと組み込まれた。それは私人による関係ネットワークであり，その特徴は,「関係」重視（親族や知人からなる社会資源と信用の紐帯で，知り合い同士で相互扶助をはかる），「人情」重視（感情と利益の要素をあわせもった虚構の媒介），「面子」重視（世間での自己評価へのこだわり）などがあるが，いずれもその背景には流動的な社会における実力主義の原則を指摘することができる。

　古代の漢から唐・宋にかけての「江湖」は俗世を離れ(「出世」)，道教や仏教を信仰し，自らの正統性を自負する士大夫・豪傑が典型であった。しかし，明代以降の「江湖」は俗世にまみれて(「入世」)生存をはかる漂流遊民が主体である。儒教の規範にのっとり秩序を支えてきた宗族や地域社会が崩れ，私的利益を追求するために仲間的な結合に走ることをよしとする風潮がはびこり，移動する人々が共有する価値観となったのである。上海など商工業が発達し，大量の流民が押し寄せた大都市では青幇を代表とする秘密結社がアヘン市場を独占し，政治的権力をも獲得していった。従来このような「実態」は中国史の叙述のなかでは「野史」として軽視され，正式な歴史とはみなされてこなかった。しかし，近代中国の歴史は近代国家建設の失敗としてみるのではなく，民間社会の流動化，そして「江湖」化のいっそうの深刻化としてみるべきだろう。

　「ワンス・アポン・ア・タイム　天地大乱」(原題「黄飛鴻之二　男児当自強」,

1992年)という映画がある。清末広東で活躍した実在の武術家・漢方医である黄飛鴻(ウォンフェイホン)を主人公にしたシリーズものである。娯楽映画であるが近代中国の時代相とともに中国人がイメージする近代中国像を垣間みることができる。黄飛鴻は父が経営していた漢方薬局兼拳法道場を継ぎ，欧米列強の進出など不穏な時代に備え，農民たちに武術を教えて自警団を率い，民間レベルで治安の混乱を防いだ。また黒旗軍に武術教官として招かれ武術を指導したとされる。内容は単純な勧善懲悪ものではなく，また欧米列強の侵略を背景にしながらも中国対西洋という図式はとられていない。むしろ主人公は保守的な官憲と対立し，またカルト宗教結社とも戦う(映画では白蓮教徒とされるが時代的には清朝中期が正しい)。清朝末期中国，西洋・清朝・民間社会という三つの勢力のなかにおいて，伝統と民間を体現している武術家が「近代化」と「革命」という二つの大きな潮流に対して戸惑いつつ前に進む姿がみごとに描かれている。

　この点について興味深いシーンがある。黄飛鴻は広州の西洋医学の学会に出席し，中国医学の理論を説明し，鍼(はり)麻酔によって膝蓋腱反射(しつがいけん)を抑制し，会場の西洋人医師たちを驚嘆させる。そして，ここに革命家孫文が登場し，黄の広東語を英語に翻訳する。中国医学と西洋近代医学との理論上の違いが示され，中国医学が必ずしも「後進」「迷信」的ではないことが描かれる。孫文は若くしてハワイで西洋思想とキリスト教を学び，香港では香港西医書院(香港大学の前身)で西洋医学を学ぶという経歴をもち，その意味で西洋文明を体現していたともいえる。しかし，彼はハワイで興中会を結成し革命運動を開始し，広く海外の広東系秘密組織に呼びかけ，その支援を受けるなど「江湖」とも無縁ではなかった。映画では，白蓮教の襲撃で負傷したイギリス人領事に対し，孫文は西洋近代医学で，黄飛鴻は中国医学を駆使し，協力して治療にあたる。ここには中華人民共和国建国以降の医療政策の基調である，中国医学と西洋近代医学の双方の活用(「中西医結合」)という方針の正当性が示されている。現実の歴史において，二人が出会ったという可能性は低いが，「近代性」と「民族性」という近代中国が追求してきた価値観の「結合」をみごとに表現した場面である。

　その後，政治体制の面では，1911年の辛亥革命によって清朝が崩壊して中華民国が建国された。長年の専制君主制が終焉(しゅうえん)した意義は小さくなく，近代的な政治経済システムの導入がはかられた。しかし，中国各地に軍閥と呼ばれた政治勢力が跋扈(ばっこ)し，安定的な国家運営は実現しなかった。1949年に成立した共産党政権はこうした「江湖」化に一定の歯止めをかけたことは事実である。共産

党が強大な権力を保持し，民間社会の流動性を上から抑制したのである。「屈辱の百年」であった中国の近代は共産党政権のもとでの富国強兵によって終わりを告げた。しかし，1970年代末期の改革開放政策以降，さまざまな規制が緩和され，自由な経済活動が認められるにいたり，民間社会に深く潜在していた旧い社会の要素が復活してくる。同族・同郷の組織や宗教結社などが雨後の筍のように出現したのである。強国となった中国にとって今後の課題は，社会における「江湖」化の抑制，そして実力主義的強権政治の克服という2点であろう。じつはこれは近代の課題でもあったという意味で，中国にとっての真の「近代」革命はいまだ実現していないというべきかもしれない。

第5章 破局の時代

1904	日露戦争（〜05）
1906	イラン立憲革命
1910	メキシコ革命（〜17）
1911	辛亥革命。中華民国成立(12)
1914	第一次世界大戦（〜18）
1917	ロシア革命
1919	三・一運動。五・四運動。ヴェルサイユ条約調印。ヴァイマル共和国
1923	トルコ共和国
1929	世界恐慌
1933	独，ナチ党政権獲得
1936	スペイン内戦（〜39）
1937	日中戦争（〜45）
1939	第二次世界大戦（〜45）
1941	太平洋戦争（〜45）
1945	国際連合成立
1947	インド・パキスタン分離・独立
1948	イスラエル建国。第1次中東戦争。ベルリン封鎖。冷戦開始
1949	中華人民共和国
1950	朝鮮戦争（〜53）
1955	アジア・アフリカ会議
1956	ソ連でスターリン批判。ハンガリー事件。第2次中東戦争
1960	「アフリカの年」（アフリカ諸国独立）
1962	キューバ危機
1965	ベトナム戦争激化
1967	第3次中東戦争
1968	「プラハの春」
1973	第4次中東戦争。石油危機
1979	イラン革命
1989	マルタ会談。冷戦終結宣言
1990	東西ドイツ統一
1991	湾岸戦争。ソ連解体
1993	ＥＵ発足
2001	米，同時多発テロ事件

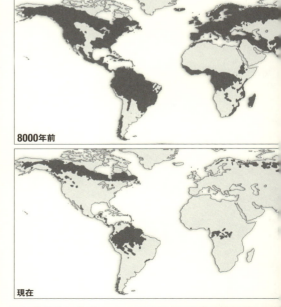

原生林の減少

8000年前

現在

1914年の世界

環境破壊

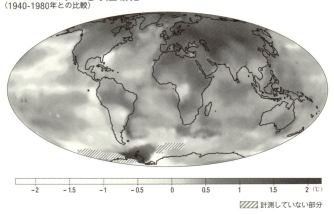

1999-2008年の地球温暖化
(1940-1980年との比較)

-2 -1.5 -1 -0.5 0 0.5 1 1.5 2 (℃)

計測していない部分

1　帝国支配と第一次世界大戦

　20世紀は前半と後半とで対照的であるから，一つの名前で呼ぶのはなかなか難しい。そのことを承知のうえで，ここではあえて「破局の時代」という呼び名を使ってみたい。前半に関しては二つの世界大戦があったし，ナチス・ドイツや社会主義ソ連など，一連の強権的体制が多くの犠牲者を出したのであるから，破局という言葉は自然に響くであろう。後半に関してはどうであろうか。幸いなことに世界戦争はなかったし，先進国はめざましい経済成長を遂げた。だが，核戦争という破局の潜在的な可能性は，つねに世界を覆っていた。それに，ソ連を中心とする社会主義体制は，明らかに破局的な最後を遂げた。加えて，政治舞台への大衆の登場，科学の急速な進歩，人・モノ・資本・情報のグローバリゼーションにともなう摩擦など，世紀前半の破局の背景をなした諸事象が，世紀後半にいっそうの進展をみたことも疑いない。これらのことを踏まえて，20世紀全体を破局というキーワードで捉えてみたい。

　暦を離れて考えるならば，20世紀の始まりは植民地支配が本格化する1880年代とみることもできるし，第一次世界大戦が勃発した1914年とみることもできる。そのいずれにもかかわる「帝国支配と植民地」という視角から，第1節の叙述を始めることにしたい。20世紀の終わりについては，ソ連崩壊の1991年が大きな区切りとなる。その後しばらく，過渡期が続いたが，それは2014年で終わった。このことについては，第4節で述べよう。

帝国支配と植民地

　20世紀初頭の世界はどのような姿をしていたのだろう。一つの手がかりとして『ザ・ステイツマンズ・イヤーブック』の1901年版を紐解いてみよう。ロンドンのマクミラン社の刊行になるこの分厚い本は，各国の政治・社会・経済についての年鑑で，「文明世界」のエリートの必携書といえた。イギリスを扱っているのは冒頭の100ページだが，そのあとなかなか他の国の記述にたどりつけない。じつに250ページにわたって，イギリス帝国の海外領土の叙述が続い

ているからである。「ヨーロッパの部」はジブラルタルとマルタだけであるが，「アジアの部」はキプロス，中東(バーレーンなど)からインドをへて，マレー半島(海峡植民地)，英領ボルネオ，香港(ホンコン)，そして山東半島の威海衛(いかいえい)へと，ユーラシア大陸に弧を描いて広がっている。「アフリカの部」もベチュアナランドやケープ植民地など，さまざまな保護領や植民地が並ぶ。「アメリカの部」も北から南にカナダ，ニューファンドランド，西インド諸島，英領ギアナ，英領ホンジュラス，フォークランド諸島と壮観である。最後に「オーストラリアとオセアニアの部」に，オーストラリア連邦，英領ニューギニア，ニュージーランド，フィジーやトンガなどの多くの島々がある。

　この「陽の沈まぬ帝国」には及ばぬものの，他のヨーロッパ諸国も海外領土の数を競い合っていた。フランスの植民地はイギリス同様に世界各地に広がり，オランダ，ベルギー，ドイツ，デンマーク，イタリア，ポルトガル，スペインにも海外領土や属領があった。海の向こうに植民地をもたないハプスブルク帝国(オーストリア＝ハンガリー二重君主国)とロシアも，前者はボスニア・ヘルツェゴヴィナ，後者はフィンランド大公国と中央アジアのブハラ・エミール国とヒヴァ・ハン国が，庇護(ひご)下の地域として『イヤーブック』に立項されている。ヨーロッパ諸国にすっかり押されていたオスマン帝国も，ブルガリア，クレタ，エジプトなどを名目上の「貢納(こうのう)諸国」としていた。ヨーロッパの外ではアメリカ合衆国が，ハワイ，キューバ，プエルトリコ，フィリピンなどを属領とした。こうした植民地保有国を，ここでは総称して「帝国」と呼ぼう。20世紀初頭の世界は，まさに帝国を基本単位として成り立っていた。

　もとより，地球上の全地域がヨーロッパ諸国とアメリカ合衆国の支配下にあったわけではない。『イヤーブック』ではこれらの国々の合間に，スウェーデン＝ノルウェー連合王国やスイスといった北欧・西欧のその他の国々，バルカン半島の新興国家群，それに南米の独立国家群がはさまっていた。さらにアジア・アフリカをみると，中国(清朝)と日本という二つの帝国に加えて，韓国，シャム(現タイ)，ペルシア(現イラン)，エチオピア，リベリアなど，ごくわずかの国々がかろうじて居場所を保持していた。アジアの二つの帝国のうち，清朝(シン)は衰退の途上にあったが，日本は日清戦争(1894〜95年)によって台湾を獲得し，新興帝国の道を歩み始めていた。とはいえ，日本はおろかアメリカ合衆国でさえも，国際社会での存在感はまだまだ薄かった。世界秩序の中心は圧倒的にヨーロッパであった。

19世紀後半からの科学技術の発達が，圧倒的な工業力，経済力，それに軍事力をもたらし，ヨーロッパの覇権を担保していた。ちょうど1901年に，そうした科学や文芸，それに平和運動の成果を寿ぐノーベル賞が始まっているが，参考までに理系の第1回受賞者の名前をあげると，物理学賞のレントゲン（ドイツ，X線），化学賞のファント・ホッフ（オランダ，浸透圧に関する法則），生理学・医学賞のベーリング（ドイツ，ジフテリアの血清）といった顔ぶれである。1871年に統一を遂げたばかりのドイツの勢いがめだつ。このドイツとイギリスの角逐をはじめ，ヨーロッパ諸国は工業でも軍事でもライバル関係にあったが，相互の対立をなるべく交渉で解決することにも心を砕いていたし，非ヨーロッパ諸地域に対しては「文明世界」の頂点にあるものとして一体となって立ちあらわれた。

　アジアやアフリカに対するヨーロッパ人の優越感は，現地人に対する苛烈な処遇をもたらしたが，より「文化的な」かたちをとりもした。習俗の改革，交通網や通信網の敷設などインフラストラクチャーの整備，近代的な法制度や教育制度の移植などである。これらの施策は本質的には統治の便を考えてのことであった。インフラの整備は原料の搬出や本国からの商品の搬入，それに叛乱に際しての軍隊の投入といった考慮と結びついていた。現地人出身の官僚を育成したのも，地元の反発をかうことがより少ないという理由抜きには考えられなかった。遅れた植民地の人々を文明の高みに導いてやるのはヨーロッパ人の使命であるという発想は，第二インターナショナルに結集した社会主義者のあいだにも根強くみられた。

　植民地の現地人に目を転じるならば，彼らがみな等しく帝国支配に抵抗していたわけではない。帝国の崩壊やそこからの自立は，多くの人にとって想定の埒外にあった。忠良な臣民として生きることで，社会的上昇のチャンスをつかもうとした人，実際によりよい境遇を得た人は，数多く存在した。しかしながら，その本質において植民地支配は，力による支配であった。現地人はあくまで帝国内で二級の住民であり，その権利は制約され，ときには生命も軽んじられた。現地人に対する暴力の端的な例は，強制収容所の利用である。1895年から98年にかけてのキューバ独立戦争で，スペイン側がキューバ人に対して適用したのが最初の事例であり，10万人以上が命を落とした。第2次ボーア戦争（1899～1902年）でもイギリス側が南アフリカの現地白人であるボーア人に対して同じ措置を適用し，多くの犠牲者を出した。さらに，1904年にドイツ領南西

アフリカ(現ナミビア)でヘレロ人，ついでナマ人が家畜や土地の収容に抗議して叛乱を起こすと，ドイツ側は強制収容所の利用や砂漠への追放によってこれを苛酷に鎮圧し，数万人の命を奪った。

　軍事だけでなく学術も，植民地支配を支えるのに貢献した。とりわけ人類学は，現地人の体格や骨格を分析(さらには標本採集)の対象とすることによって，アジアやアフリカの人々の「劣った」特質を科学的に裏づけようとした。こうした知見は擬似学術の領域とも結びついた。人類を肌の色などによって人種に区分し，それぞれの特質や優劣を本性的なものと考える人種主義や，劣った種族は「淘汰（とうた）」されるのが自然の法則であるとする社会ダーウィニズムが，そうした結合の産物である。

　20世紀初頭の弱肉強食の国際社会においては，植民地をもつことが一流国の証のように受け止められていたといってもよい。日本もまたこの基準に従い，台湾を獲得し，さらに朝鮮(1897年から大韓帝国)と中国東北(満洲)への進出をはかった。他方，ロシアもまた，極東における勢力の拡大を狙っていた。1900年，清で外国勢力の伸張に抵抗する「義和団の乱」が起こると，列強が軍事介入をおこなったが，このときロシアは満洲の占領に踏み切った。ロシアの進出を警戒したイギリスは，1902年に日英同盟を締結した。これにより足場を固めた日本は，1904年に旅順港(日清戦争後の三国干渉によってロシアが租借していた)のロシア艦隊を奇襲し，日露戦争が始まった。日本側が兵士にいたるまで国運をかけた戦いであることを意識していたのに対して，ロシア側はなお身分制が残り，農民出身の兵士の士気はあがらなかった。戦争の負担への不満を背景にして，1905年には革命運動が帝国全土で盛り上がるにいたり，ロシア側が戦争を継続することは不可能になった。日露戦争の勝利後，日本は朝鮮半島，さらに中国東北における影響力を強め，1910年には韓国を併合した。

　露骨な領土併合をおこなわずとも，諸帝国は利権の供与や外資への従属といったかたちで，経済的な支配力を増加させた。同じころに起こったメキシコと中国の革命が，ともに外資への反発を背景にしていたのは偶然ではなかった。1910年に始まるメキシコ革命は，国内産業の外資への売却によって，社会格差が深まっていたことが前提となっていた。内戦やアメリカの介入をへて，1917年2月にはメキシコ憲法が制定されるが，これは資源の国有化を謳い，民衆層の基本的権利を保護するなど，経済的な対外従属に対するメキシコ社会の防御作用という性格をもっていた。他方，清朝政府は1911年，外国からの借款の担

保にするために民営鉄道の国有化に着手したが、これは利権回収運動を進めていた民族資本家を刺激することとなり、辛亥革命が始まった。1912年にはアジア初の共和国である中華民国が誕生するが、日本をはじめとする諸帝国の圧力もあり、国内情勢は安定化しなかった。

　その抑圧性のいかんによらず帝国支配は、地球上の離れた諸地域を結びつけるという効果を有していた。帝国の拡大がグローバリゼーションを推し進めていたのである。帝国内での人の移動は、異文化間のさまざまな接触を生み出した。英領インド生まれのガンディーが、ロンドンで勉強したのち南アフリカで弁護士として開業し、インド系移民に対する差別を体感したことは、一つの事例にすぎない。帝国が築いた交通網や電信網も、人の交流や経済の活性化をもたらした。シベリア鉄道は1901年に運行を開始し、その少し前にはドイツがオスマン帝国からバグダード鉄道の敷設権を獲得していた。

　むろん、人やモノの移動は帝国間でも活発におこなわれた。20世紀初頭には汽船の高速化と大型化に後押しされて、ヨーロッパから大西洋を横断して南北アメリカ大陸に渡る人の数が急増した。1891～1900年には701万2000人であったのが、1901～10年には1311万5000人と、倍増に近い伸びをみせたのである。いつの時期でも乗客の大半は経済的理由による移民であったが、ツーリズム産業の発達を背景にして、娯楽としての船旅を楽しむ人々も少なからずいた。1912年4月には、イギリスのサウサンプトンからニューヨークに向けて出航した豪華客船タイタニック号が沈没し、1500人の犠牲を出した。

　海路の発展史におけるこの時期の大きなできごとは、パナマ運河の開通である。従来はニューヨークからサンフランシスコまで船で行くためには、南米大陸の南端をまわって、2万900キロの航路をへなければならなかった。パナマ運河の開通によって、この距離は1万2500キロにまで短縮された。アメリカ政府の主導でおこなわれたその開発は、露骨に帝国支配的な性格を帯びていた。コロンビア政府がアメリカによる運河開発を認めなかったため、セオドア・ローズヴェルト米大統領は1903年にパナマ共和国を強引に分離独立させ、事実上の保護国としたうえで運河建設地帯の租借権を獲得したのである。これはカリブ海における「棍棒外交」の典型であった。1914年8月に、ともかくも開通にこぎつけたパナマ運河であったが、ただちに世界の一体化を大きく促すことにはならなかった。運河開通の2週間前に、大西洋を遠く隔てたヨーロッパで、第一次世界大戦が始まっていたのである。

第一次世界大戦

　20世紀初頭のヨーロッパにおける台風の目はドイツであった。ヴィルヘルム２世のもとでのその外交は，挑戦的な性格を帯びていた。フランスを牽制すべく，1905年には皇帝自らモロッコの港タンジールを訪れ，11年にはやはり同国の港湾都市アガディールに軍艦を派遣するという，２度のモロッコ事件は端的な例である。こうした挑発的な動きは，ヴィルヘルム２世の強引かつ気まぐれな性格によるところが少なくなかったが，それだけで説明できるものでもなかった。端的にいえば，ドイツの実力と国際的な地位のあいだには格差があり，そこから強力な現状変更志向が生じていたのである。

　保護貿易政策が効を奏し，20世紀初頭の時点でドイツは，鉄鋼生産をはじめ諸部門でイギリスを凌駕するにいたった。だが，ドイツが1871年に統一を遂げたばかりの後発国であったことは，その国際的地位に影を落とした。1880年代に始まるアフリカ分割においてイギリス・フランスの後塵を拝し，東方においてもオセアニアの島々を確保できたにすぎなかった。このような現状を覆したいという希求が，20世紀初頭のドイツ外交を突き動かしていたし，ナショナリスティックな風潮はドイツ世論においても広くみられた。

　同盟外交においても，徐々にドイツが焦点となっていった。はじめ，1882年にドイツ首相ビスマルクはフランスを孤立させるために，ハプスブルク帝国およびイタリアと三国同盟を結んだ。だが，ヴィルヘルム２世が1890年にビスマルクを解任してからは，雲行きがあやしくなり始めた。まず1894年，フランスはロシアと露仏同盟を締結した。ついでイギリスとフランスが1904年に英仏協商を結んだ。イギリスは1907年にロシアとも英露協商を結び，これによってイギリス・フランス・ロシアによる対独包囲網が完成した。

　だが，こうした同盟外交，あるいはまたドイツ指導部や世論の動きが，即第一次世界大戦へとつながっていったわけではない。２次のモロッコ事件がヨーロッパ諸国の交渉によって解決されたことにみるように，武力衝突を回避するための外交システムもまた機能していた。また，ドイツ世論におけるナショナリズムにしても，それがフランス世論における同様の動きを強めるという悪循環を招きはしたものの，それで戦争が起こるというものでもなかった。その反対に，独仏間であれ，他の諸国間であれ，国境を越えた交流や，経済関係は，第一次世界大戦の開始直前まで豊かに展開されていたのである。

　ヨーロッパ諸国のバランスが崩れていった一つの理由は，オスマン帝国の衰

退にあった。19世紀中, ヨーロッパ諸国はオスマン帝国の勢力圏を切り崩し, 自らのあいだで配分しなおすことで利害の対立を調整していた。ロシア・トルコ(露土)戦争(1877〜78年)でロシアが勝利したのち, サン・ステファノ条約とベルリン会議によって, オスマン帝国の版図を切り取って新興諸国をつくったり, その国境線を引きなおしたりしたのは端的な事例である。だが, オスマン帝国が後退するにつれ, ヨーロッパ諸国の利害がバルカン半島で直接にぶつかりあうリスクも高まったのである。ベルリン会議での失点以降, 極東に矛先を転じていたロシアが, 日露戦争に負けて再びバルカン半島に関心を向けると, 同地の情勢は予断を許さぬものとなった。ベルリン会議でボスニア・ヘルツェゴヴィナを獲得していたハプスブルク帝国と, 正教の国同士としてセルビアの庇護者を任ずるロシアとが対峙する。領土欲をもつバルカンの国々とイタリアの利害も絡む。手負いのオスマン帝国にイタリアが襲いかかったイタリア・トルコ(伊土)戦争(1911〜12年)に続いて, 2次にわたるバルカン戦争(1912〜13年)が起こった。

　第2次バルカン戦争終結から1年足らずの1914年6月, ボスニア・ヘルツェゴヴィナの首府サライェヴォで, ハプスブルク帝国の帝位継承者夫妻がセルビア人によって暗殺された。南スラヴ人の統一の中心になることをめざすセルビアにとって, ハプスブルク帝国によるボスニア・ヘルツェゴヴィナ支配は怨嗟の的であった。要人暗殺事件はそれほど珍しくはなかったから, 多くの人は今度も外交交渉によって危機は回避されるだろうと考えた。最悪でも第3次バルカン戦争が起こるだけであろうと。だが, ハプスブルク帝国はバルカン進出にとっての障害であるセルビアに最後通牒を突きつけた。ドイツがその背中を後押ししていた。ロシアにとってセルビアを見捨てることは, 大国としての威信をそこなうことを意味した。ロシアは総動員令を発し, これに対してドイツが宣戦を布告した。こうして1914年8月1日, 第一次世界大戦が始まった。

　対ロシアとフランスの両面作戦を避けたいドイツは, まずは西方に主力を集中させて, 短時日でパリを陥落させようとした。そのためには中立国ベルギー領内への進軍もやむなしとした。だが, ベルギー侵攻は高くついた。イギリスに反ドイツの立場で参戦するための格好の口実を与えたのである。ドイツのパリ攻略も挫折し, 対ロシアとフランスの両面作戦という避けたいシナリオが現実のものとなった。他方, 極東では1914年8月23日, 日英同盟を楯にして日本がドイツに宣戦を布告した。日本の影響力が高まることをきらったイギリスは参戦を求めなかったが, 日本にとっては千載一遇のチャンスであった。極東で

は中国の青島(チンタオ)がドイツの支配下にあったが，本国から切り離されたドイツ軍部隊は11月までに降伏した。ドイツ領である太平洋の島々も，赤道以北の部分は日本の支配下にはいった。日本は勢いに乗じて，諸々の特殊権益を要求ないし確認した「二十一カ条要求」を中華民国にのませた。

　日本の参戦は第一次大戦が地球大に広がるための重要な一歩であったが（つぎの一歩は1917年のアメリカ参戦），大戦の主戦場はなんといってもヨーロッパとその周辺部であった。開戦当初は中立を宣言した国も少なくなかったが，しだいに連合国（英・仏・露）か同盟国（独・墺）かに加わっていった。1914年11月にはオスマン帝国が同盟国側で参戦し，宿敵ロシアとカフカースで対峙した。イタリアは1915年5月に三国同盟を破棄し，連合国に加わった。同年10月にはブルガリアが同盟国に参加した。ヨーロッパの主要な国で終戦まで中立を維持したのは，北欧諸国，スペイン，スイス，オランダくらいであった。

　第一次大戦の最大の特徴は，長期戦，かつ総力戦となったことである。従来の戦争は数カ月の短期戦が普通であったし，前線以外の場所（後方）にいる一般市民の暮しも大きく変わることはなかった。そのため1914年8月の開戦時にも，戦争は数カ月で終わると考えている人が大半であった。実際には大戦はいつまでたっても終わらず，それとともに後方の暮しも根本的に変わっていった。これらの現象の根底には，産業の高度な発展があった。ヨーロッパ各国がもてる産業力をフルに発揮した結果，戦闘継続能力も著しく高まったのである。そしてまた，産業の総動員を可能にするために，後方の生活も国家の手によって再編されていった。民間企業も政府の管理下におかれ，生産の統制がおこなわれた。労働市場も統制され，労働義務が導入された。食糧や生活必需品に対する価格統制や配給制も実施された。国家が経済活動や市民生活を統制するこうした事態は，国家資本主義とも戦争社会主義とも呼ばれ，のちのロシアの社会主義に大きな影響を与えた。さらに，出征した男性にかわって，女性の就労できる部門が著しく拡大した。

　前線に焦点を絞れば，大戦が長期化したのは塹壕(ざんごう)戦と密接に関係していた。これは技術の発展の問題でもあった。つまり，機関銃が導入されたことで突撃戦や白兵戦が困難になり，塹壕を掘って一進一退を繰り返す戦闘スタイルが基本となったのである。加えて鉄道やトラックによって後方から大量に兵員を補充することが可能になったことも，塹壕戦が維持された要因である。塹壕戦による戦線の膠着(こうちゃく)は新兵器の開発を刺激した。有刺鉄線の張りめぐらされた塹壕

陣地を突破するために戦車が登場し、毒ガスも開発された。大砲の飛距離も伸びた。偵察および爆撃用に飛行機も投入された。空から海に目を転じれば、潜水艦も第一次大戦で本格的に登場した。塹壕戦はまた、精神医療の発達をも促した。地中で激しい砲弾の攻撃にさらされ、また極度のストレスを受け、多くの兵士が「シェル・ショック」と呼ばれる心因性の障害に犯されたことがそのきっかけであった。

　総力戦は人とモノの巨大な移動をともなった。平時以上に移動は人々に新たな認識をもたらした。ロシアでは前線からの疎開によって、ラトヴィア人、ポーランド人、ユダヤ人、ウクライナ人などが難民と化して、ロシア内奥部に流入した。1917年1月時点でロシア帝国全体で490万人の難民が登録されていたが、これは実態よりもかなり少ない数字であるといわれる。異郷に身をおき、とりわけ同胞難民の救済事業に取り組むことによって、人々の民族意識は強まった。他方、フランスでは大戦中に、アフリカとインドシナの植民地から80万～90万にのぼる人々を兵士また労働力として動員したが、これは彼らに白人とて特別な存在ではなく撃たれれば死ぬということを気づかせた。むろん、移動は帝国の国境を越えても起こった。際立った例をあげると、ヨーロッパ諸国は労働力を求めて中国で募集をおこない、数多くの中国人が諸戦線で労役に従事することになった。

ロシア革命とアメリカの参戦

　第一次大戦が始まったとき、各国の社会主義者は戦時予算に賛成し、第二インターナショナルは瓦解した。ほとんど唯一の例外として戦争反対を維持したのはロシアの社会主義者であった。こうした違いが生じた大きな理由は、他のヨーロッパ諸国が議会政治や労働立法をとおして左翼運動をある程度まで既存の体制に統合できていたのに対して、ロシアではそうした仕組みが弱いことにあった。開戦後も、イギリス・フランス・ドイツでは社会主義者を入閣させるなどして城内平和を実現させたが、ロシア政府は議会に対して恣意的な招集と閉会を繰り返した。

　もとより政治活動の自由が制約されているロシアで、社会主義者は少数勢力であった。だが、有力な野党勢力であり、地方自治体で戦争支援にあたる自由主義者とのあいだでも、ニコライ2世は十分な協力体制を構築しようと考えなかった。政府、軍、地方自治体の足並みがそろわぬなか、輸送危機と食糧危機

が昂進し，1917年３月（露暦２月），首都ペトログラードで起こった労働者と兵士の叛乱により皇帝政府は倒れた（二月革命）。

　二月革命によって一挙的転換の幻想が広まると，境遇改善をめざす労働者，厭戦気分に倦む兵士，地主地の再配分を求める農民の運動が，ロシア中を席巻し始めた。非ロシア系諸民族も，旧帝国からの分離独立は考えなかったが，自治権の拡大や連邦制の導入を求めた。これに対して臨時政府を支える自由主義者は，戦争遂行を最優先課題とし，政治・社会改革になかなか着手できなかった。５月からは社会主義者も臨時政府に加わり，「無併合・無賠償・民族自決」という民主的な条件での全面講和の道を探るべく努力した。だが，戦後の国際社会で新生ロシアの発言力を保持するためには，ここで一方的に戦線を離脱するわけにはゆかないというのが，臨時政府を支えた人々のジレンマであった。

　このジレンマから自由であったのが，社会主義者の最左派であるボリシェヴィキ（1918年春に共産党と改称）であり，その指導者レーニンであった。レーニンは，独占企業の利害こそが，原料調達や市場拡大のために植民地争奪戦をもたらしたのであり（これは適切な指摘を含んでいた），大戦の勃発はそうした「帝国主義」および資本主義体制の最終的な行詰りを明らかにしたのである（これは必ずしもそうとはいえなかった），と考えた。世界社会主義革命の前夜という状況認識のもと，レーニンは自分たちがロシアでさらなる革命を起こせば，ヨーロッパ諸国の労働者もただちにそれに呼応するだろうと期待していた。「平和，土地，パン」という民衆層の要望を是認し，さらには二月革命後に各地につくられていた民衆機関ソヴィエトに権力を移管せよと訴えることで，ボリシェヴィキは都市部を中心にして社会的な支持を広げた。1917年11月（露暦10月），彼らは武装蜂起を敢行して権力を奪取した（十月革命）。だが，ヨーロッパ革命は起こらなかった。1918年１月開催の憲法制定会議では，農民社会主義政党であるエスエルが第１党となった。ボリシェヴィキはこれを武力で解散した。３月，ソヴィエト・ロシアは同盟国とブレスト゠リトフスク講和を締結して，ウクライナなどの放棄と多額の賠償金を引き替えにして大戦から離脱した。

　憲法制定会議の解散を批判し，大戦からの離脱にも反対する旧臨時政府派は，共産党政権への抵抗を続け，内戦が始まった。旧帝国軍人，農民ゲリラ，諸民族政権なども重要な参加者となった。ロシアを大戦に引き戻そうとする連合国も，共産党政権を倒すために軍隊を派遣した。モスクワでは1919年に国際共産

1　帝国支配と第一次世界大戦　　261

党組織コミンテルン（第三インターナショナル）が創設されたが，ボリシェヴィキはほぼ孤立無援であった。

それでも，1918年末に大戦が終結すると対ソ干渉の大義はなくなった。資本主義世界にとっての危険性に鑑みて，ソヴィエト・ロシアを潰すべきとの主張を維持したのはチャーチルだけとなった。1919年秋に連合国は撤兵したが，シベリア利権を狙う日本だけは派兵を続けた。西部国境では1920年に新生ポーランドがソヴィエト・ロシアに侵攻した。ソヴィエト側の赤軍はこれを押し返し，ワルシャワ征服をめざしたが，ナショナリズムに沸き立つポーランド人によって阻止された。これは世界革命というボリシェヴィキの幻想に対する大きな打撃となった。それでも1920年末までに共産党による内戦の勝利が明らかとなり，22年秋には日本軍も撤兵した（北サハリンには25年まで居残った）。

内戦期のソヴィエト・ロシアでは，統制色の強い体制が形成された。共産党以外の政党は徐々に禁止され，言論や集会の自由もなくなった。経済面では市場原理が極度に縮小し，大企業だけではなく小規模の作業場までもが国有化されていった。食糧は配給制となり，労働者は優遇された。だが，全般的な窮乏と労働義務制のもと，労働者の生活も苦しいものとなった。都市と赤軍を養うために，農村からは暴力的に穀物が徴発された。抗議の声をあげれば労働者・農民でも弾圧された。内戦という外的状況があったとはいえ，憲法制定会議の解散はボリシェヴィキがおこなったことであった。それに，政治空間を独占して，暴力の力も借りながら住民の内面を利己心のない，集団主義的な方向で鋳直してゆくことは，ボリシェヴィキ自身が目標としていたことであった。

ソヴィエト・ロシアに形成されたこの社会主義体制は，ドイツの戦時統制経済から学んでいた。他方，ソヴィエト・ロシアは労働者と農民の国家を標榜（ひょうぼう）しただけでなく，実際に民衆層から多くの人材を登用した。このことは総力戦がもつ社会の平準化・民主化の側面を受け継いだものであった。住民の大多数を占める民衆層が主人公としての自覚をもつことが，総力戦対応型の国家には不可欠の条件なのである。

第一次大戦において各国は領土拡張など，露骨に帝国支配的な目的をもって参戦した。ベルギーやセルビアを念頭において「小民族の擁護」も標榜されたが，あくまで名目だけのことであった。舞台裏では勢力圏の再分割を取り決めた秘密外交が横行した。ユダヤ人とアラブ人の両方にパレスチナでの国家建設を約束しつつ，実際にはそれを無視して勢力圏を画定したイギリス・フランス

の秘密外交はもっとも顕著な例である。インドに対してイギリスが、またポーランドに対してロシア、ドイツ、ハプスブルク帝国がそうしたように、自治の約束が取引材料として使われることもあった。だが、基本的にはそうした約束は空証文に終わるか、あくまで諸帝国への従属が前提となっているかであった。

こうした状況に一石を投じたのが革命ロシアによる民主的講和へのアピールであり、さらにアメリカ大統領ウィルソンのイニシアティヴであった。アメリカが中立から参戦へと立場を転ずるにあたっては、ドイツの動向が決定的な役割をはたした。この点について簡単にみておこう。総じて第一次大戦でドイツは驚くべき動員力を発揮した。開戦以来、西部戦線と東部戦線の両面作戦をもちこたえ、民族対立に悩む弱体なハプスブルク帝国軍をも支え続けた。だが、イギリスが植民地と連携して海上封鎖を敷くと、深刻な食糧危機がドイツを襲った。状況を打開すべくドイツは潜水艦作戦を展開したが、中立国の市民が乗っている船も見境なく攻撃したため、アメリカをいたずらに刺激することとなった。それ以前からアメリカはもっぱら連合国のみに貸付けをおこなっていたため、経済的な利害関係が緊密になっていたが、1917年4月、ウィルソンは最終的に連合国の側で第一次大戦に参戦した。

世界秩序を鋳直す理想に燃えたウィルソンは、各国は戦争目的を明確にする必要があるという考えのもと、1918年1月に「十四カ条」を発表した。これは革命ロシアが発した民主的講和の声と呼応し、かつ競合するものであった。その内容は、秘密外交の廃止や国際平和機構の設立などを含んでいたが、とくに世界に大きな衝撃を与えたのは、植民地問題の公正な調整にかかわる項目である。実際にはウィルソンは、ポーランドの独立こそ唱えたものの、ハプスブルク帝国やオスマン帝国支配下の諸民族については「自治」を語ったにすぎない。だが、植民地や従属地域の人々は、ウィルソンが彼らの味方であり、帝国支配を否定しているのであると過剰な読み込みをおこなった。

交戦諸国中、「十四カ条」からもっとも影響を受けたのはハプスブルク帝国である。チェコ人をはじめとする同帝国の非ドイツ系諸民族は、「十四カ条」に刺激されて、当初の要求であった自治から独立へと姿勢を急進化させた。こののちアメリカ軍の増援を得た連合国は、1918年8月に西部戦線でドイツ軍に決定的な打撃を与えた。10月末にハプスブルク帝国は解体し、11月にはドイツで君主制打倒の革命が起こり、ヴィルヘルム2世はオランダに亡命した。こうして、一説では3000万人以上の犠牲者を出して、第一次大戦は終わった。

2　戦間期の世界

　第一次世界大戦によって世界の秩序は大きく変わった。四つの帝国が倒れ，その廃墟(はいきょ)に多くの国民国家が生まれた。戦勝国側の帝国は残ったが，国際秩序の基本単位は帝国プラス国民国家となった。ヨーロッパは戦場となったために全体として疲弊し，大西洋の向こうのアメリカ合衆国が経済大国として台頭した。日本も存在感を増した。

　第一次大戦は従来にはなかった型の社会体制を生み出すための触媒ともなった。その共通の特徴は，国家による経済統制の実施，そして大衆の時代への対応である。社会主義，ファシズム，ナチズム，総動員体制の日本，ニューディールのアメリカなどをあげることができる。これらの体制は，崩壊した帝国の廃墟から芽生えた場合もあれば，勝ち残った帝国が変容を遂げた場合もあった。1930年代には，イギリスやフランスのような従来型の国家（議会主義プラス植民地帝国）も交えて諸体制が割拠し，ついには第二次世界大戦へといたる。

講和会議と国際連盟

　パリ講和会議は1919年1月に始まった。アジア・アフリカの人々は，植民地支配の終焉(しゅうえん)という過度な期待をウィルソンと講和会議に寄せていた。だが，ウィルソンはそうした期待に困惑していたし，まして他の戦勝国には植民地を手放すつもりはなかった。「十四カ条」の目玉であった国際連盟についても，イギリス帝国は自らの影響力の維持，白人支配の維持という観点から，そのデザインに深く関与した。

　講和会議の参加国は4等級に区別され，総会の票数に差がつけられた。5票をもつ第1グループは，イギリス，フランス，イタリア，アメリカ，日本である。3票をもつ第2グループは，ベルギー，新生ユーゴスラヴィア，ブラジルであった。2票をもつ第3グループは，ギリシア，ポルトガル，ルーマニアなどヨーロッパの中小国，それに新生ポーランドとチェコスロヴァキアである。カナダ，オーストラリア，南アフリカ，英領インドというイギリス帝国のドミ

ニオン（自治領）もここに加わっていたが，これはイギリス帝国への特別待遇といえた。アジアからはタイ，それに1917年8月に参戦した中華民国がここにはいった。1票をもつ第4グループには中南米の国々がおもにはいった。

　日本は国際連盟の規約に人種差別撤廃条項を入れることを提案したが，英・米などの反対により否決された。この提案は，アメリカにおける日本人移民排斥運動の牽制(けんせい)という，個別的な状況を念頭に出されており，植民地領有自体を否定するものではなかった。

　結局，諸民族の独立が認められたのは旧ハプスブルク帝国の後継諸国，および旧ロシア帝国の一部（ポーランド，フィンランド，バルト3国）だけであり，ドイツの植民地やオスマン帝国の従属地域は戦勝国のあいだで再分割された。太平洋の旧ドイツ植民地は日本とオーストラリアが，中東に広がるオスマン帝国の領土はイギリスとフランスが分かち合った。これらの地域は，独立できる文化的レベルに成長するまで，国際連盟が先進国に統治を委任する「委任統治領」であるとされたが，その本質は植民地そのものであった。

　パリ講和会議への期待が幻想であったことが明らかになったとき，さまざまな地域で連鎖的に抗議運動が起こった。はじめに1919年3月，朝鮮のソウルで「三・一独立運動」が起こり，ついでエジプト，それにインドでも激しい抗議活動が生じ，中国でも「五・四運動」が繰り広げられた。中国の場合は，対独ヴェルサイユ条約の内容をめぐる交渉において，日本が山東省の利権を中国に返還することを拒んだため，条約調印に反対する大衆運動が起こったのである。これらの運動は成果を出し，朝鮮では日本の統治が苛酷な武断政治からよりゆるやかなものとなり，エジプトはイギリスの支配下にとどまりつつも名目上は独立国となった。中国はヴェルサイユ条約に調印せず，独自に対独交渉をおこない，1921年にドイツによる山東利権の放棄などが合意された。これは中国が大国と対等な関係で結んだ最初の国際条約となった。また，ウィルソンにかわって，帝国支配の打倒を呼びかけるレーニンが植民地や従属地域の人々のあいだで影響を強めることとなった。

　敗戦国に対する講和条約は，パリ郊外のいくつかの場所で個別に結ばれた。1919年6月のヴェルサイユ条約によってドイツは植民地をすべて失い，軍備を厳しく制限され，巨額の賠償金を支払うこととなった（1921年に，当時のドイツのGNPの20年分に相当する額と決められた）。イギリス帝国による海上封鎖は休戦後も続き，飢餓(きが)が国内を襲っていたから，調印を拒む余地はなかった。大戦

期の飢餓体験はトラウマとなって，のちのナチ党政権における，東方に「生存圏」を広げて農地を確保しようとする衝動を下支えすることになる。

　ハプスブルク帝国(オーストリア=ハンガリー二重君主国)の解体に際して，そのドイツ人部分(オーストリア)はドイツと合邦すると宣言していた。だが，連合国は1919年9月の対墺サン・ジェルマン条約によってこれを禁止した。連合国はチェコスロヴァキアやユーゴスラヴィアには「民族自決」を適用して独立を認めたので，オーストリアのドイツ人からすれば自分たちの自決権だけが否定されたかたちになった。

　民族自決が適用された国々も，なんの問題もかかえずに独立できたわけではない。さまざまな民族が入り組んで暮す中欧では，民族を基準にして国境を線引きすれば，必ずどこの地域にも少数派が生じた。とりわけハプスブルク帝国の支配民族であったドイツ人とハンガリー人は，東欧の新興国における少数派へと，立場が急転することになった。諸々の少数派の権利を擁護するために，パリ講和会議および国際連盟は少数派保護義務をおもに新独立国と敗戦国に課した。だが，国際連盟の全加盟国に課されたわけではないため，この保護義務は不公平感を生み，必ずしも十分には遂行されなかった。

　このように「領域国家の独立による民族自決の実現」という方法は，多民族共生のためには必ずしも最善とはいいきれなかった。そのため戦間期にはさまざまな連邦制構想も提起された。また，戦間期には多くの帝国が残っていたから，「領域国家の独立による民族自決」はまだ趨勢とまではいえなかった。それでも，第二次世界大戦終結後は，このかたちでの民族自決が世界的な趨勢となってゆくのである。

　敗戦の混乱のなかで共産党が短期間政権をとるという事態が生じていたため，ハンガリーに対するトリアノン条約の締結は1920年にずれこんだ。ハンガリーはスロヴァキアの分離を認め，トランシルヴァニアをルーマニアに割譲するなどして，領土を大きく減らした。これに不満をいだく失地回復運動が，戦後のハンガリー政治に大きな影響をもつこととなった。

　体制が崩壊したハプスブルク帝国やドイツと違って，オスマン帝国はスルタン制を維持したままで戦後を迎えた。1920年，イスタンブルのスルタン政府は生き残りのために，連合国と屈辱的なセーヴル条約を締結した。アルメニア人地域の独立とクルド人地域の自治が決められ，後者には独立の可能性も開かれた。帝国の領土はアナトリア(今日のトルコの大半)の残余のみとされ，財政権

も連合国の管理下におかれた。中東の旧オスマン帝国領は英・仏の委任統治領として恣意(しい)的に線引きがなされた。とくにオスマン帝国の諸州からイラクをつくる際に、イギリスはバスラ州の一部であるクウェートを切り取り、領土紛争の遠因をつくった。

　だが、イスタンブル政府に対抗して、ムスタファ・ケマルがアンカラ政府をつくり、1922年にはスルタン制を廃止するとともにイスタンブルをも掌握し、23年にスイスのローザンヌで連合国とあらためて講和条約を結んだ。ローザンヌ条約によってセーヴル条約の内容はあらかた破棄され、領土もアナトリアのほぼ全域を確保した。だが、クルド人地域の自治が取り消されたことは火種として残った。アルメニア人地域の独立も無効になったが、そもそも第一次世界大戦中の追放政策によってアナトリアのアルメニア人は激減していた。

　対ブルガリア講和であるヌイイ条約は、1919年11月に結ばれた。そこではギリシアとブルガリアのあいだで住民交換をおこなうことが定められていた。住民交換は、地域の住民構成を均質化するための方策であり、第2次バルカン戦争後のオスマン帝国とブルガリアとの協定が先鞭(せんべん)をつけた。このことからわかるように、住民交換は動員や追放という、植民地支配および戦争における社会工学的技術の延長線上にあった。トルコも、1919年に侵攻してきたギリシアを22年秋までに撃退したのち、23年に両国間の協定によってギリシア人110万人を送り出し、逆にトルコ人40万人を受け入れた。

　パリ講和会議によってヨーロッパに成立した国際関係をヴェルサイユ体制と呼ぶ。その重要な構成要素となったのが、42カ国の参加を得て1920年に発足した国際連盟である。本部はスイスのジュネーヴにおかれ、発足時の常任理事国はイギリス、フランス、イタリア、日本である。アメリカがはいっていないのは、孤立主義を強める議会が、国際連盟規定を含むヴェルサイユ条約の批准を拒否したためである（ドイツとは別途講和条約を結んだ）。アメリカの不参加は国際連盟の大きな弱点となった。ソヴィエト・ロシアも、この時点では国家承認がいっさいなされておらず、パリ講和会議にも呼ばれなかった。ドイツも排除されていた。

　国際連盟の制度設計には理想主義が影を落としていた。総会の決定は全会一致原則がとられた。軍事制裁の手段を欠き、経済制裁のみが可能であった。これらの点は、1930年代に国際的な緊張が高まるなか、国際連盟が有効に紛争を解決するのを妨げた。それでも、ともかくも国際連盟は世界初の国際安全保障

機構であり，国境問題の調停，後進地域の医療改善，女性の人身売買の取締りなど，さまざまな分野で成果をあげた。新興の東欧諸国をはじめ，中小国の代表も存在感を発揮すべく奮闘した。国際連盟の初期の活動でとくにユニークなものは，ロシア革命で発生した大量の難民の救済事業である。1922年，国際連盟難民高等弁務官であるノルウェーの冒険家・政治家ナンセンによって，無国籍者となった難民に国際的に通用する身分証明書が発行された（「ナンセン・パスポート」）。

戦後秩序の形成

　勝ち残った帝国は，植民地支配を続けた。ただし，第一次大戦で各国は植民地を活用することの重要性を再認識したし，植民地の側もより大きな発言権を求めるようになった。そのため，本国・植民地関係の再調整が問題となった。イギリスでは1931年のウェストミンスター憲章によって，コモンウェルスという帝国の新しいかたちが決まった。イギリス本国の優位を暗黙の前提としつつ，加盟国であるドミニオン（自治領）の地位は対等とされた。ただし，ほぼ独立国に等しいドミニオンの地位を享受できたのは，カナダやオーストラリアなど白人移民がつくった植民地のみであった（アイルランドは白人移民がつくったわけではないので例外である。とはいえ，同地では現地人が白人であったのだから，この例外は白人優位という法則を裏づけるわけである）。インドに対してイギリスは大戦中に与えた自治の約束を反故にし，ガンディーを中心とした抗議運動が湧き起こった。南アフリカでも黒人は厳しく差別され，1927年の背徳法では白人と黒人の性交渉が禁じられた。オーストラリアのアボリジニも差別や隔離の対象となった。アイルランドは1919年から23年にかけて，独立戦争，ついで完全独立か否かをめぐる内戦をへて，その後も北アイルランドを統合できなかったことへの不満が残った（コモンウェルスからの離脱は1949年）。

　中東のイギリス委任統治領では，トランスヨルダンやイラクが1920年代から30年代に名目的に独立した。エジプトも1922年に独立国となったが，イギリスはスエズ運河を手放さず，この国を従属的な地位におき続けた。パレスチナでは戦間期にユダヤ人の移入が進んだが，アラブ人との摩擦も深まった。なお，アラビア半島ではオスマン帝国崩壊後，イブン・サウードがイギリスと巧みに交渉して，1932年にサウジアラビア建国にこぎつけた。

　フランスでは戦前の植民地支配がより純粋なかたちで残った。本国の生活様

式を身につけたごく一握りの現地人のみに市民権を付与するなど，フランスの植民地の人々への向き合い方はきわめて選択的であった。むろん，植民地の人々が黙っていたわけではなく，地域のあり方をめぐってさまざまな構想が出された。たとえばベトナム，ラオス，カンボジアからなる植民地インドシナでは，共産党が1935年に「インドシナ・ソヴィエト共和国連邦」というソヴィエト型の連邦構想を採用した。そこでは各民族のナショナリズムと，帝国のもとでなされた地域統合との両立がはかられていたといえる。

　ヨーロッパ情勢の焦点は，依然としてドイツであった。1919年初頭の共産主義者の蜂起を鎮圧したのち，共和政ドイツは8月にヴァイマル憲法を採択した。総動員体制を支えた民衆の声に応えるように，社会権や男女平等の普通選挙権などを含む，非常に民主的な憲法であった。だが，軍部や保守派は，社会主義者やユダヤ人の裏切りによって革命が起こり，戦争にも負けたと考えており（「匕首伝説」），ヴァイマル共和国を受け入れなかった。1920年には右翼によるカップ一揆が起こり，これに対抗するルール蜂起と呼ばれる労働者の叛乱も起こった。これらはいずれも鎮圧されたが，1923年にはさらなる苦境が襲った。ヴェルサイユ条約で定められた賠償金の支払いが滞ったことの代償に，フランスとベルギーがドイツ産業の心臓部であるルール地方を占領したのである。ルール占領がきっかけとなってドイツではハイパーインフレが起こり，1ドルが4兆2000億マルクにまで下落した。この混乱のなかでミュンヘンではヒトラーが一揆を起こしたが，半日で鎮圧された。

　右派リベラルのシュトレーゼマンが首相になって，流れが変わり出した。政権は内部対立から短命に終わったが，シュトレーゼマンは不動産などを担保にした新紙幣レンテンマルクによってインフレを沈静化させた。その後は外相としてドイツの国際社会への復帰に努めた。1924年にはアメリカの介入によって，年間賠償額を引き下げるドーズ案が成立した。これはアメリカからドイツに資金を貸し付けることによって賠償返済を円滑化するもので，ヨーロッパの経済安定にとってアメリカが大きな役割をはたすことを意味した。

　シュトレーゼマンはさらに1925年，フランス外相ブリアンと協力して，英・仏・独・伊・ベルギーの協調に基づく地域安全保障条約であるロカルノ条約を成立させた。これによりヴェルサイユ条約で定められていたドイツ西部国境地帯ラインラントの非武装化が再確認された。こうしてドイツの孤立化を基調とするヨーロッパ国際秩序に転換が訪れた。1928年にはブリアンとアメリカ国務

長官ケロッグの主導で，日本も含む15カ国が参加する「不戦条約」が成立した。のちに参加国は63にまで増えた。自衛のための戦争は例外とするという重要な但書きがあったが，この条約は国際紛争解決のための手段としての戦争を禁止するもので，当時の国際協調気運を象徴するものとなった。なお，日本国憲法第9条も不戦条約から強い影響を受けている。

東方では，1921年から22年にかけてアメリカの主導でワシントン会議が開かれ，第一次大戦後のアジア・太平洋地域における国際秩序の枠組みがつくられた。日・中・英・米・仏など9カ国が参加したこの会議で，海軍の軍縮や中国の地位などに関する一連の条約が成立した。海軍軍縮に関しては，米・英・日・仏・伊の主力艦の総トン数の比率を5：5：3：1.67：1.67とした。これによりアメリカの海軍力はイギリス並みに強化された。中国に関しては，その主権と独立の尊重，門戸開放などが定められ，日本は山東省の利権を手放すことをよぎなくされた。日英同盟もこのとき解消された。アメリカは日・英の提携が続くことを好まず，イギリスも日・米の角逐に巻き込まれることを望まなかった。イギリスのドミニオンのうちでは，オーストラリアとニュージーランドが日英同盟の継続を求めたが，対米関係に敏感なカナダがその解消を強く主張した。

こうして，ヨーロッパではヴェルサイユ体制，アジア・太平洋地域ではワシントン体制が成立した。アメリカはその両方で重要な役割をはたしていたため，ヨーロッパとアジア・太平洋地域をつなぐ「蝶番国家」にたとえられる。

総動員体制を経験した人々は，政治参加の意識を高めるとともに，自分たちの負担に見合った権利を求めるようになった。総力戦が基準となった時代においては，各国政府の側でも，この声にある程度まで応えて国民の統合をさらに進めることが必要であった。もっとも顕著な変化は，女性参政権をめぐって生じた。第一次大戦前に全国規模で女性参政権を導入していたのは，イギリス帝国のニュージーランド(1893年)とオーストラリア(1902年)，ロシア帝国のフィンランド(06年)，それにノルウェー(13年)だけであった。男女同権を求める運動は各国で展開されていたが，イギリスのエメリン・パンクハーストのように，急進的な活動家が逮捕されるという事態もみられた。だが，戦時中から戦後にかけて状況は一変した。ロシア(1917年)，イギリス(18年)，カナダ(18年)，ドイツ(20年)，アメリカ(20年)など，多くの国で女性参政権が実現したのである。もっともフランスは1944年，イタリアと日本は45年を待たねばならなかった。

なお，ソヴィエト・ロシアの最初の内閣で国家後見人民委員(厚生大臣)となったコロンタイは，史上初の女性大臣である。
　第一次大戦後の社会における変化として，交通手段や通信技術の発達についてもみておきたい。これらは地域や人々のさらなる結びつきを促すものであったが，諸体制が競合する戦間期，とくに1930年代においては，国威発揚や，それぞれの体制内の統合を深めるための(そして国際社会の分裂を強めるための)手段ともなった。
　大戦によって航空技術は著しく進歩し，戦後世界でも航空航路が開発されていった。1920年代は飛行船の時代であり，大西洋横断航路も開かれた。ついで1930年代にはいると，アメリカの主導で飛行機による旅行の時代が幕を開けた。もちろん当初はわずかな富裕層が対象で，収容客数も20〜30人程度であった。1937年，ナチス・ドイツが誇る大型飛行船ヒンデンブルク号がアメリカで空中爆発を起こし，35人が死亡した。この事故をきっかけにして飛行船は過去のものとなっていった。地上では新しい交通手段として自動車が本格的に登場した。一般の人々への普及という点では，大量生産を実現したアメリカが抜きん出ていた。大衆の時代に応えんとするヒトラーもまた，「国民車」フォルクスワーゲンの生産計画に着手した(生産が軌道に乗るのは第二次大戦後)。ソ連でも1930年代にはいるとフォード社から技術を取り入れて，自動車生産体制が整備された。
　通信手段も発展した。1920年，アメリカのピッツバーグでラジオ放送が開始された。大量生産方式によってラジオ受信機は急速に普及した。アメリカでは1930年代のラジオ番組の30％はジャズなどのポピュラー音楽で占められていた。同じ時間に同じ内容を聴くラジオは，国民統合の手段としても抜群の効果を発揮した。体制のいかんを問わず，指導者たちはラジオ演説を活用した。

アメリカ合衆国の大衆社会

　アメリカはほかの帝国による旧態然とした植民地支配からは距離をおいた。もともとアメリカは中国の門戸開放を求めたように，直接に領土を獲得するよりも経済的な支配権を広げようとする傾向があった。第一次大戦中にウィルソンは反帝国主義的なレトリックを打ち出し，実際に1916年にはフィリピンの将来的な独立を確約した。
　国内的にも戦後のアメリカは，一歩先んじて新しい時代に本格的に突入して

いった。大衆社会の到来である。元来アメリカは，ヨーロッパと異なり身分制の名残りに拘束されることがなく，かつ進取の気性に富んだ社会であった。総力戦としての大戦に随伴した大量生産・大量消費，それに住民の相対的な平準化は，このアメリカ社会において，さらなる発展のための土壌をみいだしたのである。むろん，戦場にならずにすんだこと，それに大戦中に債務国から世界最大の債権国へと立場が変わったことも，戦後アメリカの繁栄を支えた。

　大衆社会の主要な構成要素は，大量生産，大量消費，大衆文化である。大量生産については，すでに1913年にフォードが，自動車Ｔ型フォードの生産工場にベルトコンベアを導入していた。流れ作業と部品の規格化をおもな特徴とするフォーディズムの始まりである。大量生産は価格の低下をもたらし，1928年にはアメリカ住民の４人に１人が自動車を保有していた。大量消費もまた，自動車産業が先鞭をつけた。信用販売（月賦），定期的なモデルチェンジ，ネオンなどの大量広告が人々の消費意欲をあおった。アイロン，掃除機，洗濯機，冷蔵庫，ラジオといった家電製品が大量に生産され，販売された。サラリーマンや役人などの都市中間層が分厚くなってゆき，特定の階級と対応した階級文化ではなく，映画，スポーツ観戦，タブロイド新聞などの大衆文化を支えた。均質な大衆社会が花開くアメリカも，内部には差別をかかえていた。アジア系移民，それにとりわけ先住民や黒人がその対象となった。

　アメリカの繁栄は突然に終わった。1929年10月24日，ニューヨーク株式市場で株価が暴落し，大不況の長い時代が始まったのである。株式市場の崩壊と経済活動の低下は各国に波及し，世界恐慌となった。アメリカでは1933年に労働者の４人に１人，1283万人が失業者であり，ほかの国も状況は同程度か，それ以上に悪かった。各国は自国の産業を防衛するために関税率を引き上げ，イギリスまでもが自由貿易の伝統を放棄した。イギリスはまた，ポンドが売られ，自国の金が流出するのを防ぐために，1931年に金本位制を離脱した。これらのことは世界経済の一体性を大きくそこなった。さらに，1932年にはカナダのオタワでコモンウェルス構成諸国の経済会議を招集して，帝国内部に特恵関税を設けた。これはブロック経済の先駆けとなった。1930年代末までに金本位制は各国で放棄された。

　共和党のアメリカ大統領フーヴァーは，大不況に積極的な対応を打ち出せなかった。同時代の通念により，フーヴァーは経済への国家の介入は最小限にすべきという自由主義の考えに縛られていた。連邦政府は失業救済など，地域

問題にあまり介入すべきではないという考えも広く受け入れられていた。だが，1933年に民主党のフランクリン・ローズヴェルトが大統領に就任し，新しい時代が到来した。ニューディール（新規まき直し）という合言葉のもと，ローズヴェルトは国家による積極的な介入路線をとったのである。補助金と引き替えに作付けを制限する農業調整法，大規模公共事業のためのテネシー川流域開発公社(TVA)，包括的な社会保障のための社会保障法，それに労働者の団結権などを認める全国産業復興法が矢継ぎ早に打ち出された。ただし，連邦政府の強力なイニシアティヴを忌避する動きも依然としてみられ，全国産業復興法には違憲判決が出された。

だがローズヴェルトはひるむことなく，国家による経済介入政策を進めた。ニューディール政策によって不況自体が解消されたわけではなく，1939年になお948万人が失業者だった。それでもローズヴェルトは，政策決定において強力なイニシアティヴを発揮しただけでなく，国民に向けて直接に訴えかける手法をとることで，絶大な支持を得た。彼はアメリカ政治史上はじめてラジオを効果的に用いた大統領であった。

国家による経済介入政策という点で，ニューディール政策は，ソ連やナチス・ドイツと同様に，総力戦の経験から生まれたのだった。ラジオ放送を通じて，大衆の時代によく対応したことについても，同じことがいえる。だが，ソ連やナチス・ドイツが議会主義を否定したのに対して，ニューディールのアメリカは大統領のカリスマに依拠しつつも，あくまで議会主義にのっとっていた。もっとも長続きする成果をもたらし，かつ調和的であったのは，アメリカの選択肢であった。

外交においてもローズヴェルトの政治は新しかった。中南米諸国に対しては「善隣外交」を標榜して，干渉の否認を明確に打ち出した。また，市場の拡大を期待し，さらには日本とドイツを牽制するために，1933年にソ連承認に踏み切った。

ソ連の社会主義

内戦中に共産党政権は，旧帝国の各地に生まれた民族政権を打倒していった。征服した地域をロシアに編入することはせず，「ウクライナ・ソヴィエト共和国」のように個別の国家をあらためてつくった。モスクワに本部をおく共産党組織が各ソヴィエト共和国の実権を握っていたから，それらの独立はあくまで

建前であった。それでも共産党は，各地域のナショナリズムに譲歩した。ロシアへのあからさまな併合は地元住民を刺激する恐れがあった。それに，個別の国民意識という段階を早く通過させたほうが，より高次の統合にすみやかに到達できるという判断もあった。1922年12月，各国の主権という建前を維持したまま，ロシアなど4共和国によってソヴィエト社会主義共和国連邦（ソ連）が成立した。

　内戦と統制経済の負担に耐えかねた都市と農村の民衆は，1921年春までに各地で抗議活動を起こした。難局を乗り切るべく共産党が経済統制をゆるめると，市場関係がなし崩し的に復活し，貧富の差が再び生じた。レーニンが1924年に死去すると，党人事を取り仕切る書記長スターリンが優位に立った。ひとまず彼は，農民が穀物を自発的に市場に出すペースにあわせてゆっくり経済復興を進めるというブハーリンの立場を支持し，重工業への優先的投資を求めるトロツキーを抑え込んだ。

　国際的に孤立していたソヴィエト・ロシアは，同様の運命にあったドイツと接近し，1922年にラパロ条約を結んだ。これにより両国の秘密軍事協力が始まり，ナチ党政権の成立まで続いた。1924年にはイギリス，イタリア，フランスが，25年には日本がソ連を国家承認した。だが，資本主義の打倒を掲げるソ連と他国の関係は，潜在的に不安定であった。1927年にイギリスが一時，ソ連との外交関係を断絶すると，戦争への恐れ（および共産党政権転覆への期待）から農民は穀物を売り惜しみ，食糧調達危機が生じた。これを機にスターリンは急速に左旋回し，農民を集団農場に縛りつけ，極端な低価格での穀物供出を強制する農業集団化に踏み切った。同時に資源が眠る無人の荒野での巨大工場建設にも着手した。革命後に成長した新世代の労働者はこれらの動きを支持し，都市の熱狂と農村の混乱のなかで市場関係は縮小し，計画経済に基づく社会主義体制がつくられていった。

　工業化の原資は穀物輸出で得ることになっていたため，苛烈な穀物調達が実施された。乱暴に組織された集団農場の生産性は低く，1930年代初頭にソ連各地の農村で数百万人の餓死者がでた。工業化の成果も高い数字とは裏腹に大量の不良品を出していた。それでも農業国ロシアが急激に工業国化してゆく姿は，おりしも起こっていた世界恐慌に苦しむ資本主義諸国に強い印象を与えた。計画化，また国家による経済への介入は，世界的な潮流となっていった。

　この「上からの革命」のなかでスターリンの権威が圧倒的なものとなってい

った。同時にソ連社会の一元化が進んだ。労働組合は国家に吸収され，芸術・文化も分野ごとに単一組織がつくられ，学問に対するイデオロギー統制も打ち立てられた。第一次大戦後に登場する新体制のうち，ソ連社会主義は総力戦体制をもっとも徹底的に実現していた。

　事実，スターリンを突き動かしていたのは，搾取のないユートピアを実現するという意志であると同時に，きたる戦争に対する危惧でもあった。1931年の満洲事変，33年のナチ党政権の成立が，危惧の源であった。1937年にピークを迎える大量弾圧（大テロル）も，独・日への恐れを重要な要素とした。1937〜38年に，社会各層の157万人が内務人民委員部によって虚偽の罪で逮捕され，68万人が銃殺判決を受けたが，罪状の大半はドイツおよび日本のスパイであった。弾圧は民族単位でもおこなわれた。外国との通謀が疑われ，ソ連に暮らすポーランド人，ドイツ人，ルーマニア人，ラトヴィア人，エストニア人，フィン人などが大量に逮捕された。朝鮮半島に接する地域では，1937年，日本のスパイの侵入を恐れて，朝鮮人17万人が丸ごと中央アジアに強制移住させられた。

イタリアのファシズム

　イタリアは戦勝国となったにもかかわらず，第一次大戦の結果には不満が残った。連合国側での参戦を決めた秘密条約では，オーストリア領から「未回収のイタリア」（イタリア系の人々が暮すトリエステなど），さらにアドリア海沿岸のフィウメなどを割譲することが約されていた。だが，対墺サン・ジェルマン条約では「未回収のイタリア」の獲得しか認められず，フィウメはユーゴスラヴィア領となった。1919年にこれに憤慨した詩人ダヌンツィオは武装勢力を率いてフィウメを占拠した。イタリア政府はこの挙を認めず，ユーゴスラヴィアと協定を結び，1920年に「フィウメ自由市」が成立した。イタリア・ナショナリストはいく度もこの独立国の政治に介入した。

　戦後イタリアは内政も不安定であった。イタリアの経済構造は伝統的な地主支配を維持していた。これに対して，総力戦への参加による民衆の権利意識の向上，それにロシア革命の影響もあり，各地で工場占拠運動や農民争議が頻発した。自由主義的なジョリッティ内閣が労資調停を進めたことで，民衆運動は下火になってゆく。だが，右派による対抗的な社会運動という，さらなる問題も生じていた。この動きのなかにムッソリーニもいた。彼はもともと社会党の幹部であったが，第一次大戦への参戦を主張して，1914年に除名された。その

彼が，アナーキストや退役軍人を中心にして1919年3月に旗揚げしたのが，「戦士のファッショ」と呼ばれる運動である。「ファッショ」とは同志的な運動体を意味し，古代ローマ帝国執政官の権威の象徴であるファスケス（斧の周りに棒を束ねたもの）に由来した。

　「戦士のファッショ」は1919年秋の選挙では1議席もとれなかった。だが，このこととは無関係に，イタリア各地では，社会党系の自治体や労働組合を襲撃し，農民争議と戦う「行動隊」（黒シャツ隊）の暴力が広まっていた（農村ファシズム）。1921年春の選挙で，自由主義者と反左派ブロックを組むことで議会進出に成功したムッソリーニは，割拠状態にあった農村ファシズムの地方ボスを徐々に糾合し，同年11月には「戦士のファッショ」を「国民ファシスト党」という全国組織へと改組した。これ以後，労働組合のストライキを実力で粉砕するなどの暴力に訴えることで，ムッソリーニは軍，宮廷，工業界，地主など，支配層の信頼をかちえていった。1922年10月，彼が示威運動「ローマ進軍」を決行すると，自由主義者を首班とする政府は戒厳令を要請したが，国王ヴィットーリオ・エマヌエーレ3世はムッソリーニを首相に指名した。

　この時点ではまだ自由主義者などとの連立政権であったが，ムッソリーニは黒シャツ隊を国民義勇軍として国家機関化し，選挙で第1党となった政党が議席の3分の2を獲得する選挙法をとおすなど，制度改革を進めていった。1924年にはフィウメも併合した。同じ年，ファシズム批判の急先鋒に立っていた社会主義者マッテオッティがファシストにより殺害されるという事件が起こり，ファシスト批判の世論が強まった。だが，宮廷をはじめとする支配層はムッソリーニを支持した。1925年1月，ムッソリーニはファシズム独裁を宣言し，以後，国家機構のファシズム化が進んだ。極度のナショナリズム，反共主義，暴力，指導者への帰依がファシズム体制の主要な特徴である。

　労働運動を粉砕して成立したファシズム独裁であるが，労働者を含む国民全体の統合がムッソリーニのめざすところであった。労資それぞれの団体を統合する協同体が産業部門ごとに設置され，資本主義でも社会主義でもない第三の道として協同体体制が喧伝された。実際には経済界は協同体体制を全面的に受け入れはせず，労働者の自律性が抑圧された側面が強かった。それでもファシズム体制への国民の統合が徐々に進んだとすれば，ドーポラヴォーロと呼ばれる新基軸が大きな役割をはたしていた。ドーポは「後」，ラヴォーロは「仕事」，すなわち余暇を組織化するための大衆組織である。ドーポラヴォーロの支部は

企業，官庁，自治体などによって運営され，スポーツ，映画・演劇・音楽鑑賞，ラジオ聴取会などがおこなわれた。とくに遠足や旅行は，地域格差の大きいイタリアにおいて，国民としての一体感を涵養する役割をはたした。ただし「未回収のイタリア」などに暮すスラヴ系マイノリティは抑圧された。

　国民統合に向けたもう一つの重要な措置が，教皇庁との和解である。1870年に教皇領(教皇国家)はイタリア王国に併合されたが，教皇は世俗国家たるイタリアを認めず，国家と教会は長く対立状態にあった。ムッソリーニは1929年，教皇庁とラテラノ協定の締結にこぎつけ，バティカン市国を独立国家とし，教会婚や初等中等学校における宗教教育を制度化した(カトリックは国教としての地位を1984年まで保持した)。

ドイツのナチズム

　第一次大戦が与えた傷は，ヴァイマル共和国から消えなかった。1925年，社会民主党のエーベルト大統領が死去したあと，大戦の英雄である老軍人ヒンデンブルクが2代目大統領となったことは，匕首伝説の強さをよくあらわしていた。内閣も連立と解体を繰り返して安定せず，左右を問わず武装民兵組織が闊歩した。敗戦とヴェルサイユ条約に対する不満の受け皿としてヒトラーが台頭する。国民社会主義ドイツ労働者党(ナチ党)を創設したのは彼ではなかったが，1921年までにその指導者となった。1923年のミュンヘン一揆の失敗後，ヒトラーは議会での進出をめざす合法路線に切り替えた。人種主義，反ユダヤ主義を露骨に掲げ，強力なドイツの復活を訴えて，ヒトラーはぶれることがなかった。階級や地域ごとの利害を追求しがちな諸政党のあいだにあって，国民の団結を訴えるヒトラーの宣伝はめだった。1928年にはナチ党は，人種主義的で急進的な唯一の右派政党としての地位を勝ち得た。

　1929年に始まった世界恐慌はドイツを直撃し，30年の失業者は300万人を超えた。この年の選挙ではナチ党が国会第2党に大躍進したが，共産党も議席数を伸ばした。国内の亀裂が深まるなか，ヒンデンブルクは1933年，ヒトラーに組閣を命じた。いまだ閣内でナチ党は少数派であり，既存の保守的支配層(軍部や企業家など)との連立体制であった。彼らがヒトラーとの提携を求めたのは，彼が圧倒的な大衆の支持をもっていたからである。従来のドイツ政治にはなかった大衆政治を，ヒトラーとナチ党はもたらしていた。

　保守層はヒトラーを利用すればよいと考えていたが，見込み違いであった。

首相になったヒトラーは選挙実施に踏み切るとともに，ドイツ国民保護の名目で，言論・集会の自由の規制など有事立法の制定を進めた。選挙中に国会議事堂放火事件（いまだに真相ははっきりしない）が起こるとヒトラーは共産党を弾圧し，各地でナチ党やその武装勢力によって共産党員やユダヤ人に対する暴力が荒れ狂った。この選挙ではナチ党はなお絶対多数はとれなかったが，1933年3月，議会は圧倒的な賛成多数によって全権委任法を成立させ，ヒトラーに超憲法的な権限を与えた。数カ月のあいだに官庁からの社会主義者の追放や，急造の収容所へのその追放，ナチ党以外の政党の禁止などがはたされた。ドイツ人の多数はヒトラーの政治に国民の一体性の回復，強力なドイツの復活をみて熱狂した。

　ヒトラーに対する大衆の支持は，経済政策の成功によっていっそう強いものとなった。高速道路の建設をはじめとする公共事業によって，失業者は急速に吸収されていった。他方，1930年代半ばは，第一次大戦による出生数の減少時期に生まれた世代が就労年齢を迎える時期であったことも，失業率の低下を促していた。そしてまた，ドイツの経済回復が，ユダヤ人企業からの収奪に助けられていたことも見逃してはならない。1935年9月にはユダヤ人の政治的権利を剝奪し，ドイツ人との通婚や性交渉を禁じるニュルンベルク諸法が制定された。これまでヨーロッパ人が植民地でおこなってきた差別や迫害を，ヨーロッパ内で大々的に展開したのがナチス・ドイツであった。人種の純潔を守るために，精神病患者や遺伝性の疾患をもつ者，さらに障害者にも強制的な断種がおこなわれた。人種主義という擬似科学だけではなく，遺伝学という科学の成果が，ナチ党政権の強力な武器として活用されていた。

　迫害にさらされることのない多くのドイツ人にとっては，ヒトラー政権は自信に満ちた時代の到来を意味していた。階級対立を超克した，民族／国民の共同体の創出が本気でめざされていたことは確かである。イタリアの協同体体制に似たものとして，労資をともに組織する「ドイツ労働戦線」が旧来の労働組合の資産を奪ってつくられた。その下部組織であり，ドーポラヴォーロの二番煎じである「歓喜力行団」は，旅行やピクニックをはじめとする余暇活動を提供した。女性は家庭にはいって子どもを育てよという保守的な価値観のもと，「生めよ増やせよ」が奨励され，結婚や出産には奨励金が出され，新しい家族向けの住宅建設が喧伝された。ただし，失業が克服され，逆に労働力不足が深刻化する1936年以降は，女性の就業を促す方向に方針転換がなされた。

経済の回復，それに国民の統合は，ヒトラーにとってのゴールではなかった。人種間の闘争という世界観を奉じるヒトラーにとっては，戦争こそがドイツ人の未来を切り開く道であった。東方に広がる土地からスラヴ人を排除し，そこにドイツ人を入植させることによってのみ，祖国繁栄の土台が保証されると考えていたのである。すべての政策は戦争遂行能力を高めることに向けられていた。

1930年代の国際関係

　ヒトラーは1933年に政権を獲得すると，その年のうちに国際連盟からの脱退を表明した。1935年にはヴェルサイユ条約に真っ向から挑戦して再軍備宣言をおこない，徴兵制を復活した。多くの若者はこれを歓迎した。1936年にはロカルノ条約を無視してラインラントの再軍備化を決行した。フランスはこのとき断固たる抗議の意志を示さなかった。ラインラント進駐により，西部国境の守備が固められ，ドイツは東方への進出が容易になった。

　ファシスト・イタリアとの関係は当初は良好ではなく，とくにオーストリアをめぐってドイツとイタリアは争っていた。オーストリアでは1933年，議会が停止されてドルフス政府の独裁体制が始まっていた。ドルフス首相はイタリアの協同体制に倣いつつ，カトリック的要素が濃い独自のファシズム体制を構築した。彼は社会主義者を弾圧する一方，オーストリアの自立性を維持するために国内のナチ党も弾圧した。1934年，オーストリア・ナチ党員が彼を殺害すると，ヒトラーは独墺合邦に動きかけたが，盟友ドルフスを失ったムッソリーニはオーストリア国境付近まで軍を出動させてこれを阻止した。

　イタリアは独自にファシズム的帝国の拡大をはかっており，1935年にはエチオピアに侵略戦争をしかけ，翌年それを併合した。もともとイタリア植民地であったエリトリアおよびソマリアとあわせて「東アフリカ帝国」がつくられ，ヴィットーリオ・エマヌエーレ3世が皇帝となった。国際連盟は初の経済制裁を宣言したが，イギリスやフランスはイタリアを刺激することを好まず，禁輸品目からも石油をはじめ重要な物資がはずされ，実質的な効果をあげずに終わった。これにより国際連盟の形骸化が進んだ。それでも国際世論の反発のなかで，孤立を恐れたイタリアはドイツに接近していった。独・墺・伊に加えポルトガルでも，1933年にサラザールが「エスタド・ノヴォ（新国家）」と呼ばれる類似の体制を構築していた。

ファシズム（ナチズムも含む）は大衆政治の要素をもち，一党支配を敷くなど，従来の政治にはない新しさを備えていた。これに対して，より伝統的な支配構造を維持したまま，程度の差はあれ強権的統治を敷く体制を権威主義体制と呼ぶ。とくに東欧やバルカンでは，民族的・地域的分裂，経済水準の低さ，議会政治の経験の短さなどを背景にして，クーデタによる権威主義体制の確立が1920年代以来広くみられた。ポーランドではピウスツキが1926年に，リトアニアでもスメトナが同じ26年に，ユーゴスラヴィアでは国王アレクサンダル1世が29年に，エストニアではパッツが34年に，ブルガリアでは国王ボリス3世が35年に，ギリシアではメタクサスが36年にクーデタを成功させた。ハンガリーではホルティが共産党政権を打倒したのちの1920年，クーデタをへずに権威主義体制を確立した。1930年代後半までに，東欧・バルカンで議会制民主主義が定着したのはチェコスロヴァキアだけとなった。諸々の権威主義体制は親ヒトラーとは限らなかったが，総じて東欧・バルカンにおける権威主義体制の広がりは，ヨーロッパの国際政治における弱肉強食化を促し，独・伊の対外伸張の土壌をなした。
　ファシズムや権威主義体制のもとでは，多くの場合，議会政治は停止されるか制約を受けた。イデオロギー的には敵対するソ連も議会政治を否定した。議会政治の危機は，戦間期，とくに1930年代の世界における大きな特徴であった。世界恐慌以後の経済危機にあって，地域，民族，階級といった個別利害を代表する諸政党の対立は激化する傾向にあった。また，発言権を求める大衆の動向に従来型の政党指導者が対応できず，自分たちだけで政治を独占している場合もあった。これらのことから議会政治の限界が各地で論じられ，それを否定するかたちでの国民統合が模索されたのである。これと軌を一にして1930年代のヨーロッパでは，ナチ党の影響を多かれ少なかれ受けながら，社会の刷新を求めるさまざまな急進右翼運動が展開された。ルーマニアの鉄衛団やハンガリーの矢十字党がよく知られる。議会政治の砦たるイギリスでも，モズレー率いるイギリス・ファシスト同盟が活動した。
　1930年代のヨーロッパでは，反ファシズム運動もまた高まった。ただしコミンテルンは当初ドイツにおけるナチ党の伸張を過小評価し，階級対立を隠蔽する社会民主主義者こそが主敵であるとする方針をとっていた。第一次大戦以来の社会民主主義批判を引きずった的外れの方針であり，ドイツ共産党による反ナチ闘争をはなはだ混乱させた。そのドイツ共産党がヒトラーによって弾圧さ

れたのち，ようやく1935年にコミンテルン第7回大会は人民戦線戦術へと舵を切り，反ファシズムの立場での広範な連帯を呼びかけるようになった。1936年にはスペインとフランスで人民戦線政府が成立した。

　スペインの人民戦線政府に対してはフランコ将軍率いる保守勢力が叛乱を起こし，内戦が始まった。ドイツとイタリアはフランコを軍事支援した。社会主義勢力を含む人民戦線政府にイギリスは手を差し伸べなかった。フランスではスペイン内戦への介入の是非をめぐり人民戦線政府が解体し，結局イギリスと同じ立場となった。英・仏の姿勢はドイツを刺激したくないという判断にも基づいていた。ソ連はスペイン人民戦線政府を支援したが，政府派内部のトロツキストやアナーキストに対する弾圧もおこなった。これによる隊列の乱れもあって人民戦線政府派は1939年に敗北した。内戦中，ドイツ軍は自治志向の強いバスク地方の中心都市ゲルニカで無差別空爆をおこなった。これは史上初の無差別空爆といわれ，世界に大きな衝撃を与えた。

　1938年には，かつて連合国に阻止されたドイツとオーストリアの合邦がヒトラーの手で実現した。オーストリア出身のヒトラーの凱旋は，熱狂的に迎えられた。多くのユダヤ人が暮すウィーンでは，ナチ党による略奪と暴力の嵐が吹き荒れた。かつてハプスブルク帝国があった空間には，オーストリア以外にも多くのドイツ人が散住していたが，彼らがヒトラーの東方進出の橋頭堡となった。とくにチェコスロヴァキア領内のズデーテンでは，ドイツ人自治運動が盛んであった。ヒトラーはこれと提携し，「民族自決」を楯に同地の併合を求めた。ドイツとの戦争を回避したいイギリスのチェンバレン首相は，フランスとともにミュンヘン会談でヒトラーの要求を認めた（宥和政策）。ポーランドもチェコスロヴァキアの領土を一部獲得した。ただし，カリスマ的指導者ピウスツキはすでになく，ポーランド自体が弱肉強食のヨーロッパにあって危うい立場におかれていた。1939年3月，ヒトラーはスロヴァキアを独立させて従属国とし，チェコを保護領とした。これによりチェコスロヴァキアは解体・消滅した。8月，不倶戴天の敵であったはずのドイツとソ連が不可侵条約を締結し，世界に衝撃を与えた。9月1日，ドイツ軍がポーランドに侵攻し，第二次世界大戦が始まった。

　一方，1920年代の日本では議会政治が発展した。1925年の普通選挙法は，帝国の内地に居住する25歳以上の男子を対象とした。これがひとまずは日本国民の公式な輪郭であった。この枠内に参入すべく，女性参政権運動も展開された。

普通選挙とセットで成立した治安維持法は，社会主義者などを弾圧し，国民の枠から排斥するのに活用された。

外交では，中国東北(満洲)への進出という野心が伏流水のように存在した。蔣介石が中華民国の統一を成し遂げつつあったことが，日本の対外膨張をはかる勢力を刺激した。1928年6月，中国統一と軌を一にして，関東軍(南満洲鉄道の保護などを目的とする日本の軍隊)の軍人が，地元の有力軍閥であり，非協力的であった張作霖を爆殺した。彼の跡を継いだ息子の張学良は蔣介石の側についたため，爆殺の目論見ははずれた。1931年9月，関東軍は柳条湖で謀略をしかけ，満洲全域を支配するにいたった。1932年には清朝最後の皇帝であった溥儀を元首として，満洲国が成立した。国際連盟は中国の主権を認めたうえで，日本の権益に配慮するという妥協的な姿勢を示したが，満洲国の承認を求める日本は1933年に連盟を脱退する挙にでた。1937年には日・中は本格的な戦争にはいった(日中戦争)。

満洲国の誕生は，清朝とロシア帝国の消滅によって生じた，ユーラシア内陸部における帰属の曖昧な国家・地域がまた一つ増えたということであった。清朝から分離したモンゴルはソ連の影響圏にはいっていたが，名目上は中華民国の一部であった。ウイグル人が多く暮らす新疆省も，中華民国の一部でありながらモスクワが影響を強めており，とりわけ1930年のトルクシブ鉄道建設によってソ連と緊密に結合された。

満洲国の成立は，日本と中国の関係だけではなく，ソ連との関係も緊張させた。共産主義という共通の敵をもったことで，日本とナチス・ドイツは接近した。1936年に日独防共協定が成立し，翌年イタリアも加わった。満洲国をつくったことで，日本は4200キロに及ぶ長大な国境線をはさんでソ連と対峙することになった。その境界線は，地形の錯綜や標識の消滅，水路の移動によって不明確であった。満洲とモンゴルの700キロにわたる国境線も草原が広がるばかりであった。満洲・ソ連，ならびに満洲・モンゴルの国境では，小規模な国境紛争事件が絶えなかった。1938年には本格的な武力衝突である張鼓峰事件が起こり，1939年5〜9月には事実上の日ソ戦争であるノモンハン事件が起こった。史料によって数字は異なるが，おおむね日本側は1万8000人，ソ連側も2万人前後の死傷者を出した。

中国への進出と連動して，日本国内の政治も緊張していった。政治に容喙しようとする軍部の動きは，1932年の五・一五事件のようなテロを生み，さらに

は36年の二・二六事件というクーデタ未遂をもたらした。こうした動きのなかで，しだいに政党政治，議会政治は機能を低下させていった。もっとも，社会の空気は必ずしも暗いとは限らなかった。日本は他国に先駆けて1932年には世界恐慌の影響を脱し，景気は回復傾向にはいった。その背景には財政支出，具体的には不況対策の公共投資に加え，満洲事変後の軍事費の増加があった。財政支出は重工業に需要をもたらし，設備投資も拡大した。こうして1930年代後半，日本経済は鉄鋼業を機軸とする，重化学工業中心の産業構造へと転換を遂げた。ただし農村の窮乏はより長く続き，それが状況を改善できぬ政治家に対するテロの一つの背景となった。

　より巨視的には1930年代の日本経済の変容は，自由主義経済から国家による経済管理へという，ソ連，ドイツ，アメリカなどでみられた大きな潮流のなかにあった。「革新官僚」と呼ばれるテクノクラート的発想をもった行政官は，統制経済の導入を社会全体の刷新と結びつけて考えた。マルクス主義者もこの流れに加わっていた。既存勢力の縛りが弱い満洲国では，統制経済の実験はいっそう体系的であった。岸信介(きしのぶすけ)を含む多くの官僚が満洲国に派遣され，計画経済の実務を担い，戦後に官僚主導の経済推進というかたちでその経験を生かした。

　1937年に日中戦争が始まると，統制経済は総動員体制の構築と直接に結びついた。統制経済を担う企画院が設置され，1938年には国家総動員法が成立した。イタリアやドイツの体制を彷彿(ほうふつ)させる，労資一体の組織である産業報国会も事業者単位で設置された。ヨーロッパで第二次大戦が始まった後の1940年，その全国連合組織として大日本産業報国会が発足した。発足日は収穫を祝う新嘗祭(にいなめさい)の11月23日，今日の「勤労感謝の日」である。その1カ月前には，諸政党の自発的解党をへて，大政翼賛会が発足していた。

3　第二次世界大戦と冷戦

　第二次世界大戦前夜の世界は，大まかにいえば，議会主義的体制（英・仏・米），ファシズム的体制（独・伊・日），社会主義的体制（ソ）の三つ巴であった。この3者は生き残りをかけた戦いである第二次大戦のなかで，体制やイデオロギーの違いを超えて対立や提携を繰り返した。結局，議会主義的体制と社会主義的体制が提携して，ファシズム的体制を打倒した。戦後はこの生き残った2者の戦いが始まる。核兵器という新たな要素が加わったことで，この戦いは実際には戦火をかわさない冷戦となった。2度の世界戦争によって凄まじい荒廃がもたらされ，かつ大衆の政治参加がいっそう進んだことで，資本主義の限界が真剣に問われることとなった。これが冷戦の背景である。それはたんなる勢力圏争いではなく，人類の運命は社会主義と資本主義のどちらのものかという，イデオロギー的闘争であった。

　冷戦という構図を前提としたうえで，第二次大戦後の世界ではさまざまな地域紛争が起こった。植民地帝国の解体過程と，その後の動向が，これらの紛争に深くかかわっていた。そうした紛争は，地域ごとの個別の文脈をもっていたが，にもかかわらず多くの場合，冷戦という大状況に取り込まれた。

第二次世界大戦

　1939年9月，ナチス・ドイツは圧倒的な勢いでポーランドに進軍し，東からはソ連軍も侵攻を開始した。ポーランドは短期間で敗北し，地図上から消滅した。ドイツ占領下のポーランド西部では社会の指導層が大量に殺害され，ユダヤ人の上着にダビデの星をつけさせることがナチ党政権下ではじめて始まった。ソ連も多くのエリートを殺害した。完全な現状変更勢力と化したソ連は，ついでフィンランドに宣戦した（冬戦争）。国際連盟はこの侵略に対してソ連を追放したが，連盟自体が死に体であった。1940年にはソ連はバルト3国を併合した。他方，フィンランド軍は頑強に抵抗し，独立を死守した。大テロルで軍幹部を処刑していたソ連は，かえって軍の弱体化をさらけ出した。

　イギリスとフランスは，ドイツのポーランド侵攻開始後，ただちに対独宣戦

布告した。だが水面下では宥和政策を続け，西部戦線ではほぼ戦闘がなかった。ヒトラーがデンマークとノルウェーに侵攻した1940年春，ようやく宥和政策の破綻が明らかとなった。北海が制圧されればブリテン島への攻撃も容易になるので，イギリス軍はノルウェーを支援したが，ドイツが勝利した。これを転機としてイギリス首相はチェンバレンから対独主戦派のチャーチルにかわった。北欧ではスウェーデンだけが中立を維持できた。

　ドイツは並行して西方にも侵攻し，オランダとベルギーを降伏させた。6月にはフランスが敗北した。ドイツはフランス北部は占領地とし，中部と南部にはヴィシーを首都とする「フランス国」をおいた。首班は老元帥ペタンである。フランス国の成立は，第三共和政に根強く残る保守的潮流を表面化させた。「労働・家族・祖国」がスローガンとなり，ユダヤ人狩りもなされた。他方，ドゴール将軍はロンドンに亡命フランス政府をつくった。

　イタリアはパリ陥落間近の1940年6月にようやく英・仏に宣戦した。ついでギリシアにも宣戦したが押し返され，北アフリカでもイギリス軍に敗北を重ねた。イタリアの失敗がきっかけとなり，ドイツ軍の矛先がバルカン半島に向かった。ドイツは権威主義体制を敷いていたハンガリー，ブルガリア，ルーマニアを枢軸国に引き入れた。ユーゴスラヴィアでも事態は同じであったが，親英派の軍人がクーデタを起こした。だが，1941年4月末までに枢軸国がユーゴスラヴィアとギリシアを制圧した。傀儡のクロアティア独立国がつくられ，ナショナリスト組織ウスタシャが対立関係にあったセルビア人を虐殺した。

　こうして1941年半ばまでに，ヨーロッパはほぼ枢軸国の手に落ちた。連合国ではイギリスだけが孤塁を守った。アイルランドは名目上はコモンウェルスの一員であったが，中立を維持した。スペインのフランコとポルトガルのサラザールも賢明にも中立を守った。トルコはようやく1945年になって連合国の側で参戦する。

　日本は1937年以来中国と戦争を続けていたが，勝利の兆しはみえなかった。逆に，すでに張学良によって提携を促されていた国民党と共産党が，日本の侵略を前にして本格的に手を組むにいたった。アメリカも日本を牽制すべく，1939年7月に日米通商航海条約の破棄を通告した。原料や資材の多くをアメリカからの輸入に頼る日本は危機感をもち，東南アジアへの進出による状況の打開を考えるようになった。ドイツがフランスを破ったのを機に，日本は1940年9月，仏領インドシナ北部に進駐した。ヴィシー政権はこれをやむなく受け入

れた。この直後，日独伊三国同盟が成立した。1941年4月，日本はさらなる南進に備えて北方の守りを固めるべく，日ソ中立条約の締結にこぎつけた。ソ連は独ソ不可侵条約で守られ，イギリスとも戦っていないという特別な立場にあった。それでもスターリンは日独挟撃を避けるために日ソ中立条約を受け入れた。

独ソ不可侵条約を維持したままで対英戦争だけを続けていれば，ドイツはどこかで講和にこぎつけることができたかもしれない。だが，ヒトラーは人種戦争の継続にこそナチス・ドイツの存在意義をみいだしていた。冬戦争での赤軍の苦戦をみて，ヒトラーは電撃作戦によってソ連を打倒することを決意し，1941年6月に侵攻を開始した。ドイツの攻撃時期を読み誤ったスターリンのもと，赤軍は後退を重ねた。独ソ戦の開始はユダヤ人の運命にも大きな影響を与えた。ポーランドをはじめヨーロッパ各地からユダヤ人を排除するため，東方への移送が検討されていた。だが，独ソ戦によってそれは不可能となった。ここから，強制収容所のガス室でのユダヤ人絶滅という「解決策」が浮かび上がってくる。

ドイツの攻勢は，アメリカ，イギリス，ソ連による「大連合」の結成を促した。中立国アメリカは，すでに1941年3月にイギリスを念頭に武器貸与法を成立させていた。独ソ戦開始後の7月に英ソ同盟が成立し，8月にはフランクリン・ローズヴェルトとチャーチルが大西洋上で会談し，恐怖と欠乏からの解放に基づく平和などを謳った「大西洋憲章」を発表した。

アジア・太平洋地域では日本とアメリカの関係が緊迫した。1941年7月に日本が仏領インドシナ南部に軍を進めると，アメリカは石油の対日輸出を全面禁止した。11月には中国とインドシナからの撤兵ほか，満洲事変以前の状態に戻ることを求める国務長官文書（ハル・ノート）が日本に示された。追い込まれた日本は12月8日に真珠湾を奇襲し，米・英との戦争にはいった。ドイツとイタリアもアメリカに宣戦布告し，ヨーロッパの戦争とアジア・太平洋の戦争が一つになった。

日本は緒戦を順調に進めた。1942年2月，兵力で勝る英領シンガポールを陥落させたことは国際的な衝撃を与え，インド独立運動にも影響を与えた。チャーチルは「大西洋憲章」の民族自決条項は自国には適用されないとし，インドにも戦争協力を求めつつ独立は認めなかった。だがシンガポール陥落により，インドの協力体制を万全にすべきとの観点から蔣介石（しょうかいせき）とローズヴェルトがチャ

ーチルに圧力をかけた。イギリスが独立ではなくドミニオンへの格上げを提案すると，ガンディーたちは強く反発したが，イギリスは逮捕で応えた。

　日本の東南アジア侵攻は，白人帝国主義からの解放を旗印とし，事実ヨーロッパ諸帝国の植民地支配を破壊した。だが，それは日本帝国が新たな支配者となっただけのことであった。東南アジアに加え西太平洋が日本の支配圏にはいったが，一時のことであった。途中で有利な講和に持ち込めると考えて，圧倒的な物資を誇るアメリカに挑んだのが無謀だったのである。1942年6月のミッドウェー海戦に敗れて以降，日本は後退していった。

　電撃戦でソ連を倒せるとのドイツの目算もはずれた。1941年末にドイツ軍はモスクワ近郊まで迫ったが，首都奪取ははたせなかった。総力戦に向けて構築されたソ連社会主義が成果を出し始めたのである。アメリカの武器貸与法もソ連を支援した。1942年夏に始まるスターリングラード攻防戦は6カ月の激闘のすえに赤軍が勝利し，戦局が変わった。1943年5月にスターリンはコミンテルンを解散し，英・米との協力体制をより確実にした。同年夏のクルスク攻防戦で敗れて以降，ドイツ軍は防戦一方に追い込まれていった。同じころ，連合国がシチリアに上陸してムッソリーニは失脚し，9月にイタリアは降伏した。進軍してきたドイツ軍のもと，ムッソリーニは再起をはかったが，民心は離れていた。敗戦を重ねるなか，ナチス・ドイツは人種主義イデオロギーに拘泥し続けた。ドイツが支配する各地から，ポーランドに設けられた収容所にユダヤ人がやむことなく移送された。600万人のユダヤ人がナチス・ドイツによって殺害されたとされる。

　1943年後半に連合国は戦後秩序の構想を描き始めた。カイロ会談でローズヴェルト，チャーチル，蒋介石が植民地の放棄や無条件降伏などの対日処理方針を決めた。ついで米・英・ソの3首脳がテヘランで会い，第二戦線の構築などで合意した。1944年6月，連合軍がフランスのノルマンディーに上陸し，第二戦線が成立した。8月，パリが解放され，ドゴールの亡命政権が権力の座に就いた（このためフランスは戦勝国となる）。赤軍も東欧を支配下に入れていった。1945年2月にはヤルタで米・英・ソ首脳会談が開かれた。米・ソの協力が戦後世界の安定に必要だと考えるローズヴェルトは，対ソ政策を事前調整しようというチャーチルに耳を貸さず，スターリンに妥協的な姿勢をとった。ポーランド東部をソ連が併合し，かわりにポーランドはドイツのオーデル川・西ナイセ川以東を領土とするというスターリンの提案も，ローズヴェルトは拒まなかっ

た(ポツダム会談で確定)。さらにスターリンが早期対日参戦に合意すると，ローズヴェルトは引き替えに南樺太・千島のソ連領有を認めた。ソ連参戦がなければ対日戦争はあと一年は続くとアメリカ指導部は考えていた。4月末，ムッソリーニがパルチザンにより処刑され，4月にはヒトラーも自殺し，ドイツは降伏した。

　枢軸国では日本だけが戦い続けていた。6月には沖縄が連合国軍に制圧された。7月，トルーマン(ローズヴェルトは4月に病死)，チャーチル(選挙で負け途中からアトリー)，スターリンがベルリン郊外ポツダムで会談し，無条件降伏を呼びかけるポツダム宣言を発表したが，日本政府は応じなかった。8月6日，アメリカ軍が広島に原爆を投下した。9日，ソ連が日ソ中立条約を破棄して攻撃を開始し，長崎には2発目の原爆が落とされた。14日，日本はポツダム宣言を受託し，翌日国民に発表された。こうして数千万人が命を落とした史上最大の戦争は終わった。

冷戦構造の成立

　戦後の国際機関に関する大西洋憲章の表現は曖昧であった。ローズヴェルトは，国内の反対によって国際連盟に加入できなかったウィルソンの轍を踏まぬよう，またソ連との足並みも乱さぬよう，慎重な姿勢をとっていたのである。最初に彼が提起したのは，米・英・中・ソが世界秩序を維持する「四人の警官」構想であった。だが，アメリカ世論もより明確な国際秩序を支持するほうに傾き，1944年のダンバートン・オークス会議で国際連合憲章の原案がつくられ，「四人の警官」構想は安全保障理事会に姿を変えた。ソ連が求めていた大国の拒否権もヤルタ会談で認められた。

　1945年10月に国際連合が発足した。原加盟国は51，本部はニューヨークである。大戦中の「連合国」の名称がそのまま用いられたように，国連は戦勝国の主導になる戦後秩序構築の一部であった。常任理事国はアメリカ，ソ連，イギリス，中華民国，フランスである。原加盟国中にソ連とは別にウクライナとベラルーシも名を連ねていたことは，1919年のパリ講和会議におけるイギリス帝国の特権的な地位を彷彿させる。理想主義に制約された国際連盟の反省から，常任理事国の拒否権に加え，多数決による総会の意思決定，軍事的手段による紛争解決などが規定された。国際連盟(1946年解散)との公式の継承関係はなかった。

国際通貨体制に関しては，ブロック経済によって世界経済が分断された戦前の反省が踏まえられた。たんなる金本位制への復帰ではなく，金とドルの交換率を固定し，ドルを基軸通貨とする金・ドル本位制が導入された。ドルと他の通貨の交換比率も定められた。アメリカの圧倒的な経済力を支えにして，世界経済の安定と一体性を守る仕組みである。収支が悪化した国を援助するために，国際通貨基金(IMF)と国際復興開発銀行(IBRD)もつくられた。これら全体の体系を，合意がなされたアメリカの地名からブレトン・ウッズ体制と呼ぶ。ソ連は当初の協議には顔を出したが，結局，ブレトン・ウッズ体制には参加しなかった。

　なお，第二次大戦の講和は，ヨーロッパに関してが1947年のパリ講和条約であり，日本に関してが51年のサンフランシスコ講和条約である。ドイツは敗戦時に中央政府が消滅し，その後は東西に分割されたため，講和締結は棚上げされた。

　米・ソの関係は，1946年からしだいに緊張の色をみせ始めた。スターリンは当初，東欧にソ連型の体制を植えつけることまでは構想しておらず，西側との緩衝地帯として親ソ的な政権ができればひとまず十分と考えていた。比較的自由な選挙もおこなわれた。だが東欧各国の共産党は，ライバルとなる社会主義政党を徐々に吸収合併していった。米・英・仏・ソにより分割統治されていたドイツでは，中立化したうえでの統一案などもあったが，しだいに米・英・仏側とソ連側への分断が固定化された。すでにこの年2月，アメリカ外交官ケナンは，ソ連が勢力を広げようとすればどこであれ「封じ込め」る必要があるとの提言を本国におこなっていた。

　冷戦の明確な始まりは1947年である。ギリシアでは王党派と共産党派の内戦が起こっていたが，イギリスは財政難を理由にして王党派の支援から手を引くと決めた。このときトルーマンはケナンの提言に基づいて「封じ込め」政策を宣言し，ギリシアに介入して共産化を防いだ。ついでマーシャル米国務長官が，ヨーロッパ復興のための財政支援プログラムを発表した（マーシャル・プラン）。ヨーロッパの荒廃が続けば，共産主義の伸張につながると懸念されていたのである。実際イタリア（1946年に国民投票で共和政になった）とフランスでは共産党の支持が広がっていた。マーシャル・プランはソ連・東欧も呼びかけの対象としており，チェコスロヴァキアは受入れを決めた。だが経済データの提供という条件があったことからソ連は参加を蹴り，東欧諸国にも従わせた。ソ連は国

際共産党組織コミンフォルムを新設し、陣営の結束をはかった。ただしティトー率いるユーゴスラヴィアは、パルチザンが自力でナチス・ドイツからの解放を成し遂げており、自主性が強かった。1948年にユーゴスラヴィアはコミンフォルムから除名され、非集権型の独自の社会主義を追求することになる。

　同じく1948年、米・英が西ドイツに独自の政権を立てる動きにでると、スターリンは西ベルリン（ドイツのソ連占領部のただ中に孤島のように存在する）を封鎖して、米・英を思いとどまらせようとした。米・英は空輸作戦で凌ぎ、1年後に封鎖は解除された。ベルリン封鎖はスターリンの強硬姿勢を印象づける結果に終わり、アメリカ世論は孤立主義ではなくヨーロッパへの積極的な関与を支持するようになった。1949年、ソ連側はマーシャル・プランとブレトン・ウッズ体制に対抗してコメコン（経済相互援助会議）をつくり、アメリカ側は北大西洋条約機構（NATO）を結成した。ドイツ連邦共和国（西独）とドイツ民主共和国（東独）が成立し、ドイツの分断が固定化された。この年にはまた、ソ連がスパイ情報を駆使して原爆開発に成功し、アメリカによる核の独占を崩した。これはアメリカで反共ヒステリーが起こるきっかけとなり、上院議員マッカーシーによる「赤狩り」が1950年から荒れ狂った。陸軍内部をも狙いとしたことで、1953年末までに彼の影響力は削がれた。

　アメリカ側（西側）とソ連側（東側）のこの対立は、「冷戦」と呼ばれるようになった。二つの陣営が、イデオロギー的にも軍事的にも敵対しつつ、核戦争の脅威が抑止力になって全面戦争にはいたらない状態のことである。冷戦はたんなる勢力圏争いではなく、資本主義と社会主義のどちらが人類の未来を約束するかという、イデオロギー的な争いが根底にあった。第一次世界大戦によって開かれた大衆の時代にとって、いずれの理念・体制がより適合的であるかという争いでもあった。

　「冷たい戦争」であったヨーロッパと違い、アジアでは冷戦は熱戦になった。一つの理由は共産主義勢力が強かったことにある。ソ連軍のもとで社会主義体制が植えつけられた東欧と違い、アジアでは戦間期から共産主義者が帝国支配に抵抗し、民族独立運動の重要勢力となっていた。また、内戦や独立戦争を戦い抜くうえで、総力戦のなかで生まれたソ連社会主義モデルは大きな効果を発揮した。これらの理由から、第二次大戦が終わったときアジアでは共産主義者が強力な政治勢力となっていたのである。ここでは東アジアについてみて、東南アジアについてはつぎにふれたい。

日本帝国の解体によって，東アジアの政治情勢は新たな段階にはいった。中国では共通の敵を失った国民党と共産党が再び内戦を始めた。1949年10月，毛沢東率いる共産党が勝利し，中華人民共和国が成立した。北京政府はチベット，新疆をも支配下に入れた。連邦制を敷くソ連と異なり，中華人民共和国は単一の共和国であり，少数民族には自治区や自治州を与えた。蔣介石の国民党勢力は台湾に逃れたが，国連の代表権は保持した。

　朝鮮半島は日本帝国から解放されたが，米ソ対立にのみこまれた。1948年までに南半分には大韓民国（韓国），北半分には朝鮮民主主義人民共和国（北朝鮮）が成立した。北朝鮮の金日成が統一戦争の開始をスターリンに熱心に働きかけ，当初反対したのちスターリンは同意を与えた。1950年6月，北朝鮮が韓国に侵攻し，朝鮮戦争が始まった。北側は朝鮮半島南端にまで進撃したが，国際連合ではアメリカを中心にして国連軍の介入が準備された。スターリンは中国の代表権問題（中華人民共和国が認められていない）をめぐって安全保障理事会をボイコットしており，国連軍の投入に拒否権を行使しなかった。マッカーサーの指揮下に仁川上陸作戦がおこなわれ，国連軍は北朝鮮軍を中国国境付近にまで押し返した。ここで毛沢東が義勇軍にカモフラージュした人民解放軍を投入して，戦線は上下したあげく，38度線のあたりで膠着した。マッカーサーは中国に核兵器を用いるよう進言したが，大統領の権限に挑戦するようなこの行動に対して，トルーマンは彼を解任した。結局，38度線を境に二つの朝鮮が対峙する状態が恒常化した。東アジアで冷戦が本格化するなか，日本では1950年8月に朝鮮戦争の開始を受けて，自衛隊の前身となる警察予備隊が発足した。

帝国支配の終焉

　戦勝国となったヨーロッパの多くの国々は，帝国再建の意志に満ちあふれており，独立国家の建設に向けて動き出した現地勢力を武力でねじふせようとした。インドネシアはオランダ軍を相手にして，1945年から49年まで独立戦争を戦わねばならなかった。ベトナムでは大戦中から抗日ゲリラ戦をおこなってきたホー・チ・ミンのもと，ベトナム民主共和国が独立を宣言したが，1946年からフランス軍との戦争が始まり，54年にようやく休戦にこぎつけた。北緯17度を境にして，北にはベトナム民主共和国が，南にはベトナム共和国が並立することになった。だが，東南アジアで共産主義が広がることを危惧するアメリカは，フランスにかわってベトナム共和国に軍事支援をおこなうこととなった。

イギリスも帝国支配の発想を簡単には捨てなかった。たしかに2度の世界大戦で協力を得たインドには仕方なく独立を認めた。長き分割統治の影響で，ヒンドゥー教徒のインドと，ムスリム（イスラーム教徒）のパキスタンとの分離独立が1947年におこなわれることになった。現地を知らないイギリス側担当者が1カ月あまりで国境線の画定をおこない，その発表も独立と同時であった。少数者となることを恐れた大量の人々の移動と難民化が起こり，多くの暴力事件が発生した。宗派対立は激化し，融和を説いたガンディーは急進派のヒンドゥー教徒に1948年暗殺された。なお，スリランカは当初ドミニオンとして出発し，1960年に世界初の女性首相バンダラナイケを輩出した。

　イギリスの委任統治領パレスチナは，ユダヤ人とアラブ人が激しく対立する場となっていた。1947年，行き詰まったイギリスはパレスチナ問題の責任を放棄し，国際連合に解決を委ねた。国連では連邦国家案が退けられ，アラブ人国家とユダヤ人国家の分割案が可決された。「領域国家の独立による民族自決の実現」という趨勢が，ここでも勝利をおさめたのであった。ユダヤ人はこの決議にのっとりイスラエルを建国したが，周辺のアラブ人諸国（戦間期からの独立国に加え，第二次大戦中および直後にいくつかの国が独立していた）はこの決議に反発し，イスラエルへの攻撃を開始した。この第1次中東戦争（1948〜49年）はアメリカの支援を得たイスラエルが勝利し，多くのアラブ人がパレスチナを追われ難民となった。

　中東では，1952年に権力を握ったエジプトのナセル大佐も存在感を高めていた。イギリスは中東の支配権を奪われるのではないかとナセルに反感を強めた。また，イギリスとアメリカはナセルにアスワン・ハイダム建設の援助を約束していたが，イスラエル寄りのアメリカにナセルは反発し，ソ連に近づいていった。1956年に英・米が約束を撤回すると，ナセルは建設資金を調達するために英・仏が保有するスエズ運河の国有化を宣言した。イギリスとフランスはイスラエルを誘ってエジプトを攻撃したが（第2次中東戦争，1956〜57年），アイゼンハワー米大統領はこの露骨な帝国主義には同調せず，英・仏を非難した。英仏両国は撤兵をよぎなくされ，帝国支配の時代が終わりつつあることを世界に印象づけた。

　ベトナムとの戦争に負けた直後の1954年，フランスは北アフリカの植民地アルジェリアの叛乱に直面した。地中海の対岸という距離的近さから，アルジェリアは本国と同じ内務省の管轄で，コロンと呼ばれる多くの入植者がいた。こ

の近さがアルジェリア情勢を複雑にした。1958年に本国政府が叛乱運動との妥協をはかると，コロンは現地フランス軍と提携してクーデタを起こし，フランス自体が内乱の危機に陥った。事態を収拾できそうな人は，すでに引退していたドゴールをおいてほかになかった。ドゴールは期限つきで議会から全権委任を得ると，議会優位の第四共和政憲法にかえて，大統領に強力な権限を与える新憲法を成立させた。この第五共和政で晴れて大統領に選ばれたドゴールは，クーデタ勢力と右派の期待に反してアルジェリア問題の現実的な解決をはかり，1962年に独立を承認した。

　ほかのアフリカ植民地でも自立への動きが高まっていた。1958年にドゴールは「フランス共同体」という枠組みを設け，そこにとどまって本国との経済関係を維持するか，脱退するかの選択を突きつけた。ギニアのみが独立を選び，困窮に陥った。しかしギニアの矜持は他の地域を刺激し，結局本国との経済関係を維持したままの独立が可能とされた。これにより1960年に13カ国が一気に独立した。それ以外にもベルギー領コンゴなど全部で17の国が独立したため，この年を「アフリカの年」と呼ぶ。フランス共同体自体は形骸化してゆく。

　こうして1960年代までに，大半の宗主国が植民地を手放すことになった。その理由は，第1に，現地人が粘り強い抵抗運動をおこなったことである。第2に，第二次大戦による宗主国の疲弊である。軍隊を投入して叛乱を抑えることは，あまりにコスト高となった。第3に，これらのことから，植民地保有が先進国のステータスであった第二次大戦前の世界とは違い，戦後はそのような認識が廃れたことがあげられる。

　アジア・アフリカの旧植民地と従属地域，それにラテンアメリカの貧しい国々は，資本主義世界，社会主義世界に続く「第三世界」と呼ばれるようになった。第二次大戦後，これらの国々は反帝国主義と平和を掲げて団結の姿勢を示し，強い存在感を発揮した。1954年，インドのネルーと中国の周恩来は，領土・主権の尊重，内政不干渉，平和的共存などからなる「平和五原則」を提唱した。これは「領域国家の独立による民族自決の実現」を定式化したものにほかならなかった。1955年にはインドネシアのバンドンでアジア・アフリカ会議が開かれ，1961年にもティトーやナセルらの呼びかけで非同盟諸国首脳会議がベオグラードで開かれた。だが，1970年代にはいると参加国間の経済格差がめだち始めた。各国のナショナリズムが大前提となっていたことも，第三世界全体の団結に有利には働かなかった。

独立が即繁栄につながったわけでもない。アフリカの新国家の多くは内乱にみまわれて安定しなかった。もともと諸部族をその歴史や生活とは無関係にまとめたのがアフリカの旧植民地である。そこに「領域国家による民族自決」の発想がはいれば、部族・宗派・民族対立は激化し、クーデタが頻発する。周辺国や先進国も影響力の拡大や資源獲得などの目的で介入し、勢力圏の拡大をめざす米・ソも内乱を戦う諸勢力と提携した。

中東、アフリカ、南アジア、東アジアなど、旧植民地での紛争は多くの難民を生んだ。第二次大戦と東欧圏の成立によって、ヨーロッパにも多くの難民が生まれた。1950年代末、その数は世界全体で250万人にのぼった。イスラエルやヨルダンでの窮状が報道されたことが一つのきっかけになり、国際的な難民支援キャンペーンの気運が盛り上がった。国連は1959/60年を「国際難民年」として、各国政府やNGO（非政府組織）などが募金活動を繰り広げた。

冷戦の展開

1953年にスターリンが死去すると、ソ連指導部は内政と外交の両面において緊張の緩和を模索し始めた（「雪どけ」）。収容所からの囚人の大量釈放が始まり、消費財重視の試みもみられた。朝鮮戦争も停戦を迎え、ユーゴスラヴィアとも和解した。他方、スターリンの死後まもなく東ベルリンで暴動が起こったことは、ソ連指導部にとっては凶兆であった。

新指導者フルシチョフは1956年の第20回共産党大会で、スターリンの大テロルを暴露する秘密報告をおこなった。大テロルを生き延びた古参共産党員、それに歴史家たちがフルシチョフを後押しした。秘密報告の内容はすぐに西側にもれ、世界中の共産主義運動に衝撃を与えた。スターリン批判はソ連の東欧支配をも揺るがした。4月に脱スターリン化の一環としてコミンフォルムが解散されていたが、6月にはポーランドのポズナニで反ソ暴動が起こった。ソ連軍の介入の可能性もあったが、ポーランド側の粘り強い交渉で危機は回避された。10月にはハンガリーで反ソ叛乱が始まり、首相のナジが一党独裁の廃止、ワルシャワ条約機構からの脱退、中立路線を打ち出すまでになったが、ソ連軍が侵攻し、ナジも処刑された。

スターリン批判は中ソ関係もそこなった。毛沢東はスターリン型の独裁によって権力を固めたので、ソ連の方針転換は迷惑でしかなかったのである。ソ連は中国に派遣した技術者を引き上げたが、中国は自力で1964年に原爆、67年に

水爆を開発した。1969年には中ソ国境であるウスリー川のダマンスキー島（珍宝島）で両国の武力衝突が起こった。

中ソ関係の緊張は中国の国内情勢と並行した。フルシチョフに張り合う狙いもあり，毛沢東は1958年に経済動員キャンペーン「大躍進」を始めたが，数千万の餓死者を出す大失敗に終わった。これは改革志向の劉少奇(りゅうしょうき)・鄧小平(とうしょうへい)と毛沢東の路線対立の種をまいた。1962年に毛沢東は自己批判をよぎなくされたが，66年に「文化大革命」と呼ばれる社会変革キャンペーンを始動し，青年たちを紅衛兵として動員して政敵を排除した。劉少奇も非業の死を遂げた。文化大革命は中国社会に大混乱をもたらし，1976年の収束までに多大な犠牲者を出した。なお，1975年から79年までカンボジアを支配したポル・ポト政権は，文化大革命以上に極端な共産主義化を強行し，エリート層などを大量虐殺した。

1956年の東欧での二つの動乱に際して，西側は実質的な介入をおこなわなかった。相互の勢力圏には介入せず全面戦争を避けるというのが，核時代の米・ソの基本的な発想であった。米・ソに続きイギリスも1952年に原爆を保有した。この年アメリカは水爆を開発したが，ソ連も翌53年に追いついた。核開発競争の過熱に危機感を覚えたアイゼンハワーは（ソ連を牽制するためにも）同年末に国連総会で「平和のための原子力」を提唱し，原子力発電の開発が本格化する。

全面戦争による人類滅亡を避けるという核時代の均衡がもっとも危うくなったのが，1962年のキューバ危機であった。1959年，キューバではカストロが親米独裁のバチスタ政権を打倒した。カストロはとくに反米ではなかったが，土地国有化政策などによりアメリカからソ連寄りとみられた。対米関係が悪化するなか，カストロは米国企業の国有化に乗り出し，両国の関係はいっそう緊張した。ケネディ米大統領とCIA（中央情報局，1947年設置）は1961年にカストロ暗殺作戦を実行したが，キューバ側に撃退された。カストロが核武装をフルシチョフに要請すると，フルシチョフはこれを受け入れ，1962年にキューバにミサイル基地建設を開始した。アメリカ本土を射程距離に入れるこの企てに対して，ケネディは海軍でキューバを封鎖し，そこに向かう船を臨検すると宣言した。フルシチョフは抗議したが，ケネディの意志の固さを知って譲歩し，ソ連がミサイル基地を撤去し，アメリカがキューバ侵攻を断念するという妥協が成立した。ののち，米ソ両首脳の意志疎通を改善するために，ホワイトハウスとクレムリンのあいだに無線電話が敷かれた（ホットライン）。

フルシチョフの瀬戸際外交は，内政での失点に加算された。たしかにフルシ

チョフ時代には新風が感じられ，とくに宇宙開発ではアメリカに先行した。1957年には人類初の人工衛星スプートニクを打ち上げ，61年にはガガーリンが最初の宇宙飛行を実現した。なお，アメリカは1969年にアポロ11号による人類初の月面着陸に成功し，遅れを取り戻した。こうした成果の反面，フルシチョフには失政も多かった。思いつきで始めたトウモロコシ増産キャンペーンは成果をあげず，党組織を工業部門と農業部門に分割する改革は経済指導に大混乱を引き起こした。1964年，党中央委員会はフルシチョフを解任し，ブレジネフを後任に選んだ。この解任を，さらなる改革を阻止するための陰謀とみることもできるが，混乱を食い止めるための防衛措置とみることもできる。

　第2次中東戦争の際の英仏批判にも示されたように，アメリカは旧式の帝国支配には忌避感をいだいていた。フィリピンには1934年に10年後の独立を約束しており，日本占領をへた46年に実行された。他方，おもに中南米諸国に対しては，「棍棒外交」的要素がなくなったわけではない。ただしそこでは冷戦の論理が新たな要素として加わり，規定的な役割をはたした。独裁政権であっても，米国企業や大土地所有者の利害を擁護する勢力を支援し，それへの対抗勢力は親ソ的・容共的として非難し，軍事介入もいとわないというのが，第二次大戦後のアメリカ外交の大きな特徴となった。対キューバ政策のほか，グアテマラへの軍事介入（1954年），ドミニカ占領（65〜66年），グレナダ侵攻（83年）など，多くの事例をあげることができる。そうした介入は，独裁政権の維持や，長期の内戦をもたらした。

　アメリカのそうした方針がもっともみじめに失敗したのが，ベトナムへの介入である。南北ベトナムが成立したのち，南ベトナムでは北ベトナムが支援するゲリラ組織（ベトコン）が活発化した。ケネディは南ベトナムへの軍事顧問団を大幅に拡大した。1964年に北ベトナムが通常部隊を投入してベトコン支援を強化すると，ケネディの後継者である民主党のジョンソン大統領は，65年にアメリカ軍による北ベトナム空爆（北爆）を開始した。だが，近代的産業基盤の少ないベトナムでは空爆は大きな効果をあげなかった。北ベトナムとベトコンは密林でゲリラ戦を繰り広げ，最新兵器で武装したアメリカ軍を苦しめた。ソ連と中国も北側に軍事支援をおこなっていた。共産主義の拡散を防ぐという目的に加えて，弱腰をみせれば選挙で勝てないという危惧が，歴代米大統領を縛っていた。だが，ベトナム介入が本格化するにつれ，アメリカ国内（および諸外国）では反対運動も高まっていった。人種差別の撤廃を訴える公民権運動の高揚も

これに連動した。公民権法の成立は1964年である。これより，肌の色や人種・宗教などによる差別や隔離が禁止され，公教育における人種差別の撤廃に向けても措置が講じられることになった。雇用における差別是正措置（アファーマティヴ・アクション）の規定も盛り込まれた。

1969年に就任した共和党のニクソン大統領は，国務長官キッシンジャーとともにベトナムからの撤退を模索した。「名誉ある撤退」を得るために和平交渉はいつまでも終わらず，北爆も続いた。ようやく1973年にアメリカ軍は撤退した。南北ベトナムの戦いは続き，1975年にサイゴンが陥落して，北ベトナム主導の統一が達成された。

デタントへ

第二次大戦終結後，フランスはソ連とともに，ドイツの産業を低い状態にとどめておくことを望んだ。だが，ドイツの復興が遅れれば西欧全体の復興が遅れ，共産主義の広がりを招きかねなかったので，アメリカは同意しなかった。マーシャル・プランによってドイツ経済が急激に回復し，西ドイツ政府も成立すると，西ドイツを国際秩序に迎え入れ，その一国だけでの強大化を防ぐような枠組みを考える必要が生じた。1950年，フランス外相シューマンが石炭と鉄鋼業の共同管理案を発表し，52年にフランス，西ドイツ，イタリア，ベネルクス3国による欧州石炭鉄鋼共同体（ECSC）が発足した。これがヨーロッパ統合の出発点である。

冷戦構造は，ヨーロッパ全体の分割をも意味した。西半分はアメリカの庇護下に，東半分はソ連の支配下におかれた。ヨーロッパの自立性を取り戻そうとする試みもなかったわけではない。とりわけドゴールはアメリカに対して自立的に振る舞い，1960年には原爆実験を成功させ，66年にはNATOの軍事部門から脱退した。フランスとソ連を中心とするヨーロッパ秩序を実現するために，アメリカは西ヨーロッパから撤退し，ソ連は東ドイツから撤退するというのがドゴールの描いた構想であった。ソ連にはこれに応じるメリットがなかったから，彼の野心は実現しなかった。

それでもドゴールが東側陣営との関係改善に努めたことは，西ドイツの新たな動きにつながった。1949年から63年まで西ドイツ首相を務めたアデナウアー（キリスト教民主同盟〈CDU〉）は西独復興の立役者であったが，東側陣営との国交樹立は拒否した。だがアデナウアーの退陣後，フランスに続けという気運の

もとに東欧諸国への接近が始まった。1969年に社会民主党(SPD)のブラントが首相になると、この「東方政策」は全面的なものとなり、72年に東西ドイツは相互の存在を承認した。

ヨーロッパでの緊張緩和(デタント)の動きと独立して、アメリカもソ連との関係改善を模索し始めた。ベトナム戦争が難航し、反米運動が国際的に盛り上がるなかで、アメリカは国際社会での地歩を固めなおす必要があった。最初の一歩は核兵器制限の分野でみられた。フランスと中国が核保有国となったこと、さらにキューバ危機後にソ連が核軍備を進め、米ソ間に均衡が達成されたことがこの分野での進展を促した。1968年、アメリカとソ連はイギリスとともに核不拡散条約の作成国となり、その後署名国は世界中に広がった。これにより米・ソ・英・仏・中の5カ国以外は核兵器を保有できない仕組みがつくられた。

翌1969年ニクソン政権が成立すると、米・ソのデタントは本格化した。国家安全保障担当大統領補佐官で、のちには国務長官もかねるキッシンジャーがニクソンを支えた。キッシンジャーはナチ党政権を逃れて家族でアメリカに亡命してきたユダヤ人であり、メッテルニヒ外交の研究で博士号をとった優れた学者であった。対ソ関係改善の梃子とすべく、ニクソン政権はまず対中関係の改善に動いた。1971年にニクソン訪中計画が電撃的に発表され、年末には中華人民共和国が国際連合の代表権を得た。翌年ニクソンは訪中し、「中国は一つ、台湾は中国の一部」という認識を容認した。1976年に毛沢東が死去すると、文化大革命も収束した。70年代末からは鄧小平のもとで「改革・開放」路線が始まり、外資導入などが進んだ。イデオロギー対立の時代の終わりを予示するかのような歩みであった。

米中関係の改善は米ソ関係の進展を促した。SALT(戦略兵器制限条約)のための交渉が活発化し、1972年、ニクソンとブレジネフはモスクワでSALT Iの締結にこぎつけた。

ヨーロッパのデタントは、1975年にヘルシンキで開かれた全欧安全保障協力会議で頂点を迎えた。西欧、東欧、ソ連、アメリカ、カナダ、全35カ国が参加し、戦後のヨーロッパにおける国境線の承認、経済および科学技術の協力促進、人権のいっそうの尊重が決められた(ヘルシンキ宣言)。アメリカは会議にそれほど期待していなかったが、西欧諸国にとってはヨーロッパ全体の緊張緩和のための重要な一歩だった。もっとも多くを得たのは、大戦後の東欧支配の現状、とくにポーランドの国境線について承認を得た格好のソ連である。西欧諸国は

人権の遵守を合意事項とすることで，ソ連・東欧での反体制派への抑圧をとめ，民主化を促すことを期待した。実際，東側内部で活動する少数の人権活動家は，ヘルシンキ宣言を楯にとった。だが，ソ連政府は宣言を意に介さず彼らを弾圧した。

変容する世界

　東欧をソ連圏に残したまま，西欧は繁栄の道を歩んだ。多くの現地人を虐げながら植民地放棄の過程をくぐり，ともかくも西欧はアメリカ合衆国とともに，自由や人権や民主主義といった概念がもっとも実質を備えた地域となったといえる。これらの概念は西欧統合推進の紐帯ともなった。1967年には欧州共同体（EC）がECSCと同じ6カ国で発足し，73年にはイギリス，デンマーク，アイルランドが加わった。

　西欧また西側世界がより住みやすい世界になったとすれば，東側からの摂取も少なからぬ役割をはたした。社会保障・教育・医療の点では，社会主義体制には弱者支援という明らかな長所があった。西側はこれを取り入れ，福祉国家を発展させた。また，労働党や社会民主党といった，資本主義を前提としつつも，再分配を通じた平等を追求する社会民主主義政党が伸張した。イギリスでは第二次大戦中に発表されたベヴァリッジ報告書に基づいて，戦後に労働党のアトリー政権が基幹産業の国有化や社会保障の拡充を進めた。西ドイツでも1960年代末から社会民主党の長期政権が始まった。1970年にはアメリカでも学校雇用者が軍事・民間防衛雇用者を上回った。1970年代末，オーストラリア，ベルギー，フランス，西ドイツ，イタリア，オランダの6先進国で，全公共支出の60％が福祉目的であった。

　独裁体制にも変化が訪れた。ポルトガルは植民地帝国を長く維持していたが，1960年代にアンゴラやモザンビークなどで独立闘争が起こり，平定作戦は泥沼化した。1970年にサラザールが死去したのちも状況は変わらず，軍内部では方針転換を求める声がでた。1974年，軍が無血クーデタによってエスタド・ノヴォ体制を打倒して民主化が始まり，植民地も放棄された。ただし，独立した国々は冷戦という大状況のもとで内戦にはいった。アンゴラやモザンビークではソ連製の武器で身を固めたキューバ兵が，介入してきた南アフリカ軍と戦闘を繰り広げた。東ティモールもポルトガル植民地帝国から解放されたが，インドネシアに併合された。

1967年から軍政を敷いていたギリシアでも，74年に民主化がなされた。ただし，それまでギリシアとトルコが角逐していたキプロスでは，ギリシア軍政の崩壊をきっかけにトルコが北キプロスを占領し，分断状態となった。スペインでは1975年にフランコが死去すると，後継者であるブルボン朝のフアン・カルロス1世が民主化に踏み切った。1980年代にギリシア，スペイン，ポルトガルはECに加盟した。

　同時期の南アフリカは，かような趨勢に反して，アパルトヘイトと呼ばれる黒人差別体制を維持した。1960年には警察の無差別発砲によって69名の死者を出すシャープビル虐殺事件を起こし，翌年にはコモンウェルスを追放されるにいたったが，アパルトヘイトは強化された。獄中のマンデラを指導者とする現地人組織「アフリカ民族会議」は屈することなく，国際世論に訴え続けた。国際連合から経済制裁を受けつつも，南アフリカはアンゴラやモザンビークと戦うことで，なお西側陣営のなかに居場所をみいだすことができた。だが，1980年代後半には冷戦が終わりに向かい，キューバが支援するアンゴラとの戦闘でも敗北を喫した。1989年に成立したデクラーク政権は政策転換に踏み切り，アパルトヘイトは終焉に向かった。1994年にはマンデラが大統領となった。

　フルシチョフ解任後のソ連では，しばらくは改革が続くのではという期待が残った。だが，1968年にその期待は完全に潰えた。この年，チェコスロヴァキアで「人間の顔をした社会主義」をめざす改革運動（「プラハの春」）が起こったが，ソ連指導部はワルシャワ条約機構軍を投入して改革を徹底的に潰したのである。運動の先頭にいた共産党のドプチェクは営林署勤務に左遷された。同じころ，ハンガリーではより漸進的な社会主義的市場経済の試みがおこなわれた。ソ連でもコスイギン首相が類似の改革をめざしたが，ソ連指導部内での保守的傾向の強まりもあり，十分な成果をおさめなかった。前年度の実績をもとにする計画経済はイノベーションには向いておらず，社会主義経済は1970年代には停滞し始めた。デタントのもとで東欧諸国は西側からの借款への依存を強め，1980年代にはいると累積債務が深刻化した。自立志向が強く，チェコスロヴァキア侵攻にも加わらなかったルーマニアのチャウシェスクは1989年春に債務を完済したが，国民の極度の窮乏を代償としていた。

　ソ連経済を救ったのは第4次中東戦争であった。アラブ石油輸出国機構（OAPEC）が原油生産の削減と価格引上げをおこない，1973年にオイルショックが起こった。産油国ソ連にとっては僥倖であった。クレムリンはオイルマネ

ーで西側から物資を輸入することができたし，アフリカの新興国や革命運動に物資や武器の援助をおこなうこともできた。だが，長期的にはオイルショックはソ連の躓きの石となった。オイルマネーに依存したために旧式の工場設備が温存され，合理化もなされなかった（「石油の呪い」）。対照的に西側では，オイルショックをきっかけにして産業構造の転換が始まった。野放図な大量生産がもたらす危険は，すでに1950年代から60年代にかけて，深刻な公害および公害病が発生したことで明らかになりつつあった。1972年にはシンクタンクのローマ・クラブが「成長の限界」報告を発表し，資源枯渇の恐れに警鐘を鳴らした。そのためオイルショックは倒産やリストラをもたらしたものの，「量から質へ」の転換を促し，省エネを広めた。情報産業が重要な産業部門となり，コンピュータによるハイテク化が加速した。ソ連はこれらの動きにまったくついてゆけなかった。

　産業構造の転換は，政治・社会の潮流にも変化をもたらした。経済の効率化が求められるにつれ，福祉国家の非効率性が問題となったのである。1980年代には自由放任経済への回帰が始まり，イギリスの保守党サッチャー政権，アメリカの共和党レーガン政権，日本の自民党中曽根政権が規制緩和と民営化を推進した。西ドイツでもキリスト教民主同盟のコール政権が成立した。

　国際通貨体制に関しては，訪中計画の発表と同じ1971年，ニクソンは金・ドル本位制の停止を突然発表し，やはり世界中に衝撃を与えた。ベトナム戦争によりアメリカの金保有量が減り，経済力が低下していたのである。ブレトン・ウッズ体制は終わり，1973年から変動相場制の時代となった。世界経済はアメリカへの一極集中ではなくなり，西欧の統合にはずみがついた。日本もオイルショックにより戦後の高度成長は終わったが，品質改良に努めて競争力は増加した。世界経済はアメリカ・西欧・日本の三極構造の時代となった。1970年代にはまた，オイルショックによる世界経済の不調のなか，韓国・台湾・香港・メキシコ・ブラジルなどが急速な経済成長を遂げ，NIES（新興工業経済地域）と呼ばれるようになった。

　第二次大戦後の中東では，イスラエルとの対立もあってパン・アラブ主義が影響力をもった。代表的な指導者はナセルであったが，1967年の第3次中東戦争でイスラエルがエジプトなどアラブ諸国に圧勝すると，彼の威信も低下した。他方，リビアでは1969年に米英寄りの王朝がクーデタで倒されると，パン・アラブ主義を掲げるカダフィが権力を握った。

シリアではパン・アラブ主義のバース党がクーデタで権力を掌握し、ハーフェズ・アル・アサド（現大統領の父）が1970年に実権を握った。イラクでもバース党がクーデタを成功させ、1979年にフセインが大統領となった。シリアのアサドはナセルの後継者サダトとともに1973年、イスラエルに第4次中東戦争をしかけた。戦争はイスラエルが勝ったが、アラブ産油諸国は石油戦略によって国際的な発言力を強めた。サダトはこののちアメリカ、イスラエルとの和解を決意し、1979年にエジプト・イスラエル平和条約を結んだ。アラブ諸国はこれを裏切りとみなし、サダトは同国人の手で暗殺された。後継者ムバラクもサダトの路線を引き継いだ。パン・アラブ主義は広域的な団結の基礎としては徐々に力を低下させた。

のちのちまで続く影響をもったのが、1979年のイラン・イスラーム革命である。1960年代にパフレヴィー朝は「白色革命」という欧米化・近代化政策に取り組み、女性参政権の導入や土地改革などを進めた。だが、独裁的な政治手法や、近代化が引き起こす貧富の格差によって住民の不満が募った。反王政運動の高まりのなかで、国外追放に処されていた反体制派の宗教学者ホメイニが帰国し、1979年にイラン・イスラーム共和国を打ち立てた。翌年イラクのフセインが係争地の解決などを理由にイランに戦争をしかけた。反米の旗幟を鮮明にするイランに対して、アメリカはイラクを支援した。イランも頑強に抵抗し、1988年まで長いイラン・イラク戦争が続いた。

ソ連の崩壊と冷戦の終焉

1979年末、ソ連は南方の隣国アフガニスタンに軍事介入した。前年に成立した共産主義政権が内紛により不安定化し、傍観すれば過激なイスラーム主義の伸張を許しかねないという事情があった。西側世論は強く反発し、1980年のモスクワ・オリンピックをボイコットした。デタントは終わり、「新冷戦」とも呼ばれる米ソ緊張の一時期が始まった。この年、民主党の現職を破ってアメリカ大統領となった共和党のレーガンは反共主義的なレトリックを振りかざし、ソ連を「悪の帝国」と呼んだ。ポーランドでは1980年にワレサ率いる独立系労組「連帯」の運動が起こったが、翌年ヤルゼルスキ政権は戒厳令によって運動を弾圧した。そうすることでソ連の軍事介入を回避したともいえる。

レーザーか原子線のスクリーンで核ミサイルを破壊するレーガンの戦略防衛構想（「スターウォーズ計画」）は、核戦争の脅威から解放されるためのものであ

ったが，ソ連にはアメリカの攻撃姿勢を印象づけた。NATO諸国へのミサイル配備も進んだ。レーガンはアメリカが優位に立った状況下で，ソ連との交渉再開を求めたが，ソ連側の対応は鈍かった。ソ連指導部はスターリンの大テロルによって抜擢された世代であり，老人支配の様相を呈していた。1982年にブレジネフが死去すると，アンドロポフが綱紀引締めなどの改革に着手したものの１年あまりで死去し，保守派のチェルネンコ政権もいっそう短命に終わった。老人たちは若手登用の必要を痛感し，1985年，54歳のゴルバチョフ書記長が誕生した。

このときソ連は厳しい状況を迎えていた。1980年代初頭までに経済成長はゼロパーセントとなった。社会主義経済の不効率性に加え，各地の社会主義運動への支援も費用がかさんだ。それにもかかわらず，アメリカとの軍拡競争のため，国内総生産の６分の１ないし４分の１を軍事支出に振り向けていた。つまるところ，軍拡競争でも，資本主義か社会主義かというシステムの優劣でも，ソ連は冷戦に敗北しつつあったのである。

なお悪いことに，ゴルバチョフが就任した1985年，ソ連経済を支えてきた原油価格が急落した。対イラク戦争を有利に進めるイランの資金を断つために，アメリカがサウジアラビアに助言して石油を増産させたことがその一因であった。1986年には設計上の欠陥と実験中のミスが重なった人災で，チェルノブイリ原発事故が起こった。アメリカ軍国主義の脅威を訴えて国内の統制を強めることもできたであろうが，社会主義刷新の理想を信じるゴルバチョフはその道はとらなかった。

まずは軍拡の負担から逃れることが，ゴルバチョフの重要な目標となった。西側との対話を始めようとするゴルバチョフに対して，サッチャーが最初に彼を信頼し，盟友レーガンの背中を押した。1985年のジュネーヴ，86年のレイキャビクと会談を続け，米ソ首脳は相互の理解を深めた。1987年12月，ワシントンでの首脳会談でレーガンとゴルバチョフは中距離核戦略全廃条約（INF全廃条約）調印にこぎつけ，中距離核兵器の全廃という画期的なプロセスが始まった。翌年ゴルバチョフはアフガニスタンからの撤退に合意し，各地の社会主義運動への支援も縮小し始めた。「新思考」外交によって，冷戦が終わりに向かった。

東欧支配の負担からも逃れることをゴルバチョフは望んだ。1989年２月にポーランド政府と「連帯」が選挙の一部自由化で合意すると，ゴルバチョフはこ

れを容認した。たとえ一党制をやめても東欧諸国は改革社会主義の道を歩み，西欧とソ連の架け橋となってくれるだろうと楽観していたのである。だが，ソ連という後ろ盾をなくした東欧の社会主義体制は雪崩を打って崩壊した。ナジの名誉が回復され，ベルリンの壁が崩れ，ドプチェクが復権し，チャウシェスクが処刑された。ゴルバチョフの期待に反して，東欧の人々は西欧とソ連の架け橋となることなく，豊かな西側へと急速に接近していった。1989年末，ゴルバチョフは，レーガンを引き継いだブッシュ（父）と地中海のマルタ島沖で会談して冷戦終結を宣言したが，これは「新思考」外交の開始からソ連崩壊にいたる冷戦終焉プロセスの一エピソードにすぎない。ソ連指導者が何かを宣言して事態をコントロールできるような状態ではもはやなかった。

東欧社会主義の崩壊に警戒心を強めたのが，中国共産党であった。1989年6月，北京で民主化運動が軍隊によって鎮圧された（天安門事件）。経済は改革しても一党独裁は堅持するというのが，中国共産党指導部の決意であった。他方，独立以来，権威主義体制や軍政が長く続いてきた韓国では，冷戦構造の解体のなかで，1987年に民主化が開始された。

ゴルバチョフは当初，安全保障上の考慮から，東ドイツを手放すことは考えていなかった。強力な統一ドイツの出現を懸念するイギリスのサッチャーとフランスのミッテランもこの点では利害が一致した。だが，西ドイツのコールとアメリカのブッシュが再統一の道を切り開いた。ゴルバチョフは統一ドイツのNATO残留にはためらいがあったが，コールから経済援助の申し出があり，西側との協調関係も維持したかったので，合意を与えた。米・ソ・英・仏の戦勝4カ国の合意のもと，1990年10月にドイツは再統一し，戦後処理もようやく終わった。東欧における冷戦の終焉は，ソ連がヨーロッパにおける第二次世界大戦の成果を2年足らずで喪失したということを意味した。

ゴルバチョフは内政ではペレストロイカ（建直し）を唱えた。独立採算制の導入など，体制内改革が当初の目的であった。ゴルバチョフはあくまで社会主義が資本主義よりも優れていると信じていた。だが，共産党組織は改革に積極的ではなかったため，ゴルバチョフは言論統制を大幅に緩和して（グラスノスチ），市民の自発性に頼ろうとした。しかし自由に発言しても逮捕されないということが明らかになるにつれ，世論は体制内改革からより大胆な市場原理の取込みへと要望を強めていった。グラスノスチの一環としておこなわれた歴史の見直しにおいても，ブレジネフ時代の「停滞」やスターリン時代の弾圧に対する批

判から,レーニン批判,さらには社会主義そのものの根底的な見直しへと議論が進行した。

共産党組織の抵抗を克服するためにも,ゴルバチョフはグラスノスチを停止せず,1989年5月の人民代議員大会では,代議員の選出に複数候補制を部分的に導入した。ひとたび政治空間に対する共産党の独占に穴が開くと,その拡大をとめることはできなくなった。1990年2月に党中央委員会は複数政党制の導入を決め,3月には大統領制の導入が決まった。これらのことは表面的には改革が進行しているようにみえたが,実質においては共産党が社会を統治するソ連体制そのものの崩壊が進んでいたのであった。

複数候補制の導入は,連邦制をも揺るがした。各共和国では共産党への批判勢力としてナショナリズムを掲げるグループが伸張した。バルト3国は独立回復宣言を出し,リトアニアの首都ヴィリニュスではソ連軍が出動して多くの血が流れた。それ以外の共和国も主権宣言をおこない,中央政府に対して権限強化を求めた。共産党のもとで抑え込まれてきた民族紛争が各地で噴出し始めた。1991年6月には最大の共和国であるロシア共和国で,急進的な経済改革を求めるエリツィンが大統領に当選し,ゴルバチョフにプレッシャーをかけた。

共和国の自立性が高まるにつれ,連邦全体の経済的な一体性も崩れ始めた。加えて,従来は上からの指令によってともかくも動いていた経済システムは,独立採算制の導入などにより物資の流れが寸断され,機能を低下させていった。深刻な物不足が生じた。国際的な威信の低下,共和国の自立性の高まり,経済危機,政治的混乱に強い不満と危機感をいだいたソ連政権中枢の保守派は,1991年8月にゴルバチョフを軟禁してクーデタを敢行した。だが,エリツィンを先頭とするモスクワ市民の抵抗により,クーデタは呆気なく失敗した。4カ月後の12月,ソ連は消滅した。社会主義ソ連の完全な敗北をもって冷戦は終わった。

4　ポスト冷戦とその終わり

　1945年から91年までを冷戦期とするなら，1991年から2014年まではポスト冷戦期であった。アメリカが自由や人権といった「普遍的」概念を擁護し，普及させようとする点で，冷戦期とポスト冷戦期は地続きであった。だが，2014年のロシア・ウクライナ紛争を画期として，ポスト冷戦期は終わった。各国が自由や人権などの概念に個別の解釈を加え，各自の利害を正面から争う新しい時代が到来している。「本当の21世紀」が始まったのである。

新世界秩序とその挫折
　冷戦終結の展望に世界が沸く1990年，中東の空気は緊張していた。イラン・イラク戦争で債務がかさみ，原油安によって財政立直しもままならないイラクが，隣国クウェートに対する侵略の兆しをみせていたのである。旧オスマン帝国領におけるイギリスの線引きによって成立したクウェートを，イラクは自国の一部であると長らく主張してきた。1961年のクウェート独立に際してもそうした主張がなされたが，イギリスの軍事介入によって退けられた。1990年にイラクがクウェートを非難した直接の理由は，OPEC（石油輸出国機構）の制限を無視してクウェートが石油を生産し，国際価格を引き下げていることにあった。石油の豊富な埋蔵量を誇るクウェートは，価格統制よりも長期的な輸出を維持することのほうに関心があり，アメリカ資本との関係も緊密であった。イラクはフセインが独裁的な権力をふるっていたが，クウェートも国王が議会の力を大幅に制限していた。
　1990年8月にイラクがクウェートに侵攻すると，アメリカとソ連はともにこれを非難した。ブッシュ（父）は，いかなる独裁者ももはや東西対立をあてにすることはできない，世界中の国々が公正と平和をともに追求する「新世界秩序」が訪れつつあると語った。国連安全保障理事会は米・ソの合意のもと，イラクへの武力行使容認を決議した。1991年1月，アメリカを中心とする多国籍軍がイラク攻撃を開始し，短期間でクウェートを解放した。
　あとで振り返ってみれば，この湾岸戦争はつぎのことを予示していた。それ

は，冷戦構造が解体しても地域レベルの紛争がなくなるわけではないということである。とくに中東は，そうしたリスクが高い地域であった。オスマン帝国の支配，英・仏の植民地支配，独立後の権威主義的体制が続いた中東では，議会をはじめ，国民国家を安定させるための制度づくりが不十分であり，国内統治の面でも対外関係の面でも脆弱な要素を潜ませていた。湾岸戦争はそうした脆弱さがあらためて露見する機会となった。

　湾岸戦争はまた，米ソ二極対立後の国際協調の難しさを考えるうえでも示唆的であった。対イラク武力行使に関して米・ソは歩調を合わせたが，これは裏を返せばソ連の国際的な発言力が低下しているということでもあった。アメリカ・イスラエルに対する反目によってソ連と多くのアラブ諸国は良好な関係を結んでおり，もしソ連が健在であれば中東を舞台としてアメリカ主導の軍事介入をおこなうことは難しかったであろう。ソ連が衰退の途にあるとき，国際協調はアメリカ一強による秩序の形成という側面を含んでいた。そうした状況に対しては，さまざまな方面から反発の声があがることになる。

　湾岸戦争に続いて地域紛争の舞台となったのが，やはりポスト・オスマン帝国空間であったユーゴスラヴィアである。第二次世界大戦後に六つの共和国の連邦国家として，ナショナリズムと地域統合の両立をはかってきたユーゴスラヴィアであったが，1980年にカリスマ的指導者ティトーが死去し，連邦の求心力は低下した。セルビアのミロシェヴィチのような一部の指導者は，統合力を失いつつあった社会主義にかわる結集軸としてナショナリズムを掲げ，連邦の一体性をさらに揺るがせていった。1991年6月，もともとオスマン帝国ではなくハプスブルク帝国の一部であり，ドイツ経済とEC（欧州共同体）に引きつけられていたスロヴェニアとクロアティアがまず分離独立した。第一次世界大戦後の東欧と同じで，各国のなかに少数派が生じた。このときはセルビア系の人々が少数派となった。セルビアの影響力が強いユーゴスラヴィア連邦軍が彼らを支援して軍事介入したが，ECもまた介入し，10月に停戦合意がなされた。

　セルビア人，クロアティア人，ムスリム人（ユーゴスラヴィアではイスラーム教徒が独自の民族として，他の民族と同等の待遇を受けていた）が暮すボスニア・ヘルツェゴヴィナも1992年に独立宣言をおこない，激しい内戦が始まった。ここではアメリカの仲介で1995年に停戦が成立し，セルビア系共和国とムスリム・クロアティア連合の国家連合が形成された。

　セルビアの一部であり，アルバニア人が多く暮すコソヴォでも，1996年から

アルバニア系武装勢力とセルビア治安部隊が激しく争う事態となった。国際社会ではアルバニア人の保護を支持する声が高まったが，国連安保理で中国とロシアは武力介入を支持しなかった。とくにロシアはセルビアとの歴史的関係が深く，コソヴォと同様の独立運動をチェチェンにかかえてもいた。結局，安保理決議なしにNATO（北大西洋条約機構）による空爆が1999年になされ，セルビア勢力をコソヴォから放逐し，ミロシェヴィチも失脚した。だが，アメリカに有利な国際秩序の形成が力づくで進められているとして，ロシアに深い恨みを残した。

　21世紀を迎えるまでに明らかになったのは，ブッシュ（父）が期待した「新世界秩序」は実現しなかったということである。地域紛争に対する国際社会の軍事介入は，冷戦期と違ってしばしばおこなわれるようになったし，それなりに成果もあげた。だが，アメリカ主導の国際秩序形成に対する反発もまた高まった。国連安保理ではロシアと中国がその急先鋒である。ロシアは1990年代の混迷ののち，2000年に就任したプーチン大統領が権威主義的な体制の構築を進め，石油価格の高騰にも助けられて発言力を増した。中国は市場経済へと転換し，1990年代以降アメリカにつぐ大国としての地位を獲得しつつある。

　アメリカに対する反発は，2001年の9・11事件をも招くこととなった。ビン・ラーディン率いるアル・カーイダによるこの全米同時多発テロは，3000人の市民を犠牲にした。ビン・ラーディンはアフガニスタンに潜伏しているといわれた。ソ連軍撤退後，この国は1996年からターリバーンと呼ばれる過激なイスラーム主義勢力に支配され，女性の社会進出や女子教育の禁止など，極端な政策がとられていた。アメリカの共和党ブッシュ（子）政権は，ビン・ラーディンの引渡しを拒否したアフガニスタンに戦争をしかけ，ターリバーン政権を壊滅させた。だが，その後も安定した秩序は形成されていない。

　アメリカ主導の国際秩序に対する反発は，ときにヨーロッパにおいてもみられた。1993年にECはEU（欧州連合）へと統合を進め，北欧諸国，さらに21世紀にはいってからは東欧諸国も加盟して著しく拡大した。NATOも東方に拡大した。だが，加盟国間の関係，また東欧諸国と西欧諸国の関係はつねに円滑とはいえず，アメリカとの距離感においてもそれはあてはまった。2003年，ブッシュ（子）政権はアフガニスタンに続いて，フセインのイラクに矛先を向けた。大量破壊兵器の保有という曖昧な疑惑をもって，アメリカが国際連合でイラク攻撃の準備を進めると，ロシアと中国だけではなく，フランスとドイツも異を

唱えた。このとき米国防長官のラムズフェルドは「あれは古いヨーロッパだ」といった。実際,「新しいヨーロッパ」である東欧諸国の多くはイラク戦争を支持した。のみならずポーランドとチェコはアメリカによる迎撃ミサイルなどの配備計画にも同意し,ロシアを強く苛立たせた(民主党のオバマ政権になって計画は撤回された)。イラク戦争は2003年中に米英主体の有志連合の勝利に終わり,フセインはのちに処刑されたが,アフガニスタンと同じくイラクにも安定は訪れていない。

　21世紀初頭の段階で,アメリカは最重要の国家でありつつも,その一極支配を貫徹させない程度には,ほかの国々も国際社会において発言力を確保し,また取り戻した。中国とロシアは基本的にアメリカを牽制する姿勢をとり,EUも冷戦期より大きな役割をはたすようになった。インドやブラジルのように地域大国として存在感を発揮している国もある。日本も1990年代以来経済的に停滞しているが,欧米以外でもっともよく民主化と近代化を達成した国であることには変わりがない。また,EUのほか,中東,東南アジア,それにラテンアメリカといった地域的なまとまりが,一枚岩ではないにせよ,21世紀の国際秩序における重要なアクターとなっている。

　21世紀初頭の多極構造を,20世紀初頭の帝国からなる国際秩序と比べてみるならば,多極構造という点では違いがない。しかし,20世紀初頭にはヨーロッパ内部では多極的な秩序がみられたが,全体としてのヨーロッパは他の諸地域を基本的には支配していた。この点に着目するならば,20世紀,とくにその後半において植民地支配が衰退したことは,きわめて大きな変化であった。かわりに「領域国家の独立による民族自決」という考えが支配的となった。51ヵ国で出発した国際連合の加盟国は,現在193にまで増えた。近年でも2002年に東ティモール,11年に南スーダンが独立している。

　植民地支配が衰退したといっても,開発途上地域に対する経済的な支配がなくなったわけではない。またロシアと中国は,分離独立運動を力で抑え込み,とくに中国は少数民族の権利を抑制する傾向にあるなど,現在でも帝国的特徴を保持している。さらに,「領域国家の独立による民族自決」が,人々の共生のために最適の思想・方法であるともいいきれない。民族の境界線と国家の境界線を完全に合致させるのは不可能であるにもかかわらず,それを徹底しようとして内戦が悪化する事例は数多い。だが,今日の国際社会において人種主義や植民地主義は市民権を喪失したのであり,そうした考えを公然と掲げて自ら

の主張の正当性を訴えることは非常に困難になったと信じたい。この点では世界史は進歩したのである。

　21世紀の多極的世界は，人，モノ，資本，それに情報の行き来が非常に大規模かつ活発である。多国籍企業が常態となり，グローバル資本主義が世界のすみずみまでも覆っている。1960年代のアメリカで，国防総省（ペンタゴン）などの科学技術者間の通信手段として出発したインターネットは，今日では世界中をつなぎ，人々の交流の質を変えている。インターネットは途上国における教育手段としてなど，格差改善のためにも大きな可能性を発揮している。世界はこれまでにない水準で急速に一体化しつつある。

　他方，世界の一体化の進行は，新たな摩擦をも生んでいる。グローバル企業による地元産業の圧迫は先進国と途上国とを問わず反発を呼び，外国人労働者の排斥運動も各地でみられる。欧米的な生活様式や思潮の流入が，イスラーム世界などで反米主義を刺激する一要因となっていることも否定できない。近年ではとくに性規範をめぐる新たな潮流，すなわち両性の同権や性的少数者の権利の保障が，保守的な性規範と衝突し，強い反発を生む事例がめだつ。過激なイスラーム主義を掲げるナイジェリアのボコ・ハラムは，女子教育も否定している。ロシアでも2013年，プーチン政権によって未成年者に「非伝統的な性的関係」を知らせることを禁止する法律が制定され，同性愛者に対する抑圧が強まっている。

　世界の一体化と不可分である情報技術の進展も，テロリストを益し，あるいはよくも悪くも社会秩序の急変を促している。アル・カーイダなどのテロ組織はインターネットによってゆるやかに結びつくことで容易に拡大し，その打倒も困難である。IS（イスラーム国）はインターネットを活用して世界中でプロパガンダを展開している。2010年から12年にかけて中東では「アラブの春」と呼ばれる体制転換が起こり，エジプトのムバラク政権やリビアのカダフィ政権などが崩壊し，バッシャール・アル・アサド政権下のシリアも内戦に突入したが，ここでも情報技術の進展が深くかかわっていた。検閲体制のもとで，ソーシャル・ネットワーキング・サービス（SNS）が人々の連絡や噂（うわさ）の拡散に大きな役割をはたし，衛星放送によるニュース映像が革命の伝播を促した。

　インターネットはまた，ときに排他的なナショナリズムが過熱する空間ともなっている。これは，大衆の政治参加という第一次大戦以来の趨勢（すうせい）の一つの帰結でもあろう。

「本当の21世紀」

　1945年から91年までの冷戦期は，近代ヨーロッパ文明の継承戦争という側面をもっていた。19世紀末までにヨーロッパの成人男子を対象にして確立した，自由，人権，市民権などの概念を，大衆の時代たる20世紀に継承できるのはソ連の社会主義か，アメリカの大衆社会か，という継承戦争である。比喩的にいえば，米・ソはそれぞれ，政治舞台に登場した巨人たる大衆なのであって，両者が核兵器という強大な棍棒を手に睨み合っていたのが冷戦であり，破局の時代の後半戦なのであった。

　この継承戦争はアメリカの勝利に終わった。実際，冷戦終結を待つまでもなく，20世紀後半のうちに自由，人権，市民権，それに私的所有権といった近代ヨーロッパ文明の基本要素は，アメリカ型大衆社会の姿で世界各地で確立していった。いうまでもなく，この過程はアメリカ合衆国および西欧だけに負うものではまったくない。その逆に，同等の権利をもつ「人間」「市民」の幅が，人種や民族の違いを超えて広がったことには，アジア・アフリカの人々，植民地の人々の抗議の声が決定的な役割をはたしたのであった。また，そうした声と連携したソ連の役割も無視はできない。同権化はさらに，男女の違いだけではなく，多様な性的差異にも配慮して進みつつある。

　冷戦終結後，唯一の超大国となったアメリカは，自由や人権などの概念を擁護し，普及させるという冷戦期の論理に忠実に動き続けた。この意味で，ポスト冷戦の世界は冷戦期と地続きであった。だが，ポスト冷戦期はさほど長くは続かなかった。アメリカの経済力の相対的な低下，中国の台頭，ロシアの復活に始まる諸要因によって，地域間の利害対立が国際政治の前景にあらわれるようになったのである。この新状況のもとでは，国際政治および各国政治において，自由や人権など「普遍的」とされてきた概念をめぐっては，つぎのような趨勢がみられる。第1に，各国はこれらの概念を各自の条件に合わせて独自に解釈しなおす，ということである。第2に，これらの概念よりも優先すべき課題がある，という論理が打ち出されることである。おそらく，自由や人権といった概念がそれ自体として打ち捨てられることはないし，それに実質を与えるための営みも依然として続くであろう。だが，その一方で，あくまで外交上の駆引きの手段として，これらの概念が引合いに出される機会も増えるであろう。

　もっとも，諸地域がそれぞれの利害を前面に押し出し，対立し合っている状態は，じつは近世以降の世界史の常態である。冷戦期にみられた，地政学的で

はなくイデオロギー的な対立，そのもとでの世界の2極化と相対的な安定という事態のほうが，世界史の例外といえる。冷戦期には，大衆の政治舞台への登場にどう対処するかという問いがイデオロギー対立を生み，核兵器による世界破滅の脅威がこの対立を安定させていた。それに対して，冷戦終結によって世界はイデオロギー対立から地政学的対立の局面に移ったのであり，技術の進歩とグローバリゼーションはテロの脅威を日常化し，核抑止力による安定を過去のものとしたのである。実際，グローバリゼーションは，越境性をその本質とするにもかかわらず，あるいはそれゆえに，地域対立を昂進させる作用をもっている。人・モノ・資本・情報の流動化は，住み慣れた環境からの人々の分離や，住み慣れた環境そのものの変容をもたらし，世界各地で，自分を取り巻く新たな環境への反発を生み出しているからである。

　ポスト冷戦が終わって，地域対立を基調とする新時代が始まったことを本格的に告げたのは，2014年のロシア・ウクライナ紛争である。第一次大戦の開戦100周年にあたるこの年，ロシアはクリミアの併合を一方的に宣言した。国家間のむき出しの利害対立が国際関係の新しい基調になることを，ロシアはこのうえなくはっきりと示したのである。ソ連の詩人アフマートヴァは，「暦のうえではなく，本当の20世紀」は1914年に始まったと書いたが，2014年をもって「本当の21世紀」が始まったのではないだろうか。

　「本当の21世紀」が始まったことを示すできごとは，つきることがない。ヨーロッパ難民危機，ポーランドとハンガリーにおける法の支配の動揺，トルコのクーデタ未遂と政権のさらなる強権化，イギリスの国民投票におけるEU離脱の可決，そしてアメリカにおけるトランプ大統領の選出と孤立傾向の強まり。

　だが，先に述べたとおり，諸地域が各自の利害をぶつけあうという状況自体は世界史の常態であるし，そうした利害対立が必ず世界大の破局につながるとも限らない。むしろ，武力衝突をときにともなう局地的な摩擦が生じては，利害調整によってある程度まで解消されるというプロセスが，恒常的に繰り返されることになるであろう。

　「本当の21世紀」は，普遍性を標榜（ひょうぼう）するイデオロギー同士がぶつかりあった冷戦期とは異質である。また，地域同士の孤立化や対立が破局へと向かった1930年代とも違う。あえて似た時代を探すならばむしろ，既存の国際秩序が大戦争によって崩れたのち，新たな関係が模索されているという意味で，冷戦期

とポスト冷戦をへた「本当の21世紀」は1920年代を想起させる。1920年代は諸地域が各自の利害を掲げて競合する時代であったが、そうした対立を前提としたうえで、さまざまな調停や協力が試みられた時代でもあった。だとすればわたしたちは、危機感ばかりをもつ必要はない。利害の対立を前提とすればこそ、相互にどのような安定的な関係を築いてゆくかの展望も開けてゆくであろう。人やモノや資本の地球大の移動、それに情報技術の革命的な進歩は、軋轢(あつれき)を深めるだけではなく、問題を解決するための力も秘めている。「本当の21世紀」は、危機と同じ程度には、可能性にも満たされているといえよう。

終章　世界史から考える

人・モノ・情報の移動の歴史から，グローバル化を考える

　人・モノ・情報の移動という事象を重視しながら世界史を通観してみて感じるのは，すでに人類の曙と呼ばれる時代から，人やモノや情報は，今日のわたしたちが想像している以上に広く，そして早く，世界中を移動してきたことである。そもそも，周知のとおり，現生人類の祖先はアフリカ大陸に生まれ，そこからはるか東方の日本を含む世界各地に広がった。大航海時代以前をみても，アレクサンドロスの東方遠征，アジア各地に対する仏教の伝播，アフリカ大陸におけるバンツー系住民の移動，イスラーム勢力の支配圏拡大，インド洋を舞台とした活発な交易，モンゴル帝国の興亡など，人・モノ・情報は，人々が取引・侵略・留学・翻訳・換骨奪胎（アプロプリアシオン）など多様な形態で接触するなかで，ダイナミックに移動していた。

　さらにいえば，これら世界史上の移動は，地球（グローブ）を単位として（グローバルに）国境をはじめとする境界線（ボーダー）を軽々とまたぎつつ（ボーダーレスに）営まれてきた。境界線を越えた移動が地球単位でなされるようになることを「グローバル化」と呼ぶとすれば，人類の歴史は初発からグローバル化していたといってよい。

　それでは，なぜ，20世紀の末ころから，近年における重要な現象として世界のグローバル化を語る言説がさまざまな領域で出現し，影響力を増してきたのか。実際には，世界史はボーダーレスでグローバルな移動で満ちあふれてきたというのに……。世界史を学ぶとみえてくるのは，そして今日わたしたちが自問するべきは，この問いである。

　たしかに，20世紀末には，人・モノ・情報の移動について，そのあり方を大きく変える事態があいついだ。1989年，ベルリンの壁が崩れ，社会主義諸国と資本主義諸国のあいだの境界線が溶解し始めた。1993年，欧州連合（EU）が発足し，域内における人・モノ・情報の自由化をめざす取組みが開始された。1995年，インターネットが商業利用に全面開放され，情報がグローバルに，そ

して瞬時に移動する空間が生まれた。今日わたしたちは，少なくとも日本では，そして必要な資金があれば，ほぼ自由に世界各地に移動し，自宅にいながらにして世界各地の情報にアクセスし，世界各地の物産を容易かつ迅速に入手できる状況にある。そして，このような状況を世界中に広めるべく，人・モノ・情報の自由な移動を定める各種協定の締結をめぐって国際交渉がなされ，あるいは自由な移動を可能にする環境を（発展途上国の住民や貧しい人々を含む）万人に保障しようとする取組みがさまざまな分野で進められている。まさにグローバル化の時代である……ようにみえる。

　しかし，そうではない。少なくとも，それは一面的な見方にすぎないといわなければならない。

　わたしたちは，通常，国家の構成員は国民であると考えているが，このように国民からなる国家を「国民国家（nation-state）」と呼ぶ。そして，国民国家が成立したのは，一番早い欧米でも18世紀末から19世紀初頭のことであった。すなわち，国民国家はせいぜい2世紀程度の歴史しかない，その意味では新しい現象である。

　国民国家は，戸籍を整備して国籍を定め，パスポートを導入して自由な越境を禁止し，税関システムを拡充して貿易を管理し，国語を確定し教育することによって言語ひいては情報のあり方を支配するなど，人・モノ・情報の自由な移動を妨げる存在として機能する。このような国民国家が優越してゆく過程は，非（あるいは反）グローバル化と呼んでよいだろう。そして，20世紀末になり，前述したような国民国家を超える動きがさまざまな領域で生じたことにより，非グローバル化という動向は減速する。これが，今日わたしたちが目にしている「グローバル化」である。

　世界史という時空間は，一貫してグローバルであった。ただし，19世紀から20世紀にいたる時期にあっては，非（あるいは反）グローバルな存在たる国民国家が優越し，人々の心性において「当り前のもの」あるいは「当然そこに在るもの」の位置を占めた。それゆえ，国民国家が弱体化しつつある今日，わたしたちはグローバル化を新しい現象とみなし，語ることになったのである。

宗教と信仰の歴史から，アイデンティティの政治を考える

　世界史においては，人・モノ・情報の自由な移動を促進しようとする動きに対して，それを阻もうとする動き，すなわち各種の境界線を設定しようとする

動きが存在し，前者とせめぎあってきた。これら境界線の代表的な例としては，宗教，人種・民族，性差，国籍，言語などがあげられる。わたしたちは，境界線を設定することによって「自分・自分たち」と「他者・他者たち」を区別し，「自分・自分たち」の存在意義を自己確認しようとしてきた。すなわちアイデンティティの形成である。

「アイデンティティ」というのは，日本語に訳すと「自己同一性」となるらしいが，これでは意味がとおらない。無理に意訳すると「心の支え」ということにでもなるのだろうが，この単語は，ほぼ1970年代から日本を含む世界各地で流行語となった。そして，アイデンティティの成り立ち・構造・性格や，諸アイデンティティのあいだの関係をめぐって，さまざまな議論や運動や紛争が生じた。これらを総称して「アイデンティティの政治（アイデンティティ・ポリティクス）」と呼ぶ。

当初アイデンティティ・ポリティクスを主導したのはアイデンティティとしての性差を問題とするフェミニストだったが，21世紀の今日，アイデンティティの政治の最大の焦点となっているのは，アイデンティティとしての宗教である。かつて20世紀末に政治学者サミュエル・ハンチントンは「文明の衝突」の危険と不可避性を説いたが，その前に「宗教の衝突」が生じてしまったのである。あるいは「文明の衝突」が「宗教の衝突」というかたちをとって発現したというべきかもしれない。

憲法で政教分離を定め，無宗教，というよりは宗教に無関心な国民が多いといわれる日本で生活していると，これは大変奇妙な事態にみえる。「カエサルのものはカエサルに，神のものは神に」帰すべきであり，当然ながら宗教は私的領域にとどまるはずなのではないか，政教一致は例外的な存在であり，それを唱える宗教，たとえば厳格なイスラームは「遅れた」宗教なのではないか……といった感じである。

しかし，世界史を顧みると，こういった認識には幾多の点で限界があることがわかる。

そもそも数世紀前まで，世界は「宗教の時代」にあった。ヨーロッパ・北アメリカではキリスト教が，地中海沿岸部・アフリカから中近東をへて東南アジアの一部にいたる広大な地域ではイスラームが，インド亜大陸ではヒンドゥー教が，人々の生活を律していた。これら時空間において，宗教はたんに私的な領域や内心の信仰にとどまることなく，公的な領域や日常生活のすみずみを覆

いつくす，一種の生活様式であり，ルールやコードの体系であった。そこに暮らす人々にとって，政教一致は当り前の事態だったのである。

　ようやく15世紀ころになって，ヨーロッパにおいて，人間中心主義的な世界観が誕生した。そして，その延長線上に，人文主義，啓蒙思想，科学に対する信頼といった思想や信仰が成立し，広まり，政教分離という観念と心性を生んだ。そして，この観念は，「進歩」の名のもとに，ヨーロッパ外の各地にも普及し，定着してゆく。人々が政教分離という「ものの考え方」を受容するのは，早くても19世紀のことであった。世界史的にみれば，政教分離のほうが例外にして一時的な現象なのであり，政教一致を唱える宗教は「遅れた」存在どころか「普通の」形態にすぎないことになる。

　そう考えると，宗教がアイデンティティの政治の焦点になるのは当然であることがわかる。「どの神を信じるか」だけでも大変なのに，政教一致を選ぶか政教分離を選ぶか，さらにはいかなるルール・コードの体系や生活様式を採用するかが問題になる以上，事は各個人の日常生活すべてにかかわり，一人一人のアイデンティティのあり方を大きく左右することになる。宗教とはそれほどなまやさしい存在ではないのであり，世界史上「宗教戦争」と形容される対立が各地で綿々と続いてきたのは，けだし当然の理といってよい。

　それでは，わたしたちは「宗教の衝突」なり「文明の衝突としての宗教の衝突」なり「宗教戦争」なりを不可避の存在として受容せざるをえないのか。世界史は，同時に，そうではないことを教えてくれる。人々は，神と人間の関係や，時空間における神の位置づけについて，さまざまな思想を紡いできたし，今日でも紡いでいる。この営みが続く限り，宗教にかかわるアイデンティティの政治をめぐって血が流れる事態を避ける可能性と手段は存在するはずである。

科学技術と環境の歴史から，地球の未来を考える

　わたしたちが「環境は有限である」という問題の重要性に気づき，環境を保護しなければならないと考えるようになったのは，いったいいつのことだろうか。

　この問題に関連して当初用いられたのは「公害」という言葉であり，農薬の過剰利用などによる公害の危険を唱えた警告の書であるレイチェル・カーソン『沈黙の春』が刊行されたのは1962年であった。その後，地球温暖化の進展や，熱帯雨林をはじめとする植物資源の枯渇，砂漠化の進展など，グローバルな規

模で環境が危険にさらされていることが認識されるようになって、局地的な問題というニュアンスをもつ「公害」は「地球環境問題」に取って替わられた。地球環境問題に対応するスタンスとして「持続可能な発展」という言葉・概念が発明され、一気に広まったのは1980年代のことである。かくして今日、人間は環境を保護しなければならないという点については、かなりの程度コンセンサスが得られているといってよい。

　それでは、わたしたちは、これまで環境といかなる関係を取り結んできたのか。世界史をみると、人間と環境の関係はかなり複雑なものであり、地域によって多様なかたちをとり、時代によって変遷をたどってきたことがわかる。「人間は環境を保護しなければならない」という発想のみならず、そもそも「保護の主体としての人間、保護の対象としての環境」という視角もまた、当り前のもの(アプリオリ)ではない。

　人間が営む経済活動の中心が狩猟採集経済から定住農耕牧畜経済に移行して以来、わたしたちは、環境に介入し、持続可能性を考えることなく破壊しながら、自らの生命を保つようになった。定住農耕牧畜というシステムは、元来そのような性格をもっている。そして、鉱山業や工業が大規模に開始されるにいたり、あるいは大航海時代をへてグローバルな交易が始まり、一種のグローバルな分業体制が整備されるにつれて、事態は深刻化する。その典型的な例が、16世紀のラテンアメリカだろう。一方では、各地で銀山が発見され、ポルトガルやスペインは水銀アマルガム法という、人間にすら有害な手法を用いて大量の銀を生産し始めた。その一方では、この地域がサトウキビ・コーヒー・綿花の生産に適合的であることがわかり、在来農業の破壊に基づくこれら商品作物のモノカルチャー(単一作物栽培)化が進められた。さらに、二重革命をへて「進歩」の概念が聖化されるや、科学技術をツールとして環境を改良、すなわち同時代の人間の都合によいかたちに改変することは正しい営為であるという価値判断が一般化し、実用に供されてゆく。

　この「進歩」という思想で武装した環境改良の度が過ぎ、環境破壊が可視化され、さらには将来の、あるいは同時代の人間にとってさえ好ましくない事態を引き起こす危険があることが判明して、ようやく環境保護の必要性が認識されるようになる。

　また、かつて人間は、環境から保護されるべき弱い存在であった。おかしな表現かもしれないが、昔は「保護の主体としての環境、保護の対象としての人

間」であり，環境のほうが上位に位置づけられていたのである。各地の伝統的な自然宗教をみれば，そこでは，環境の諸構成要素が，人間の生存と幸福を保障するべき神として崇拝（物神化）されてきた。あるいは，気候変動により，伝染病により，世界各地の人口は劇的に減り，その回復に長い時間を要するという現象が，しばしばみられた。先進地域といわれるヨーロッパですら，19世紀にいたってもコレラが定期的に大流行しては大量の死者を生み，その原因が突き止められるには1884年を待たなければならなかった。人間が環境を保護する側にまわるためには，人間中心主義という発想が広まり，また，それを支える科学技術が十分に進歩しなければならない。それは，どう早くみても20世紀にはいってからのことである。

かくのごとき人間と環境の関係の歴史に対する反省のうえに立って，今日では，地球の未来は人間と環境の調和の可否にかかっているという文言をよく耳にする。しかし，人間は環境の一部をなし，それでいて環境を改変しうる力とツールを手にした存在である。このように一種「入れ子構造」のような関係にある両者の調和はいかにしてなされうるのか，的確に予想することは，専門家ならざる身には難しい。ただし，人間の経験の集積である世界史を知ることは，多少ともその役に立つのではないだろうか。

教養としての世界史

21世紀にはいって，わたしたちは一種の「教養」ブームを目の当たりにするようになった。書店には「教養」という単語をタイトルに付す書籍があふれている。ビジネスパーソン向けの雑誌で「教養」が特集されるようになった。さらに，一部企業では，幹部登用にあたって哲学，歴史学，日本文化論などを本格的に学ぶ「教養」研修を義務づけていると聞く。じつは本書も，そもそもは「教養としての世界史」を提供するという企画として始まった。

それでは，世界史は教養なのか。正確にいえば，世界史に関連して歴史学が提供する知識は，わたしたちの「教養」を構成しているのか。この問いは，じつはけっこう複雑である。そもそも教養とは何か，という問題から考えなければならないからだ。

教養（Liberal Arts）の内容や歴史を取り扱うのは本書の課題ではないので，この点を詳細に論じることはしないが，教養という概念を定義することは至難の業であり，また，さまざまな定義が可能であり，場所によって異なり，時代

によって変遷してきた。

　そのことを確認したうえで，わたしたちにとっての教養を「「わたしたち」の常識を疑う力」と定義してみよう。好むと好まざるとにかかわらずグローバル化の波に巻き込まれ，その結果，さまざまな側面で「わたしたち」と異なる「彼ら」と接触し，共存せざるをえない「21世紀の世界の一部としての日本」という時空間に生きる者にとって，何よりも大切なのは，「わたしたちが正しい」という自己万能感でもなく，「彼らが正しい」という劣等感でもなく，さらにいえば「みんなちがって，みんないい」(金子みすゞ)という単純な相対主義でもなく，「わたしたち」の常識も「彼ら」の言い分もいったん疑ったうえで，可能な限り適切な根拠と論理に基づいて自分の立場を選び取る，というスタンスである。その際，通常は「彼ら」の言い分を疑うことは簡単だから，まずもって意識的に試みるべきは「わたしたち」の常識を疑うことである。そのために必要な能力こそ，わたしたちが身につけるべき教養の一環をなし，さらにいえばその中核をなす。

　もちろん，日常生活をスムーズに営むにあたって，常識に基づいて行動することは必要であり大切である。自動車を運転する際に，いちいち「左側通行か，右側通行か」と悩んでいたら，たちまち事故を起こしてしまうだろう。ただし，アメリカ合衆国に出張して自動車を運転する機会に恵まれた際に「日本では左側通行だから，左側通行が正しい」と思って行動したら，これまたたちまち事故を起こしてしまうだろう。わたしたちがほとんど無意識のうちに従っている常識のほとんどは「いま，ここ」のみに妥当する，いわばローカルな常識にすぎず，つねに正統性を主張しうるような類いのものではない。

　この「「わたしたち」の常識を疑う力」を身につけるうえで，世界史を学ぶことはきわめて有益である。「むかし，よそ」からなる世界史という広大な時空間は，わたしたちの常識が通用しない場面や，わたしたちのものとまったく違う常識がまかりとおっている光景に満ちあふれているからだ。たとえば，18世紀，先進地域といえばアジアであり，19世紀のアメリカ合衆国では，一部の人間(奴隷)は取引対象たる商品であり，20世紀前半になっても，世界のほとんどの地域で女性参政権は存在しなかったのである。

　もちろん，こういった事象を，「むかし，よそ」の話にすぎないとして切り捨てたり，「遅れているなあ」とか「古いなあ」とか内心でつぶやきながら軽蔑(けいべつ)したりすることは可能である。実際，そのように感じ，考え，行動する人も

いることだろう。しかし，それでは「21世紀の世界の一部としての日本」で充実した生活を送ることは難しい。「わたしたち」のローカルな常識に依拠するだけでは対応し切れない事態に直面する可能性は，じつは，つねに「いま，ここ」に存在しているからである。まったくもって他人事ではないのだ。

こういった事態に対応する可能性があることを念頭におくとき，「むかし，よそ」で生じたさまざまな事象からなる世界史は，アクチュアリティを帯び，そして「いま，ここ」に存するわたしたちにとって有益な知識の宝庫となるはずである。

その先へ

しかし。

もうちょっと思索を進めてみよう。歴史，ここでいえば世界史は，なぜ役に立たなければならないのか。そもそも，役に立つ必要はあるのか。

もしもエジプトのメンフィスを訪れる機会があったとして，ピラミッドやスフィンクスを目の当たりにしたとき，わたしたちの心中に生じるのは「役に立つなあ」という有益感だろうか。それとも「すごいなあ」というワクワク感だろうか。もちろんどちらもありうるだろうし，各自によって異なるとは思うが，どちらかといえば後者のほうが多いに違いない。一言でいえば，メンフィスはおもしろいのだ。

世界史も，まったく同じである。世界史という時空間で生じてきた多種多様な事象は，わたしたちをワクワクさせるおもしろさに満ちているはずなのだ。アフリカ大陸はサブサハラにおいて，諸文明の興亡は赤道西風の動きに左右されていたことを知るとき，目からウロコが落ちる感に襲われはしないだろうか。産業革命は後進地ヨーロッパが先進地アジアに追いつく（キャッチアップする）ことを目的としてなされたことを知るとき，ビジネスチャンスを前にしたイギリスの職人たちのイノベーションの試みを想像してワクワクしないだろうか。

もしも世界史がおもしろくないとしたら，それは世界史に関する知識を供給する側，すなわち歴史学者や小中高大の歴史担当教員の責任である。彼らは，歴史にワクワクするなかで，歴史研究や教育の現場にはいったはずなのだから。自らが感じたワクワク感を伝達できないというのでは，それは問題であり，残念であり，そもそも，もったいない。

本書は，何よりもまず，歴史（本書でいえば世界史）はおもしろいというメッ

セージを伝えることをめざして編まれた。もちろん，この目的がはたされえたか否かを判断する立場にあるのは，執筆者一同ではなく，本書を手にとった読者諸賢である。

参考文献

1 世界史をさらに深く学びたい人のために

　第一歩として，もしも手元に残っていたら，高校世界史教科書を本書と読みあわせるところから始めてみてはどうだろうか。そして，ぜひ本書と比較して異同を確認し，「なぜ違うのか／なぜ同じなのか」について想いをめぐらせてみてほしい。

　世界史の通史としては，本書よりも詳しいものとして，一人の歴史学者が書下ろした力業であるウィリアム・マクニール『世界史』（上・下，増田義郎他訳，中公文庫，2008，原著 1967）や，多数の歴史学者が分担執筆した樺山紘一他編『岩波講座世界歴史』（全29巻，岩波書店，1997-2000）などをはじめとして，山ほど書籍があげられるが，せっかくだから「世界の歴史」シリーズ（全30巻，中央公論新社 1996-99，中公文庫 2008-10）に挑戦してみてほしい。研究の最先端の成果がふんだんに盛り込まれているし，当たり外れも少ないし，文庫化されてとっつきやすくなった……が，どれも分厚い全30巻。もうちょっとテーマを絞ったものとしては「興亡の世界史」シリーズ（全21巻，講談社，2006-10，講談社学術文庫，2016-刊行中）がある。

　その先ということになると，地域や国別の通史シリーズか，特定のテーマを取り扱った単著のコレクションということになる。前者については，「物語……の歴史」シリーズ（刊行継続中，中公新書），「10講」シリーズ（刊行継続中，岩波新書），「新版世界各国史」シリーズ（全28巻，山川出版社，1998-2009），「世界歴史大系」シリーズ（刊行継続中，山川出版社）の順に難しくなる。後者については，まずはブックレット形式の「世界史リブレット」（刊行継続中，山川出版社）がとっつきやすい。もうちょっと詳しく，また，刊行された時代における歴史学界の知的な状況を伝えるものとしては，古い順に，1980年代を代表する「新しい世界史」（全12巻，東京大学出版会，1986-89），1990年代の「歴史のフロンティア」（全20巻，山川出版社，1993-2011），そして2000年代の「世界歴史選書」（全14巻，岩波書店，2003-15）が，テーマと着眼点がシャープだし，読んでいておもしろい。

　さらにその先に進むと，そこには学術的な書籍や論文の広大な世界が待ち受けている。この世界に徒手空拳で突入するのは無謀なので，まずは各国史・各地域史別の「研究入門」シリーズ（刊行継続中，山川出版社）などの研究ガイドを手元におくことを薦めたい。

2 各章の理解を深めるために

序章・終章

ベネディクト・アンダーソン（白石隆他訳）『定本　想像の共同体——ナショナリズムの起源と流行』書籍工房早山　2007（原著 1983）

イム・ジヒョン（林志弦）（小山哲訳）「国民史の布石としての世界史」『思想』1091号　2015（初出日本語）

梅棹忠夫『文明の生態史観』中央公論社　1967

エリク・エリクソン(西平直他訳)『アイデンティティとライフサイクル』誠信書房　2011
　(原著 1959)
レイチェル・カーソン(青樹簗一訳)『沈黙の春』新潮文庫　2004(原著 1962)
エドワード・サイード(今沢紀子訳)『オリエンタリズム』(上・下)平凡社ライブラリー
　1993(原著 1978)
鈴木秀夫『気候変化と人間——1万年の歴史』大明堂　2000
サミュエル・ハンチントン(鈴木主税編)『文明の衝突』集英社　1998(原著 1996)
フランシス・フクヤマ(渡部昇一訳)『歴史の終わり——歴史の「終点」に立つ最後の人間』
　(上・下)三笠書房　2005(原著 1989)
トーマス・フリードマン(伏見威蕃訳)『フラット化する世界——経済の大転換と人間の未
　来(普及版)』(上・中・下)日本経済新聞出版社　2010(原著 2005)
マルク・ブロック(讃井鉄雄訳)『歴史のための弁明——歴史家の仕事』岩波書店　1956(原
　著 1949)
細見和之『アイデンティティ／他者性』(思考のフロンティア)岩波書店　1999
眞嶋亜有『「肌色」の憂鬱——近代日本の人種体験』(中公叢書)中央公論新社　2014
イアン・モリス(北田知子訳)『人類5万年　文明の興亡——なぜ西洋が世界を支配してい
　るのか』(全2巻)筑摩書房　2014(原著 2010)

第1章　西アジアの時代

1　試行錯誤する人類とオリエントの都市，国家，帝国

印東道子編『人類大移動　アフリカからイースター島へ』朝日新聞出版社　2012
大貫良夫他『人類の起源とオリエント』(世界の歴史 1)中公文庫　2009(初版 1998)
小河英雄・山本由美子『オリエント世界の発展』(世界の歴史 4)中公文庫　2009(初
　版 1997)
後藤健『メソポタミアとインダスのあいだ——知られざる海洋の古代文明』筑摩選書
　2015
佐藤育子・栗田伸子『通商国家カルタゴ』(興亡の世界史 03)講談社　2009
高宮いづみ『古代エジプト——文明社会の形成』(諸文明の起源 2)京都大学学術出版会
　2006
筑波大学西アジア文明研究センター編『西アジア文明学への招待』悠書館　2014
中田一郎『ハンムラビ王——法典の制定者』(世界史リブレット人 1)山川出版社　2014
藤井純夫『ムギとヒツジの考古学』(世界の考古学 16)同成社　2001
前田徹『都市国家の誕生』(世界史リブレット 1)山川出版社　1996
山我哲雄『一神教の起源——旧約聖書の「神」はどこから来たのか』筑摩選書　2013
山花京子『古代エジプトの歴史——新王国時代からプトレマイオス朝時代まで』慶應義塾
　大学出版会　2010

2　「グローカル化」する地中海世界

青木健『古代オリエントの宗教』講談社現代新書　2012
井上文則『軍人皇帝のローマ——変貌する元老院と帝国の衰亡』講談社選書メチエ　2015
ブライアン・ウォード゠パーキンズ(南雲泰輔訳)『ローマ帝国の崩壊——文明が終わると
　いうこと』白水社　2014(原著 2005)

岡田泰介『東地中海世界のなかの古代ギリシア』(世界史リブレット 94)山川出版社　2008
ロビン・オズボン(佐藤昇訳)『ギリシアの古代——歴史はどのように創られるか』刀水書房　2011(原著 2004)
桜井万里子・本村凌二『ギリシアとローマ』(世界の歴史 5)中公文庫　2010(初版 1997)
フランソワ・シャムー(桐村泰次訳)『ヘレニズム文明』論創社　2011(原著 1981)
周藤芳幸『古代ギリシア地中海への展開』(諸文明の起源 7)京都大学学術出版会　2006
ピーター・ブラウン(宮島直機訳)『古代末期の世界——ローマ帝国はなぜキリスト教化したか？』(改訂版)刀水書房　2006(原著 1971)
ピーター・ブラウン(足立広明訳)『古代末期の形成』慶應義塾大学出版会　2006(原著 1978)
南川高志『新・ローマ帝国衰亡史』岩波新書　2013
本村凌二『地中海世界とローマ帝国』(興亡の世界史 04)講談社　2007

3　グローバル・インドの起源

『岩波講座世界歴史 6　南アジア世界・東南アジア世界の形成と展開』岩波書店　1999
桜井由躬雄『前近代の東南アジア』放送大学教育振興会　2006
田辺明生「カースト社会から多様性社会へ」『多様性社会の挑戦』(現代インド 1)東京大学出版会　2015
桃木至朗『歴史世界としての東南アジア』(世界史リブレット 12)山川出版社　1996

4　東アジア全体・早熟な中国古代文明

岡本隆司『近代中国史』ちくま新書　2013
岡本隆司編『中国経済史』名古屋大学出版会　2013
岸本美緒『中国の歴史』ちくま学芸文庫　2015
斯波義信『中国都市史』東京大学出版会　2002
羽田正編『海から見た歴史』(東アジア海域に漕ぎだす 1)東京大学出版会　2013
村井章介・三谷博編『琉球からみた世界史』山川出版社　2011
桃木至朗『海域アジア史研究入門』岩波書店　2008
吉田光男『東アジアの歴史と社会』放送大学教育振興会　2010
ロイド・E・イーストマン(上田信・深尾葉子訳)『中国の社会』平凡社　1994(原著 1988)
上田信『森と緑の中国史——エコロジカル・ヒストリーの試み』岩波書店　1999
尾形勇他編『日本にとって中国とは何か』(中国の歴史 12)講談社　2005
川本芳昭『中華の崩壊と拡大』(中国の歴史 5)講談社　2005
竹内康浩『中国王朝の起源を探る』(世界史リブレット 95)山川出版社　2010
橋本萬太郎編『漢民族と中国社会』(民族の世界史 5)山川出版社　1983
平勢隆郎『都市国家から中華へ』(中国の歴史 2)講談社　2005

第2章　東アジアの時代

1　海とつながる中国

榎本渉『東アジア海域と日中交流　9〜14世紀』吉川弘文館　2007
『沖縄県史 各論編 3　古琉球』沖縄県教育委員会　2010
小島毅『中国思想と宗教の奔流　宋朝』(中国の歴史 07)講談社　2005
杉山正明『モンゴル帝国と長いその後』(興亡の世界史 09)講談社学術文庫　2016

相田洋『橋と異人——境界の中国中世史』研文出版　2009
中砂明徳『中国近世の福建人——士大夫と出版人』名古屋大学出版会　2012
森安孝夫『シルクロードと唐帝国』(興亡の世界史 05)講談社学術文庫　2016
山内晋次『日宋貿易と「硫黄の道」』(日本史リブレット 75)山川出版社　2009

2　西アジアの変容と持続

高野太輔『マンスール——イスラーム帝国の創健者』(世界史リブレット人 20)山川出版社　2014
後藤明『ムハンマド時代のアラブ社会』(世界史リブレット 100)山川出版社　2012
小杉泰・林佳世子編『イスラーム　書物の歴史』名古屋大学出版会　2014
佐藤次高『イスラームの国家と王権』(世界歴史選書)岩波書店　2004
佐藤次高『イスラーム——知の営み』(イスラームを知る 1)山川出版社　2009
佐藤次高編『イスラームの歴史 1——イスラームの創始と展開』(宗教の世界史 11)山川出版社　2010
清水和裕『軍事奴隷・官僚・民衆——アッバース朝解体期のイラク社会』(山川歴史モノグラフ 9)山川出版社　2005
清水和裕『イスラーム史のなかの奴隷』(世界史リブレット 101)山川出版社　2015
辻明日香『コプト聖人伝にみる14世紀エジプト社会』(山川歴史モノグラフ 32)山川出版社　2016
三代川寛子編『東方キリスト教諸教会——基礎データと研究案内』(増補版)上智大学アジア文化研究所イスラーム地域研究機構　2013
森安達也『キリスト教史 III——東方キリスト教』(世界宗教史叢書 3)山川出版社　1978

3　ヨーロッパの形成と成熟

池上俊一『ロマネスク世界論』名古屋大学出版会　1999
池上俊一・高山博『西洋中世学入門』東京大学出版会　2005
樺山紘一『ゴシック世界の思想像』岩波書店　1976
越宏一『ヨーロッパ中世美術講義』(岩波セミナーブックス)岩波書店　2001
佐藤彰一『中世世界とは何か』(ヨーロッパの中世 1)岩波書店　2008
辻佐保子『中世絵画を読む』(岩波セミナーブックス)岩波書店　1987
鶴島博和『バイユーの綴織を読む——中世のイングランドと環海峡世界』山川出版社　2016
ピーター・バーク(井上弘幸・城戸淳訳)『知識の社会史——知と情報はいかにして商品化したか』新曜社　2004(原著 2000)
チャールズ・H・ハスキンズ(野口洋二訳)『12世紀ルネサンス』創文社　1985(原著 1927)
ピーター・ブラウン著，後藤篤子編『古代から中世へ』(山川レクチャーズ 2)山川出版社　2006
ジャック・ル・ゴフ(岡崎敦・森本英夫・堀田郷弘訳)『聖王ルイ』新評論　2001(原著 1996)
エマニュエル・ル・ロワ・ラデュリ(井上幸治・波木居純一・渡辺昌美訳)『モンタイユー——ピレネーの村1294〜1324』(上・下)刀水書房　1990・91(原著 1975)

4　孤高の文明の地，アメリカ大陸

青山和夫『古代メソアメリカ文明——マヤ・テオティワカン・アステカ』講談社選書メチエ　2007

青山和夫『マヤ文明——密林に栄えた石器文化』岩波新書　2012
木村秀雄・高野潤『インカの世界を知る』岩波ジュニア新書　2015
高橋均・網野徹哉『ラテンアメリカ文明の興亡』(世界の歴史 18)中公文庫　2009(初版　1997)
山田睦男・増田義郎編『ラテン・アメリカ史1・2』(新版世界各国史 25・26)山川出版社　1999・2000

第3章　世界の一体化の時代

1　新しい世界の胎動

エマニュエル・ウォーラーステイン(川北稔訳)『近代世界システム』(全4巻)名古屋大学出版会　2013(原著　1974・80・89・2011)
ジョン・エリオット(川北稔他訳)『旧世界と新世界　1492-1650』岩波書店　2005(原著　1970)
近藤和彦『民のモラル——ホーガースと18世紀イギリス』(ちくま学芸文庫)筑摩書房　2014(初版　山川出版社　1993)
高澤紀恵『主権国家体制の成立』(世界史リブレット 29)山川出版社　1997
二宮宏之『全体を見る眼と歴史家たち』平凡社ライブラリー　1995(初版　木鐸社　1986)
ユルゲン・ハーバーマス(細谷貞雄訳)『公共性の構造転換』未来社　1994(原著 1962)
ジョン・ブリュア(大久保桂子訳)『財政＝軍事国家の衝撃——戦争・カネ・イギリス国家　1688-1783』名古屋大学出版会　2003(原著 1989)
ケネス・ポメランツ(川北稔監訳)『大分岐——中国，ヨーロッパ，そして近代世界経済の形成』名古屋大学出版会　2015(原著 2000)
松井透『世界市場の形成』岩波書店　1991
水島司『グローバル・ヒストリー入門』(世界史リブレット 127)山川出版社　2010

2　多様な人々が織り成す世界

『岩波講座世界歴史 14　イスラーム・環インド洋世界』岩波書店　2000
『岩波講座世界歴史 23　アジアとヨーロッパ1900年代〜20年代』岩波書店　1999
辛島昇編『世界歴史大系　南アジア史 3　南インド』山川出版社　2007
モーリー・グリーン(秋山晋吾訳)『海賊と商人の地中海——マルタ騎士団とギリシア商人の近世海洋史』NTT出版　2014(原著 2010)
小谷汪之編『世界歴史大系　南アジア史 2　中世・近世』山川出版社　2007
佐藤次高編『西アジア史 1　アラブ』(新版世界各国史 8)山川出版社　2002
鈴木董編『オスマン帝国史の諸相』山川出版社　2012
永田雄三編『西アジア史 2　イラン・トルコ』(新版世界各国史 9)山川出版社　2002
羽田正『東インド会社とアジアの海』(興亡の世界史 15)講談社　2007
林佳世子『オスマン帝国500年の平和』(興亡の世界史 10)講談社　2008
深沢克己『商人と更紗——近世フランス＝レヴァント貿易史研究』東京大学出版会　2007
間野英二『バーブル——ムガル帝国の創設者』(世界史リブレット人 46)山川出版社　2013

3　大交易時代のアジア

上田信『海と帝国——明清時代』(中国の歴史 9)講談社　2005
上田信『シナ海域蜃気楼王国の興亡』講談社　2013

岸本美緒『東アジアの「近世」』(世界史リブレット 13) 山川出版社　1998
岸本美緒『地域社会論再考——明清史論集 2』研文出版　2012
檀上寛『明代海禁＝朝貢システムと華夷秩序』京都大学学術出版会　2013
東洋文庫編『東インド会社とアジアの海賊』勉誠出版　2015
中島楽章「14〜16世紀，東アジア貿易秩序の変容と再編——朝貢体制から1570年システムへ」『社会経済史学』76-4(2011)
羽田正『東インド会社とアジアの海』(興亡の世界史 15) 講談社　2007
山田賢『中国の秘密結社』講談社選書メチエ　1998
渡辺美季『近世琉球と中日関係』吉川弘文館　2012

4　歴史のなかのアフリカ

宇佐美久美子『アフリカ史の意味』(世界史リブレット 14) 山川出版社　1996
大塚和夫他『アフリカの民族と社会』(世界の歴史 24) 中公文庫　2010(初版 1999)
川田順造編『アフリカ史』(新版世界各国史 10) 山川出版社　2009
ジャレド・ダイアモンド(倉骨彰訳)『銃・病原菌・鉄——1万3000年にわたる人類史の謎』(上・下) 草思社文庫　2012(原著 1997)
富永智津子『スワヒリ都市の盛衰』(世界史リブレット 103) 山川出版社　2008
藤田みどり『アフリカ「発見」——日本におけるアフリカ像の変遷』(世界歴史選書) 岩波書店　2005
松田素二他編『新書アフリカ史』講談社現代新書　1997
吉國恒雄『グレートジンバブウェ——東南アフリカの歴史世界』講談社現代新書　1999
John Parker et als, *African History*, Oxford University Press, 2007

第4章　欧米の時代

1　二重革命の時代

喜安朗『パリの聖月曜日——19世紀都市騒乱の舞台裏』岩波現代文庫　200(初版　平凡社　1982)
谷川稔『国民国家とナショナリズム』(世界史リブレット 35) 山川出版社　1999
谷川稔『十字架と三色旗——近代フランスにおける政教分離』岩波現代文庫　2015(初版　山川出版社　1997)
遅塚忠躬『フランス革命——歴史における劇薬』岩波ジュニア新書　1997
野村達朗『大陸国家アメリカの展開』(世界史リブレット 32) 山川出版社　1996
長谷川貴彦『産業革命』(世界史リブレット 116) 山川出版社　2012
エリック・ホブズボーム(安川悦子・水田洋訳)『市民革命と産業革命——二重革命の時代』岩波書店　1986(原著 1962)
松浦義弘『フランス革命の社会史』(世界史リブレット 33) 山川出版社　1997
松宮秀治『文明と文化の思想』白水社　2014
吉岡昭彦『インドとイギリス』岩波新書　1975

2　植民地化に直面する人々

粟屋利江『イギリス支配とインド社会』(世界史リブレット 38) 山川出版社　1998
川田順造編『アフリカ史』(新版世界各国史 10) 山川出版社　2009
竹田いさみ『物語オーストラリアの歴史——多文化ミドルパワーの実験』中公新書　2000

中里成章『インドのヒンドゥーとムスリム』(世界史リブレット 71)山川出版社　2008
藤井毅『歴史のなかのカースト──近代インドの「自画像」』(世界歴史選書)岩波書店　2003
藤川隆男『オーストラリア歴史の旅』朝日選書　1990
藤川隆男『猫に紅茶を──生活に刻まれたオーストラリアの歴史』大阪大学出版会　2007
増田義郎『物語ラテン・アメリカの歴史──未来の大陸』中公新書　1998
松田素二他編『新書アフリカ史』講談社現代新書　1997
毛利健三『自由貿易帝国主義──イギリス産業資本の世界展開』東京大学出版会　1978
山下博司『ヒンドゥー教とインド社会』(世界史リブレット 5)山川出版社　1997

3　西アジアの「長い19世紀」

秋葉淳・橋本伸也編『近代・イスラームの教育社会史──オスマン帝国からの展望』昭和堂　2014
新井政美『トルコ近現代史──イスラム国家から国民国家へ』みすず書房　2001
新井政美『オスマン帝国はなぜ崩壊したのか』青土社　2009
岡本隆司編『宗主権の世界史──東西アジアの近代と翻訳概念』名古屋大学出版会　2014
佐原徹哉『近代バルカン都市社会史──多元主義空間における宗教とエスニシティ』刀水書房　2003
柴宜弘編『バルカン史』(新版世界各国史 18)山川出版社　1998
永田雄三編『西アジア史 2　イラン・トルコ』(新版世界各国史 9)山川出版社　2002
広田照幸・橋本伸也・岩下誠編『福祉国家と教育──比較教育社会史の新たな展開に向けて』昭和堂　2013
藤波伸嘉『オスマン帝国と立憲政──青年トルコ革命における政治，宗教，共同体』名古屋大学出版会　2011
守川知子『シーア派聖地参詣の研究』京都大学学術出版会　2007

4　東アジアにおける「文明」をめぐる交流と対抗

飯島渉『感染症の中国史──公衆衛生と東アジア』中公新書　2009
内田慶一・沈国威編『言語接触とピジン──19世紀の東アジア』白帝社　2009
菊池秀明『ラストエンペラーと近代中国』(中国の歴史 10)講談社　2005
鳥井裕美子「近世日本のアジア認識」『交錯するアジア』(アジアから考える 1)東京大学出版会　1993
帆刈浩之『越境する身体の社会史──華僑ネットワークにおける慈善と医療』風響社　2015
三谷博他編『大人のための近現代史　19世紀編』東京大学出版会　2009
村上衛『海の近代中国──福建人の活動とイギリス・清朝』名古屋大学出版会　2013
茂木敏夫『変容する近代東アジアの国際秩序』(世界史リブレット 41)山川出版社　1997
山室信一『思想課題としてのアジア──基軸・連鎖・投企』岩波書店　2001

第5章　破局の時代

1　帝国支配と第一次世界大戦

池田嘉郎『ロシア革命──破局の8か月』岩波新書　2017
池田嘉郎編『第一次世界大戦と帝国の遺産』山川出版社　2014

木畑洋一『20世紀の歴史』岩波新書　2014
木村靖二『第一次世界大戦』ちくま新書　2014
中野耕太郎『戦争のるつぼ――第一次世界大戦とアメリカニズム』(レクチャー第一次世界大戦を考える)人文書院　2013
藤原辰史『カブラの冬――第一次世界大戦期ドイツの飢饉と民衆』(レクチャー第一次世界大戦を考える)人文書院　2011
山室信一『複合戦争と総力戦の断層――日本にとっての第一次世界大戦』(レクチャー第一次世界大戦を考える)人文書院　2011
和田春樹『歴史としての社会主義』岩波新書　1992
和田春樹他編『世界戦争と改造――1910年代』(岩波講座東アジア近現代通史 3)岩波書店　2010

2　戦間期の世界

新井政美『トルコ近現代史――イスラム国家から国民国家へ』みすず書房　2001
有馬学『帝国の昭和』(日本の歴史 23)講談社学術文庫　2010
石井規衛『文明としてのソ連――初期現代の終焉』(歴史のフロンティア)山川出版社　1995
石田憲『ファシストの戦争――世界史的文脈で読むエチオピア戦争』千倉書房　2011
川島真『近代国家への模索　1894-1925』(シリーズ中国近現代史 2)岩波新書　2010
後藤春美『国際主義との格闘――日本，国際連盟，イギリス帝国』中公叢書　2016
ヴォルフガング・シヴェルブシュ(小野清美・原田一美訳)『三つの新体制――ファシズム，ナチズム，ニューディール』名古屋大学出版会　2015(原著 2005)
篠原初枝『国際連盟――世界平和への夢と挫折』中公新書　2010
ギルベルト・チブラ(三宅正樹訳)『世界経済と世界政治――1922-1931　再建と崩壊』みすず書房　1989(原著 1984)
富田武『スターリニズムの統治構造――1930年代ソ連の政策決定と国民統合』岩波書店　1996
平野千果子『フランス植民地主義の歴史――奴隷制廃止から植民地帝国の崩壊まで』人文書院　2002
古田元夫『ベトナム人共産主義者の民族政策史――革命の中のエスニシティ』大月書店　1991
アントニー・ポロンスキ(越村勲他訳)『小独裁者たち――両大戦間期の東欧における民主主義体制の崩壊』法政大学出版局　1993(原著 1975)
マーク・マゾワー(中田瑞穂・綱谷龍介訳)『暗黒の大陸――ヨーロッパの20世紀』未来社　2015(原著 2001)
松沼美穂『帝国とプロパガンダ――ヴィシー政権期フランスと植民地』(山川歴史モノグラフ 15)山川出版社　2007

3　第二次世界大戦と冷戦

板橋拓己『黒いヨーロッパ――ドイツにおけるキリスト教保守派の「西洋」主義，1925-1965年』吉田書店　2016
オッド・アルネ・ウェスタッド(佐々木雄太監訳)『グローバル冷戦史――第三世界への介入と現代世界の形成』名古屋大学出版会　2010(原著 2007)

遠藤乾編『ヨーロッパ統合史(増補版)』名古屋大学出版会　2014
奥村哲『中国の現代史——戦争と社会主義』青木書店　2000
佐々木卓也『冷戦——アメリカの民主主義的生活様式を守る戦い』有斐閣　2011
マイケル・L・ドックリル，マイケル・F・ホプキンズ(伊藤裕子訳)『冷戦　1945-1991』(ヨーロッパ史入門　第2期)岩波書店　2009(原著　2005)
長谷川毅『暗闘——スターリン，トルーマンと日本降伏』(上・下)中公新書　2011
アントニー・ビーヴァー(平賀秀明訳)『第二次世界大戦1939-45』(上・中・下)白水社　2015(原著　2012)
リチャード・ベッセル(大山晶訳)『ナチスの戦争1918-1949——民族と人種の戦い』中公新書　2015(原著　2004)
マーク・マゾワー(池田年穂訳)『国連と帝国——世界秩序をめぐる攻防の20世紀』慶應義塾大学出版会　2016(原著　2009)
松戸清裕『ソ連という実験——国家が管理する民主主義は可能か』筑摩選書　2017
和田春樹『スターリン批判　1953〜56年——一人の独裁者の死が，いかに20世紀世界を揺り動かしたか』作品社　2016

4　ポスト冷戦とその終わり

池内恵『〔中東大混迷を解く〕サイクス＝ピコ協定——百年の呪縛』新潮選書　2016
遠藤乾『欧州複合危機——苦悶するEU，揺れる世界』中公新書　2016
塩川伸明『民族浄化・人道的介入・新しい冷戦——冷戦後の国際政治』有志舎　2011
トーマス・フリードマン(伏見威蕃訳)『フラット化する世界——経済の大転換と人間の未来(普及版)』(上・中・下)日本経済新聞出版社　2010(原著　2005)

索引

ア

アイゼンハワー　Eisenhowe　任1953-61 …… 292, 295
アイユーブ朝 …… 99, 100
アヴィニョン教皇庁 …… 119
アウグストゥス（オクタウィアヌス）　Augustus/Octavianus　位前27-後14 …… 39
アウクスブルクの和議 …… 142
アウラングゼーブ　Aurangzeb　位1658-1707 …… 160
赤狩り …… 290
アクエンアテン王　Akhenaten　位前1351頃-前34頃 …… 21
アクコユンル朝 …… 151
アクスム王国 …… 182, 183, 185
アクバル　Akbar　位1556-1605 …… 154, 155
アケメネス（ハカーマニシュ）朝 …… 28, 29
アサド（父）　Hafiz al-Asad　任1971-2000 …… 302
アサド（子）　Bashshar al-Asad　任2000- …… 310
アジア・アフリカ会議 …… 293
アショーカ王　Ashoka　位前268頃-前232頃 …… 50, 51
アステカ王国 …… 128, 129
アストゥリアス王国 …… 108
アソシアシオン …… 202
アッカド語 …… 26
アッカド帝国 …… 18
アッシリア …… 22, 23, 25, 26
アッバース1世　Abbas　位1587-1629 …… 153, 157
アッバース朝 …… 86, 93-98, 100, 101
アテナイ …… 34-37
アデナウアー　Adenauer　任1949-63 …… 297
アトリー　Attlee　任1945-51 …… 288
アナーニ事件 …… 119
アパルトヘイト …… 300
アファーマティヴ・アクション …… 297
アフガニスタン軍事介入 …… 302
アフガン人 …… 161

アブデュルハミト2世　Abdülhamit　位1876-1909 …… 225, 228, 230
アブー・バクル　Abu Bakr　位632-634 …… 91
アフラ・マズダ …… 28
アフリカの年 …… 293
アフリカ分割 …… 215
アベラルドゥス　Abaelardus　1079-1142 …… 115
アヘン戦争 …… 207, 235-238
アボリジニ …… 211, 268
アポロン神の神託 …… 33
アマルテ書簡 …… 22
アムステルダム …… 144
アメリカ独立宣言 …… 197
アユタヤ朝 …… 167
アラゴン連合王国 …… 118, 124, 136
アラビア語 …… 93-97, 152, 222, 229
アラブ石油輸出国機構（OAPEC） …… 300
アラム語 …… 25, 26, 28
アリー　Ali　位656-661 …… 91, 92, 96
アリウス派 …… 107
アーリヤ人 …… 49
アル・カイーダ …… 308, 310
アルクイン　Alcuin　735頃-804 …… 109
アルサケス（アルシャク）朝 …… 42
アルファベット …… 25, 32
アルフレド（大王）　Alfred the Great　位871-899 …… 109
アルメニア教会 …… 158
アルメニア人 …… 98, 103, 149, 153, 156-159, 220, 224, 228, 267
アレクサンダル1世　Aleksandr I　位1801-25 …… 280
アレクサンドル・ネフスキー　Aleksandr Nevskii　1220頃-63 …… 121
アレクサンドロス　Alexandros　位前336-前323 …… 29, 36, 50
アロー戦争 …… 237, 239
アロディア王国 …… 185
アングロ＝サクソン人 …… 109-111
アンダルス …… 108, 112
アントウェルペン …… 119, 143, 144
アンドロポフ　Andropov　任1982-84 …… 303

イ

イヴァン3世　Ivan Ⅲ　位1462-1505 …… 121
イエズス会 …… 143, 173, 237

イェニチェリ 149-151, 218, 219
イェルサレム 25, 42, 93, 99, 100, 114, 117, 203
イェルサレム王国 114, 117
イクター制 97, 99, 102
イサベル Isabel 位 1474-1504 124
移住 175, 225
イスタンブル 149, 157, 158, 161, 218, 223, 226, 229, 267
イスファハーン 153, 157, 161
イスマーイール Ismail 位 1501-24 151-153
イスマーイール派 96
イスラエル王国 25
イスラーム 90, 92, 95, 103, 183
イスラーム国 (IS) 310
イスラーム神秘主義→スーフィズム
イスラームへの改宗 (イスラーム化) 93-95, 99, 101, 150, 152, 155, 184, 185
イスラーム法 95
イタリア・トルコ (伊土) 戦争 258
異端運動 122
委任統治領 265, 267, 268
イブン・バットゥータ Ibn Battuta 1304-68/69/77 102
移民 173, 176, 197, 212, 213, 239, 240, 256
移民制限法 213
イラン・イスラーム革命 302
イラン・イラク戦争 302
イル・ハン国 101, 102
殷 60-62
インカ帝国 129, 130
イングランド・オランダ (英蘭) 戦争 145
殷墟 59, 60
インダス川 16, 49, 50
インダス文明 48, 49
インディアン強制移住法 197
インディオ 136, 210
インド化 53, 54
インド商人 87
インド大叛乱 216
インド帝国 216
インド哲学 50
インド・パキスタン分離独立 292
インノケンティウス3世 Innocentius III 位 1198-1216 .... 117, 118

ウ

ヴァイシャ 49
ヴァイマル共和国 269, 277
ヴァイマル憲法 269
ヴァスコ・ダ・ガマ Vasco da Gama 1469頃-1524 135
ヴァールシュタット (レグニツァ) の戦い 86, 121
ヴァルダマーナ Vardhamana 前549頃-前477頃 51
ヴァルナ (制度) 49, 50
ヴァロワ朝 120
ヴァンダル王国 106, 107
ウィクリフ Wycliffe 1320頃-84 122
ウイグル 75, 77
ウイグル商人 87
ヴィシー政権 285
ヴィシュヌ神 52
ヴィットーリオ・エマヌエーレ3世 Vittorio Emanuele III 位 1900-46 .... 276, 279
ウィリアム1世 (征服王) William I 位 1066-87 114
ウィルソン Wilson 任 1913-21 .... 263, 264, 271
ヴィルヘルム2世 Wilhelm II 位 1888-1918 .... 257, 263
ウィーン会議 200, 201
ウェストファリア条約 144
ウェストミンスター憲章 268
ヴェーダ時代 49, 50
ヴェルサイユ条約 265, 267, 269, 277, 279
ヴェルサイユ体制 267, 270
ヴェルダン条約 110
ヴォルムス協約 113, 114
ウガリト 23
ウパニシャッド哲学 50
ウマイヤ朝 91-93, 108
海のシルクロード (海洋の道) 52, 77, 78
海の民 22, 23
ウラジーミル1世 Vladimir I 位 980頃-1015 112
ウラマー 95, 98, 151, 159, 161, 220
ウル 18, 19
ウルク 16, 18
ウルバヌス2世 Urbanus II 位 1088-99 114

エ

栄西 1141-1215 .... 80, 81, 83
永楽帝 位 1402-24 166
英露協商 257

333

エジプト王国(古代) ……… 20, 23, 26
エスエル ……… 261
エスタド・ノヴォ(体制) ……… 279, 299
越 ……… 62
エドガー　Edgar　位959-975 ……… 111
エトノス ……… 34, 35
エドワード1世　Edward I　位1272-1307
　　　　……… 119
エドワード3世　Edward III　位1327-77
　　　　……… 120
エピクロス派 ……… 37
エーベルト　Ebert　任1919-25 ……… 277
エリツィン　Yeltsin　任1991-99 ……… 305
『エリュトゥラー海案内記』 ……… 51
燕 ……… 63
燕雲十六州 ……… 78, 79
エンコミエンダ ……… 136
袁世凱　1859-1916 ……… 245
円明園 ……… 239

オ

オアシスの道(天山南路) ……… 77
オイルショック ……… 300, 301
王安石　1021-86 ……… 79
黄禍論 ……… 213
欧州共同体(EC) ……… 299
欧州石炭鉄鋼共同体(ECSC) ……… 297
欧州連合(EU) ……… 308, 309
王直　?-1559 ……… 169, 170, 175
王の目 ……… 28
王莽　位8-23 ……… 67
オクスフォード大学 ……… 115
オクタウィアヌス→アウグストゥス
オケオ遺跡 ……… 53
オゴタイ　Ogotai　位1229-41
　　　　……… 85, 86
オゴタイ・ハン国 ……… 87
オーストリア継承戦争 ……… 145, 147
オーストリア・ハンガリー二重君主国
　→ハプスブルク帝国
オスマン朝(帝国) ……… 88, 103, 149, 150,
　152, 157-159, 161, 162, 203, 204, 218-220,
　222-230, 258, 266
オスマン帝国憲法 ……… 225
オットー1世　Otto I　位936-973 ……… 111
オットー3世　Otto III　位983-1002 ……… 111
オットー朝 ……… 111, 112
オバマ　Obama　任2009-17 ……… 309
オランダ連邦共和国 ……… 142
オリエント諸大国システム ……… 23, 25, 31

オリンピア競技祭 ……… 33
オルハン　Orhan　位1324-62 ……… 103
オルメカ文化 ……… 126

カ

夏 ……… 60
改革・開放路線 ……… 298
海禁＝朝貢システム ……… 165, 167, 168
海禁令 ……… 165
『海国図志』 ……… 236
華夷思想 ……… 75, 164
カイロ ……… 97, 98, 102
カイロ会談 ……… 287
カウディーリョ ……… 210
カエサル　Caesar　前100-前44 ……… 39
科学革命 ……… 146
科挙 ……… 78, 79, 164
華僑 ……… 84, 170, 237, 240, 245
核不拡散条約 ……… 298
カザフ・ハン国 ……… 240
ガザーリー　al-Ghazali　1058-1111 ……… 98
ガザン　Ghazan　位1295-1304 ……… 101
カジミェシュ3世　Kazimierz III　位1333-70
　　　　……… 121
ガージャール朝 ……… 220-222, 228, 229
カスティリャ王国 ……… 118, 124, 136
カースト(制度) ……… 48, 50, 216, 217
カストロ　Castro　任1959-2008 ……… 295
カダフィ　al-Qadhdhafi　1942-2011
　　　　……… 301
カタリ派 ……… 117
活版印刷(技術) ……… 87, 146, 223
カトリック(教徒) ……… 110, 114, 142, 144,
　200, 204
カトリック両王 ……… 124
ガーナ王国 ……… 183-185
カヌート(クヌーズ)　Canut/Knud　位1016-35
　　　　……… 112
カノッサ事件 ……… 114
カフカース ……… 16, 22, 43, 153, 157, 220,
　221, 225, 227-229
貨幣経済 ……… 63, 115
カペー朝 ……… 111, 116
火薬 ……… 81, 87
カリフ ……… 91-93, 95-97, 102, 230
カーリミー商人 ……… 100
火力革命 ……… 81
カール1世(大帝, シャルルマーニュ)　Karl/
　Charlemagne　位768-814 ……… 108, 109
カール4世　Karl IV　位1347-78 ……… 120

カルヴァン派 ………… 142
カルケドン公会議（信条）………… 92, 185
カルタゴ ………… 35, 38, 39
カール・マルテル　Karl Martell　688頃-741
　　………… 108
カルマル連合 ………… 121
ガレオン船 ………… 170
カロリング朝 ………… 108, 111
カロリング・ルネサンス ………… 109
漢〔前漢〕………… 66
漢〔後漢〕………… 51, 67, 68
韓 ………… 63
甘英　生没年不詳 ………… 67
宦官 ………… 67, 99, 151, 166
歓喜力行団 ………… 278
韓国併合 ………… 255
ガンジス川 ………… 49, 50, 52
ガンディー　Gandhi　1869-1948 ………… 256, 268, 287, 292
カンボジア ………… 76
漢民族（漢人）………… 58, 67, 69, 171, 172
漢訳西学書 ………… 236, 241
寛容法 ………… 142

キ

魏〔戦国時代〕………… 63
魏〔三国時代〕………… 69
キエフ公国（キエフ・ルーシ）………… 110, 112
魏源　1794-1857 ………… 236
岸信介　任1957-60 ………… 283
徽州商人 ………… 175
技術革新 ………… 146, 181, 193, 215
義浄　635-713 ………… 52
魏晋南北朝 ………… 68-70
徽宗　位1100-25 ………… 79
北大西洋条約機構（NATO）………… 290
キッシンジャー　Kissinger　1923-
　　………… 297, 298
契丹 ………… 78
羈縻政策 ………… 75
キプチャク・ハン国 ………… 87, 101, 121
金日成（キム・イルスン）　任1948-94
　　………… 291
九十五カ条の論題 ………… 141
キューバ危機 ………… 295
キュリロス　Kýrillos　827-869 ………… 110
羌 ………… 69
教会合同 ………… 114
教会大分裂（シスマ）………… 119, 120
教皇座（教皇庁）………… 113, 114, 118, 277

教皇領（教皇国家）………… 108, 277
匈奴 ………… 66, 69
共和暦 ………… 200
ギリシア人 ………… 31-35, 98, 103, 109, 149
ギリシア正教会（教徒）………… 110, 114, 158, 204
ギリシア世界 ………… 32-36
キリスト教（教徒）………… 44, 90　92, 107, 151, 222-224, 226, 227
キリスト教原理主義 ………… 198
義和団の乱 ………… 255
金 ………… 79
銀 ………… 137, 169, 174
金印勅書 ………… 120
欽宗　位1125-27 ………… 79
近代世界システム ………… 137, 139
均田制 ………… 75
均輸法 ………… 79

ク

クウェート侵攻 ………… 306
楔形文字 ………… 17, 19
クシャトリヤ ………… 49, 51
グーテンベルク　Gutenberg　1400頃-68
　　………… 146
グプタ朝 ………… 52
グラゴール文字 ………… 110
グラスノスチ ………… 304, 305
グラナダ王国 ………… 118, 124
苦力（クーリー）………… 176, 239, 244
クリオーリョ ………… 210
クリミア戦争 ………… 204, 222-224
クリュニー改革 ………… 111, 113
『クルアーン（コーラン）』………… 91, 95
グルジア人 ………… 153, 227
クルド人 ………… 98, 152, 267
グレゴリウス1世　Gregorius I 　位590-604
　　………… 107
グレゴリウス7世　Gregorius VII　位1073-85
　　………… 113, 114
グレゴリウス改革 ………… 113
クレシーの戦い ………… 120
グレートゲーム ………… 203
グレートジンバブエ ………… 182, 184
クレルモン公会議 ………… 114
軍管区制（テマ制）………… 108
郡県制 ………… 66
郡国制 ………… 66
軍事革命 ………… 146
君主国（モナルキア）………… 116
軍人皇帝時代 ………… 43

ケ

計画経済 ……………… 274
景教→ネストリウス派
経済相互援助会議（COMECON）……… 290
恵文王　位前338-前311 ……… 61
啓蒙思想 ……………… 146, 214
啓蒙専制 ……………… 146
羯 ……………… 69
ケネディ　Kennedy　任1961-63 ……… 295, 296
ケープ植民地 ……………… 187, 188, 215
ケロッグ　Kellogg　1856-1937 ……… 270
元 ……………… 86, 163
権威主義体制 ……………… 280, 304
元寇 ……………… 86
玄奘　602-664 ……………… 52
厳復　1854-1921 ……………… 243
権利の章典 ……………… 142, 194
乾隆帝　位1735-95 ……………… 172, 173
元老院 ……………… 39

コ

呉〔春秋時代〕……………… 62
呉〔三国時代〕……………… 69
呉〔六朝〕……………… 69
五・一五事件 ……………… 282
後ウマイヤ朝 ……………… 97
公会議主義 ……………… 122
後期古代 ……………… 106
『康熙字典』 ……………… 173
康熙帝　位1661-1722 ……………… 172, 173
公共圏 ……………… 147
黄巾の乱 ……………… 68
紅巾の乱 ……………… 164
高句麗 ……………… 75
寇謙之　363-448 ……………… 70
江湖 ……………… 246
甲骨文字 ……………… 62
紅山文化 ……………… 60
光緒帝（劉秀）　位1875-1908 ……… 241
口頭伝承 ……………… 180
江南 ……………… 78, 164, 175
後発資本主義国 ……………… 195, 205
公民権運動 ……………… 296
康有為　1858-1927 ……………… 241
高麗 ……………… 164
『後漢書』 ……………… 67
コーカンド・ハン国 ……………… 240
五行思想 ……………… 57
国王巡察使 ……………… 108

国際通貨基金（IMF）……………… 289
国際難民年 ……………… 294
国際連合 ……………… 288
国際連盟 ……………… 264, 265, 267, 268, 279, 282, 284
黒人奴隷解放運動 ……………… 210
国民国家 ……………… 200-202, 204, 222
国民社会主義ドイツ労働者党（ナチ党）
　……………… 277-281
国民ファシスト党 ……………… 276
五胡 ……………… 69
五胡十六国 ……………… 69, 70
『古今図書集成』 ……………… 173
互市 ……………… 168, 173
五・四運動 ……………… 265
ゴシック様式 ……………… 117
コスイギン　Kosygin　任1964-80 ……… 300
五代十国 ……………… 78
国教会 ……………… 142
国共内戦 ……………… 291
コーヒーハウス ……………… 147
コプト ……………… 97, 100, 102
コプト教会 ……………… 92, 97, 185
コペルニクス　Copernicus　1473-1543
　……………… 146
コミンテルン ……………… 262, 280, 281, 287
コミンフォルム ……………… 290, 294
コモンウェルス ……………… 268, 272, 285, 300
コール　Kohl　任1982-98 ……… 301, 304
コルテス　Cortés　1485-1547 ……… 129, 136
ゴールドラッシュ ……………… 212, 213
ゴルバチョフ　Gorbachev　任1985-91
　……………… 303-305
コルンバヌス（聖）　Columbanus　543-615
　……………… 107
コロンタイ　Kollontai　1872-1952 ……… 271
コロンブス　Columbus　1451-1506
　……………… 136, 186
コンゴ王国 ……………… 188
コンスタンツ公会議 ……………… 122
コンスタンティノープル ……………… 43, 45, 92, 107, 117, 123, 149
コンスタンティノープル（世界）総主教（座）
　……………… 110, 113, 226
棍棒外交 ……………… 256
コンラート3世　Konrad Ⅲ　位1138-52
　……………… 116

サ

西域 ……………… 66

サイイド・アジャッル（賽典赤） Sayyid Ajall 1211-79 …… 166
財政＝軍事国家 …… 145
再版農奴制 …… 122
ザグエ王国 …… 186
冊封体制 …… 75
サーサーン朝 …… 43, 45, 46, 89-91, 95, 107
サダト al-Sadat 任1970-81 …… 302
サダム・フセイン Saddam Husayn 任1979-2003 …… 302
サッチャー Thatcher 任1979-90 …… 301, 303, 304
砂漠隊商（貿易）…… 182, 188
サバタイ・ツヴィ Shabbatai Tzevi 1626-76 …… 159
ザビエル Xavier 1506頃-52 …… 143, 170
サファヴィー教団 …… 149, 151, 152
サファヴィー朝（帝国）…… 150-153, 156-161
サブサハラ …… 179-184, 214, 215
サマルカンド …… 101
サーマーン朝 …… 96
ザミンダーリー …… 216
サラザール Salazar 任1932-68 …… 279, 285, 299
サラーフ・アッディーン（サラディン） Salah al-Din/Saladin 位1169-93 …… 99, 100, 117
サルゴン Sargon 位前24世紀後半-前23世紀初 …… 18
三・一独立運動 …… 265
三角貿易 …… 238
産業革命（第1次）…… 193-196, 214-216
産業革命（第2次）…… 205
塹壕戦 …… 259
三国干渉 …… 255
三国時代 …… 69
三国同盟 …… 257
サン・ジェルマン条約 …… 275
三十年戦争 …… 144
サンスクリット語 …… 52, 54
サン・ステファノ条約 …… 258
山西商人 …… 175
三星堆遺跡 …… 61
三藩の乱 …… 172
三仏斉 …… 82
サンフランシスコ講和条約 …… 289

シ

シーア派 …… 92, 96, 98, 100, 152, 220, 229
シヴァ神 …… 52

市易法 …… 79
ジェントリ …… 120
ジョリッティ Giolitti 1842-1928 …… 275
ジギスムント Sigismund 位1411-37 …… 123
色目人 …… 166
『詩経』 …… 58
始皇帝 位前221-前210 …… 65, 66
『四庫全書』 …… 173
シスマ→教会大分裂
時代区分 …… 7, 8
士大夫 …… 79
自治領→ドミニオン
七年戦争 …… 145, 147, 195
市鎮 …… 176
ジッグラト …… 19
シトー会 …… 115, 116
死の舞踏 …… 124
司馬炎（武帝） 位265-290 …… 69
市舶司 …… 83, 165
シベリア鉄道 …… 256
資本主義 …… 202
ジャイナ教 …… 51, 154
社会改革運動 …… 216
社会主義 …… 202
社会ダーウィニズム …… 255
社会問題 …… 202
ジャックリーの乱 …… 122
シャルル2世 Charles II 位843-877（西フランク）・875-877（西ローマ皇帝） …… 110
シャルル7世 Charles VII 位1422-61 …… 120
ジャンク船 …… 83, 170
ジャンヌ・ダルク Jeanne d'Arc 1412-31 …… 120
周 …… 60, 62
周恩来 任1949-76 …… 293
重金主義 …… 145
十字軍 …… 99, 102, 116, 117, 123
自由主義的改革 …… 201, 210
重商主義 …… 145
修道院 …… 107, 109, 115
十二イマーム派 …… 152
12世紀ルネサンス …… 115
自由貿易体制 …… 227
十四カ条 …… 263
儒家 …… 64, 68
儒学 …… 164
朱熹 1130-1200 …… 80
儒教 …… 62, 80

主権国家体制 …… 144, 147
朱元璋（洪武帝） 位 1368-98 …… 164, 165
シュタウフェン朝 …… 116
シュードラ …… 49, 52
シュトレーゼマン　Stresemann　任 1923 …… 269
『種の起源』 …… 196
シューマン　Schuman　1886-1963 …… 297
シュメル …… 18, 19
シュラクサイ …… 34
シュリーヴィジャヤ …… 52, 54, 76
ジュンガル …… 172
荀子　前 298 頃 - 前 235 頃 …… 64
春秋時代 …… 62, 64
蒋介石　任 1948-49, 50-75 …… 282, 286, 287, 291
『傷寒雑病論』 …… 68
蒸気機関 …… 193, 195, 196
浄土信仰 …… 80
小氷期 …… 143, 163
商鞅 …… 175
蜀〔青銅時代〕 …… 61
蜀〔三国時代〕 …… 69
植民地化 …… 205, 206, 215, 226
植民都市 …… 32
贖宥状 …… 124
『諸国民の富（国富論）』 …… 146
諸子百家 …… 63, 64
女真 …… 79, 171
女性参政権 …… 270, 321
叙任権闘争 …… 114
ジョン（欠地王）　John　位 1199-1216 …… 118
ジョンソン　Johnson　任 1963-69 …… 296
シルクロード …… 77, 78
時令思想 …… 64
新 …… 67
晋 …… 69
秦 …… 63, 66
清 …… 88, 147, 172, 173, 176
辛亥革命 …… 245, 256
『神学大全』 …… 119
『神曲』 …… 123
新興工業経済地域（NIES） …… 301
新思考外交 …… 303
真珠湾奇襲 …… 286
神聖ローマ帝国 …… 111, 120, 144
神宗　位 1067-85 …… 79
新バビロニア帝国 …… 26, 27
清仏戦争 …… 240

新法 …… 79
人民戦線 …… 281
新羅 …… 75
新冷戦 …… 302

ス

隋 …… 74, 75
スイス盟約者団 …… 120
枢軸国 …… 285
スエズ運河 …… 205, 292
スコラ学 …… 119
スターリン　Stalin　任 1922-53 …… 274, 275, 286-291, 294
スターリングラード攻防戦 …… 287
スターリン批判 …… 294
ズデーテン …… 281
ストア哲学 …… 37
スパルタ …… 34-36
スーフィズム（イスラーム神秘主義） …… 98, 99, 155
スプートニク …… 296
スペイン継承戦争 …… 145
スペイン内戦 …… 281
スミス（アダム）　Adam Smith　1723-90 …… 146
スメトナ　Smetona　任 1919-20, 26-40 …… 280
スラヴ語 …… 110
スレイマン　Süleyman　位 1520-66 …… 150, 151
スンナ派 …… 92, 95, 96, 98, 100-102, 149-152, 154, 159

セ

斉〔六朝〕 …… 69
斉〔春秋戦国時代〕 …… 62, 63
清浄寺 …… 83
清談 …… 69
青銅時代 …… 60
正統主義 …… 200
青苗法 …… 79
セーヴル条約 …… 266
世界恐慌 …… 272, 277
石油輸出国機構（OPEC） …… 306
絶対王政 …… 145
セルジューク朝 …… 98, 99
セレウコス朝 …… 36
全欧安全保障協力会議 …… 298
宣教師 …… 158, 223, 234-237
全国三部会 …… 119, 199

戦国時代 ……………… 63-65
戦国の七雄 …………… 63，66
戦士のファッショ …………… 276
泉州 …………… 83，84，165，176
禅宗 ……………… 80
鮮卑 ……………… 69
全米同時多発テロ ……………… 308
戦略兵器制限条約(SALT) ……………… 298
善隣外交 ……………… 273

ソ

楚 …………… 62，63，66
宋〔六朝〕 ……………… 69
宋〔北宋〕 …………… 78，79，81，83
宋〔南宋〕 …………… 79，86
ソヴィエト社会主義共和国連邦(ソ連) ……………… 274
荘王 位前613-前591 ……………… 62
宋学(朱子学) ……………… 80
草原の道(天山北路) ……………… 77
曹操 155-220 ……………… 69
宗族 ……………… 177
曹丕 位220-226 ……………… 69
総力戦(体制) …………… 259，260，262，270，275，287
則天武后 位690-705 ……………… 76
ソグド商人 ……………… 87
「蘇湖熟すれば天下足る」 ……………… 169
租調庸制 ……………… 75
ソ連消滅 ……………… 305
ゾロアスター教(教徒) …………… 28，45，76，92
ソロモン王国 …………… 186，188
ソンガイ王国(ガオ王国) ……………… 183
孫権 位229-252 ……………… 69
孫文 1866-1925 …………… 245，246

タ

第一次世界大戦 ……………… 258-263
第一身分 ……………… 199
大韓民国(韓国) ……………… 291
大空位時代 ……………… 118
大憲章(マグナ・カルタ) ……………… 118
対抗宗教改革 ……………… 143
第三世界 ……………… 293
第三身分 ……………… 199
大衆社会 ……………… 311
大衆文化 ……………… 272
隊商交易 ……………… 24
大乗仏教 ……………… 51
大秦国(ローマ帝国) ……………… 67

大西洋憲章 ……………… 286
大西洋三角貿易 …………… 139，187
大政翼賛会 ……………… 283
太宗〔宋〕 位976-997 ……………… 79
大テロル ……………… 275
大都 …………… 85，86，164
第二インターナショナル …………… 254，260
第二次世界大戦 …………… 281，284-288
第二身分 ……………… 199
太平天国の乱 …………… 176，237
太平道 ……………… 68
大翻訳運動 ……………… 115
太陽のピラミッド ……………… 127
台湾 ……………… 241
ダーウィン Darwin 1809-82 ……………… 196
ダウ船 ……………… 53
托鉢修道会 ……………… 119
タタールの軛 …………… 121，147
脱宗教化 ……………… 200
脱植民地化 ……………… 211
ダマスクス …………… 91，94
ターリバーン ……………… 308
タンズィマート ……………… 219
単性論派 ……………… 45
ダンテ Dante 1265-1321 ……………… 123
タンネンベルク(グルンヴァルト)の戦い ……………… 121

チ

治安維持法 ……………… 282
チェルノブイリ原発事故 ……………… 303
チェンバレン(ネヴィル) Neville Chamberlain 任1937-40 …………… 281，285
地中海商業圏 ……………… 119
地動説 ……………… 146
チベット …………… 77，172，291
チベット仏教 ……………… 172
チャイナタウン ……………… 176
チャウシェスク Ceausescu 任1967-89 …………… 300，304
チャガタイ・ハン国 …………… 87，101
チャーチル Churchill 任1940-45，51-55 …………… 262，285-288
チャビン文化 ……………… 127
チャンドラグプタ Chandragupta 位前317-前296頃 …………… 50，51
チャンパー …………… 53，76，86
中華 ……………… 164
中華思想 ……………… 58
中華人民共和国 ……………… 291

339

中華民国 …… 245, 282
中継交易(貿易) …… 24, 54, 82, 144, 168
「中国」 …… 58, 64
中国化 …… 69
中国共産党 …… 285, 291, 304
中国国民党 …… 246, 285
中国人商人 …… 83
中国同盟会 …… 245
中世都市 …… 115
中東戦争(第1次) …… 292
中東戦争(第2次) …… 292
中東戦争(第3次) …… 301
中東戦争(第4次) …… 300, 302
字喃(チュノム) …… 86
趙 …… 63
張角 ?-184 …… 68
張学良 1901-2001 …… 282, 285
趙匡胤(太祖) 位 960-976 …… 78
朝貢 …… 165, 166, 173
朝貢貿易 …… 165-169
張鼓峰事件 …… 282
張作霖 1875-1928 …… 282
張士誠 位 1354-67 …… 165
徴税請負制 …… 151, 162
朝鮮戦争 …… 291
朝鮮民主主義人民共和国(北朝鮮) …… 291
張仲景 生没年不詳 …… 68
チョーラ朝 …… 82
陳〔ベトナム〕 …… 86, 164
陳〔六朝〕 …… 69
チンギス・ハン Chinggis Khan 位 1206-27 …… 85, 88, 100
陳勝・呉広の乱 …… 66
沈黙交易 …… 233

ツ・テ

ツァーリズム …… 147
つくられた伝統 …… 217
氏 …… 69
ディアス Diaz 任 1877-80, 84-1911 …… 135
ディオクレティアヌス Diocletianus 位 284-305 …… 43
ティグリス川 …… 17, 228
帝国主義 …… 205
鄭芝龍 1604-61 …… 171
ティトー Tito 任 1953-80 …… 290, 293
ティマール制 …… 103, 151
ティムール Timur 位 1370-1405 …… 101, 151
ティムール朝(帝国) …… 88, 154

ティモテオス1世 Timotheos 位 780-823 …… 96
ティルス …… 24
鄭和 1371-1434頃 …… 166
テオティワカン …… 127
『デカメロン』 …… 123
デカルト Descartes 1596-1650 …… 140
デクラーク De Klerk 任 1989-94 …… 300
デタント(緊張緩和) …… 298, 300
テノチティトラン …… 129
テーバイ …… 36
テーベ …… 21
デルフォイ …… 33
デロス同盟 …… 35
天安門事件 …… 304
『天演論』 …… 243
デーン人 …… 109
天津条約 …… 239, 240
典礼問題 …… 173

ト

ドイツ騎士団 …… 121
ドイツ再統一 …… 304
ドイツ帝国 …… 201
ドイツ民主共和国(東独) …… 290
ドイツ連邦共和国(西独) …… 290
唐 …… 75-77
洞 …… 70
統一進歩協会 …… 231
道家 …… 64
道教 …… 68, 70, 80
同郷組織 …… 240
同郷・同業会館 …… 176
道元 1200-53 …… 80
鄧小平 1904-97 …… 295, 298
東晋 …… 69
唐人町 …… 170
陶潜(淵明) 365頃-427 …… 69
唐船風説書 …… 235
『東方見聞録(世界の記述)』 …… 85
東方植民運動 …… 115, 121
東方問題 …… 203
トゥール・ポワティエ間の戦い …… 108
トゥールーン朝 …… 96
独ソ不可侵条約 …… 281, 286
トークン …… 16, 17
ドゴール de Gaulle 任 1959-69 …… 285, 287, 293, 297
土司 …… 172
都市化 …… 217

340 索引

都市国家（ポリス） ……… 34, 35
ドーズ案 ……… 269
吐蕃 ……… 75, 77
ドプチェク Dubcek 任1968-69 ……… 300, 304
ドーポラヴォーロ ……… 276
トマス・アクィナス Thomas Aquinas 1225頃-74 ……… 119
ドミニオン（自治領） ……… 212, 268
ドミニコ会 ……… 118
トリアノン条約 ……… 266
トリエント公会議 ……… 142
トルキスタン ……… 172
ドルフス Dollfuss 任1932-34 ……… 279
トルーマン Truman 任1945-53 ……… 288, 291
トルワ ……… 184
奴隷解放宣言 ……… 209, 210, 214
奴隷狩り ……… 186, 188
奴隷制廃止運動 ……… 214
奴隷貿易 ……… 186-188
トロツキー Trotskii 1879-1940 ……… 274
ドンゴラ王国 ……… 185

ナ

中曽根康弘 任1982-87 ……… 301
ナカダ文化圏 ……… 17
ナジ Nagy 任1953-55, 56 ……… 294, 304
ナセル Abd al-Nasir 任1956-70 ……… 292, 293, 301
ナポレオン・ボナパルト Napoléon Bonaparte 位1804-14, 15 ……… 200, 210, 227
南越国 ……… 66
南海交易 ……… 83
南下政策 ……… 203
南京条約 ……… 207, 238
南詔 ……… 75
ナンセン Nansen 1861-1930 ……… 268
ナンダ朝 ……… 50
ナントの王令 ……… 142, 159
南蛮貿易 ……… 170

ニ

二月革命 ……… 261
ニクソン Nixon 任1969-74 ……… 297, 298, 301
ニコポリスの戦い ……… 123
ニコライ2世 Nikolai II 位1894-1917 ……… 260
西ゴート王国 ……… 106, 108

二十一カ条要求 ……… 259
二重革命 ……… 193
日英同盟 ……… 255, 270
日独伊三国同盟 ……… 286
日独防共協定 ……… 282
日南郡 ……… 66, 67
日露戦争 ……… 255
日清戦争（甲午戦争） ……… 241
日ソ中立条約 ……… 286
日中戦争 ……… 283
日朝修好条規 ……… 238
二・二六事件 ……… 283
ニューディール ……… 273
ニュルンベルク諸法 ……… 278
寧波の乱 ……… 168

ヌ・ネ・ノ

ヌイイ条約 ……… 267
ヌーヴェル・フランス ……… 138
ヌルハチ Nurhaci 位1616-26 ……… 171, 172
ネストリウス派（景教、東シリア教会） ……… 45, 76, 96
ネルー Nehru 任1947-64 ……… 245, 293
ネルチンスク条約 ……… 147, 172
農奴解放 ……… 201
農奴制廃止 ……… 202
農本商末 ……… 175
ノモンハン事件 ……… 282
ノルマン人 ……… 109, 110, 112
ノルマン征服 ……… 114
ノルマン朝 ……… 114
ノルマンディー公領 ……… 110
ノルマンディー上陸作戦 ……… 287

ハ

拝上帝会 ……… 237
ハイドゥの乱 ……… 87
バイバルス Baybars 位1260-77 ……… 102
買弁 ……… 240
ハインリヒ1世 Heinrich I 位919-936 ……… 111
ハインリヒ4世 Heinrich IV 位1056-1106 ……… 114
白豪主義 ……… 213
白色革命 ……… 302
白人性 ……… 213
パクス・モンゴリカ ……… 85
パクス・ローマーナ ……… 40, 67
バグダード ……… 93-98, 101, 256
バクトリア国 ……… 51

バシレイオス2世　Basileios II　位 976-1025
　………… 112
バスカリス2世　Paschalis II　位 1099-1118
　………… 112
バスティーユ監獄襲撃 ………… 199
バース党 ………… 302
バッツ　Patu　任 1938-40 ………… 280
バトゥ　Batu　1207-55 ………… 85, 86, 121
パナマ運河 ………… 256
バビロン王国(バビロニア) ………… 19, 21, 22, 26
ハプスブルク帝国 ………… 201, 258, 263, 266
バーブル　Babur　位 1526-30 ………… 154
パフレヴィー朝 ………… 302
バラ戦争 ………… 120
ハラッパー ………… 49
バラモン ………… 49-52, 155
バラモン教 ………… 49, 50, 52
ハーラル(青歯王)　Harald I　位 958-985頃
　………… 112
パリ講和会議 ………… 264, 265, 267
パリ講和条約 ………… 289
パリ大学 ………… 115
バルカン戦争(第1次) ………… 258
バルカン戦争(第2次) ………… 267
パルチザン ………… 288, 290
パルティア(安息) ………… 43, 67
バルト海世界 ………… 121
パレスチナ(問題) ………… 292
パン・アラブ主義 ………… 301, 302
蛮夷 ………… 58
ハンガリー反ソ叛乱 ………… 294
パンクハースト　Pankhurst　1858-1928
　………… 270
ハンザ同盟 ………… 121
バンダラナイケ　Bandaranaike　任 1960-65, 70-77 ………… 292
班超　32-102 ………… 67
バンツー系 ………… 182, 183, 185
藩部 ………… 172
ハンムラビ法典 ………… 19

ヒ

ピウスツキ　Pilsudski　1867-1935 ………… 280, 281
ヒエログリフ(神聖文字) ………… 18
東インド会社〔イングランド・イギリス〕
　145, 156, 215, 216
東インド会社〔オランダ〕 ………… 144, 145, 156, 171

東インド会社〔フランス〕 ………… 145, 156
東ゴート王国 ………… 106, 107
東フランク王国 ………… 110
東ローマ帝国 ………… 89, 92, 108, 109
ヒクソス ………… 21
ピサロ　Pizarro　1470頃-1541 ………… 136
ビザンツ帝国 ………… 98, 99, 101, 103, 109, 112, 117, 123
ヒジュラ暦 ………… 91
ピジン英語 ………… 234
ビスマルク　Bismarck　任 1862-90
　………… 257
ヒッタイト帝国 ………… 21-23
非同盟諸国首脳会議 ………… 293
ヒトラー　Hitler　1889-1945 ………… 271, 277-281, 286, 288
ピピン　Pippin　位 751-768 ………… 108
ピピンの寄進 ………… 108
非ムスリム ………… 150, 154, 160, 185, 219, 224, 225, 230
百年戦争 ………… 120
白蓮教徒 ………… 164, 174
『百科全書』 ………… 146
ヒューマニズム(人間中心主義) ………… 140
ピューリタン革命 ………… 142
ピョートル1世　Pëtr I　位 1682-1725
　………… 147
ピラミッド ………… 20
閩人三十六姓 ………… 168
ヒンデンブルク　Hindenburg　任 1925-34
　………… 277
ヒンドゥー教(徒) ………… 49, 52, 154, 160, 216
ヒンドゥー系商人 ………… 156, 157
ビン・ラーディン　bin Ladin　1957-2011
　………… 308

フ

ファシズム(体制) ………… 276, 279, 280
ファーティマ朝 ………… 97-99
フアン・カルロス1世　Juan Carlos I 位 1975-2014 ………… 300
フィリップ2世(オーギュスト)　Philippe II
　位 1180-1223 ………… 117, 118
フィリップ4世(ル・ベル)　Philippe IV　位 1285-1314 ………… 119
フーヴァー　Hoover　任 1929-33 ………… 272
封じ込め政策 ………… 289
フェニキア人 ………… 24, 25, 31, 35, 39
フェルナンド　Fernando　位 1479-1516
　………… 124

フォード(社) ……………… 272
溥儀　位 1908-12 ……………… 282
複合革命 ……………… 199
福祉国家 ……………… 299, 301
富国強兵 ……………… 63
フス　Hus　1370頃-1415 ……………… 122
フス戦争 ……………… 122
不戦条約 ……………… 270
プーチン　Putin　任 2000-08, 12- ……………… 308
仏教 ……………… 51, 52, 54, 70, 80
福建 ……………… 78, 83, 84, 167, 170, 171, 173
福建商人 ……………… 84
『仏国記』……………… 54
復古主義 ……………… 216
ブッシュ(父)　G.H.W.Bush　任 1989-93 ……………… 304, 306
ブッシュ(子)　G.W.Bush　任 2001-09 ……………… 308
仏像(彫刻) ……………… 51, 76
ブッダ(ガウタマ・シッダールタ)　Gautama Siddhartha　前 563頃-前 483頃 ……………… 51
武帝〔漢〕位前 141-前 87 ……………… 66, 67, 77
プトレマイオス　Ptolemaios　生没年不詳 ……………… 67
プトレマイオス朝 ……………… 36
扶南 ……………… 53
ブハーリー　al-Bukhari　810-870 ……………… 95
ブハーリン　Buharin　1888-1938 ……………… 274
フビライ　Khubilai　位 1260-94 ……………… 86, 87
府兵制 ……………… 75
冬戦争 ……………… 284
フラグ　Khülegü　位 1256-65 ……………… 101
プラッシーの戦い ……………… 215
プラノ・カルピニ　Plano Carpini　1182頃-1252 ……………… 86, 119
プラハの春 ……………… 300
フランク王国 ……………… 106, 108
フランコ　Franco　1892-1975 ……………… 281, 285
フランシスコ会 ……………… 118
フランス革命 ……………… 199
プランタジネット朝 ……………… 116, 120
フランチェスコ(アッシジの)　Francesco　1181頃-1226 ……………… 118
プランテーション ……………… 137, 138, 186, 198, 208, 210, 239
ブラント　Brandt　任 1969-74 ……………… 298
ブリアン　Briand　1862-1932 ……………… 269
フリードリヒ1世　Friedrich I　位 1152-90 ……………… 116, 117
フリードリヒ2世　Friedrich II　位 1212/15-50 ……………… 118
ブルグンド王国 ……………… 106
フルシチョフ　Khrushchov　任 1953-64 ……………… 294, 295, 300
ブレジネフ　Brezhnev　任 1964-82 ……………… 298
ブレスト=リトフスク講和 ……………… 261
ブレトン・ウッズ体制 ……………… 289, 290, 301
プロイセン ……………… 147, 201
ブロック経済 ……………… 272
プロテスタント ……………… 142, 144, 197
フロンティア ……………… 198
ブワイフ朝 ……………… 97, 98
文化大革命 ……………… 295
文明化の使命 ……………… 216

へ

平和五原則 ……………… 293
ベーコン(フランシス)　Francis Bacon　1561-1626 ……………… 81
ベーコン(ロジャー)　Roger Bacon　1214頃-92 ……………… 119
ペスト(黒死病) ……………… 87, 102, 122, 163
ペタン　Pétain　任 1940-44 ……………… 285
ベトナム共和国(南ベトナム) ……………… 291
ベトナム戦争 ……………… 296, 297
ベトナム民主共和国(北ベトナム) ……………… 291
ペトラルカ　Petrarca　1304-74 ……………… 123
ベネディクトゥス　Benedictus　480頃-547頃 ……………… 107
ベネディクト戒律 ……………… 107, 111
ヘブライ語 ……………… 25, 26
ペルシア語 ……………… 95, 99, 100, 152, 154, 222, 229
ペルシア帝国 ……………… 35
ヘルシンキ宣言 ……………… 299
ペルセポリス ……………… 28
ベルナルドゥス(聖ベルナール)　Bernardus/Bernard　1090-1153 ……………… 115, 116
ベルリン会議〔1878年〕……………… 258
ベルリン会議〔1884-85年〕……………… 215
ベルリン封鎖 ……………… 290
ペレストロイカ ……………… 304
ヘレニズム ……………… 36-38, 51
ペロポネソス戦争 ……………… 36
ペロポネソス同盟 ……………… 35
辮髪 ……………… 164
変法運動 ……………… 241
ヘンリ2世　Henry II　位 1154-89 ……………… 116

ホ

ボーア人 …………… 215
ボーア戦争(第2次) …………… 254
法家 …………… 63, 64
封建 …………… 62, 66
封土(プロノイア) …………… 114
募役法 …………… 79
ポエニ戦争 …………… 39
北魏 …………… 70
北属時代 …………… 66
北爆 …………… 296
保甲法 …………… 79
ボコ・ハラム …………… 310
戊戌変法 …………… 241
ポスト・ローマ期 …………… 106
ポズナニ反ソ暴動 …………… 294
ホー・チ・ミン Ho Chi Minh 任1945-69 …………… 291
渤海 …………… 75
法顕 337頃-422頃 …………… 52, 54
ポツダム宣言 …………… 288
ポトシ銀山 …………… 138
ボニファティウス8世 Bonifatius Ⅷ 位1294-1303 …………… 119
保馬法 …………… 79
ホメイニ Khomeini 1902-89 …………… 302
ボリシェヴィキ …………… 261, 262
ボリス3世 Boris Ⅲ 位1918-43 …………… 280
ボリバル Bolivar 1783-1830 …………… 210, 211
ホルティ Horthy 1868-1959 …………… 280
ポル・ポト政権 …………… 295
ボローニャ大学 …………… 115, 116
香港割譲 …………… 207
ホンタイジ Hong Taiji 位1626-43 …………… 172

マ

マイソール王国 …………… 215
マイノリティ …………… 277
マウリヤ朝 …………… 50, 51
マオリ …………… 211
マガダ国 …………… 50, 51
マグナ・カルタ→大憲章
マケドニア王国 …………… 35, 36
マケドニア朝 …………… 112
マジャパヒト朝 …………… 167
マーシャル Marshall 1880-1959 …………… 289
マジャール人(ハンガリー人) …………… 109-111
マーシャル・プラン …………… 289, 290, 297
媽祖 …………… 84
マッカ(メッカ) …………… 90, 101, 102, 150, 229
マッカーサー MacArthur 1880-1964 …………… 291
マッカーシー McCarthy 1909-57 …………… 290
マッテオッティ Matteotti 1885-1924 …………… 276
マディーナ(メディナ) …………… 90-92, 102, 150
マテオ・リッチ Matteo Ricci 1552-1610 …………… 235, 237
マドラサ …………… 99, 100, 149, 220
マニ教 …………… 83
マニラ …………… 169, 170
マフムト2世 Mahmut 位1808-39 …………… 219
マブングブエ …………… 184
マムルーク …………… 100, 102
マムルーク朝 …………… 99-102, 150
マヤ文明 …………… 127, 128
マラーター …………… 160
マラーター同盟 …………… 215
マラッカ(ムラカ) …………… 168, 170
マラッカ王国 …………… 170
マリ王国 …………… 183
マルクス・アウレリウス・アントニヌス Marcus Aurelius Antoninus 位161-180 …………… 67
マルコ・ポーロ Marco Polo 1254-1324 …………… 85
マルタ島会談 …………… 304
マルティニ(マルティノ) Martino Martini 1614-61 …………… 84
マロン派キリスト教徒 …………… 99
満洲 …………… 171
満州国 …………… 282, 283
満州人 …………… 171, 172
マンスール al-Mansur 位754-775 …………… 93
マンデラ Mandela 任1994-99 …………… 300

ミ

未回収のイタリア …………… 275
ミケーネ文化圏 …………… 21
ミケーネ文明 …………… 31
ミケランジェロ Michelangelo 1475-1564 …………… 123
ミッタニ(ミタンニ)王国 …………… 21, 22
ミッテラン Mitterrand 任1981-95 …………… 304
密貿易 …………… 165, 169, 171
ミノア文明 …………… 31
ミャオ …………… 172

ミュンヘン一揆 ······· 277
ミュンヘン会談 ······· 281
ミロシェヴィチ Milošević 任1990-97（セルビア）・1997-2000（新ユーゴスラヴィア）········ 307
明 ········ 164-171
民族自決 ········ 266, 293
民族資本 ········ 217

ム

ムアーウィヤ Muawiya 位661-680 ········ 91
ムガル帝国 ········ 88, 154, 155, 158-160, 216
ムスタファ・ケマル Mustafa Kemal 任1923-38 ········ 267
ムスリム ········ 92-94, 149, 150, 152, 154, 160, 219, 224, 225, 227, 230, 231
ムスリム商人 ········ 53, 77, 83, 86, 87, 112, 135, 182, 183, 185, 188
ムッソリーニ Mussolini 任1922-43 ········ 275, 276, 279, 287, 288
ムハンマド Muhammad 570頃-632 ········ 90-93, 95, 96
無併合・無賠償・民族自決 ········ 261
無文字文化 ········ 180
ムラート ········ 210
ムラービト朝 ········ 185

メ

明治維新 ········ 238
名誉革命 ········ 142
メキシコ銀 ········ 169, 170
メスティーソ ········ 210
メソポタミア ········ 16-19, 26, 43, 45
メタクサス Ioannis Metaksas 任1936-41 ········ 280
メディア王国 ········ 26, 27
メトディオス Methodios 815-885 ········ 110
メフメト2世 Mehmet 位1444-46, 51-81 ········ 123, 149
メフメト・アリ Muhammad Ali 位1805-48 ········ 222, 227
メルキト派 ········ 92
綿工業 ········ 193-195, 216

モ

孟子 前372頃-前289頃 ········ 64
毛沢東 任1893-1976 ········ 291, 294, 295, 298
モエンジョ・ダーロ ········ 49
木版印刷 ········ 81
モスク ········ 99, 101, 149, 152, 220

モズレー Mosley 1896-1980 ········ 280
モノカルチャー ········ 138, 210
モノモバタ ········ 184
モロッコ事件 ········ 257
門戸開放 ········ 271
モンゴル人 ········ 164, 171, 172
モンゴル帝国 ········ 85-87
モンスーン ········ 48
モンテ・カシーノ修道院 ········ 107
モンロー宣言 ········ 205, 211

ヤ・ユ・ヨ

ヤオ ········ 172
ヤギェウォ（ヤゲロー）朝 ········ 121
ヤハウェ ········ 25, 42
ヤルタ会談 ········ 287, 288
遊侠 ········ 64
宥和政策 ········ 281, 285
ユーグ・カペー Hugues Capet 位987-996 ········ 111
ユグノー ········ 142, 159
ユスティニアヌス1世 Justinianus I 位527-565 ········ 107
ユダヤ教 ········ 42, 44, 90
ユダヤ商人 ········ 87
ユダヤ人（教徒） ········ 42, 92, 149, 150, 158, 222, 224, 278, 281, 284, 286, 287, 292
ユーフラテス川 ········ 17, 22, 24, 228
ユンカー ········ 147
洋学 ········ 237
雍正帝 位1722-35 ········ 172, 173
洋務運動 ········ 237
ヨーマン ········ 120
世論（公論） ········ 147, 214

ラ

ライヤットワーリー ········ 216
ラインラント進駐 ········ 279
楽浪郡 ········ 66
ラジオ放送 ········ 271, 273
羅針盤 ········ 81, 87
ラテラノ協定 ········ 277
ラテラノ公会議 ········ 118
ラテン帝国 ········ 117
ラファエロ Raffaello 1483-1520 ········ 123
『ラーマーヤナ』 ········ 54

リ

『リグ・ヴェーダ』 ········ 49
六朝 ········ 69

李鴻章　1823-1901 ……………… 237
リサール　Rizal　1861-96 ……………… 245
リチャード1世　Richard I　位 1189-99
　　　　……………… 116, 117
李朝 ……………… 86
律令 ……………… 63
琉球 ……………… 166-168, 173, 239, 240
琉球人 ……………… 170
劉秀（光武帝）　位 25-57 ……………… 67
劉少奇　任 1959-68 ……………… 295
柳条湖事件 ……………… 282
劉備　位 221-223 ……………… 69
劉邦（高祖）　位前 202- 前 195 ……………… 66
リュディア王国 ……………… 26
梁 ……………… 69
遼 ……………… 79
梁啓超　1873-1929 ……………… 58, 241
領事裁判権 ……………… 221, 238
良渚遺跡 ……………… 60
領邦国家 ……………… 120
林則徐　1785-1850 ……………… 238
林邑 ……………… 53

ル

ルイ7世　Louis Ⅶ　位 1137-80 ……………… 116
ルイ9世　Louis Ⅸ　位 1226-70 ……………… 118
ルクセンブルク朝 ……………… 120
ルター　Luther　1483-1546 ……………… 141, 142
ルートヴィヒ1世（敬虔帝）　Ludwig I　位 814-840 ……………… 110
ルートヴィヒ2世（ドイツ人王）　Ludwig Ⅱ　位 843-876 ……………… 110
ルネサンス ……………… 141
ルブルク　Rubruck　1220 頃 -93 頃 ……………… 119
ルーミー　al-Rumi　1207-73 ……………… 100
ルーム・セルジューク朝 ……………… 98, 100, 103

レ

冷戦 ……………… 290
レヴァント ……………… 15-17
レオ3世　Leo Ⅲ　位 795-816 ……………… 109
レオ9世　Leo Ⅸ　位 1049-54 ……………… 113
レオナルド・ダ・ヴィンチ　Leonardo da Vinci　1452-1519 ……………… 141
レオン王国 ……………… 112
レーガン　Reagan　任 1981-89 ……………… 301-303
レコンキスタ ……………… 106, 108, 118, 124, 155
レーニン　Lenin　1870-1924 ……………… 261, 274
レヒフェルトの戦い ……………… 111

連合国（第一次世界大戦） ……………… 259, 263
連帯 ……………… 302, 303
レントゲン　Röntgen　1845-1923 ……………… 254

ロ

ローザンヌ条約 ……………… 267
ロシア・ウクライナ紛争 ……………… 312
ロシア帝国 ……………… 147, 202, 203, 220, 221, 225
ロシア・トルコ（露土）戦争 ……………… 258
魯迅　1881-1936 ……………… 243
ローズヴェルト（セオドア）　Theodore Roosevelt　任 1901-09 ……………… 256
ローズヴェルト（フランクリン）　Franklin Roosevelt　任 1933-45 ……………… 273, 286-288
ロタール　Lothar　位 840-855 ……………… 110
ロベール・ギスカール　Robert Guiscard　1015-85 ……………… 114
ローマ（都市国家） ……………… 38
ローマ教皇 ……………… 108, 113, 114
ローマ進軍 ……………… 276
ローマ帝国 ……………… 39-46, 51, 67
ローマ典礼 ……………… 107
ロマネスク様式 ……………… 116
ローマ法 ……………… 45, 107
『ローマ法大全』 ……………… 107
ロロ　Rollo　860 頃 -933 ……………… 110

ワ

ワクフ ……………… 99
倭寇 ……………… 165, 167, 169, 170
ワシントン会議 ……………… 270
ワット・タイラーの乱 ……………… 122
ワレサ　Walesa　任 1990-95 ……………… 302
湾岸戦争 ……………… 306

【略称】
APEC　　　アラブ石油輸出国機構
COMECON　経済相互援助会議
EC　　　　欧州共同体
ECSC　　　欧州石炭鉄鋼共同体
EU　　　　欧州連合
IMF　　　　国際通貨基金
IS　　　　　イスラーム国
NATO　　　北大西洋条約機構
NIES　　　新興工業経済地域
OPEC　　　石油輸出国機構
SALT　　　戦略兵器制限条約

執筆者紹介（編者・執筆順）

小田中 直樹 おだなか なおき（編者）
1963年生まれ。東北大学大学院経済学研究科教授
主要著作：『フランス近代社会　1814-1852』（木鐸社 1995），『歴史学のアポリア――ヨーロッパ近代社会史再読』（山川出版社 2002），『世界史の教室から』（山川出版社 2007），『19世紀フランス社会政治史』（山川出版社 2013）
執筆分担：序章，第2章第4節，第3章第1節・第4節，第4章第1節・第2節，終章

帆刈 浩之 ほかり ひろゆき（編者）
1964年生まれ
主要著作：『越境する身体の社会史――華僑ネットワークにおける慈善と医療』（風響社 2015），「医療・衛生の現地化と香港アイデンティティの初期形成――1960-70年代」吉川雅之編『「読み・書き」から見た香港の転換期――1960-70年代のメディアと社会』（明石書店 2009），「東アジア医療史から見たベッテルハイム史料（2）――琉球における牛痘法の導入について」『沖縄史料編集紀要』第37号（2014）
執筆分担：第1章第3節・第4節，第2章第1節，第3章第3節，第4章第4節

佐藤 昇 さとう のぼる
1973年生まれ。神戸大学大学院人文学研究科准教授
主要著作：『古典期アテナイの賄賂言説』（山川出版社 2008），ロビン・オズボン『ギリシアの古代』（訳，刀水書房 2011），"'Aristocracy' and Athenian Diplomacy", in N. Fisher and H. van Wees (eds.), *Aristocracy in Antiquity: Redefining Greek and Roman Elites*, Swansea, 2015.
執筆分担：第1章第1節・第2節

上野 雅由樹 うえの まさゆき
1979年生まれ。大阪市立大学大学院文学研究科准教授
主要著作："'For the Fatherland and the State': Armenians Negotiate the Tanzimat Reforms", *International Journal of Middle East Studies*, 5-1 (2013), 「アルメニア人オスマン官僚の教育的背景」秋葉淳・橋本伸也編『近代・イスラームの教育社会史――オスマン帝国からの展望』（昭和堂 2014），"Religious in Form, Political in Content?: Privileges of Ottoman Non-Muslims in the Nineteenth-Century", *Journal of the Economic and Social History of the Orient*, 59-3 (2016)
執筆分担：第2章第2節，第3章第2節，第4章第3節

千葉 敏之 ちば としゆき
1967年生まれ。東京外国語大学大学院総合国際学研究院教授
主要著作：『中世の都市――史料の魅力，日本とヨーロッパ』（共編著，東京大学出版会 2009），『ドイツ史研究入門』（共編著，山川出版社 2014），「寓意の思考――魚の象徴学からみた中世ヨーロッパ」近藤和彦編『ヨーロッパ史講義』（山川出版社 2015）
執筆分担：第2章第3節

池田 嘉郎 いけだ よしろう
1971年生まれ。東京大学大学院人文社会系研究科准教授
主要著作：『革命ロシアの共和国とネイション』（山川出版社 2007），『第一次世界大戦と帝国の遺産』（編著，山川出版社 2014），『ロシア革命――破局の8か月』（岩波書店 2017）
執筆分担：第5章第1節～第4節

世界史／いま，ここから

2017年 4 月10日　1 版 1 刷　発行
2017年 4 月20日　1 版 1 刷　発行

編　者	小田中直樹・帆刈浩之
発行者	野澤伸平
発行所	株式会社 山川出版社

〒101-0047　東京都千代田区内神田1-13-13
電話　03(3293)8131(営業)　8134(編集)
https://www.yamakawa.co.jp/
振替　00120-9-43993

印刷所	株式会社 太平印刷社
製本所	株式会社 ブロケード
装　幀	菊地信義
本文デザイン	中村竜太郎

©Naoki Odanaka and Hiroyuki Hokari 2017 Printed in Japan
ISBN 978-4-634-64086-3

造本には十分注意しておりますが，万一，落丁本・乱丁本などがございましたら，小社営業部宛にお送り下さい。送料小社負担にてお取り替えいたします。
定価はカバーに表示してあります。